# 世贸组织规则博弈

## ——中国参与WTO争端解决的十年法律实践

李成钢　主编

杨国华　唐文弘　副主编

商务印书馆

2012年·北京

**图书在版编目(CIP)数据**

世贸组织规则博弈——中国参与WTO争端解决的十年法律实践/李成钢主编.—北京：商务印书馆，2011
ISBN 978-7-100-08691-2

Ⅰ.①世… Ⅱ.①李… Ⅲ.①世界贸易组织—国际贸易—国际争端—案例—分析 ②世界贸易组织—贸易法—研究 Ⅳ.①F743②D996.1

中国版本图书馆CIP数据核字(2011)第218940号



**世贸组织规则博弈**
——中国参与WTO争端解决的十年法律实践
李成钢 主编
杨国华 唐文弘 副主编

商务印书馆出版
(北京王府井大街36号 邮政编码 100710)
商务印书馆发行
北京瑞古冠中印刷厂印刷
ISBN 978-7-100-08691-2

2011年11月第1版 开本787×1092 1/16
2012年3月北京第2次印刷 印张30
定价：68.00元

主　　编：李成钢

副 主 编：杨国华　唐文弘

撰 稿 人：（按姓氏笔画排列）

| | | | | |
|---|---|---|---|---|
| 于　方 | 于　宁 | 马宇驰 | 王　希 | 纪文华 |
| 孙　昭 | 杨国华 | 杨翰辉 | 李成钢 | 李诶篚 |
| 陈雨松 | 陈福利 | 张永晖 | 张　昊 | 张　侃 |
| 唐文弘 | 蒋成华 | 程秀强 | 童　杰 | 谢　伟 |

# 序 言

2001年12月11日，我国正式成为世界贸易组织（下称世贸组织）成员。这是改革开放和现代化建设中的又一重要里程碑，标志着我国对外开放进入一个全方位、多层次、宽领域的新阶段。十年来，我国认真履行削减关税和非关税壁垒承诺，不断降低外资准入门槛，建立起比较完备的、符合多边规则的知识产权法律体系，以及行政和刑事并行的双轨执法机制。我国信守条约义务、负责任的大国形象得到了世界的肯定和赞誉。

如今，我国已经成为世界第一大出口国和第二大进口国，参与全球经济事务的程度越来越高，国际地位和影响力也显著提升。当然，在与其他国家的经贸交往过程中，我国难免会经历竞争、摩擦，甚至龃龉，面临的最大挑战是贸易保护主义以及经贸问题政治化。历史经验证明，贸易保护主义以邻为壑，害人害己。对这类行为，我们要做坚决的斗争，但是，解决问题的策略和措施需要体现出大局观和全局意识。在出现摩擦的时候，我们更提倡理智、克制，多以包容的心态，通过沟通和对话消除分歧。

世贸组织争端解决机制被誉为“世贸组织皇冠上的明珠”，与贸易政策审议机制和贸易谈判机制并列为世贸组织的三大支柱。它摒弃了政治方面的实力炫耀，成为国际政治和经贸关系中相对平和的争议解决模式。在这个领域的博弈中，谁更善于出牌，谁就能更好地维护自身利益。十年来，我国积极参与争端解决实践，逐步加强自身的能力建设和人才培养，已从规则被动的参与者和执行者，成长为主动的运用者和制定者。我相信，这本书通过亲历案件者的深入分析和切身感受，必将给读者呈现一份较为客观的我国参与争端解决的实践情况报告，对提高我们对世贸规则和多边体制的认识和理解大有裨益，对所有关注和从事争端解决研究和实践的同志有极大的参考价值。

大道行思，取则行远。目前，我国经济发展模式内生的不平衡、不协调、不可持续的问题仍然突出，外部环境又面临诸多不确定因素。世界经济正经历新一轮波动和寻求复苏的关键阶段，各经济体面临新的压力和矛盾，政治互信和经济携手依然是全球应对的不二选择，偏安一隅或独善其身都不太现实。

回眸历史，沉淀经验，直面问题，展望未来。我们有责任，也有能力为世界经济的稳定健康发展贡献力量。

商务部部长　陈德铭

二〇一一年十月十七日

# 前 言

世界贸易组织（世贸组织）是通过建立多边规则实现全球贸易治理的典范，它的成功运行，既得益于相对完善和平衡的制度设计，也得益于具有约束力并富有效率的争端解决机制。世贸组织争端解决机制根植于关贸总协定四十多年的发展实践，其在保障多边贸易体制的稳定性和可预见性方面发挥着关键作用，被誉为世贸组织“皇冠上的明珠”、多边贸易体制的基石。

今年是中国加入世贸组织十周年。中国在处理和应对世贸组织争端方面总体表现平稳和有序，实现了由学习认知到善于运用的重大转变，坚定地维护了国家利益，增强了在世贸组织争端解决机制中的规则话语权。十年间，中国实质性地参与了世贸组织争端解决专家组和上诉机构对多边贸易规则的澄清和发展，世贸组织诉讼经验获得了较快积累，人才队伍建设得到了大幅加强，中国作为负责任贸易大国遵守规则、信守承诺的形象得到了维护。通过对世贸组织争端解决机制的积极参与，中国政府为维护多边贸易体制的权威性和严肃性做出了贡献，获得了国内外广泛的高度评价。

在世贸组织争端解决“舞台”，商务部条约法律司率领的中国政府法律团队一直身处世贸组织诉讼实践的最前沿，作为国家利益的维护者，在代表中国政府处理和应对世贸组织争端案件过程中发挥着重要作用。呈现在读者面前的这本著作，包含着这个团队所有案件主办人员的心血，展示了中国政府十年来参与世贸组织争端解决机制的全貌，也是这支团队十年法律探索实践的阶段性工作总结。

路漫漫其修远兮，中国在参与世贸组织争端解决的实践中已经有了一个稳健的起步，但未来的挑战多且严峻。当前，世界经济尚未走出金融危机的阴霾，主权债务危机和金融体系风险远未消除，国际国内经济形势依然复杂，中国和其他世贸组织成员之间围绕一系列涉及国家重大利益的矛盾和摩擦可能进一步加剧，中国所面临的贸易争端的总体形势不容乐观。我们将继续扎实工作，积极投身世贸组织争端解决事务，不断提升世贸组织诉讼技能，逐步学会并善于运用国际通行规则发展和保护自己，在世贸组织这一多边“舞台”上扮演好国家利益守护人的角色。

崇泉

商务部国际贸易谈判副代表　崇泉

二〇一一年十月十四日

# 目录

# 中国参与世贸组织争端解决实践概述

李成钢

在准备动手写这部分内容的时候，正好从瑞士日内瓦传来了令人振奋的消息，中国诉美国四起反倾销反补贴调查案（DS379）上诉机构报告出炉。在中方关注的两大核心争议点上，即公共机构和双重救济问题上，上诉机构推翻了专家组阶段的结论，支持了中方的观点。在该案中，中方取得了重大胜利。美国贸易代表柯克大使在第一时间表态称，对上诉机构报告"深感忧虑"。美国一些议员也因此对世贸组织大加抨击，对美国政府的表现严厉批评。作为亲历该案整个过程的中方团队一员，此时此刻，内心确实难以平静，有很多想要说的话，关于世贸组织争端解决机制，关于中国参与其中的实践，关于胜负观，关于我们的团队，关于未来的规划，等等。

按照通常的说法，中国加入世贸组织之后的世贸组织事务主要包括三个方面：一是谈判（包括新回合谈判、其他授权议题谈判、新成员加入的双多边谈判等），二是贸易政策通报和审议，三是打官司。可见，在世贸组织框架下打官司，即参与世贸组织争端解决机制的实践，是中国政府作为世贸组织成员处理世贸组织事务的重要内容之一。

2011年12月11日将是中国加入世贸组织十周年纪念日。在过去的九年多时间里，中国作为当事方应对和处理了31起世贸组织争端解决案件，作为第三方参与了78起世贸组织争端案件的审理过程；中国经历了由起初的防御到如今的攻防兼备的过程，实现了由跟随、学习、认知到如今能较好地运用世贸组织争端解决机制的重大转变。中国在世贸组织打官司的实践表明，世贸组织争端往往牵涉国家重大利益，每个案件的应对和处理均考验着国家利用国际规则保护和发展自己的能力和水平。从近年来的实践看，中国面临的世贸组织争端，包括起诉和被诉案件，正日渐增多，且可能较长时期地处于高发案期，多边争端已逐渐成为贸易摩擦的主战场之一。

当前，全球经济还远未走出国际金融危机的阴霾，主权债务危机和金融体系风险远未消除，许多结构性问题尚未有效解决，国际国内经济形势依然复杂，中国和其他国家之间围绕气候变化、人民币汇率、能源等涉及国家重大利益的矛盾和摩擦可能进一步加剧。在这种情况下，梳理和反思中国加入世贸组织以来参与争端解决机制的法律实践，对于我们今后更好地运用多边贸易规则维护自身权益具有现实的迫切性。

## 一、世贸组织争端解决机制简介

世贸组织是一个建立于复杂规则体系之上的多边贸易组织，其对巩固贸易自由化的成果、持续不断地推动贸易的进一步自由化发挥着公认的作用。世贸组织的成功运行，既得益于其相对完善和平衡的规则体系，也得益于其较为有效的执行监督机制，但更得益于其运转良好的多边贸易争端解决机制。现行世贸组织争端解决机制是以关贸总协定四十多年实践为基础，经发展和创新演变而来，因成功地克服了关贸总协定争端解决机制的诸多弊病，在增强多边贸易体制的稳定性和可预见性方面发挥着关键性作用，因此广受赞誉，[①]被誉为

① "The Future of the WTO: Addressing Institutional Challenges in the New Millennium", report by the Consultative Board to the Director-General Supachai Panitchpakdi（WTO, January 2005）, available at: http://www.wto.org/english/thewto_e/10anniv_e/future_wto_e.htm.

"世贸组织皇冠上的明珠"[①]、多边贸易体制的基石。

世贸组织争端解决程序规定于乌拉圭回合结束时达成的《争端解决谅解》[②]中，分为磋商、专家组、上诉和执行四个阶段，走完整套诉讼程序大致需要2年左右，复杂案件则可能要历经数年甚至十余年。

概括地讲，世贸组织争端解决机制具有如下五个基本特点：

### （一）世贸组织成员之间打官司的法律程序

首先，世贸组织争端解决机制是成员之间解决贸易争端的平台，[③]不适用于成员与非成员之间或非成员之间的争端解决。其次，世贸组织争端解决的参与方只能是世贸组织成员方的政府，私人、商业实体和非政府组织（NGO）除在部分程序中的介入外，并不能在世贸组织争端解决程序中享有实质性的权利，当然也不承担实质性的义务。再次，企业应对反倾销、反补贴和保障措施等贸易救济调查，在我国被广泛地归入贸易摩擦的范畴，因其并不是世贸组织成员政府之间的贸易纠纷，不属于世贸组织争端。只有在一成员采取贸易救济措施之后，另一成员认为其与世贸组织规则不符并将之诉诸争端解决机制时，才适用世贸组织争端解决的相应程序和规则，方可被称作世贸组织争端。

### （二）以和平手段解决贸易争端的方式

随着国际分工的精细化和高度专业化，各国之间的贸易交往日益频繁，全球贸易量较以往大幅增加，贸易纠纷在所难免，贸易争端数量呈增长趋势

---

①参见"*Ten Years After Marrakesh: the WTO and Developing Countries*", SPEECHES by DG SUPACHAI PANITCHPAKDI, 9 June 2004, Marrakesh, Morocco, available at: http://www.wto.org/english/news_e/spsp_e/spsp29_e.htm。

②英文名称为 *Understanding on Rules and Procedures Governing the Settlement of Disputes*（简称DSU），全文参见 http://www.wto.org/english/docs_e/legal_e/28-dsu_e.htm。

③《争端解决谅解》第1.1条规定，本《谅解》的规则和程序适用于各成员间有关它们在《建立世界贸易组织协定》（本《谅解》中称《WTO协定》）规定和本《谅解》规定下的权利和义务的磋商和争端解决。

亦是一种正常状态。从历史上看，解决贸易纠纷的方式既有和平的也有非和平的。20世纪上半叶发生的两次世界大战至今仍令人悲愤和痛心，人们较多的是从政治纷争、民族矛盾、经济利益冲突等方面探究战争发生的原因，殊不知缺乏制约单边主义和贸易保护主义的多边贸易体制亦是其中的重要诱因之一。[①] 世贸组织争端解决机制与双边谈判相比，孰优孰劣，难以做一个绝对化的判断。双边谈判有时效率很高，有时也久拖不决。双边谈判常常受到政治等因素干扰，往往会使贸易纠纷的解决复杂化，甚至政治化。在没有多边机制可以借助的情况下，经济势力或综合实力的强势往往容易成为争端一方倚重的资本，贸易争端的解决常常被笼罩在单边贸易报复甚至是非贸易制裁或战争的阴影之下。相比而言，世贸组织争端解决机制侧重于从法律角度解决问题，成员不分经济规模大小、经济实力强弱，也不论军事实力强大与否，均要受该机制约束，是以和平方式解决贸易纠纷的途径。[②] 目前，相当一部分国家均已把世贸组织争端解决机制作为争端解决的常规方式加以运用。事实上，由中立的多边争端解决机构对案件的是非曲直加以评判，做出裁决，对争端双方都能起到缓解国内、国外政治压力的作用，可以避免贸易争端升级和政治化。

### （三）具有强制法律拘束力的解决场所

世贸组织争端解决机制是镶上了“牙齿”的争端解决方式，[③] 具有强制法律拘束力，体现在如下方面：

**1. 强制和专属管辖（compulsory and exclusive jurisdiction）**

世贸组织成员之间因适用和解释世贸组织多边贸易协定而产生的所有贸

---

① “Protectionism has been accused of being one of the major causes of war.” 参见 “Protectionism” from Wikipedia, http://en.wikipedia.org/wiki/Protectionism。

②Pascal Lamy: “The Place of the WTO and Its Law in the International Legal Order”, *The European Journal of International Law*（2006）, Vol. 17 No. 5, 969–984.

③“From Marrakesh to Seattle ...and What’s Ahead”, http://www.wto.org/english/thewto_e/minist_e/min99_e/english/book_e/stak_e_4.htm.

易争端，均无一例外地适用世贸组织争端解决机制；[①]《争端解决谅解》明确规定，成员在寻求纠正其他世贸组织成员不符合规则的行为时，必须通过世贸组织争端解决机制，禁止通过单边行动或单边主义解决贸易争端。[②]

**2.“反向一致”表决方式**

关贸总协定时期，由于遵行严格全体一致的表决方式，败诉方可以“一票否决”，阻挠争端解决法律程序的进行，逃避承担多边法律义务，大大减损了关贸总协定多边法律体制的权威性。[③]针对此弊病，世贸组织争端解决机制转而采用“反向一致”的表决方式，在专家组的设立、专家组和上诉机构裁决报告的通过以及报复水平仲裁报告的通过方面，只要不是全体成员否决，则视为获得通过。从世贸组织成立以来的争端解决实践看，这一规则的变化极大地增强了争端解决机制运行的效力，专家组的设立、裁决报告的通过几无悬念，关贸总协定时期逃避多边规制的现象再也无法重演。

**3. 裁决的权威性和执行力**

专家组和上诉机构的裁决报告经由争端解决机构通过后，即具有法律拘束力，败诉方必须履行裁决。如拒不履行，则胜诉方可申请授权，采取报复措施。为确保报复的有效性和可行性，《争端解决谅解》还允许采取交叉报复（cross retaliation）[④]，大大增强了裁决的权威性和执行力。

### （四）澄清和解释多边贸易规则的重要平台

由于是谈判各方相互妥协的产物，世贸组织多边贸易协定的条文不可

---

①*A Handbook on the WTO Dispute Settlement System,* WTO Legal Affairs Division and the Appellate Body, Cambridge University Press, 2004: p8.

②《争端解决谅解》第23条第1款规定：“当成员寻求纠正违反义务情形或寻求纠正其他造成适用协定项下利益丧失或减损的情形，或寻求纠正妨碍适用协定任何目标的实现的情形时，它们应援用并遵守本谅解的规则和程序。”关于对《争端解决谅解》第23条的法律解读，参见张玉卿：“单边与多边的博弈——评欧盟商用船舶贸易案”，《WTO经济导刊》2005年第7期。

③在关贸总协定机制下，专家组报告由于败诉方阻挠而未能在理事会或缔约国全体通过的情况不乏其例，如1981年美国诉欧盟面粉出口补贴案专家组报告因美国阻挠未获通过；1982年美国诉欧盟给予某些地中海国家柑橘产品优惠待遇案，因欧盟的阻挠，专家组裁决报告同样未获通过。

④《争端解决谅解》第22条第3款。

避免地存在一些模糊之处，有些规定原则而笼统。鉴此，单单从规则条文的文字本身并不能清晰地界定其准确的纪律内涵。在面对一个具体的案件事实时，专家组和上诉机构需要对世贸组织协定的相关条文进行解释和澄清，唯如此，方能确定涉案措施是否与世贸组织义务相一致。[①] 世贸组织争端解决机制为澄清和解释世贸组织各协定提供了非常重要的平台。应当指出，世贸组织专家组和上诉机构的报告，从制度层面讲是没有先例效力的，但在后续争端中被当事各方、争端专家组和上诉机构大量援引却又是一个普遍的实践，因此可以说，世贸组织专家组和上诉机构的报告，特别是上诉机构的报告，具有事实上的先例效力。从这个意义上讲，争端解决机构事实上也是遵循先例的。进而言之，世贸组织法律制度是由世贸组织各多边、诸边协定，成员就货物贸易和服务贸易所做的具体承诺、新成员加入议定书和报告书以及专家组和上诉机构的裁决报告构成的整体。离开世贸组织专家组和上诉机构的裁决报告，世贸组织多边法律体制将显得过于原则，甚至空洞。在多哈回合谈判近十年来举步维艰且如今几近崩盘的情况下，世贸组织争端解决专家组和上诉机构对规则的解释在填充规则的模糊地带、澄清和发展世贸组织规则方面确实发挥了非常重要的作用。从某种意义上讲，专家组和上诉机构充当了立法者（legislator）的角色。[②] 当然，这种角色也受到了一些成员和专家学者的批评和质疑。

### （五）法律专业技巧要求颇高的争端解决方式

世贸组织争端解决是一项高度专业化的法律工作，不仅要求对世贸组织规则具有深入的了解，还要求具有娴熟的诉讼技巧。世贸组织协定涵盖的范围广，不仅涉及传统的货物贸易，还涉及服务贸易和与贸易有关的知识产权，单是货物贸易领域就有《1994年关贸总协定》、《农业协定》、《实施卫

①*A Handbook on the WTO Dispute Settlement System,* WTO Legal Affairs Division and the Appellate Body, Cambridge University Press, 2004: p3.

②Harpaz, Marcia Don, “Sense and Sensibilities of China and WTO Dispute Settlement”. Hebrew University International Law Research Paper No. 02-10. Available at SSRN: http://ssrn.com/abstract=1599563.

生与植物卫生措施协定》、《技术壁垒协定》、《反倾销协定》、《补贴协定》、《保障措施协定》等13个协定。深入了解和准确把握这些协定的法律内涵，没有前期的大量投入和长期的法律实践，是无法做到的。世贸组织的诉状和答辩状动辄数百页（加上证据材料，往往达数千页甚至以万计），专家组和上诉机构的裁决报告大都达数百页甚至上千页。这些诉讼文件中，对于争端双方来讲，既要有事实的陈述，也要有对规则的解析，还要有对对方观点的辩驳；既要有对实体争议的攻防，也要有对程序性议题的博弈。诉讼能力和诉讼技巧上的差异往往会直接影响最终的诉讼结果。客观地讲，世贸组织的争端解决是一种高要求、高强度、高成本的“游戏”，实践中，并非所有成员都有同样的参与和驾驭能力。对世贸组织争端解决机制的参与程度、对世贸组织规则的认知程度以及对世贸组织诉讼技巧的掌握程度，是衡量一个成员“软实力”和规则话语权的重要标志之一，也已成为衡量一个国家是否为贸易强国或贸易大国的重要指标之一。[①] 对于像中国这样相对较新的成员，母语亦不是世贸组织官方语言，法制传统与英美也存在巨大差异，客观上的挑战更为严峻。

## 二、世贸组织争端解决机制：中国面临的挑战

中国加入世贸组织之初，无论是政府、产业界，还是学界，均将注意力集中在推广和普及世贸组织知识、履行加入世贸组织的承诺、中国作为世贸组织成员行使成员权利并参与多哈回合谈判等方面，除了一些学者的书籍和文章介绍世贸组织争端解决机制之外，对该机制真正的深度研究是十分缺乏的。世贸组织争端解决机制对中国究竟意味着什么？中国将来可能面临何种争端局面？中国将以何种姿态面对、应对世贸组织争端？对于这些问题，国内官、产、学、研各方面在早期的关注是比较少的。国外的一些学者也是雾里看花，

① 发达成员如美国、欧盟、日本、加拿大、澳大利亚等，发展中成员如巴西、印度、中国等，均是世贸组织争端解决机制的活跃参与者，从贸易角度讲，非强即大，将会影响甚至决定着多边贸易体制的未来走向。

不清楚中国会以何种面目参与世贸组织争端解决机制。[①]有学者预测，中国将必然面临众多世贸组织诉讼，有的甚至认为，中国在加入世贸组织时做出了广泛的承诺，而中国很难确保这些承诺都得到切实履行，由此引发的世贸组织诉讼将如洪水一般增加，中国的加入将使世贸组织争端解决机制不堪重负，[②]甚至破坏世贸组织争端解决机制，进而从长远看威胁到世贸组织的生存。[③]

时至今天，中国加入世贸组织已有近十年，实际情况是，中国的确经历了越来越多的世贸组织诉讼纷争。然而，与国外学者当初的预料有本质不同的是，中国参与世贸组织争端解决机制并没有破坏世贸组织争端解决机制，更没有威胁到世贸组织的生存，相反，中国以自身的参与为世贸组织争端解决机制的发展和完善做出了重要贡献。

当然，近年来接踵而至的世贸组织争端，对中国而言是一种重大挑战，挑战的严峻性远超预期。具体来说，这些挑战体现在如下五个方面：

### （一）世贸组织争端高发期不期而至

中国加入世贸组织之后，从被诉角度而言，经历了两年零三个月的平静期。打破这一平静的是美国。2004年3月18日，美国将中国集成电路增值税退税政策诉诸世贸组织争端解决机制，直指中国鼓励集成电路产业发展的产业政策。[④]自2006年开始，中国开始进入世贸组织争端的高发期。重要的标志性事件是：2006年3月和4月，欧盟[⑤]、美国、加拿大这三个世贸组织的“巨头”

---

①Harpaz, Marcia Don, “Sense and Sensibilities of China and WTO Dispute Settlement” Hebrew University International Law Research Paper No. 02-10. Available at SSRN: http://ssrn.com/abstract=1599563.

②Gao, Henry, “Taming the Dragon: China’s Experience in the WTO Dispute Settlement System”, Legal Issues of Economic Integration 34（4）: 389-390.

③Ostry, Sylvia, “WTO Membership for China: To Be or Not to Be?” in Deborah Z. Cass, Brett G. Williams and George Barker（eds.）, *China and the World Trading System – Entering the New Millennium*（Cambridge University Press, 2003）31-40 at 37.

④下文简称“集成电路案”。有关此案的情况，参见世贸组织官方网站：http://www.wto.org/english/tratop_e/dispu_e/cases_e/ds309_e.htm。

⑤随着《里斯本条约》的生效，自2009年12月1日起，在世贸组织框架下，“欧共体”改称“欧盟”。为方便起见，本书将“欧共体”统称欧盟。

挑战中国的汽车零部件进口政策。[①] 此案经过了磋商、专家组审理、上诉审议、执行裁决阶段，是中国在世贸组织首次独立完整经历全部诉讼程序的第一案。2007年，先是美国和墨西哥联手，将中国针对外商投资企业的税收优惠政策诉诸世贸组织争端解决机制；[②] 而后，美国在2007年4月10日同一天内对中国的知识产权[③] 和出版物市场准入[④] 提起两起世贸组织诉讼。2008年，美国、欧盟和加拿大再次联手，将中国对外国通讯社在中国境内提供金融信息服务的管理规定提交世贸组织争端解决；[⑤] 同年底，美国还携墨西哥和危地马拉，以“中国世界名牌”、“中国出口名牌”项目及地方政府出台的一系列出口扶持政策构成“出口补贴”为由，在世贸组织对中国发难。[⑥]2009年，美国、欧盟和墨西哥针对中国关于矾土、焦炭、氟石、镁、锰、碳化硅、金属硅、黄磷、锌等九种原材料的出口限制措施及出口关税措施提起世贸组织诉讼。[⑦]2010年，世贸组织诉讼更是接踵而至，包括：欧盟诉中国对进口紧固件的反倾销措施，[⑧] 美国

① 下文简称“汽车零部件案”。有关此案的情况，参见世贸组织官方网站：http://www.wto.org/english/tratop_e/dispu_e/cases_e/ds339_e.htm; http://www.wto.org/english/tratop_e/dispu_e/cases_e/ds340_e.htm; http://www.wto.org/english/tratop_e/dispu_e/cases_e/ds342_e.htm。

② 下文简称“税收优惠政策案”。有关此案的情况，参见世贸组织官方网站：http://www.wto.org/english/tratop_e/dispu_e/cases_e/ds358_e.htm；http://www.wto.org/english/tratop_e/dispu_e/cases_e/ds359_e.htm。

③ 下文简称“知识产权案”。有关此案的情况，参见世贸组织官方网站：http://www.wto.org/english/tratop_e/dispu_e/cases_e/ds362_e.htm。

④ 下文简称“出版物市场准入案”。有关此案的情况，参见世贸组织官方网站：http://www.wto.org/english/tratop_e/dispu_e/cases_e/ds363_e.htm。

⑤ 下文简称“金融信息案”。有关此案的情况，参见世贸组织官方网站：http://www.wto.org/english/tratop_e/dispu_e/cases_e/ds372_e.htm;http://www.wto.org/english/tratop_e/dispu_e/cases_e/ds373_e.htm;http://www.wto.org/english/tratop_e/dispu_e/cases_e/ds378_e.htm。

⑥ 下文简称“出口补贴案”。有关此案的情况，参见世贸组织官方网站：http://www.wto.org/english/tratop_e/dispu_e/cases_e/ds387_e.htm; http://www.wto.org/english/tratop_e/dispu_e/cases_e/ds388_e.htm; http://www.wto.org/english/tratop_e/dispu_e/cases_e/ds390_e.htm。

⑦ 下文简称“原材料出口限制案”。有关此案的情况，参见世贸组织官方网站：http://www.wto.org/english/tratop_e/dispu_e/cases_e/ds394_e.htm; http://www.wto.org/english/tratop_e/dispu_e/cases_e/ds395_e.htm; http://www.wto.org/english/tratop_e/dispu_e/cases_e/ds398_e.htm。

⑧ 下文简称“紧固件反倾销案”。有关此案的情况，参见世贸组织官方网站：http://www.wto.org/english/tratop_e/dispu_e/cases_e/ds407_e.htm。

诉中国关于银行卡电子支付服务管理措施、[①]对进口取向硅钢的反倾销和反补贴措施、[②]对风能产业的扶持措施。[③]2011年，世贸组织诉讼延续了高发态势，欧盟和美国先后将中国的X射线安全检查设备反倾销措施、[④]白羽肉鸡反倾销和反补贴措施[⑤]诉诸世贸组织争端解决机制。短短数年内，中国在世贸组织被诉已达23次，共涉及14个被诉事项，[⑥]被诉次数已经超过日本、巴西和印度等老牌世贸组织成员，仅次于美国和欧盟，高居第三位。涉及中国的世贸组织争端数量在短时间内的如此增速，在世贸组织争端解决机制的历史上实不多见。

### （二）美、欧等成员重大对华政策转型

中国加入世贸组织伊始，美欧对作为新成员的中国表现出某种程度的节制，其对华贸易政策的重点在于通过过渡性审议机制监督中国履行承诺，以确保甚至“帮助”中国融入世界贸易体制。随着中国和主要贸易伙伴“蜜月期”的结束[⑦]，美、欧等世贸组织成员纷纷高擎诉讼利器，通过世贸组织争端解决机制要求中国履行世贸组织承诺。自2006年开始，美、欧针对中国频繁地提起世贸组织诉讼，且数量呈持续增加之势。可以说，在处理政府间国际贸易争端方面，美、欧经历了由“‘对话’为主”到“‘对话’和‘世贸组织诉讼’并行”的“双轨制”的重大战略转型。[⑧]2005年，时任美国副国务

① 下文简称“电子支付服务案”。有关此案的情况，参见世贸组织官方网站：http://www.wto.org/english/tratop_e/dispu_e/cases_e/ds413_e.htm。

② 下文简称“取向硅钢双反案”。有关此案的情况，参见世贸组织官方网站：http://www.wto.org/english/tratop_e/dispu_e/cases_e/ds414_e.htm 。

③ 下文简称“风能措施案”。有关此案的情况，参见世贸组织官方网站：http://www.wto.org/english/tratop_e/dispu_e/cases_e/ds419_e.htm。

④ 下文简称“X射线安全检查设备反倾销措施案”。有关此案的情况，参见世贸组织官方网站：http://www.wto.org/english/tratop_e/dispu_e/cases_e/ds425_e.htm。

⑤ 下文简称“白羽肉鸡双反措施案”。有关此案的情况，参见世贸组织官方网站：http://www.wto.org/english/tratop_e/dispu_e/cases_e/ds427_e.htm。

⑥ 中国被诉案件的有关情况，请见下文叙述。

⑦ 余敏友、刘衡：“评中国在WTO近十年的表现”，http://cwto.mofcom.gov.cn/accessory/201011/1289262759181.pdf。

⑧ 事实上，自中国加入世贸组织之日起，美、欧等世贸组织成员便开始了对华贸易政策的转型。这是因为，中国作为世贸组织成员当然地享有世贸组织成员权利，美、欧等应当也必须对中国承

卿的佐立克在向美中关系委员会（National Committee on U.S.-China Relations）发表了著名的“从成员到责任：中国向何处去？”的演讲[①]，提出了中国应作为负责任的利益攸关方（responsible stakeholder）的概念，成为美国对华贸易政策转型的重要标志。自2006年开始，美国贸易代表办公室（USTR）在每年12月份向美国会提交的“中国履行世贸组织承诺报告”中，多次提及“在双边对话不能解决美方关注的情况下，美国将毫不犹豫地通过对中国启动世贸组织争端解决案件行使其世贸组织权利”[②]。欧盟也公开表示，“欧盟已经开始转向世贸组织争端解决程序，以确保中国遵守其国际义务”[③]。作为美、欧等成员这一对华贸易政策转型的结果和表现，世贸组织争端解决案件已经成为中国对外经贸摩擦的重要组成部分。如何妥善应对世贸组织争端，处理好中国与美国、欧盟等重要贸易伙伴的经贸关系，已对中国构成重大考验。

### （三）世贸组织诉讼牵涉国家重大利益

任何国际争端的背后都是利益的较量，世贸组织争端也不例外。世贸组织争端往往涉及成员方采取的贸易政策、产业政策甚至重大经济政策。随着多边贸

---

担世贸组织义务。基于《争端解决谅解》明确规定的禁止单边行动或单边主义原则，美国动辄启用“301条款”对华采取单边贸易报复措施的时代也一去不复返，这可以称作基于世贸组织成员义务的“被动转型”。

①Zoellick, R, “Whither China: From Membership to Responsibility？” Remarks to the National Committee on U.S.-China Relations, New York City, September 21, 2005, http://www.ncuscr.org/files/2005Gala_RobertZoellick_Whither_China1.pdf.

② “when bilateral dialogue fails to succeed in addressing U.S. concerns, the United States will not hesitate to exercise its WTO rights through the initiation of dispute settlement against China”，参见 United States Trade Representative, “2006 REPORT TO CONGRESS ON CHINA’S WTO COMPLIANCE”,http://ustraderep.gov/assets/Document_Library/Reports_Publications/2006/asset_upload_file688_10223.pdf。有学者在分析了2001—2010年中美世贸组织诉讼的实践后，鲜明地指出，在美国对华贸易政策中，自布什政府开始到如今的奥巴马政府，世贸组织诉讼的分量正在逐步增加。参见 Stuart S. Malawer: “*United States-China WTO Litigation (2001–2010)*”，http://www.worldtradelaw.net/articles/malawerchinalitigation2010.pdf。

③ “The EU has now turned to the WTO dispute settlement process to ensure China’s compliance with its international obligations”，EU requests WTO panel on Chinese export restrictions on raw materials, http://trade.ec.europa.eu/doclib/press/index.cfm？ id=481.

易体制覆盖范围的大大拓宽，世贸组织处理争端的范围也从传统上的货物贸易进一步拓展至服务贸易和知识产权领域，影响着成员方经济生活的方方面面。中国参与世贸组织争端解决机制的实践表明，世贸组织诉讼往往牵涉国家重大利益。

从中国被诉世贸组织案件看，如果说紧固件反倾销案、取向硅钢双反案、X 射线安全检查设备反倾销措施案、白羽肉鸡双反措施案更多涉及的是贸易利益、产业利益的话，那么集成电路案、汽车零部件案、风能措施案则不仅仅涉及贸易利益，还涉及集成电路、汽车、能源等国家关键领域的产业政策；税收优惠政策案和出口补贴案分别关系到鼓励外商投资政策和国家品牌战略；原材料出口限制案不仅涉及国家针对“两高一资”的出口限制措施，还与国家对稀缺资源的保护密切相关；金融信息案、电子支付服务案涉及关键领域的金融服务；出版物市场准入案牵涉出版物的贸易权和图书、音像制品的分销服务；知识产权案涉及我国知识产权保护的基本法律以及行政和司法并行的知识产权执法体制。可以说，中国面对的世贸组织诉讼，无不牵涉国家重大利益。

### （四）应对压力和难度陡然加大

世贸组织诉讼的蜂拥而至，加上每个案件均涉及国家重大利益，给中国政府造成了巨大的应对压力。首先，从法律应对看，一方面，案件涉及领域广，每个案件均涉及新问题，需要针对具体个案准确把握案件所涉及的世贸组织规则；另一方面，世贸组织争端解决程序复杂，时间表十分严苛，诉讼程序的每个阶段都需要巨大的法律工作投入。中国加入世贸组织不久，中国对世贸组织规则的认识还仅限于文字表面，无论是规则的运用还是对世贸组织诉讼技能的把握，几乎都是从零起步，对负责应对世贸组织争端的政府部门而言，这显然是一种巨大挑战。

其次，从工作机制看，由于世贸组织诉讼利害重大，无论是在案件初发的磋商阶段，在诉讼程序进行中，还是处于执行世贸组织裁决阶段，均需要缜密可行的方案和准确的利益得失判断，有时甚至需要做出关键利益取舍的重大决策。这就要求政府建立完善、高效的工作机制，需要加强各部门之间的协调和配合，需要确保政府和受影响的产业之间信息通畅和对称，尽最大可能使案件结果对国家利益的负面影响降至最低。这种工作目标，自中国面对第一起世贸组织诉讼开始至今，无时无刻不在考验着政府应对世贸组织争端的能力，工作强度和难度之大，大大超乎预期。此外，由于各国国情不同，政体各异，在应对世贸组织争端的工作机制方面，中国并没有现成的国际经验可以完全照搬，只能通过世贸组织诉讼的实践，从中积累经验和反思教训，始能构建出适合中国国情的工作机制。

### （五）规则话语权的角力和较量

现行多边贸易体制是以规则为导向的法律体制。世贸组织成员之间的比拼，最主要的并不是看贸易量的大小，而是对规则话语权的角力和较量。在世贸组织框架下，规则话语权体现在两个方面：一是多边贸易规则的谈判，二是世贸组织争端解决机制。

就多边贸易规则谈判中的话语权而言，不难理解，如果一个世贸组织成员有足够大的影响力，能够左右谈判进程，并且能够将其谈判主张纳入到最终成文的多边法律规则之中，则该世贸组织成员就拥有多边谈判中的规则话语权。[①] 就世贸组织争端解决机制中的规则话语权而言，世贸组织诉讼的输赢更多地体现在世贸组织争端裁决中对规则的解释和发展最终支持或倾向于哪一边的立场。换言之，世贸组织争端解决机制的专家组和上诉机构拥有解释和澄清多边贸易规则的职责和权力，由于“遵循先例”在实践中客观普遍存在，使世贸组织争端解决机制具有与“造法”类似的功能。正是由于这一功能，使得衡量案件胜败的标志除涉案贸易利益的得失之外，还有一个更为重

① 在关贸总协定时期，多边贸易规则的话语权一直掌控在少数发达国家手中。即便在乌拉圭回合谈判中一些发展中成员的声音在最终法律文本中有所体现，但广大发展中成员最终还是被迫接受了将知识产权和服务贸易纳入多边规则框架之中，加上给予发展中成员的特殊和差别待遇多为空洞的乏力条款，乌拉圭回合达成的广泛的一揽子协议依然广受批评。批评者认为，乌拉圭回合是发达国家的回合，发展中国家的规则话语权没有得到切实保障。

要的指标：是否能够说服专家组和上诉机构在规则澄清和解释方面做出有利于自己的解释，是否在世贸组织争端解决框架下拥有规则话语权。

世贸组织争端解决机制已经逐渐成为并将长期是各成员之间规则话语权角力的主战场之一。中国加入世贸组织之初，由于世贸组织诉讼实战经验匮乏，如何利用世贸组织争端解决机制以从根本上扭转在规则话语权角力和较量中所处的劣势，成为摆在中国政府面前的一项棘手难题和重大挑战。

## 三、中国参与世贸组织争端解决机制情况述评

面对世贸组织争端带来的诸多挑战，在中国加入世贸组织之初，熟悉世贸组织争端解决机制的人对中国将如何参与其中表示普遍担忧。有的担心中国难以胜任世贸组织诉讼参与者的角色，有的担心中国的参与将破坏世贸组织争端解决机制。然而，中国自2002年开始至今的世贸组织诉讼实践表明，这种担忧是没有必要的。中国致力于从国际贸易规则的被动接受者和执行者向国际贸易规则的参与和制定者转变，历经了由起初的被动防御到如今的攻防并举的过程，实现了由起初学习认知到如今善于运用世贸组织争端解决机制的重大转变，实现了面对世贸组织争端高发期的平稳过渡，逐步成为世贸组织争端解决机制的模范参与者。这种表现，对其他发展中国家参与世贸组织争端解决机制提供了重要参考和有益经验。[①] 通过积极推进世贸组织争端解决相关工作，中国进一步扩大了在世贸组织成员中的影响，维护了国家重要利益，对世贸组织规则的发展和完善做出了贡献，造就了一支争端解决队伍和一批法律专业人才。

### （一）中国参与世贸组织争端解决机制之起步

#### 1. 组建专门机构，专司世贸组织争端解决工作

为适应加入世贸组织的新形势，更好地处理世贸组织事务，2001年，原外经贸部对部内相关机构进行了整合和调整，成立了主要负责进口贸易救济

①Pasha L. Hsieh, "China's Development of International Economic Law and WTO Legal Capacity Building", *Journal of International Economic Law* 13（4）, 997–1036.

调查和贸易摩擦应对的进出口公平贸易局和负责世贸组织谈判、通报审议等多边事务的世界贸易组织司。[①]而几乎在同时，不为外界所熟知和关注的是，原外经贸部的条约法律司设置了世贸组织法律处，具体负责世贸组织争端解决机制项下的起诉、应诉以及作为第三方参与世贸组织案件工作。这一专门处室的设立，为日后处理世贸组织争端解决案件奠定了人才队伍基础，提供了组织机构保障。[②]在随后中国政府参与世贸组织争端解决事务中，该处和2009年设立的商务部条约法律司世贸组织法律二处一直身处世贸组织诉讼法律实践的最前沿，是中国参与世贸组织争端解决机制职能的具体承担者，在代表中国政府处理和应对世贸组织争端案件过程中发挥着重要作用。

**2. 业务培训和法律专题研究**

早在中国加入世贸组织之前的2000年，中国政府就启动了参与世贸组织争端解决机制的系列准备工作，广泛开展各种形式的业务培训，包括“西行取经”。2000年6月，原外经贸部条约法律司组织由国内主要经济部委和立法部门的官员、部分高校及科研机构的学者、律师等二十余人构成的培训团，远赴位于华盛顿的乔治城大学法律中心（Georgetown University Law Center），参加世贸组织研讨班[③]。实践证明，这次培训取得了很大成功，不论是政府机关或立法部门的官员还是学者和律师，他们中有相当一部分如今已成长为中国参与世贸组织争端解决事务的中坚力量。更为重要的是，通过这次培训，中国法律人加深了对世贸组织争端解决机制的了解，政府各职能

① 参见“外经贸部组建世界贸易组织司、单独设置进出口公平贸易局”，载《对外经贸财会》2001年12期。

② 该处由外经贸部WTO法律工作领导小组办公室转变而来。该办公室工作人员较早地对世贸组织各项协定和部分案例进行了研究，为更为专业的世贸组织争端解决工作打下了初步的基础。中国加入世贸组织，该临时办公室转为正式的世贸组织法律处，与专门成立的世贸组织司一起，共同承担中国在世贸组织中的相关事务。参见杨国华著：《中国与世贸组织争端解决机制专题研究》，中国商务出版社2005年出版，第97—106页。

③ 这个研讨班的美方组织者是享有“GATT/WTO之父”美誉的John H. Jackson教授。他邀请了23位美国的官员、学者、律师，以及世贸组织秘书处及争端解决方面的专家，系统介绍了世贸组织的历史和有关协议，并且特别介绍了世贸组织的大量案例。参见杨国华：《中国与世贸组织争端解决机制专题研究》，中国商务出版社2005年出版，第97—106页。

部门对这一机制重要性的认识也得以统一，这为日后在各政府部门之间形成高效、顺畅的应对工作机制以及在政府、学界和律师界形成协同配合机制，做了很好的铺垫。此外，为更有效地参与世贸组织争端解决机制，提升业务水平，商务部（原外经贸部）条约法律司组织专门力量苦练内功，对一些重点问题进行深入研究，完成了“世贸组织争端解决磋商程序研究”和“世贸组织争端解决专家组程序研究”两个部级研究课题[①]；对美国的特保立法进行专项研究和分析；结合多哈回合谈判进展情况和中国作为第三方参与世贸组织案件的实践，推出《WTO新回合法律问题研究》、《为了广泛的贸易利益——中国作为第三方参与世贸组织案件精析》等著作。通过深入研究世贸组织实体和程序规则中的一系列法律问题，进一步提升了政府部门对世贸组织规则的认识和业务技能，为下一步进入世贸组织诉讼的实战进行了必要的知识储备。

**3. 第一次启动世贸组织争端解决程序**

2002年3月，在加入世贸组织仅几个月后，中国与欧盟、日本、韩国、瑞士、挪威、新西兰、巴西等7个世贸组织成员一起，就美国钢铁保障措施提出了起诉，成为中国在世贸组织的第一案。中国政府积极准备各种诉讼文件，在与美方磋商未能解决问题的情况下，历经专家组和上诉阶段，最终取得了中国在世贸组织起诉第一案的胜利。2003年11月，世贸组织上诉机构裁定美国钢铁保障措施违反了世贸组织规则，美国于同年12月撤销了涉案措施。此案是中国成为世贸组织成员后，运用世贸组织争端解决机制解决贸易争端，合法保护自身贸易利益的重要标志。应当指出，中国参与此案仅是一个初步尝试，最终获得胜诉并不意味着中国已然练就了成功参与世贸组织争端解决机制的技能和本领。原因是：一方面，与欧盟、日本、瑞士、挪威、巴西等其他世贸组织成员相比，中国在法律诉讼中发挥的作用较为有限，所承担的主要是与发展中成员待遇相关争议点的准备工作；

① 课题的相关研究成果参见“WTO争端解决机制中的磋商程序研究”，载《法学评论》2003年第2期；“WTO争端解决机制中的专家组程序研究”，载《法学评论》2004年第3期、第4期。

另一方面，获得胜诉是八方共同起诉（即团队力量）的结果，中国并没有通过此案获得与美国在世贸组织诉讼中直接较量和抗衡的机会。尽管如此，这个案件标志着中国多了一条稳定、可预见的解决双边贸易争端的途径。可以说，此案对中国的意义已经远远超出了案件本身，具有很强的象征意义。[①]

**4. 第一次作为第三方参与案件审理**

世贸组织争端解决程序中的“第三方”，既不是起诉方也不是被诉方，而是指对案件涉及的措施具有贸易利益因而参加案件审理过程中的案件参与方。第三方通过向世贸组织争端解决专家组和上诉机构发表对案件的意见，影响专家组和上诉机构的审理结论，进而维护自身的利益。[②]第三方能够获得大量宝贵的案件信息，有权发表意见，有权参与专家组和上诉机构对案件的庭审。对于世贸组织争端解决机制的新参与者来说，作为第三方参与案件审理是积累世贸组织诉讼实战经验和锻炼专业人才队伍的良好平台。正是出于此种考虑，2002年7月4日，中国政府正式通知争端解决机构，表示将作为第三方参与印度诉美国纺织品原产地规则案（世贸组织案件编号：WT/DS243）的审理，[③]开启了中国作为第三方参与世贸组织争端解决程序的先河。自那以后，一直到2006年中国世贸组织诉讼高发期来临之前，在长达4年

① 杨国华：《中国与WTO争端解决机制专题研究》，中国商务出版社2005年出版，第97—106页。

② 允许第三方参与世贸组织争端案件的审理过程是世贸组织争端解决机制中的重要制度之一，也是该机制的重大亮点。之所以做出这样的安排，原因有二，一是发生在特定世贸组织成员之间的案件及其审理结果，可能影响到其他成员的贸易利益。允许受影响的成员参与案件审理过程，可以更平衡地保护相关成员的正当贸易利益。二是世贸组织争端解决专家组和上诉机构对相关规则的解释和澄清，具有某种程度的“造法”功能，具体个案中对规则的解释和澄清，最终将影响所有其他世贸组织成员的长远利益。对此，一些具有重要影响力的成员（以美国、欧盟为代表）往往不会坐视不理，而是选择参与其中，其首要目标是参与和“监督”世贸组织争端解决专家组和上诉机构澄清和解释多边规则的进程。在世贸组织争端解决实践中，几乎每个案件都有成员作为第三方参加。从国别上来看，欧盟、日本、美国作为第三方的次数最多，他们作为第三方参与了大部分争端解决案件的审理。

③ 中国是纺织品生产和出口大国，美国是中国纺织品的主要出口市场，美国的纺织品原产地规则对中国的出口有很大的影响，中国通过作为第三方参与该案审理，充分表达了中国对《原产地规则协定》条款的理解，主张美国的纺织品原产地规则违反了其世贸组织义务。

左右的时间里，中国作为第三方参与了几乎所有世贸组织争端案件的审理过程。中国由此获得了实战观摩在世贸组织打官司的机会，迅速积累了大量宝贵的世贸组织诉讼经验，包括政府公职人员和律师在内的专业人才队伍也逐步发展壮大起来。

**5. 第一次应对世贸组织诉讼**

2004年3月18日，美国将中国集成电路增值税政策诉诸世贸组织争端解决机制，此为中国加入世贸组织后在世贸组织被诉的第一个案件。①美国在其磋商请求中指称，中国集成电路增值税退税政策违反了世贸组织的国民待遇原则和最惠国待遇原则。中国政府认真制定应对方案，积极与美方进行沟通，细致研究案件涉及的法律问题和有关的世贸组织规则，拟定了扎实稳妥的磋商方案。同年4月27日，中美双方在日内瓦世贸组织总部举行了磋商，欧盟、日本和墨西哥作为第三方参加了磋商。经过多次磋商，最终于2004年7月14日与美方在磋商阶段达成谅解。随后，双方向世贸组织履行了通报义务，中美集成电路增值税争端最终得以妥善解决。②在应对此案的过程中，各部门通力合作、密切配合，完成了与美磋商、执行磋商谅解备忘录、出台替代支持措施等工作任务。这一工作模式构成了中国政府部门在日后应对世贸组织争端跨部门应对工作机制的雏形。

**6. 第一次向世贸组织举荐专家**

为便利审理案件的需要，世贸组织规定，每个成员都可以向世贸组织推荐专家，经争端解决机构批准后，列入专家指示性名单（indicative list），供具体案件发生时选用。在2004年2月17日召开的争端解决机构例会上，通过了中国提名的三名专家。这三位专家是：时任商务部条约法律司司长的张玉卿教授、时任武汉大学法学院院长的曾令良教授和华东政法学院朱

① 此案世贸组织案件编号为 WT/DS309。

② 此案最终以磋商方式结案，引起了国际社会的各种猜想。有学者提出，此案是中国在参与世贸组织争端解决机制的初期更愿意以和解方式结案，不敢走向法律诉讼程序的标志性事件。参见 Harpaz, Marcia Don, "Sense and Sensibilities of China and WTO Dispute Settlement". Hebrew University International Law Research Paper No. 02-10. Available at SSRN: http://ssrn.com/abstract=1599563。

榄叶教授。其中，张玉卿教授于2007年根据世贸组织总干事拉米先生的指定，分别担任了美国诉欧盟香蕉案和厄瓜多尔诉欧盟香蕉案两个执行专家组的专家。中国专家成功列入世贸组织专家名单，并参与世贸组织争端的审理工作，意味着中国专家在世贸组织领域的专业能力和水准已经得到了世贸组织的认可，对中国在更宽领域、更深层次上参与世贸组织事务具有重要意义。①

### （二）中国参与世贸组织争端解决机制之走向深入

自2006年开始，中国进入了世贸组织争端案件的高发期。以中国在世贸组织全力应诉美国、欧盟和加拿大联合起诉汽车零部件进口争端案为标志，中国由参与世贸组织争端解决机制的起步阶段开始走向深度参与阶段。

#### 1. 涉华世贸组织争端进入高发期

2006年，美国、欧盟和加拿大联合起诉中国的汽车零部件案是中国进入世贸组织争端案高发期的重要标志。此后，中国遭受了来自美国、欧盟、加拿大、墨西哥、危地马拉等世贸组织成员的密集起诉，无论是从被诉案件的次数，还是被诉案件所涉及的领域，都达到了空前的规模。截至2011年9月底，中国在世贸组织被诉案件总数已达23次，涉及14项争议措施。同时，为回应其他世贸组织成员对中国采取的歧视性做法，遏制其滥用世贸组织规则，为中国企业赢得稳定和可预期的国际贸易环境，扭转中国被动防御局面，中国自2007年开始主动出击，运用世贸组织争端解决程序机制维护自身合法权益。截至2011年9月底，中国已累计在世贸组织起诉8次，涉及8项争议措施。至此，中国作为当事方的世贸组织案件（包括起诉案件和被诉案件）已达31起。中国在世贸组织涉案的总体情况见下图：

① 此后，中国又推举了三批专家列入此指示性名单，见下文介绍。

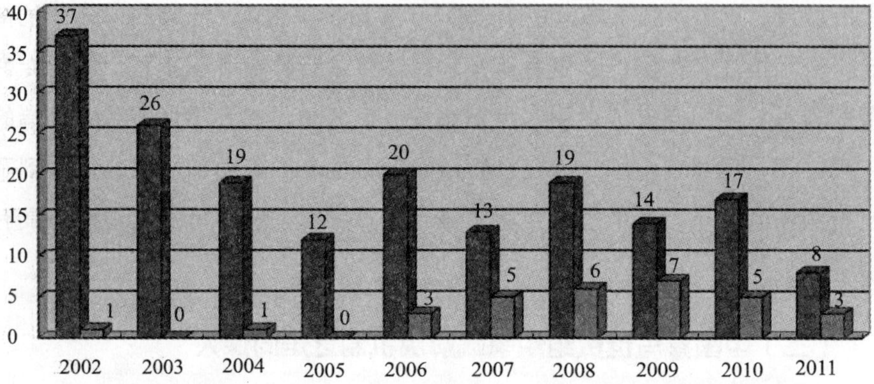


注：图中，深色柱表示世贸组织年度案件数，浅色柱表示中国涉案数。数据截至2011年9月底。

数据来源：世贸组织官方网站。

从上图看，自2002年开始，世贸组织成员之间争端案件总数总体上呈下降趋势。与之形成鲜明对比的是，从2006年开始，中国的涉案数一直保持有增无减的态势。其中，2009年全年世贸组织案件总数为14起，而中国被诉和起诉的案件数达7起，中国的案件在世贸组织案件总数中占据了半壁江山。① 这表明，中国已经成为世贸组织争端解决机制最受瞩目的成员和最为主要参与者之一。

从被诉案件看，中国累计被诉23次，其中2006年之后被诉22次。如下图所示：

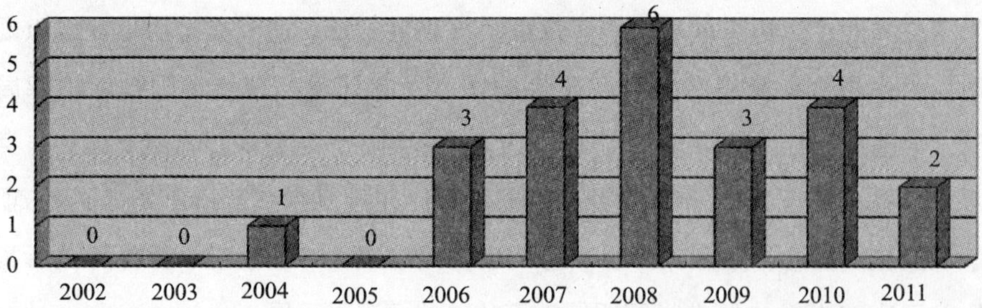


注：数据截至2011年9月底。
数据来源：世贸组织官方网站。

①有学者指出，2009年中国已是世贸组织争端解决的“大户”，在这个意义上，2009年成了“中国年”。参见张乃根主编：《WTO争端解决的“中国年”（2009）》，“序”，上海人民出版社2010年10月版。

自1995年世贸组织成立至2011年9月底，在世贸组织被诉次数列前十位的成员分别是：美国（113次）、欧盟（70次）、中国（23次）、印度（20次）、阿根廷（17次）、加拿大（17次）、日本（15次）、巴西（14次）、韩国（14次）、墨西哥（14次）。如下图所示：

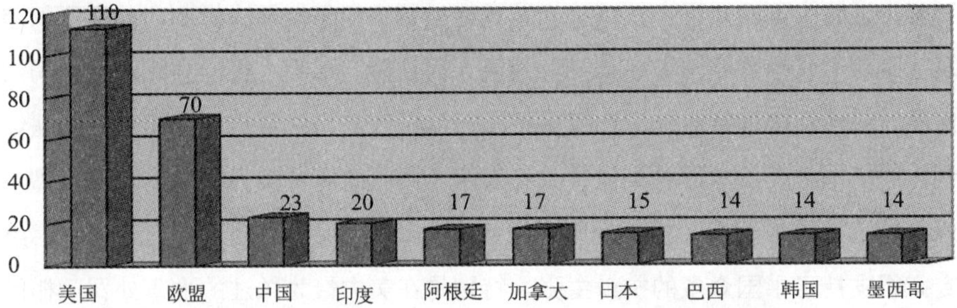


数据来源：世贸组织官方网站。

从上图可以看出，按照被诉次数排名，中国后来者居上，高居第三位，已超过印度而位居发展中成员之首。特别值得一提的是，上图提到的另外九个成员均是世贸组织的创始成员，而中国直到2001年12月11日才正式成为世贸组织成员，晚了近7年时间。作为世贸组织的后加入方，中国在如此短的时间内就遭受了数量如此之多的世贸组织诉讼，其背后的原因颇值得深思。

### 2. 中方全力应对被诉案件

2006年美国、欧盟和加拿大联合起诉中国的汽车零部件案不仅是中国进入世贸组织争端案高发期的重要标志，而且是中国通过诉讼手段全力应诉的重要转折点。该案的涉案措施——《关于构成整车特征汽车零部件进口管理办法》等政策和规章，是海关防止以汽车零部件名义进口从而规避整车关税的重要举措，不仅涉及中国汽车产业发展政策，还牵涉巨额海关关税收入，事关中国重要产业利益和贸易利益。面对美国、欧盟和加拿大联合起诉，中方选择了直面应对。商务部会同发展改革委、财政部、海关总署等部门，在国内外律师和行业协会的大力协助下，广泛搜集证据，认真研究法律辩点，积极准备并提交抗辩材料，与起诉方进行了有理有节的周旋和斗争。案件历经磋商、专家组、上诉机构和合理执行期等阶段，前后历时三年半。

此后，中国遭受了来自美国、欧盟、加拿大、墨西哥、危地马拉等世贸组织成员的密集起诉，无论是从被诉案件的次数，还是被诉案件所涉及的领域，都达到了空前的规模。对涉及国家重大利益的案件，中国无一例外地选择了全力应诉。例如，2007年4月，美国不顾中国在知识产权保护方面做出的种种努力，将中国的知识产权保护问题诉诸世贸组织争端解决机制，此案不仅涉及《刑法》、《著作权法》等法律和最高人民法院、最高人民检察院颁行的司法解释，还涉及中国针对知识产权保护推行的行政与司法并行的知识产权执法体制。时任国务院副总理的吴仪曾公开表示，中国政府对美方的举动表示强烈不满，决定按照世贸组织相关规则积极应诉，奉陪到底。[①] 经过全力应诉，最终专家组支持了中国众多的抗辩主张。特别是在美方最为关注的刑事处罚门槛问题上，专家组裁定美国没能证明中国有关刑事门槛的规定不符合《与贸易有关的知识产权协定》。[②] 这一裁决结果，捍卫了《刑法》等国家基本法律和最高人民法院、最高人民检察院司法解释的权威性，维护了行政保护与司法保护“双轨并行”的知识产权执法体制。尽管该案专家组也裁定了中国部分涉案措施与世贸组织规则不一致，但业内人士多认为，美方未能得到其预期的结果。

**3. 主动出击，攻防并举**

与屡次遭遇其他世贸组织成员的提起诉讼形成鲜明对比的是，中国在作为起诉方主动提起世贸组织诉讼方面显得相对低调和克制。除了2002年在世贸组织诉美钢铁保障措施之外，在随后的5年时间里，中国一直保持平静，没有针对其他成员提起世贸组织争端案件。有学者评价说，中国不愿意利用世贸组织争端解决机制中的法律程序解决问题，更喜欢通过双边协商处理贸易纷争，[③] 是一个“不情愿的起诉方”（reluctant complainant）[④]。

---

① 参见2007年4月24日吴仪副总理在2007年“中国保护知识产权高层论坛”的主旨演讲，http://news.xinhuanet.com/newmedia/2007-04/25/content_6024511.htm。

② 参见世贸组织文件《美国诉中国知识产权案专家组裁决报告：WT/DS362/R》。

③Henry Gao, “Aggressive Legalism: The East Asian Experience and Lessons for China”, *China's Participation in the WTO*（Henry Gao and Donald Lewis, eds.）（London, Cameron May Publishers, 2005）at 315-351.

④Harpaz, Marcia Don, “Sense and Sensibilities of China and WTO Dispute Settlement”. Hebrew University International Law Research Paper No. 02-10. Available at SSRN: http://ssrn.com/abstract=1599563.

随着对世贸组织争端解决实践参与的不断增多，中国政府逐渐意识到，多边争端解决机制是世贸组织成员之间处理贸易纠纷的正常渠道，如若运用得当，倒是能够在避免过多政治因素干扰的情况下使摩擦得到妥善解决，也能较好地降低摩擦对双边经贸关系的负面影响。更为重要的是，中国各政府部门逐渐认识到，世贸组织争端解决机制是一个可以用来维护国家贸易利益和经济利益的重要平台。伴随着中国出口贸易的长期强势增长，一些国家对华贸易保护主义的倾向也日趋严重，针对中国产品的贸易救济措施和各种形式的贸易限制措施层出不穷，中国对外贸易发展的国际环境变得非常严峻。在这种形势下，中国政府于2007年开始通过世贸组织争端解决机制这一平台，主动将其他成员损害中国国际贸易利益且涉嫌违反世贸组织多边规则的做法提交世贸组织解决，用多边规则来保护和发展自己。标志性的事件是：2007年9月14日，中国针对美国商务部对中国铜版纸反补贴暨反倾销初裁措施正式提起了世贸组织诉讼。① 这是中国加入世贸组织之后第一次单独起诉，引起了中外媒体和国际社会的高度关注。② 在之后的三年多时间里，中国先后6次起诉了美、欧，将美国反补贴和反倾销终裁裁决③、美国对中国输美禽肉的歧视性做法④、欧盟紧固件反倾销措施⑤、美国轮胎特保措施⑥ 以及欧盟皮鞋反

① 下文简称“中国诉美国铜版纸反补贴和反倾销案”。有关此案的情况，参见世贸组织官方网站：http://www.wto.org/english/tratop_e/dispu_e/cases_e/ds368_e.htm。

② 有学者将中国首次单独启动世贸组织争端解决程序描述为：“中国参与WTO争端解决机制的里程碑，表明中国作为新成员在WTO争端解决活动中纯粹见习阶段的结束”，其意义之重大，可见一斑。参见余敏友、刘衡：“评中国在WTO近十年的表现”，http://cwto.mofcom.gov.cn/accessory/201011/1289262759181.pdf。

③ 下文简称“中国诉美国反补贴和反倾销措施案”。有关此案的情况，参见世贸组织官方网站：http://www.wto.org/english/tratop_e/dispu_e/cases_e/ds379_e.htm。

④ 下文简称“中国诉美国禽肉案”。有关此案的情况，参见世贸组织官方网站：http://www.wto.org/english/tratop_e/dispu_e/cases_e/ds392_e.htm。

⑤ 下文简称“中国诉欧盟紧固件反倾销案”。有关此案的情况，参见世贸组织官方网站：http://www.wto.org/english/tratop_e/dispu_e/cases_e/ds397_e.htm。

⑥ 下文简称“中国诉美国轮胎特保案”。有关此案的情况，参见世贸组织官方网站：http://www.wto.org/english/tratop_e/dispu_e/cases_e/ds399_e.htm。

倾销措施[①]、美国对华暖水虾反倾销归零措施[②]诉诸世贸组织争端解决机制。截至2011年6月底，中国已提起8起世贸组织诉讼，涉及8项争议措施。按照争议措施统计，中国累计被诉14次，起诉8次。中国在世贸组织争端解决机制下逐渐赢得了有攻有守、攻守渐趋平衡的局面。

**4. 世贸组织诉讼成为维护国家利益的重要平台**

随着参与世贸组织争端解决机制实践的深入，中国对世贸组织诉讼的认识也愈加理性、务实。早在2005年，国务院新闻办公室公布的《中国的和平发展道路白皮书》中即指出："国家间存在贸易摩擦，这在国际经济交往中是完全正常的。中国遵守国际惯例和世界贸易组织规则，坚持在平等对话的基础上，利用世界贸易组织争端解决机制处理贸易摩擦问题。"[③]在2008年全国商务工作会议上，商务部部长陈德铭表示，中国政府将"认真抓好世贸组织争端案件的应诉工作，争取对我最有利的结果。对其他成员损害我利益的行为，也要善于运用世贸组织争端解决机制"[④]。这表明，中国已将世贸组织争端解决机制作为维护国家利益的重要平台，这显然是认识上的一项重大转变。

实践证明了这一认识的正确性。首先，通过积极应诉被诉世贸组织争端，可以捍卫国家重大利益。汽车零部件案应诉过程中，中方向世贸组织专家组和上诉机构详尽阐述了涉案措施的政策意图，为政策目标的正当性做了有力抗辩；同时，案件应对过程本身客观上为汽车产业发展赢得了相对较长的政策调整期，缓解了案件结果对产业发展可能带来的负面影响；尤其值得提及的是，上诉机构支持了中方的抗辩主张并驳回了起诉方关于涉案措施违

---

① 下文简称"中国诉欧盟皮鞋反倾销案"。有关此案的情况，参见世贸组织官方网站：http://www.wto.org/english/tratop_e/dispu_e/cases_e/ds405_e.htm。

② 下文简称"中国诉美国暖水虾反倾销归零措施案"。有关此案的情况，参见世贸组织官方网站：http://www.wto.org/english/tratop_e/dispu_e/cases_e/ds422_e.htm。

③ 国务院新闻办公室：《中国的和平发展道路白皮书》，http://www.china.com.cn/chinese/zhuanti/book/1069390.htm。

④ 陈德铭："深入贯彻党的十七大精神　全面开创商务工作新局面——在2008年全国商务工作会议上的报告（摘要）"，http://chendeming.mofcom.gov.cn/aarticle/speeches/200801/20080105345233.html。

反中国加入报告书第93段的诉请，使中国能够继续按25%的税率征收整车关税，而不是将整车按零部件征收10%的关税。知识产权案应对中，中国成功打掉了美国欲挑战中国《刑法》和知识产权执法体制的意图，维护了中国法律的严肃性和权威性。其次，通过主动提起世贸组织诉讼，可以遏制其他世贸组织成员针对中国滥用规则的不公平做法，有效地维护国家利益，为中国对外贸易的发展赢得稳定和可预期的国际环境。例如，中国诉美国禽肉案的专家组裁定，美国通过限制政府财政预算支出的途径全面禁止中国禽肉进口的做法，违反了《实施卫生与植物卫生措施协定》和最惠国待遇原则，这在一定程度上为中国禽肉产品出口美国清除了障碍；[①] 中国诉欧盟紧固件反倾销案上诉机构明确裁定，欧盟《反倾销基本条例》有关单独税率的规定不符合世贸组织规则，[②] 这一裁定将解决长期以来困扰中国输欧产品在反倾销措施方面所遭遇的国家惩罚性税率这一不公正待遇。中国诉美国反补贴和反倾销措施案上诉机构裁定，美国未能解决对中国产品实施双反措施中可能存在的双重救济问题，违反了《补贴协定》的相关规定，这一裁决可望有效遏制美国对中国输美产品滥用反补贴措施。再次，通过实质性地参与世贸组织争端解决程序，向世贸组织争端解决专家组和上诉机构申明中国在世贸组织多边贸易规则上的立场，可以增强中国在世贸组织争端解决机制中的规则话语权，有利于中国实现从国际贸易规则的执行者向国际贸易规则参与、制定者转变，[③] 推进中国由贸易大国向贸易强国的转变，为国家长远利益服务。

**5. 工作机制进一步完善**

世贸组织争端案件多涉及国家重要制度和重大贸易利益，与产业和企业的切身利益密切相关。处理和应对世贸组织争端案件，需要高水平的法律诉

① 商务部条法司负责人就争端解决机构就中国诉美禽肉限制措施案通过裁决报告表示欢迎：http://tfs.mofcom.gov.cn/aarticle/bc/201010/20101007210247.html。

② 商务部条法司负责人就世贸组织专家组就中国诉欧盟紧固件反倾销措施案发布裁决报告发表谈话：http://tfs.mofcom.gov.cn/aarticle/bc/201012/20101207310896.html。

③ 商务部副部长钟山在2011年中国经济形势解析高层报告会发表讲话指出：中国需要“提高中国政府参与国际贸易规则制定的能力。重点要从国际贸易规则的执行者向国际贸易规则参与、制定者转变”。参见 http://www.mofcom.gov.cn/aarticle/ae/ai/201012/20101207332547.html。

讼技能，需要尽可能掌控大量涉案证据，需要协调统筹各方利益，需要集中各方之力统一应对，有时甚至需要在复杂的利益关系中做出涉及利益取舍的重大决策。这客观上要求在中央政府各部门之间、在中央政府与地方政府之间、在政府与产业企业之间建立起高效、顺畅的工作机制。这是中国在应对第一起世贸组织诉讼（集成电路案）过程中，即经过切身体会获得的一条弥足珍贵的经验。中国政府部门也逐渐认识到，其他世贸组织成员，如美国、欧盟、日本、巴西、印度等，之所以在世贸组织争端解决机制中取得了令人瞩目的业绩，与它们各自经过长期积累形成的完善的内部工作机制密不可分。党的十六届四中全会通过的《关于加强党的执政能力建设的决定》明确指出："推动建立健全妥善应对国际贸易争端的机制，善于运用国际通行规则发展和保护自己"。商务部部长陈德铭在工作报告中表示："建立应对世贸组织争端解决的部际联合工作机制，充分利用世贸组织规则维护我国权益"[①]。这表明中国政府高层充分意识到了建立应对世贸组织争端解决工作机制的重要性。

经过多起案件的实践和多年来的磨合，中国目前已经建立起适合中国国情，能够高效、顺畅运转，由中央政府各相关部门、各地方政府部门、产业行业中介组织及企业组成的联合工作机制。不过，并不是所有政府部门及产业企业都参与到每一个世贸组织争端中。遇有世贸组织争端发生时，往往根据涉案措施的具体情况确定由哪些具体政府部门及哪些产业行业组织参与工作机制。有时候甚至在世贸组织争端发生之前，在研究如何应对潜在世贸组织争端时，就建立起相应的预警研究机制，可谓是"争端未起，机制先行"。如果说中国自加入世贸组织以来在参与世贸组织争端解决机制、应对和处理世贸组织诉讼方面取得了一定成绩的话，那么，处于不断完善和建设之中的工作机制功不可没。

### 6. 人才队伍建设成效明显

世贸组织争端解决工作是一项高度专业化的工作，离不开高水平的专业

---

① 陈德铭："深入贯彻党的十七大精神　全面开创商务工作新局面——在2008年全国商务工作会议上的报告（摘要）"，http://chendeming.mofcom.gov.cn/aarticle/speeches/200801/20080105345233.html。

人才。中国加入世贸组织以来，在世贸组织争端解决专业人才队伍建设方面取得了明显成效，赢得了国际人士的关注和肯定。[①]

首先，商务部进一步加强了世贸组织争端解决方面专门人员的配备，增加了处室设置。2009年，商务部条约法律司在原来一个处（世贸组织法律处）的基础上，增设了世贸组织法律二处，人员配备由原来的5人增加到9人，加上常驻世贸组织代表团专门负责世贸组织争端解决事务的外交官，如今已有十余人专司世贸组织争端解决工作。与美国、欧盟等世贸组织成员相比，在人数方面还有不小差距，[②]但考虑到中央国家机关编制普遍吃紧，能扩大到这一规模亦属不易。

其次，坚持培养和扶持国内律师。考虑到世贸组织诉讼需要高超的法律技能，除了政府律师外，绝大多数世贸组织成员均聘请国际一流的律师团队协助处理世贸组织诉讼，日本、巴西、印度等老牌世贸组织成员莫不如此。中国在参与世贸组织争端解决机制过程中，除借鉴其他成员做法聘请国外高水平律师之外，还放眼长远，着力培养和扶植中国律师，使他们有机会通过与国际顶尖律师合作，历经世贸组织法律实战的磨练，迅速提高专业素养和技能，能够在不远的将来独立担纲中国在世贸组织的诉讼事务。事实上，中国自2002年起诉美国钢铁保障措施案起，就已经开始实践这一思路。[③]经过多年实践和积累，如今，一些国内律师事务所在世贸组织诉讼方面的水平有了大幅增进，虽然与国际顶尖律师事务所相比尚有差距，[④]但差距正在迅速缩小。

再次，继续向世贸组织推荐中国专家。继2004年推举三名专家列入世

---

①Pasha L. Hsieh, "China's Development of International Economc Law and WTO Lgeal Capacity Building", *Journal of International Economic Law* 13（4）, 997-1036.

② 根据商务部条约法律司曾做的专题调研，美国贸易代表办公室法律总顾问办公室负责世贸组织诉讼工作，配备有30名左右的政府律师；欧盟委员会贸易总司和法律总司分工负责世贸组织诉讼工作，配备了二十余人。

③ 当时，原外经贸部聘请了一家国外律师事务所作为主打律师，同时聘请了四家国内律师事务所一同参与工作。

④"A Series: China's Trade Offensive: Where Are China's WTO Lawyers," http://www.forbes.com/2009/04/27/china-wto-law-business-economy-trade.html.

贸组织专家组指示性名单之后，中国政府又分三批向世贸组织推荐了专家。2006年推举了两名：董世忠、张月姣；2010年推举了6名：李仲周、韩立余、杨国华、鄂德峰、张丽萍、李诙箑；2011年推举了张向晨、洪晓东、索必成、陈雨松、张乃根、龚柏华、黄东黎、史晓丽，共8名。目前，被列入世贸组织专家组指示性名单的中国专家人数共计19名。尤为值得提及的是，2007年6月和8月，张玉卿教授被世贸组织总干事拉米指定为审理厄瓜多尔诉欧盟香蕉案（WT/DS27）和美国诉欧盟香蕉案（WT/DS27）第21.5条执行审查专家组成员，[①]成为在世贸组织争端解决程序中正式参与审理案件的第一位中国专家。

中国政府积极推举中国籍人士参与世贸组织上诉机构成员的遴选并取得成功。2007年11月27日，中国专家张月姣女士被争端解决机构任命为上诉机构7名成员之一，任期从2008年6月1日开始，为期四年。[②]世贸组织上诉机构是现今国际贸易领域最为权威的裁判机构，中国籍专家的成功入选，既标志着中国世贸组织法律专家的水平和能力达到了一个新境界，也是中国作为世贸组织成员对多边争端解决机制与多边贸易体系所做的重大贡献。

### （三）中国参与世贸组织争端案件介评

#### 1. 中国作为被诉方的世贸组织争端

截至2011年9月底，中国被诉案件总数已达23次，涉及14项争议措施，如下表所示：

① 参见世贸组织文件：WT/DS27/84。此外，张玉卿教授于2008年被委任为补贴与反补贴措施委员会常设专家小组成员，参见“Subsidies Committee Elects Members of Permanent Group of Experts”，http://www.wto.org/english/news_e/news08_e/scm_31july08_e.htm。

② 参见世贸组织官方网站：“Appellate Body Members”，http://www.wto.org/english/tratop_e/dispu_e/ab_members_descrp_e.htm。

## 中国被诉世贸组织争端案件简表

（截至2011年9月底）

| 序号 | 案件编号 | 起诉方 | 起诉年度 | 案件简称 | 争议措施 |
|---|---|---|---|---|---|
| 1 | WT/DS309 | 美国 | 2004 | 集成电路案 | 中国给予集成电路产业的增值税退税政策 |
| 2 | WT/DS339 | 欧盟 | 2006 | 汽车零部件案 | 《关于构成整车特征汽车零部件进口管理办法》等汽车零部件进口关税政策 |
| 3 | WT/DS340 | 美国 | | | |
| 4 | WT/DS342 | 加拿大 | | | |
| 5 | WT/DS358 | 美国 | 2007 | 税收优惠政策案 | 中国关于外商投资企业的所得税优惠及增值税优惠政策 |
| 6 | WT/DS359 | 墨西哥 | | | |
| 7 | WT/DS362 | 美国 | 2007 | 知识产权案 | 知识产权刑事处罚门槛、海关对没收的侵权货物的处置规定、《著作权法》关于未获许可出版传播的作品是否受法律保护的规定 |
| 8 | WT/DS363 | 美国 | 2007 | 出版物市场准入案 | 出版物、音像制品、电影进口专营和分销的法规和规章 |
| 9 | WT/DS372 | 欧盟 | 2008 | 金融信息案 | 外国通讯社在中国境内提供金融信息服务的管理规定 |
| 10 | WT/DS373 | 美国 | | | |
| 11 | WT/DS378 | 加拿大 | | | |
| 12 | WT/DS387 | 美国 | 2008 | 出口补贴案 | 与“中国世界名牌”项目、“中国出口名牌”项目有关的措施及其他出口补贴措施 |
| 13 | WT/DS388 | 墨西哥 | | | |
| 14 | WT/DS390 | 危地马拉 | | | |
| 15 | WT/DS394 | 美国 | 2009 | 原材料出口限制案 | 原材料出口限制案对矾土、焦炭、氟石、镁、锰、碳化硅、金属硅、黄磷、锌等九种原材料的出口限制措施及出口关税措施 |
| 16 | WT/DS395 | 欧盟 | | | |
| 17 | WT/DS398 | 墨西哥 | | | |
| 18 | WT/DS407 | 欧盟 | 2010 | 紧固件反倾销案 | 中国针对欧盟紧固件采取的临时反倾销措施 |
| 19 | WT/DS413 | 美国 | 2010 | 电子支付服务案 | 中国针对电子支付卡交易和服务维持的限制措施 |

（续表）

| 序号 | 案件编号 | 起诉方 | 起诉年度 | 案件简称 | 争议措施 |
| --- | --- | --- | --- | --- | --- |
| 20 | WT/DS414 | 美国 | 2010 | 取向硅钢双反案 | 中国针对取向硅钢产品采取反补贴和反倾销终裁措施 |
| 21 | WT/DS419 | 美国 | 2010 | 风能措施案 | 中国鼓励风能发展的资金扶持措施 |
| 22 | WT/DS425 | 欧盟 | 2011 | X射线安全检查设备反倾销案 | 中国针对欧盟X射线安全检查设备采取的最终反倾销措施。 |
| 23 | WT/DS427 | 美国 | 2011 | 白羽肉鸡“双反”措施案 | 中国针对白羽肉鸡采取的反倾销和反补贴最终措施 |

资料来源：世贸组织官方网站。

中国被诉世贸组织争端案件的起诉方涉及5个世贸组织成员，包括美国、欧盟、墨西哥、加拿大和危地马拉。美国是最主要的争端发起方，按争议措施统计，14起案件中，美国起诉达12起，占到总数的85.7%。

截至2011年9月底，上述被诉案件的总体进展情况是：按争议措施案件数统计的14起案件中：（1）案件程序终结的有8起，包括5起磋商解决的案件（集成电路案、税收优惠政策案、金融信息案、出口补贴案、风能措施案）和3起争端解决机构通过案件裁决报告的案件（汽车零部件案、知识产权案、出版物市场准入案）；（2）1起案件处于上诉机构审理程序：原材料出口限制案；（3）2起案件处于专家组审理阶段：电子支付服务案、取向硅钢双反案；（4）3起案件处于磋商程序：紧固件反倾销案、X射线安全检查设备反倾销案、白羽肉鸡“双反”措施案。

从上述中国被诉世贸组织争端案件的进展情况可以看出，中国应对世贸组织被诉案件有两种处理方式：一是通过磋商解决，二是通过进入世贸组织诉讼程序解决。选择何种处理方式是中国政府统筹考虑各种因素，经过认真研判利益得失的结果。

对于规则上有抗辩空间的案件，中国政府自然会选择进入世贸组织诉讼程序，通过世贸组织争端解决专家组和上诉机构的裁决分清是非、辨明曲直，捍卫国家利益。这种情况的典型代表是知识产权案。在该案中，美国试图挑战中国《刑法》和相关司法解释关于处罚侵权行为的刑事门槛的规定，牵涉中国保护知识产权的执法体制，影响重大。而世贸组织规则中对盗版和假冒商标应予追究刑事责任的门槛问题并没有统一的量化性规定，存在可争辩之处。专家组对此案的裁决报告驳回了美国关于刑事责任门槛的指控，中国赢得了该案最为重要的法律诉点。

对于涉案措施有相对明显瑕疵、政策调整负面影响可控的案件，中国政府并不排除通过磋商解决的途径。通过磋商解决的5起案件，即集成电路案、税收优惠政策案、金融信息案、出口补贴案、风能措施案，均属此情形。集成电路案涉及国家鼓励集成电路产业发展的税收支持政策，涉嫌违反世贸组织国民待遇原则；在磋商解决此案后，有关部门迅速出台符合世贸组织义务的支持政策，[①] 确保国家鼓励集成电路产业发展政策的稳定性和持续性。税收优惠政策案涉及以出口为条件的、给予外商投资企业的税收减免措施，与《补贴协定》禁止出口补贴的规定确存有不符之处；案件发生时，结合《中华人民共和国企业所得税法》的颁行与实施，国家已经在统筹考虑取消外商投资企业所得税减免等优惠政策，将案件推向世贸组织争端解决专家组审理程序，意义不大。金融信息案涉及对外国通讯社在中国境内提供金融信息服务的管理措施，该措施涉嫌违反《服务贸易总协定》和中国加入世贸组织的有关承诺，如进入法律诉讼程序，我方并无胜算。应诉团队研究认为，在短期内制订出台符合世贸组织规则的替代管理办法是可行的，磋商解决此案不会影响国家继续加强外国通讯社在华提供金融信息服务的管理力度。此案磋商解决后，有关部门制订出台了《外国机构在中国境内提供金融信息服务管理

① 参见财政部、信息产业部、国家发展改革委关于印发《集成电路产业研究与开发专项资金管理暂行办法》的通知（财建［2005］132号），http://www.mof.gov.cn/zhengwuxinxi/caizhengwengao/caizhengbuwengao2005/caizhengbuwengao20055/200805/t20080525_42760.html。

规定》[①]，不仅未削弱管理，反而进一步加强和完善了相关管理措施。出口补贴案涉及“世界名牌”、“出口名牌”等评比活动，因给予扶持措施的条件含有出口实绩要求，涉嫌构成《补贴协定》禁止的出口补贴。案件发生时，国务院已在一些政府部门的三定方案中明确要求各部门不再直接办理与企业和产品有关的名牌评选活动。对相关涉案措施加以调整，与国务院的要求在方向上是一致的，因此，磋商解决此案不会对国家利益带来大的负面影响。该案中，中方与起诉方通过签署《双方同意的解决方法》终结了案件程序。从结案效果来看，本案通过磋商解决的方式是恰当的，特别是在当时金融危机背景下，有效避免了本案被炒作，避免了相关方面把贸易保护主义、不遵守国际规则的“脏水”泼向中方的可能。

无论是磋商解决的案件，还是争端解决机构通过裁决报告认定中国败诉的案件，中国政府都认真、努力地践行承诺、执行裁决，维护自身负责任贸易大国的形象，捍卫世贸组织多边贸易体制的法律权威。例如，针对集成电路案、税收优惠政策案、金融信息案、出口补贴案等通过磋商方式解决的被诉案件，中国认真履行了在磋商谅解备忘录中的承诺，起诉方并没有对此提出非议。对世贸组织通过裁决报告的案件，中国政府也积极推进裁决执行工作，汽车零部件案和知识产权案的裁决、出版物案的绝大部分裁决都如期地得到了执行。就汽车零部件案而言，专家组和上诉机构裁决中国的汽车零部件进口政策属国内税，违反《1994年关贸总协定》第3条国民待遇原则，在争得了近9个月的合理执行期后，2009年8月15日，工业和信息化部、发展改革委就《汽车产业发展政策》中的“进口管理”部分进行修改，自2009年9月1日起施行。就知识产权案而言，专家组裁决，中国海关对没收侵犯知识产权货物处置的有关规定和《著作权法》关于未获许可出版、传播的作品是否受法律保护的规定，与《与贸易有关的知识产权协定》项下的义务不符。在争取到12个月的执行期限后，全国人大常委会于2010年2月通

① 参见国务院新闻办网站：《外国机构在中国境内提供金融信息服务管理规定》，http://www.scio.gov.cn/zcfg/zcfg/200906/t341501.htm。

过《关于修改〈著作权法〉的决定》，对《著作权法》的相应部分进行了调整；国务院于2010年3月通过了修订后的《知识产权海关保护条例》，对相关部分进行了修订。有学者指出：与美国等少数世贸组织成员拒不执行甚至拖延执行世贸组织裁决相比，中国可以说得上是执行世贸组织争端解决裁决的"模范成员"。中国对争端解决机构建议与裁决的认真执行，不仅体现了中国对世贸组织争端解决机制的高度信任和尊重，而且也是中国忠实履行国际义务的负责任大国形象在世贸组织全球贸易治理中的具体体现，更是中国对和平解决国际争端这一国际法基本原则的遵守和新贡献。①

**2. 中国作为起诉方的世贸组织争端**

截至2011年9月底，中国在世贸组织起诉案件总数达8次，涉及8项争议措施，如下表所示：

**中国在世贸组织起诉案件简表**

（截至2011年9月底）

| 序号 | 案件编号 | 被诉方 | 起诉年度 | 案件简称 |
|---|---|---|---|---|
| 1 | WT/DS252 | 美国 | 2002 | 中国诉美国钢铁保障措施案 |
| 2 | WT/DS368 | 美国 | 2007 | 中国诉美国铜版纸反补贴和反倾销案 |
| 3 | WT/DS379 | 美国 | 2008 | 中国诉美国反补贴和反倾销措施案 |
| 4 | WT/DS392 | 美国 | 2009 | 中国诉美国禽肉案 |
| 5 | WT/DS397 | 欧盟 | 2009 | 中国诉欧盟紧固件反倾销案 |
| 6 | WT/DS399 | 美国 | 2009 | 中国诉美国轮胎特保案 |
| 7 | WT/DS405 | 欧盟 | 2010 | 中国诉欧盟皮鞋反倾销案 |
| 8 | WT/DS422 | 美国 | 2011 | 中国诉美国暖水虾反倾销归零案 |

资料来源：世贸组织官方网站。

① 余敏友、刘衡："评中国在WTO近十年的表现"，http://cwto.mofcom.gov.cn/accessory/201011/1289262759181.pdf。

截至2011年9月底，按照主动提起世贸组织诉讼的次数排列，中国起诉8次，排名12位。排在中国之前的11个世贸组织成员为：美国（98次）、欧盟（85次）、加拿大（33次）、巴西（25次）、墨西哥（21次）、印度（19次）、阿根廷（15次）、韩国（15次）、日本（14次）、泰国（13次）、智利（10次）。如前述，中国在世贸组织被诉23次，排名高居第三。如果仅从世贸组织的统计和排名看，中国在世贸组织的起诉和被诉次数显得很不均衡。但是，考虑到中国被诉的案子中有些是几个成员诉同一措施，也许以涉案措施的数量去比较会更为贴切一些。中国被诉案件共涉及14项措施，中国起诉共涉及8项措施，这种数字对比显示出，中国在世贸组织争端解决实践中的攻与守呈渐趋平衡的态势。

从起诉的对象看，中国目前的起诉对象集中于美国和欧盟，诉美6次，诉欧2次。造成这一局面原因有三：（1）美国和欧盟是中国出口产品的主要目标市场。以2010年的贸易统计为例，中国对美货物贸易出口达2,833亿美元，对欧盟货物贸易出口达3,112亿美元，中国已成为美国和欧盟的第一大进口来源地。如此巨量的出口贸易过程中出现摩擦和纠纷的几率相应更高。（2）尽管美国、欧盟均从自华进口贸易中获得大量实益，但美欧对华贸易保护主义倾向一直很突出，对中国产品滥用贸易救济措施及采取某些歧视性限制措施的问题始终未根本解决。在这种情况下，中方主动出击，通过多边争端解决途径维护自身合法权益将是一种必然选择。（3）美国、欧盟频繁对中国提起世贸组织诉讼，分别起诉12次和5次，中方重点针对美、欧在世贸组织采取法律行动，也是中国在世贸组织争端解决机制项下实现有攻有守、攻防平衡的现实需要。

从案件涉及的领域看，中国主动起诉的8起案件中，除一起案件（中国诉美国禽肉案）涉及卫生与植物卫生措施外，另外7起均涉及贸易救济领域。与被诉案件广泛涉及货物贸易、服务贸易及知识产权等领域相比，中方起诉所涉领域目前还相对集中。形成这种局面的原因主要是：（1）长期以来，在中国面临的贸易摩擦中，国外滥用贸易救济措施一直是最主要的类型之一。中国已经连续十多年位列美欧贸易救济措施的首要目标国。特别是，美欧近年来对中国产品实施的贸易救济措施种类已由传统反倾销领域向反补贴、特别保障措施拓展，不仅对中国出口贸易利益造成了巨大负面影响，有些贸易救济措施（如反补贴措施）还挑战中国的宏观经济政策及相关制度，因此，运用世贸组织争端解决机制遏制美欧滥用贸易救济措施，是中方在当前及今后相当长的一个时期的重要任务。（2）无论是政府部门、业界还是学界，我们对主要贸易伙伴的贸易管理制度研究的系统性和深度都还存在相当的局限，这在很大程度上制约了中方在世贸组织起诉其他成员时选择措施类型的空间。

从案件进展情况看，截至2011年9月底，中国起诉的8起案件中，有6起案件程序已终结，分别是：中国诉美国钢铁保障措施案、中国诉美国铜版纸反补贴和反倾销案、中国诉美国禽肉措施案、中国诉美国反补贴和反倾销措施案、中国诉欧盟紧固件反倾销案、中国诉美国轮胎特保案；有1起处于专家组审理程序中，即中国诉欧盟皮鞋反倾销案；有1起处于磋商阶段，即中国诉美国暖水虾反倾销归零案。

中国主动起诉的8起案件情况简介如下：

中国诉美国钢铁保障措施案（DS252）是中国在世贸组织起诉的第一个案件，起诉时间是2002年，因其早于中国首例被诉案件（即2004年的集成电路案），故被称作中国在世贸组织第一案。2003年11月，上诉机构做出最终裁决，认定美国钢铁保障措施不符合世贸组织规则，中国等八个起诉方获得全面胜诉。在争端解决机构通过专家组和上诉机构的裁决报告后，美国随即撤销了保障措施。

中国诉美国铜版纸反补贴和反倾销案（DS368）是中国首次单独起诉的案件，起诉时间是2007年。促使中国决心主动出击的大背景是：美国商务部放弃长期以来针对非市场经济国家不适用反补贴法的做法，转而在不承认中国企业具备市场经济地位的同时，对中国产品同时征收反倾销税和反补贴税。2006年11月发起调查并于2007年3月做出初步裁决的铜版纸案则是美国政府打开反补贴调查先河的第一案。在铜版纸案的反补贴调查中，美国商务部将中国国有商业银行提供的商业贷款认定为补贴、依据中国国民经济和社会发展五年规划和行业产业规划认定反补贴法上的专向性。为彰显中国政府坚决反对美国做法的坚定立场，遏制美国在反补贴问题上涉嫌违反世贸组织规则的做法，在美国政府针对铜版纸反补贴和反倾销合并调查的终裁裁决做出之前，中国政府迅速采取法律行动，将美对华铜版纸双反调查的初裁措施诉诸世贸组织争端解决机制。在美国调查机关进行的后续调查中，美国国际贸易委员会认定美国国内产业未遭受实质损害，并随即撤销了临时反倾销和反补贴税令，未对中国铜版纸采取最终反倾销和反补贴措施。由于案件争议措施不复存在，案件程序终结。

中国诉美国反补贴和反倾销措施案（DS379）是中国诉美国铜版纸反补贴和反倾销案的继续，起诉的对象是美国在铜版纸双反调查后针对中国输美标准钢管、矩形钢管、复合编织袋、非公路用轮胎采取的反补贴和反倾销最终措施。本案由于事关中国政府管理经济的政策和手段，同时牵涉重大贸易利益，因而备受瞩目。[①]2010年10月22日，世贸组织散发专家组裁决报告。专家组报告支持了中国的部分诉求，认定美国商务部在区域专向性的最终结论、关于美元贷款的国外基准选择和适用最佳可获得信息等方面违反世贸组织规则。但是，中国的众多关键诉点却被专家组驳回：一是专家组认定中国国有企业和国有商业银行系“公共机构”，进而认定国有企业提供原材料和国有商业银行提供贷款构成“财政资助”；二是专家组认定中国国民经济和社会发展的五年规划、产业行业发展规划、外商投资产业指导目录和地方政府的配套规划，总体上构成法律上的专向性；三是专家组认定美国商务部在低价提供原材料项目和国有商业银行提供贷款项目上援用国外基准计算补贴利益的做法并不违反世贸组织规则；四是专家组认定美国商务部采用非市场

① 本案涉及若干重要法律诉点，如国有企业和国有商业银行是否构成“公共机构”；在国有企业提供原材料、政府提供土地、国有商业银行提供贷款等补贴项目上，是否可以采用国外基准计算补贴利益；中国关于国民经济和社会发展的五年规划以及相关配套措施是否构成“法律专向性”；坐落于工业园区的土地是否意味着具备“区域专向性”；针对所谓非市场经济国家，是否可以在使用替代价格计算倾销幅度的情况下，同时征收反倾销税和反补贴税。

经济方法计算倾销幅度，同时征收反倾销税和反补贴税的做法虽然有可能造成双重救济，但是中国没有能够证明美国违反《补贴协定》和其他相关世贸组织协定的相关条款，因而驳回了中国政府关于“双重救济”的法律主张。专家组的裁决报告一出，引起了舆论的广泛关注。[①]面对这一出乎意外的裁决结果，中国政府果断提起上诉。2011年3月11日，世贸组织上诉机构散发了最终裁决报告。上诉机构在“公共机构”和“双重救济”两大核心诉点上推翻了专家组的认定，支持了中方的观点和主张，案件结果出现了“大逆转”。在“公共机构”问题上，上诉机构认为，专家组依据“政府控制的任何实体”这一标准认定是否构成“公共机构”存在法律错误，进而认定美国商务部将中国国有企业作为“公共机构”，并认为中国国有企业提供原材料构成政府“财政资助”的做法不符合世贸组织规则；在“双重救济”问题上，上诉机构认定，美国商务部未经调查拒不考虑是否存在双重救济，适用了错误的法律标准，缺乏相应的事实依据，违反《补贴协定》。除此之外，上诉机构还认定，专家组在审查美国商务部针对国有商业银行提供贷款项目所采用的外部基准方面，违反了客观审查义务。可以说，这一裁决结果是中国政府在世贸组织诉讼中取得一次重大胜利，不仅维护了国家重大贸易利益，而且大大提振了中国政府利用世贸组织争端解决机制的信心，必将对中国政府日后参与世贸组织争端解决和整个世贸组织多边事务产生深远影响。

中国诉美国禽肉案（DS392）是中国单独起诉的世贸组织案件中，最终获得全面胜诉的第一个起诉案件。起诉时间是2009年4月，起诉的对象是美国《2009年综合拨款法案》727节，该节通过限制美国政府资金使用的方向把中国禽肉制品拒于美国市场之外 。2010年10月25日，争端解决机构正式通过本案专家组报告。报告裁定，美国《2009年综合拨款法案》有关限制中国禽肉的条款违反了《实施卫生与植物卫生措施协定》的有关规定，也与《关

①有人甚至将之称作中国利用世贸组织争端解决机制的一个重大挫折。美国贸易代表办公室更是高调地将之称作美国工人和商业针对“不公平进口贸易”的重大胜利。参见 http://www.ustr.gov/about-us/press-office/press-releases/2010/october/united-states-prevails-wto-countervailing-duty-dis。

贸总协定》第1条最惠国待遇原则、《1994年关贸总协定》第11条普遍取消数量限制原则不符。长期以来，美方对中国禽肉采取的限制措施严重阻碍了中国禽肉对美出口，损害了中国企业在多边贸易体制下应当享有的权益。中国的胜诉一定程度上为中国禽肉产品实现对美出口创造了条件。

中国诉欧盟紧固件反倾销案（DS397）是中国对欧盟起诉的第一起世贸组织案件。本案中，中国起诉了欧盟在紧固件反倾销调查中的众多做法，主张欧盟反倾销立法中关于单独税率的规定以及紧固件反倾销调查中的倾销幅度认定、损害认定、因果关系认定及信息披露等方面，与《反倾销协定》不符。2010年12月3日，世贸组织散发了本案专家组裁决报告。报告裁定，欧盟《反倾销基本条例》有关单独税率的规定不符合世贸组织规则，欧盟对中国紧固件采取的反倾销措施在很多方面也违反了世贸组织规则。2011年3月25日，欧盟就本案专家组报告提起了上诉。2011年7月15日，上诉机构散发中国起诉欧盟对华碳钢紧固件反倾销措施案的裁决报告，认定欧盟《反倾销基本条例》第9（5）条关于单独税率的法律规定违反世贸组织规则；同时，上诉机构推翻专家组的部分裁决，支持中方的立场，裁定欧盟针对中国螺丝、螺母、螺栓等碳钢紧固件实施的反倾销措施，在国内产业认定、正常价值和出口价格的公平比较等方面也违反了世贸组织规则。2011年7月28日，争端解决机构通过了此案的专家组报告和上诉机构报告。欧盟是世界上对中国产品发起反倾销调查最多的世贸组织成员之一，其《反倾销基本条例》第9（5）条关于单独税率的法律规定长期使中国企业遭受不公平待遇。此案中方胜诉具有重大意义，将有助于改善中国企业在包括欧盟在内的国际市场的竞争环境，也将增强世贸成员对世贸组织规则和多边贸易体制的信心。

中国诉美国轮胎特保案（DS399）的起诉时间是2009年9月，起诉的对象是美国奥巴马政府对中国轮胎产品采取的特定产品保障措施（简称特保措施）。2009年9月11日，经由美总统奥巴马签署决定，美政府宣布对中国输美轮胎产品采取特保措施，即在未来3年内分别对中国输美轮胎征收

35%、30% 和25% 的从价特别关税。由于此案涉及美政府第一次对中国产品正式采取特保措施，且牵涉世贸组织争端解决专家组和上诉机构将如何界定《中国加入议定书》第16条纪律的宽严尺度，因而广受关注。2010年12月13日，世贸组织散发了本案专家组报告。专家组在报告中驳回了中国关于《中国加入议定书》第16条应予严格解释的主张，裁定美针对中国输美轮胎所采取的特保措施并不违反世贸组织规则。2011年5月24日，中国政府就此案专家组裁决正式提起上诉，要求上诉机构纠正专家组的裁决。2011年9月5日，上诉机构散发了中国诉美国轮胎特保案裁决报告，上诉机构裁定驳回中国的上诉主张，认定美国的轮胎特保措施并没有违反《中国加入世贸组织议定书》第16条等世贸组织规则。[①]

中国诉欧盟皮鞋反倾销案（DS405）的起诉时间是2010年2月，起诉的对象是欧盟对中国输欧皮鞋采取的反倾销措施。事实上，因欧盟对华皮鞋反倾销调查引起的纷争由来已久，1995年至2005年，欧盟曾对中国出口皮鞋实施长达10年的配额限制。欧盟虽根据其在中国加入世贸组织时所做出的承诺取消了配额限制，但又于2005年在未经客观、公正审查的情况下，对中国皮鞋发起反倾销调查，并于2006年10月做出裁定，实施为期两年的反倾销措施。2008年10月，在该反倾销措施即将期满之际，欧盟不顾广大消费者的利益和中方的反对，又发起期终复审，并于2009年12月22日决定将反倾销措施再延长15个月。本案中，中国主张，欧盟对华皮鞋反倾销案的原始调查及裁决，以及期终复审和延长征税裁决，不符合《反倾销协定》和《中国加入议定书》等世贸组织规则。截至2011年9月底，此案正处于专家组审理程序。

中国诉美国暖水虾反倾销归零案（DS422）的起诉时间是2011年2月

---

① 尽管如此，美国2009年对华实施的轮胎特殊保障措施是为转嫁国内政治压力采取的贸易保护主义措施，未获得其国内产业支持，不仅损害了中方的正当贸易利益，也未能减少轮胎进口量。2010年，美国从中国进口的轮胎数量比2009年下降23.6%，2011年上半年进口量继续同比下降6%。与此同时，美国2010年从全球进口的轮胎数量比2009年增长20.2%，2011年上半年进口量继续同比攀升9%。美特保措施导致了贸易扭曲的后果。中方敦促美方尽快终止特保措施，保证中国企业公平竞争的环境。参见商务部条约法律司负责人就世贸组织上诉机构发布中国诉美国轮胎特保措施案裁决报告发表谈话，http://www.mofcom.gov.cn/article/ae/ai/201109/20110907728043.html。

28日，起诉的对象是美国商务部对中国暖水虾采取的反倾销措施。2011年7月22日，中方就本案提出补充磋商请求，要求在起诉美对华暖水虾反倾销案归零做法的基础上，将2009年11月4日美对华金刚石锯片采取的反倾销措施中的归零做法也纳入该争端案。美国在此案中采取了违反世贸组织规则的归零做法，不当征收了高额反倾销税，损害了中国暖水虾企业的正当权利。中国政府在多双边场合多次交涉，中国业界也表示强烈反对，但美国始终未能解决中方的关注。中方希望通过此案，纠正中国输美暖水虾产品反倾销措施及金刚石锯片反倾销措施中美国调查机关采用归零方法计算倾销幅度的错误做法。截至2011年，9月底，此案正处于磋商程序。

通过上述介绍，可以看出，经过多年的磨合、积累和实践，中国政府不仅开始将主动利用世贸组织争端解决机制作为维护国家利益的重要平台，而且已经从一些案件的胜诉中获得了实益。但同美国、欧盟、巴西、印度等世贸组织成员一样，中国并不是将所有贸易纷争均提交世贸组织争端解决，而是有所选择。在决定是否启动世贸组织争端解决程序时，中国政府往往考虑两个因素，一是争议措施是否损及国家重大利益；二是要看争议措施是否涉嫌违反世贸组织规则。实践中，只有在初步判断这两项因素均具备的情况下，中国政府才会考虑启动世贸组织争端解决程序。

**3. 中国作为第三方的世贸组织争端**

世贸组织争端解决中所指的“第三方”，既不是起诉方也不是被诉方，而是指对案件具有贸易利益，因而专门参与案件审理过程的世贸组织成员。第三方可以收到起诉方和被诉方的书面材料，提交自己对案件的意见，出席听证会。作为第三方参与世贸组织争端案件的审理，是中国政府参与世贸组织争端解决机制的重要组成部分。截至2011年9月底，中国已经在78起世贸组织争端案件中作为第三方。主要世贸组织成员作为第三方的次数分别为：日本（106），欧盟（104），美国（86），中国（78），印度（67），巴西（64），如下表所示：

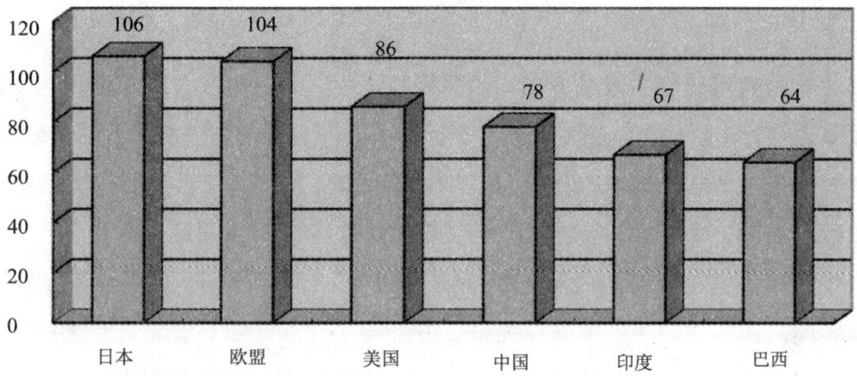


资料来源：世贸组织官方网站。

从上表可以看出，中国参与第三方案件审理的次数已超过印度、巴西等世贸组织成员，甚至开始接近美国的参与数量，对于加入世贸组织仅九年多的中国来说，是个了不起的成就。

在投身世贸组织争端解决机制的初始阶段，作为第三方参与案件审理，对于中国意义重大。一是通过置身世贸组织案件的相关程序，阐明中方对涉案相关规则的理解和立场，积极影响专家组和上诉机构对世贸组织规则的解释，中国可以间接地、长远地维护国家贸易利益；二是可以获得大量贸易政策信息，为有关政府部门政策制定提供借鉴，为企业提供参考；三是可以积累在世贸组织打官司的实战经验；四是可以培养、锻炼中国的世贸组织争端解决人才队伍。回顾中国参与世贸组织争端解决机制的实践，可以认为，中国之所以能够较为平稳地应对世贸组织争端高发期，之所以能够由被动防御转向主动出击，之所以能够满怀信心地利用世贸组织争端解决机制作为维护国家利益的重要平台，很大程度上得益于中国作为第三方参与世贸组织争端案件审理中的积累。

在作为第三方参与世贸组织案件审理过程中，商务部会及时通报案件情况，共享案件信息，使有关产业能够密切跟踪国际贸易体制的最新发展和变化。对于影响较大的第三方案件，商务部会与相关政府部门、进出口商会、行业协会、企业和律师事务所密切合作，确定中国参与案件的立场，起草第三方书面陈述，组团赴世贸组织参加审理案件的听证会，并且回答专家组的书面问题。

在加入世贸组织以来近十年的时间里，中国作为第三方参与世贸组织案件审理经历了从“有所选择”到“全面参与”再到“有所选择”的三个阶段：第一阶段从2002年参与第一起第三方案件起至2003年7月，属于有所选择阶段，其间，争端解决机构成立了26个专家组，而中国只在其中3个案件中做了第三方；第二阶段从2003年8月起至2007年年初，属于全面积极参与阶段，在该阶段中，中国作为第三方参与了这期间所有设立了专家组的案件；第三阶段，从2007年开始至今，中国对作为第三方的策略进行调整，根据案件情况重点选择，更多地选择有重大影响、对中国而言潜在贸易利益重大或者对世贸组织多边规则的澄清与发展而言关系重大的案件。

之所以做出这样的调整，一方面是因为中国自身作为争端当事方的案件增多，在现有资源的局限下必须有所取舍；另一方面则是因为随着自身队伍的日趋成熟，通过第三方参与案件锻炼队伍的压力有所缓解，今后的参与将更多地侧重于对案件与中国自身贸易利益关联度的判断。应该说，从开始时的“有所选择”到现如今的“有所选择”，虽说都是“有所选择”，并不意味着中国政府在参与世贸组织争端解决机制方面在原地踏步，相反，这体现了一种螺旋式的上升，是中国参与世贸组织争端解决实践逐步走向成熟的表现。中国作为贸易大国，具有非常广泛的贸易利益，其他世贸组织成员之间的世贸组织争端均或多或少与中国的贸易利益相关联。可以预见，在条件允许的情况下，中国仍将继续坚持作为第三方参与世贸组织争端案件的做法，积极参与世贸组织争端解决专家组和上诉机构对多边规则的澄清和发展，将世贸组织争端解决机制作为增强规则话语权的平台。

## 四、胜负观、总体评价及展望

### （一）胜负观

打官司总会面临一个胜负问题。作为中国法律人，一方面我们很幸运，因为我们有机会亲身参与中国在世贸组织处理贸易争端的实践，为国家的贸易利益而战；另一方面我们也很纠结，因为在被诉案件的高发期，我们不得不时常面对败诉的结果，特别是在一些广受关注的案件中。

面对胜负，不同的人可能有各不相同的看法，不同的国家可能有各不相同的态度。我们究竟应该如何看待世贸组织争端中的胜与负呢？

从这些年亲历世贸组织争端解决的实践中，我们收获了如下体会：

**第一，如何判断世贸组织诉讼中的胜与负？**

判断世贸组织诉讼的胜负可以有两个角度，一个是纯规则的，另一个是规则加核心诉点的。就纯规则的角度而言，只要案件所涉的被诉措施被专家组或上诉机构最终裁定违反世贸组织规则，即便是只因某一个诉点，且无论违反的是实体性规则还是程序性规则，也无论该违反与起诉方实际利益的关联度如何，即可认为起诉方胜诉了。如前所述，在世贸组织打官司既关乎利益也关乎形象，起诉方通常都会尽力避免空手而回的局面出现，因此，为了确保起诉行动的安全性，起诉方往往会尽可能多地罗列诉点，既有实体性也有程序性的，因为只要有其中一点被专家组或上诉机构最终裁定违反世贸组织规则，起诉方就可以对外宣示自己的胜利，尽管这一点上的胜利未必能带来实质性的贸易利益。这种情况或许我们可以将之概括为“不得利之胜”。就规则加核心诉点的角度而言，判断胜负就要复杂得多。在这一尺度下，起诉方能否赢得最终的实际利益是一个更具权重的判断要素。一世贸组织成员在诉另一成员某项措施的时候，如果其核心诉点未能获得支持，即便涉案措施因其他一些次要诉点而被裁定违反世贸组织规则，也很难说起诉方胜了。也就是说，前述的“不得利之胜”在该尺度下有可能被归于失利。相反，即便起诉方的诉点未能获得全面支持，只要专家组、上诉机构是就其关注的核心诉点裁定涉案措施违反规则，则也应认为起诉方胜了，即获得了“得利之胜”。

美国诉中国知识产权案（DS362）和中国诉美国反补贴和反倾销措施案（DS379）是两个能够说明上述胜负判断标准的很好案例。

在美国诉中国知识产权案（DS362）中，美方最关注的是侵权行为的刑事处罚门槛问题。美方认为，中国对知识产权侵权行为刑事处罚设定了过高的门槛，从而导致对知识产权侵权犯罪处罚不力，中国《刑法》及最高人民法院、最高人民检察院司法解释中的相关规定违反了《与贸易有关的知识产权协定》。然而，该案最终获通过的专家组报告裁定，中国关于知识产权侵权行为刑事处罚门槛的规定没有违反世贸组织规则。尽管专家组报告也裁定了中国知识产权有关的法律规定与世贸组织规则不一致，如《著作权法》第4条等，但由于这些规定的调整和修改更多的是文字表述问题，并未涉及中国知识产权保护执法机制和做法的变化，或者说更多涉及的是立法的技术性问题。因此，对于中方而言，执行裁决基本上没有太大困难或负担。然而，对于美国而言，结果是苦涩的。在经过多年的准备之后，美方通过诉诸世贸组织并未拿到它希图的东西。对于该案的结果，业内人士及瑞士日内瓦的世贸组织圈子里的人都认为，实际上美国输了。事实上，美方也确实因为该案的结果在其国内受到多方批评和抨击。这个案例似乎能较好地说明“得胜不得利”之胜，换言之，美国表面上虽然赢了这场官司，却是“得胜不得利”。

在中国诉美国反补贴和反倾销措施案（DS379）中，中方罗列了多个诉点指控美国的双反措施。最终，上诉机构认定美国双反措施在公共机构和双重救济方面违反了世贸组织规则。尽管中方的诉点并未获得全部支持，但因为赢得的这两点恰恰是中方最为关注的诉点。因此，中方完全有理由认为并宣称获得了重大胜利。美国贸易代表柯克和美国业界对报告所表达的强烈不满也从另一个视角映衬了中方的胜利。这或许是能够诠释“得利之胜”含义的一个典型案例。

**第二，如何看待世贸组织诉讼中的胜与负？**

首先，起诉案件胜多、被诉案件负多是一种常态。世贸组织成员决定启动争端解决机制都是经过了仔细斟酌和认真评估的，是一项很严肃的举动，因为它是成员政府对政府的一种博弈，既关乎利益，也关乎形象。绝大多数情况下，在将某项争议措施提交世贸组织争端解决之前，当事两方的政府都会就该争议事项进行双边磋商，有些后来打到世贸组织的案件，在此之前双方都谈过若干年，只是因为双边途径未能或无法解决问题，最后才诉诸世贸组织。从这个意义上讲，自从世贸组织成立以后，单边贸易报复行为被有效地约束了，世贸组织争端解决机制成了成员方寻求贸易争端解决的最后途径。据了解，无论美欧还是日韩，抑或巴西、印度，它们都只在经评估认为具有相当胜算的情况下才会启动世贸组织争端解决程序，一般都不会轻率行事。一成员如诉至世贸组织，最终空手而回的可能性相对是比较小的；同理，一成员若被诉至世贸组织，最终能全身而退的概率也是比较小的。据不完全统计，截至2011年9月底，在世贸组织以专家组报告和上诉机构报告裁决结案的176个案件中，被诉一方败诉的比例接近90%。

其次，应从涉案措施的政策目标和涉及的贸易利益两个角度看胜负。当某一措施被诉至世贸组织争端解决机制时，无论起诉方还是被诉方，通常都要回答两个问题：其一，被诉成员有没有权利实施该项措施？其二，被诉成员是否正确实施了该项措施？第一个问题往往与被诉措施的政策目标的正当性相关。整个世贸组织规则体系是贯穿着自由贸易理念的，但同时，其并不排斥成员基于正当的政策目标、在例外情况下对贸易予以相应的规范或限制。《1994年关贸总协定》的第11.2条、第20条一般例外和第21条安全例外等诸多条款，莫不体现这一精神。例如，根据世贸组织规则，一成员基于维护公平竞争、保护可用竭的资源、保护环境等目标，有权对进口产品、出口产品实施某些限制措施；一成员为保护公共道德、维护公序良俗，有权对进口或出口的文化产品实施内容审查或限制措施。第二个问题往往与被诉措施的形式和内容相关。实现某一政策目标的方法和途径可能是多样的。世贸组织规则鼓励成员采用对贸易不具限制性或限制性相对较小的措施去实现特定政策目标。如果一定要采用对贸易具有限制作用的措施，则必须遵循相应的标准和要求。当涉案措施被裁定违反世贸组织规则时，我们首先要分析涉案措施的政策目标是否被专家组、上诉机构认同了。如果未获认同，则涉案措施形式上的调整将无法满足执行裁决的需要，其必须被撤销；如果获得了认同，则我们重点要考虑的是如何调整措施，以使其符合世贸组织规则的要求。应该说，当我们面临一败诉裁决的时候，如果政策目标的正当性被认同了，则该裁决造成的利益影响相对要小一些。从这个角度讲，政策目标的实现才是利益真正之所在。只要政策目标能得以实现，作为手段的措施在形式方面的变化和调整所产生的相应成本及利益损失在总体上是有限的。

如果涉案措施的政策目标本身就是不正当的，被诉方因实施该措施而获得的利益应属不当利益，则被诉方为执行专家组、上诉机构的裁决而撤销涉案措施，只不过是被迫放弃了不应得的利益，此时亦谈不上因败诉而招致了损失。例如，2000年，美国布什政府基于国内政治需要，为了保护其国内产业滥用了世贸组织规则，对进口的三十多个税号的钢铁制品实施了所谓的“保障措施”，即当时被广泛批评的钢铁201保障措施。随即，包括中国在内的8个世贸组织成员将该措施诉诸世贸组织，后该措施被专家组和上诉机构裁定违反《保障措施协定》。美国政府为执行裁决撤销了该措施。在本案中，因美国本来就不应该实施保障措施，因此其最后撤销措施也就谈不上所谓利益损失。

再次，如若处置得当，完全有可能化弊为利。这一点在我与起诉方通过磋商结案的几个案例中表现得尤为突出。例如，美国诉我集成电路案中，考虑到涉案政策文件在表述上确实存在较为明显的瑕疵，中方决定与美方通过磋商了结这一争端。为此，我们在较短的时间内对涉案文件进行了修改、调整，删除了涉嫌违反世贸组织规则的相关规定，同时增加了若干不违反规则的支持措施。其结果是，我们对集成电路产业发展的支持非但未减弱反而增强了，而且相关政策保持了与世贸组织规则的一致性，中美之间关于集成电路问题的贸易争端也顺利化解了。再如，美国、欧盟、加拿大诉我金融信息案也是通过磋商解决的。在该案中，中方所做的主要调整是将原由新华社负责的金融信息服务监管划归国务院新闻办公室负责。值得一提的是，由于新华社不是行政管理部门，其原来的管理不能通过行政许可手段。经与美、欧、加三方谈判，国务院新闻办公室在后来的管理中可以行使行政许可。相比调整前，除中方部门间内部有些职能变化外，管理体制被理顺了，管理手段和方式进一步严格和规范了，实际的监管效果也得到了改善。在这两个案例中，表面上看，中方确实“被迫”调整了政策，似乎是“败”了，但若从实质上看，中方的利益并未受到太大负面影响，除承担了一些政策调整的成本外，中方所受的其他利益影响几乎可以忽略不计，有些调整甚至更符合中方的长远利益。

在面对世贸组织争端的时候，一方面，我们要积极、认真地应对，因为每一个案件都事关国家的重大利益；另一方面，我们也要理性地看待因调整涉嫌违反规则的措施可能产生的利弊。只要我们不断提高对世贸组织规则的认识水平，不断提高对世贸组织规则的运用能力，我们就能够在最大程度上化解因败诉可能带来的负面影响，有时甚至还能化弊为利，顺势做出符合我长远利益要求的政策调整。

### （二）总体评价

自加入世贸组织以来，中国政府在处理和应对世贸组织争端方面总体上实现了平稳、有序运行，妥善应对了世贸组织争端解决高发期，成功实现了由被动防御到攻守兼备的转型，积极贯彻作为第三方参与世贸组织案件审理的策略，世贸组织诉讼经验获得了较快积累，人才队伍建设得到大幅加强，实质性地参与了世贸组织争端解决专家组和上诉机构对世贸组织规则的澄清和发展，增强了中国在世贸组织争端解决机制运行中的规则话语权，捍卫了国家利益，维护了中国作为负责任的贸易大国遵守规则、信守承诺的形象，为维护多边贸易体制的权威性和严肃性做出了贡献，获得了广泛高度评价。[①]

客观而言，中国在运用世贸组织争端解决机制、参与世贸组织争端解决实践方面的综合能力，与美欧等“老运动员”相比，仍存在不小的差距。在今后相当长的一个时期，我们仍将处于追赶的位置，对此，我们应有清醒的认识。

---

①Harpaz, Marcia Don, “Sense and Sensibilities of China and WTO Dispute Settlement”. Hebrew University International Law Research Paper No. 02-10. Available at SSRN: http://ssrn.com/abstract=1599563；Pasha L. Hsieh, “China’s Development of International Economic Law and WTO Legal Capacity Building”, *Journal of International Economic Law* 13（4）, 997—1036；余敏友：“中国参与 WTO 争端解决活动评述”，载《世界贸易组织研究与动态》2009年第5期。

## （三）展望

面对国际、国内环境的新形势，中国参与世贸组织争端解决机制仍面临着诸多严峻挑战，主要体现在如下方面：

首先，案件持续频发在所难免。改革开放三十多年来，我国对外贸易实现了由小到大的跨越。2009年，中国成功应对国际金融危机影响，成为第一出口大国，占全球贸易份额的9.6%。2010年，对外贸易实现了恢复性增长，进出口总额达到了2.97万亿美元，占全球贸易份额超过10%，[①]再创历史新高。所谓树大招风，贸易地位的提升难免招致一些世贸组织成员的警觉和非议。2010年，中国被诉4次，涉及4项争议措施，按争议措施计，2010年的被诉次数达到了历史新高。[②]2011年，世贸组织诉讼延续了高发态势，欧盟和美国先后将中国的X射线安全检查设备反倾销措施、白羽肉鸡双反措施诉诸世贸组织争端解决机制。案件涉及的领域向纵深扩展，不仅涉及传统贸易救济领域，还涉及服务贸易，甚至牵涉国家能源政策，对国家贸易利益和能源产业政策影响深远。从近两年中国在世贸组织被诉的情况看，中国将长期处于世贸组织争端高发期是一种趋势，对中国政府下一步的应对能力和水平形成重大考验。

其次，围绕中国加入世贸组织承诺的法律纷争将更加突出。通过《中国入世议定书》和《中国工作组报告书》，在对华贸易救济措施方面，美、欧等竭力对《中国加入议定书》第15条（即通常所说的“市场经济地位”条款）和第16条（即通常所说的“特保条款”）等承诺进行宽松解释，在使用替代国价格计算倾销幅度、单独税率、补贴认定和利益计算、特别保障措施的实施条件等方面大幅降低纪律要求和门槛，频繁对中国产品发起反倾销和反补贴调查，甚至采取特保措施，严重影响了中国的贸易利益。

① 商务部钟山副部长出席2011年中国经济形势解析高层报告会并发表讲话，http://www.mofcom.gov.cn/article/ae/ai/201012/20101207332547.html。

② 按照被诉次数统计，中国2008年被诉6次，次数最多，分别是欧盟、美国和加拿大诉中国金融信息案，美国、墨西哥和危地马拉诉中国出口补贴案，但仅涉及两项争议措施。

在提起世贸组织诉讼方面，美、欧等在世贸组织争端解决机制项下对中国发难的首要理由，不是世贸组织的一般规则，更多的是中国在世贸组织《议定书》和《报告书》的承诺。例如，汽车零部件案涉及《中国工作组报告书》第93段；原材料出口限制案涉及中国对出口限制和出口关税的特别承诺；金融信息案、支付卡服务案则涉及中国对服务贸易领域实施开放的承诺。这给中国政府在世贸组织诉讼中进行法律应对增加了难度。

在遇到中国起诉的世贸组织争端时，中国加入世贸组织承诺则成为美、欧等在世贸组织诉讼中进行法律抗辩的重要依据，有时甚至是主要依据。中国诉美国轮胎特保案和中国诉欧盟紧固件反倾销案是这种情况的典型代表。以中国诉美国轮胎特保案为例，中国主张对《中国加入议定书》第16条（“特保条款”）进行严格解释；美国调查机关在进行特保调查时，除了符合《议定书》第16条规定外，还应符合世贸组织关于一般保障措施的《保障措施协定》的纪律约束。美国则认为，除了《议定书》第16条外，世贸组织对成员对中国产品采取特保措施没有任何约束，调查机关享有非常宽松的自由裁量权。

在世贸组织争端解决法律诉讼程序中，美、欧等世贸组织成员还采取拉拢同盟军策略，竭力将起诉中国的世贸组织争端描述成为“中国专属”（China specific）的案件，不仅说服其他世贸组织成员作为第三方参与案件程序以“孤立”中国，还力图让审理案件的专家组和上诉机构相信中国的加入世贸组织承诺令其主张获得法律上的正当性。可以预见，无论是正在诉讼程序中的案件（如原材料出口限制案等），还是今后可能发生的潜在世贸组织诉讼，中国加入世贸组织的承诺将进一步成为涉华世贸组织争端的焦点，这都将对中国在后续世贸组织诉讼中的应对和处理工作带来更大挑战。

再次，货币政策、气候变化、互联网内容审查、能源政策、稀土资源的出口限制、出口信贷政策等问题，均关系到中国重大利益，且很可能在将来成为世贸组织诉讼的焦点问题，中国将不得不面临一系列严峻挑战。从领域看，这些潜在世贸组织争端所涉领域的进一步拓宽，将继续考验中国利用世贸组织争端解决机制的能力和水平。

最后，随着中国正努力从贸易大国向贸易强国转变，我们自身的进攻利益也日益增大。为维系一个有利于我持续、稳定发展的外部贸易环境，有效遏制贸易保护主义的泛滥，保障中国企业和产业公平地参与全球市场的竞争，全面、充分地实现多边贸易规则赋予我们的利益，我们需要继续妥善运用世贸组织争端解决机制捍卫权益。保护中国作为一个世贸组织成员权益的现实、客观需要，将对中国团队驾驭规则、运用规则的能力提出更高的要求。

中国在参与世贸组织争端解决的实践中已经有了一个稳健的起步，但未来的挑战多且严峻，中国法律人仍需孜孜以求，不懈努力，在世贸组织这一多边平台上切实扮演好国家利益守护人的角色。

前路漫漫，好运中国!

校稿：蒋成华

# 诉美国钢铁保障措施案评析

杨国华

2002年3月，美国总统宣布，对10种进口钢材[①]采取保障措施，在为期3年的时间里，加征最高达30%的关税，这一措施即美国钢铁保障措施。中国正式成为世贸组织成员刚刚3个多月，就遇到了这个案件。包括中国在内的一些世贸组织成员将本案提交世贸组织争端解决机制，是为美国—钢铁保障措施案（United States–Definitive Safeguard Measures on Imports of Certain Steel Products, 世贸组织案件编号：DS252）。在随后的21个月中，中国经历了世贸组织争端解决机制规定的主要法律程序，包括磋商、专家组审理、上诉机构审议等。在争端解决机构通过专家组和上诉机构报告并裁定美国钢铁保障措施违反世贸组织规则之后，2003年12月4日，美国总统宣布取消保障措施，此案宣布全部结束。

美国—钢铁保障措施案给中国提供了非常难得的经历，让中国政府对世贸

① 这10种产品是：板材，包括板坯、中厚板、热轧钢、冷轧钢和涂镀板；热轧棒材；冷轧棒材；螺纹钢；焊管类产品；普通碳素和合金管接头；不锈钢棒材；不锈钢杆材；镀锡类产品；不锈钢线材。

组织争端解决机制的程序和性质第一次有了一个比较真实的了解。该案也向我们提供了很多启示，包括如何运用世贸组织规则。这是一个特殊时期的特殊案件，对中国今后参与世贸组织的工作也产生了重要影响。

## 一、案件的发展进程概览

### （一）争议的措施

美国国际贸易委员会（ITC 以下简称国际贸易委员会）是保障措施调查的主管机关。2001年7月3日，ITC在《联邦公报》上发布公告，宣布就钢铁进口对美国钢铁行业的影响发起调查。2001年12月19日，国际贸易委员会报告认为，进口钢铁增加对美国国内钢铁业造成了严重损害，建议美国总统对钢铁进口实施限制，并就具体的限制方式提出了建议。随后，美国贸易代表办公室（USTR）就此问题听取了有关方面意见，并向美国总统也提出了建议。2002年3月5日，美国总统布什发布命令，宣布对多种钢铁产品进口提高关税。①

### （二）程序进展

美国的措施引起国际社会一片哗然，遭到多个国家和地区的反对。中国数亿美元的对美出口钢铁产品也受到美国保障措施的影响。

① 具体措施如下：（1）板材（certain flat steel）。板坯（slabs）：第一年540万吨，配额外关税30％；第二年590万吨，配额外关税24％；第三年640万吨，配额外关税18％。成品板材，包括中厚板（plate）、热轧薄板卷（hot-rolled steel）、冷轧薄板卷（cold-rolled steel）和涂镀薄板卷（coated steel）：第一年关税30％；第二年关税24％；第三年关税18％。（2）热轧棒材（hot-rolled bar）：第一年关税30％；第二年关税24％；第三年关税18％。（3）冷轧棒材（cold-finished bar）：第一年关税30％；第二年关税24％；第三年关税18％。（4）螺纹钢（rebar）：第一年关税15％；第二年关税12％；第三年关税9％。（5）焊管类产品（certain tubular products）：第一年关税15％；第二年关税12％；第三年关税9％。（6）普通碳素和合金管接头和法兰盘（carbon and alloy fittings）：第一年关税13％；第二年关税10％；第三年关税7％。（7）不锈钢棒材（stainless steel bar）：第一年关税15％；第二年关税12％；第三年关税9％。（8）不锈钢杆材（stainless steel rod）：第一年关税15％；第二年关税12％；第三年关税9％。（9）不锈钢线材（stainless steel wire）：第一年关税8％；第二年关税7％；第三年关税6％。（10）镀锡类产品（tin mill products）：第一年关税30％；第二年关税24％；第三年关税18％。这些措施从2002年3月20日起生效，为期3年。

2002年3月26日，中国要求与美国进行《争端解决谅解》项下的磋商，[①]正式在世贸组织就美国钢铁保障措施起诉美国。除了中国之外，另有7个世贸组织成员也就美国钢铁保障措施诉诸世贸组织争端解决机制。这7个世贸组织成员，以起诉时间的先后排序，分别是：欧盟、日本、韩国、瑞士、挪威、新西兰、巴西。

2002年4月11、12日，中国与欧盟、日本、韩国、瑞士和挪威等其他5个起诉方与美国在世贸组织总部举行了磋商。

由于磋商没有解决争议，争端解决机构同意设立专家组审理此案，并且于7月25日确定了专家组人员组成。[②]专家组和当事方于10月29–31日和12月12—14日举行第一次和第二次听证会。专家组报告于2003年7月11日做出，认定美国保障措施不符合世贸组织协定。

美国于2003年8月11日提起上诉；起诉方也随后提起了“附条件上诉”。上诉机构于2003年9月29–30日进行听证会。上诉机构报告于2003年11月10日做出，全面维持了专家组裁决。2003年12月10日，专家组和上诉机构报告在争端解决机构会议上获得通过。

2003年12月4日，美国总统布什签署命令，宣布自12月5日起终止该保障措施，[③]提前履行了执行义务。

## 二、争议的主要法律问题：以“未预见的发展”、“相似产品”为例

在本案中，起诉方提出了11个法律主张，包括未预见的发展，进口产品定义，国内相似产品定义，进口增加，严重损害，因果关系，对等性，最惠国待遇，措施的限度，关税配额分配，发展中国家待遇等。专家组只对未

① 见世贸组织文件：WT/DS252/1，G/L/532，G/SG/D23/1，2 April 2002。

② 主席是冰岛驻世贸组织大使 Stefan Johannesson，另外两个成员分别是印度驻斯里兰卡外交官 Mohan Kumar 和新加坡驻世贸组织前副代表 Margaret Liang。

③ 美国总统令，见美国白宫网站：http://www.whitehouse.gov/news/releases/2003/12/20031204-7.html。

预见的发展、进口增加、因果关系和对等性做出了裁决。专家组认为，对这几个方面的裁决，就足以判定美国的保障措施不符合世贸组织协定，从而解决了本案的争议，因此没有必要继续审查其他法律问题。

上诉机构维持了专家组的总体结论，即美国对所有10种产品采取的保障措施没有法律依据，违反了世贸组织规则。其中，对于上诉涉及的未预见的发展、进口增加和对等性，上诉机构维持了专家组裁决；对于因果关系，上诉机构认为，对其他主张的裁决已经足以解决争端，因此没有必要对专家组报告中的相应内容进行审查；对于交叉上诉，上诉机构没有裁决，因为审查这些主张的前提条件没有出现。另外，对于镀锡类产品和不锈钢线材这两种产品，上诉机构否定了专家组关于提供充分合理解释的理解，但不影响专家组对这两种产品的总体结论。

限于本书篇幅，并考虑到专家组和上诉机构在进行裁决时已对起诉方、被诉方观点有精要介绍，下文以未预见的发展这个最重要的问题为例，对案件当事方的主张及抗辩、专家组裁决、上诉机构裁决进行概要介绍。对于交叉上诉涉及的问题，则仅以相似产品界定为例进行介绍。

### （一）“未预见的发展”问题

根据《1994年关贸总协定》第19条的规定，采取保障措施，必须存在“未预见的发展”。起诉方认为国际贸易委员会并没有提供充分、合理地解释说明其决定。美国则提出相反的主张。

**1. 专家组的裁决**

（1）《1994年关贸总协定》第19条和《保障措施协定》的累积适用

《1994年关贸总协定》第19条明确规定了未预见的发展，但《保障措施协定》却未提及未预见的发展。然而，上诉机构反复确认，《保障措施协定》第1条和第11条第1款（a）项表明了《1994年关贸总协定》第19条的连续适用，并且由《保障措施协定》澄清和加强。[①] 这个解释保证了《保障措施协

① 例如，“韩国—奶制品案上诉机构报告”，第74段。

定》的规定和《1994年关贸总协定》第19条具有完整的含义和完整的法律效力。现在已经明确，未预见的发展应当作为事实问题，与《保障措施协定》第2条第1款同时在主管机关的报告中，在措施实施之前得到反映。[①]

（2）审查标准

专家组的任务不是对国际贸易委员会的决定进行重新审查，而是审查美国是否遵守了《1994年关贸总协定》第19条和第3条第1款。专家组必须审查美国在其公布的报告中是否说明并且充分合理解释了未预见的发展及其关税减让的后果导致了进口增加。专家组还必须审查调查机关是否考虑了所有相关事实和充分解释了这些事实如何支持其裁决。

（3）未预见的发展的构成

未预见的发展是未预料的情况。美国称，国际贸易委员会指明了金融危机，美国市场的持续强劲，美元的持续升值，以及所有这些事件的组合。但起诉方认为这些事件都不是未预见的发展，因为它们不是未预料的。

确定是否构成未预见的发展的法律标准是主观判断。上诉机构在韩国—奶制品案中确认，这是进口成员在承诺义务时没有预见或预料的发展。[②]

在进行谈判关税减让的当时和今天，“未预见”的内容随着时间的推移发生了很大的变化。关贸总协定经过50年，很多产品关税已经消失或者达到了非常低的水平。对于进口成员来说，何为未预见的发展应视具体情况而定。然而，标准的主观性并不影响进口成员必须充分合理解释的义务。

此外，未预见的发展的标准也可以说具有客观因素，关键是在特定情况下何为“应当或能够预见”。标准并非具体谈判者头脑中的东西，而是应当具有的东西。这一点在关贸总协定美国—毡帽案中得到了确认。

不仅如此，由于世贸组织的所有先决条件，包括证明未预见的发展，都应当在每个保障措施中得到满足，所以应当对具体措施所适用的具体产品证明未预见的发展。因此，充分合理的解释必须结合具体的案件事实加以证明。

① “美国—羊肉案上诉机构报告”，第72段；“韩国—奶制品案上诉机构报告”，第85段。

② “韩国—奶制品案上诉机构报告”，第86段。

在认定国际贸易委会员是否提供了充分合理解释时，当然应当考虑国际贸易委员会是否在其公开的报告中涉及了这一问题。

（4）把未预见的发展作为事实问题进行说明：何时、何地及如何说明

关于未预见的发展的形式和时间问题，起诉方指出，国际贸易委员会报告没有考虑未预见的发展；在最初报告中，除讨论了亚洲和俄罗斯危机之外，并没有提及未预见的发展这一采取保障措施的条件。起诉方还认为，第二份补充报告并非国际贸易委员会报告的组成部分，而是对存在未预见的发展的事后说明。因此，对第二份报告应不予考虑。美国则反驳说，完全可以做出单独报告，因为对于说明未预见的发展应何时、何地及如何做出，世贸组织多边规则并没有具体要求，应当由具体成员自行决定。

①形式

在美国—羊肉案中，上诉机构明确指出，对未预见的发展的说明应在主管机关的报告中有所体现。[①] 正如当事方所指出的那样，公布报告是进行符合第3条第1款调查的必经步骤。但瑞士认为，对未预见的发展的说明应体现在根据第2条和第4条所做裁决同一报告中。

专家组同意美国的观点，即公布报告的要求中，没有对报告的形式做出规定，只要该报告符合协定的所有其他规定就行。报告的形式应由成员自己决定，包括是否分批公布，而这样的报告能够成为主管机关报告的组成部分。

专家组认为，主管机关报告可以分批做出，但这种多部分或多步骤的报告应当提供一致的解释，证明满足了《1994年关贸总协定》和《保障措施协定》的要求。这种报告是否为主管机关报告的组成部分，应当个案认定，并且决定于多部分报告之间整体结构、逻辑和一致性。多次公布报告，可能会增加充分合理解释的难度。

②时间：在措施实施之前

由于说明未预见的发展是实施保障措施的先决条件，因此未预见的发展

① “美国—羊肉案上诉机构报告”，第72段；“韩国—奶制品案上诉机构报告”，第85段。

的相关事实不能在措施实施后进行。这一点在美国—羊肉案中得到了确认。[①]

在本案中，国际贸易委员会第二份报告属于主管机关报告的组成部分，并且是在措施实施之前做出的，因此说明未预见的发展在时间上并不是不及时。

③结论

在做出采取保障措施的决定之前，必须满足很多先决条件。美国提出10月22日是其做出决定的日期。但专家组认为，这个日期并非完全满足所有要求的时间，因为直到2002年2月4日国际贸易委员会才说明未预见的发展。

专家组认为，第2条、第4条以及未预见的发展是需要满足的不同条件，可以在不同时间做出。国际贸易委员会第二份报告属于第3条第1款所说的报告，因此是否说明了未预见的发展应当从国际贸易委员会多步骤去找。由于第二份报告是措施之前的最后一份报告，其内容就是专家组应当考虑的最后内容。

（5）调查行为与利害关系方磋商的义务

起诉方认为，未预见的发展仅在调查结束后的第二份报告中进行了讨论，利害关系方没有机会对这种讨论提出意见，因此违反了第3条第1款。美国则反驳说，国际贸易委员会报告表明，未预见的情况影响了其损害裁决，并且在调查过程中，国际贸易委员会还特别征求了未预见的发展方面的信息。因此，说利害关系方没有提供意见的机会，显然是不正确的。

专家组认为，第3条第1款是对利害关系方在程序上的保障。上诉机构在美国—面筋案中，确认了利害关系方的重要作用：应向利害关系方通报调查，给予他们向主管机关提交证据和意见的机会，并且对其他当事方的意见做出回应；因此，利害关系方在调查起到了核心作用，并且是主管机关的主要信息来源。[②]

由于利害关系方提交证据和意见的机会是调查的必经步骤，所以必须在公布的报告中有所体现。美国对此没有争议，但认为已经给予了这种机会。

① “美国—羊肉案上诉机构报告”，第76段。
② “美国—面筋案上诉机构报告”，第54段。

美国特别指出，在调查过程中，国际贸易委员会通过调查问卷要求生产商和购买商提供过去十年有关钢铁产品进口增加及其对国内产业影响的情况，并且说明这些情况进行是否为未预料的。

美国指出，美国调查机关要求回答调查问卷，并且在听证会上提及了这个问题，因此美国遵守了第3条第1款所规定的义务，即向进口商、出口商和其他利害关系方提供了提交证据和意见的机会。

欧盟称，美国没有做出临时决定或解释，以便利害关系方进行评论。但专家组认为，第3条并没有要求主管机关向利害关系方发放裁决草案供评论。因此，就起诉方关于美国违反第3条第1款而没有就未预见的发展向利害关系方提供提交证据和意见机会的指控，专家组予以驳回。

（6）未预见的发展的具体事实

专家组首先考察国际贸易委员会对为何是未预见的解释，然后看这些发展如何导致进口增加的解释。为了回答这些问题，必须看什么是未预见的发展，以及何时为未预见。

未预见的发展是有关关税减让谈判之后发生的事件，为进口成员在承担义务时所没有预见或预料。上诉机构在阿根廷—鞋类案和韩国—奶制品案中都确定了这一点。①

美国称，国际贸易委员会确定的4个因素，即俄罗斯危机，亚洲危机，美国市场持续强劲和美元持续升值，每个都是未预见的发展，并且这些因素的结合，也是一个未预见的发展。但起诉方认为，这些因素都不是未预见的发展，并且国际贸易委员会并未提供充分合理的解释。

专家组分别对亚洲和俄罗斯危机、美国经济强劲和美元升值及事件的结合进行了分析。

①亚洲和俄罗斯危机

起诉方认为，亚洲和俄罗斯危机并非是未预见的，因为它们不是未预料

①“阿根廷—鞋类案（欧盟）上诉机构报告”，第93段；“韩国—奶制品案上诉机构报告”，第86段。

的。俄罗斯危机发生在1991年，美国谈判者在乌拉圭回合谈判关税减让时，完全知道这一点。如果某事件在加入前已经开始，就不应视为未预见。未预见的发展与进口增加一般有时间上的联系。从国际贸易委员会报告中消费下降和进口增加的数据看钢铁市场的变化是在1991年前苏联解体后就出现的，而不是对1994年之后未预见的。

美国则认为，亚洲和俄罗斯危机也许在总体上是可预见的，但其时间、范围及其对全球钢铁贸易的持续影响，则是美国在乌拉圭回合结束时所未预见的。美国称，未预见的发展发生在乌拉圭回合结束之后，因为亚洲金融危机开始于1997年中期，而苏联解体后这些国家在1996年后的状况与乌拉圭回合谈判结束时是不同的。

对于亚洲危机，国际贸易委员会在其最初报告中解释说，在世界钢铁市场扰乱期间，生产能力出现了大量增加；1997年年末和1998年年初，一些亚洲国家货币贬值，极大减少了这些国家的钢铁消费，蓄积了大量钢铁寻找其他市场。专家组认为，这个说明确定了亚洲货币贬值及其对世界钢铁市场的影响属于未预见的发展。虽然没有解释为什么这个事件是未预见的，但这场危机发生在1997年，美国谈判者是无法在1994年乌拉圭回合结束时预见的。而且这与国际贸易委员会第二份补充报告中下述说明是一致的：东南亚国家经济增长很快，出口增长更快；但到了1997年，金融危机出现，货币大幅度贬值，这些国家的经济增长放缓，钢铁需求下降。这些说明也确定了亚洲金融危机属于未预见的发展。因此，专家组认为，亚洲危机属于未预见的发展。

对于俄罗斯危机，国际贸易委员会在其最初报告中说，苏联解体导致前苏联国家钢铁向美国出口的重大增长。在其第二份报告中，国际贸易委员会解释说，虽然这一事件发生在乌拉圭回合结束之前，但始料未及的金融困难导致1996年到1999年钢铁出口的急剧增长。因此，国际贸易委员会确定的未预见的发展，是始料未及的金融困难，特别是强烈的金融扰乱和货币浮动。专家组注意到，这个说明对预见和未预见到的金融困难做了区分。一个已知事件发展成为最初未预见的状况，是有可能的。因此，未预见的发展可能来自众所周知的事实。然而，主管机关应当提供充分合理的解释。因此，专家组同意，在1996年到1999年之间，可能存在乌拉圭回合结束时未预见的与苏联有关的未预见的金融扰乱和货币浮动。

②美国经济强劲和美元升值

起诉方认为，美国市场需求旺盛不能视为未预见的发展，因为美国经济政策正是这个目标。起诉方还认为，美国经济增长开始于1990年，早于乌拉圭回合结束，因此是应当预见的。起诉方进一步指出，这种良好状况不应被视为未预见的发展，因为《1994年关贸总协定》第19条所指的是导致负面后果的不利事件或对制度的震撼，美国经济强劲和美元升值显然不属于这种情况。

美国反驳说，《1994年关贸总协定》第19条并没有禁止将市场持续强劲或货币升值视为未预见的发展。美国引用美国—毡帽案，称在该案中，未预见的发展是式样转为不同种类的毡帽，这种转变对生产不时髦毡帽的产业是不利的，但从广泛的意义上看，这不能视为不利的转变。因此，某个事件可以是中性的，甚至一般说来是积极的，但所导致的贸易方式变化对某个产业却是损害性的。

专家组注意到，国际贸易委员会曾解释说，其他市场混乱、收缩，但美国需求强劲；美国经济在90年代经历了前所未有的扩张，结果美国钢铁需求也很强劲。从这个说明可以看出，主管机关没有将美国经济强劲本身解释为未预见的发展，而是在与其他市场相比较的情况下考察美国经济的强劲。因此，专家组认为，国际贸易委员会是把美国市场强劲与其他未预见的发展一起考虑的，并被视为构成未预见的发展的一系列世界事件的一部分。

对于美元升值，起诉方认为，货币升值从两个方面看是可预见的。首先，汇率总是变化的。其次，经济强大和低通胀国家的货币对经济弱小和高通胀国家的货币，一般是上升的。自从1971年布雷顿森林体制的固定汇率制度崩溃以后，美元价值发生了很大变化，不应当视为未预见的；美元对其他货币不稳定，应当是预料之中的事情。

美国反驳说，《1994年关贸总协定》第19条并没有禁止将货币升值视为未预见的发展。在本案调查期内，美元持续、大范围升值。美国称，汇率变化是可预见的，但不一定能够实际预见到。特定的汇率发展，例如非常迅速或严重的汇率变化，是不大可能在做出特定减让时预见得到的。美国称，起诉方没有提供证据，证明任何人预见了在进口增加之前出现的货币混乱，更不用说美国谈判者在乌拉圭回合中预见这些事件了。

专家组注意到，国际贸易委员会曾解释说，美国市场的持续增长，加上其他市场的不确定性和收缩，对美元产生了很大的上扬压力；美元大幅度升值，使得美国市场对钢铁产品特别具有吸引力。像美国经济强劲的说明一样，这个说明美元升值并没有被视为单独的未预见的发展，而是在与其他货币相比较的情况下考虑的。此外，主管机关也承认了美元上扬压力与美国经济增长和其他市场收缩之间的联系。

由于国际贸易委员会没有将美国市场持续强劲和美元升值视为单独事件，专家组就没有必要审查起诉方认为这些因素不能构成未预见的发展的观点。

③事件的结合

起诉方认为，上述两个事件的结合不能构成未预见的发展。但美国认为，美元升值与其他因素一起，导致了进口数量的增加。

专家组已经认定，俄罗斯和东南亚金融危机至少从概念上看，可以视为乌拉圭回合结束时未预见的发展。专家组还认定，国际贸易委员会并没有把美国经济强劲和美元升值视为未预见的发展本身，而是在与其他未预见的发展相关的情况下谈到这些因素的。

《1994年关贸总协定》第19条并不禁止将很多事件的结合视为未预见的发展。专家组认为，事件的结合可以形成未预见的发展的基础，因此，应由每个成员证明这一点。

对于起诉方所说的钢铁市场变化发生在1991年苏联解体之后，并不是1994年之后不能预见，专家组认为，苏联解体及其整体影响当时可能构成了未预见的发展，并不意味着同样源自苏联解体的金融危机不能与其他事件一起，成为单独的未预见的发展结合的一部分。

紧接着，专家组分析了国际贸易委员会是否对这些因素及其对世界钢铁市场的影响导致进口增加做出了充分合理的解释。

（7）未预见的发展和关税减让的结果

①与未预见的发展的联系

尽管本案所有当事方都承认有必要表明未预见的发展与进口增加之间的逻辑联系，但对于如何实现这一点，当事方存在分歧。

起诉方认为这是一种因果关系，调查机关必须予以解释。国际贸易委员会分析所依据的是零散、不完整的事实，其建议和看法也是含糊的。但美国称，“作为结果”一词是指一件事情是另一件事情的后果，表明进口产品数量增加造成了严重损害，这本身就证明了（a）项两个条款之间的逻辑联系，而不需要进一步证明或解释。

专家组同意新西兰的观点，即将解释未预见的发展导致进口增加的义务降低到零是不适当的。在某些情况下，解释可能仅仅是将两个事实摆到一起就行了。但在另外一些情况下，则需要更为详细的分析，以表明未预见的发展和进口增加之间的关系。事实的性质，包括其复杂性，决定了需要解释的程度。解释的时间、范围和质量，都可能影响对解释是否为充分合理的判断。

首先，专家组注意到，国际贸易委员会最初报告中并没有提到未预见的发展本身。国际贸易委员会报告在某些章节对某些产品提到了苏联解体等因素，但这不是为了解释这些是否为未预见的发展，以及它们是否导致了进口增加。因此，这不能算是对这一问题的解释。

在第二份报告中，虽然可以认为国际贸易委员会首次考虑了未预见的发展问题，但国际贸易委员会同时认为，考虑这个问题在很多方面不属于国际贸易委员会的职责范围，而应当是美国贸易代表办公室及其相关行政机关的事。国际贸易委员会坚持这些因素整体后果的观点，称伴随着俄罗斯危机，21个成员对俄罗斯钢铁进口采取了反倾销调查。

专家组认为，国际贸易委员会报告的弱点在于，尽管它提出了一些可能导致进口增加的未预见的发展，但它没有证明这些事件实际上的确导致了进口增加。

专家组认为，即使大量外国钢铁生产没有在外国消费，但这本身并不意味着进口增加是未预见的发展的结果。也有可能是美国出口市场受到了这种钢铁市场收缩的影响，从而损害了生产商。《1994年关贸总协定》第19条所要求的，是证明未预见的发展导致了对美国市场的进口增加，而不仅仅是这些未预见的发展在全世界影响了美国钢铁产业状况。专家组认为，国际贸易委员会的解释没有将这些钢铁市场转移与具体的美国进口增加联系起来。

国际贸易委员会确实提到了进口增加，但没有提供支持数据。其他地方消费收缩的确可能会导致美国进口增加，在钢铁产量过剩导致价格降低的情况下尤为如此。但国际贸易委员会没有提供任何数据，证明未预见的发展的结合导致了具体的进口增加。专家组认为，鉴于这个问题的复杂性，更为详尽的经济分析是必要的。

正如起诉方所指出的那样，国际贸易委员会的解释只与钢铁生产总体情况有关，而没有解释未预见的发展如何导致了具体产品的进口增加。尽管未预见的发展不一定只影响一个经济行业，或者对一个行业的不同部分影响不同，但国际贸易委员会必须解释具体产品进口增加的原因来自未预见的发展的结合。亚洲和俄罗斯危机可能会对某些国家和某些行业的影响更为严重。在回答国际贸易委员会调查问卷时，生产商称亚洲金融危机对不锈钢线材国内产业有负面影响，但对不锈钢杆材、棒材和螺纹钢则没有影响。可是国际贸易委员会并没有去区分未预见的发展对不同产品行业的影响，也没有提供具体的数据支持。

虽然美国称有数据支持，但这些数据是首次向专家组提交的，而没有在国际贸易委员会报告中作为充分合理解释援引。例如，美国在其书面陈述中提到了国际贸易委员会报告中的一些脚注中的图表，表明了分国家和分产品的进口情况。这些数据无疑可以用作解释未预见的发展如何导致了进口增加，但国际贸易委员会并没有这么做。事实上，这些数据出现的地方要么与解释未预见的发展无关，要么只涉及一般进口而没有说明这些进口的来源。

美国在其书面陈述中，还提到了印度尼西亚等国家的进口。这些事后的证据没有体现在主管机关报告中（而是在国际贸易委员会网站上）。这些证据可能有助于反驳起诉方的观点，并且可能是对未预见的发展导致进口增加的适当解释，但这引起了一个问题，即美国在事后的世贸组织争端解决程序中提出的证据，是否是为了填补国际贸易委员会公开报告中解释的空白。

专家组认为，鉴于未预见的发展结合的复杂性，加上本案的复杂性，国际贸易委员会提供的解释并非充分合理，并且没有得到相关数据的支持，也没有证明未预见的发展导致了具体产品向美国进口的增加。

②与进口成员减让的联系

上诉机构在韩国—奶制品案和阿根廷—鞋类案中称，《1994年关贸总协定》第19条中的“作为承担义务，包括关税减让的结果”一词，仅仅是说必须证明进口成员承担了义务，包括关税减让。[①] 这个解释看上去是说，只要有证据证明进口成员对有关产品进行了关税减让，则进口增加与关税减让之间的逻辑关系就确定了。但起诉方认为，本案的情况有所不同。本案的问题是一成员是否可采取保障措施保护其国内产业，以防止来自一个非世贸组织成员的进口增加，即对没有承担有关世贸组织义务和关税减让的成员是否可采取措施。

专家组同意，保障措施应当针对世贸组织项下已经给予关税减让的产品的进口。但此处的问题是，不清楚国际贸易委员会是否想主张未预见的发展的结合导致了俄罗斯或前苏联共和国的进口增加本身。国际贸易委员会报告的确提到了苏联解体的影响，但最后的结论似乎仅仅是说这与其他事件一起导致了世界整个钢铁市场的转移，而不仅仅是来自亚洲和俄罗斯的进口增加。国际贸易委员会本来可以辩解说，未预见的发展的来源可能与进口增加的来源不一致，但这仍然需要充分合理解释事件与结果之间的联系。因此，国际贸易委员会对不同来源进口增加的解释看上去是有道理的，但没有得到

①“阿根廷—鞋类案（欧盟）上诉机构报告”，第91段；“韩国—奶制品案上诉机构报告”，第84段。

充分的支持和解释。因此，专家组认为，没有必要审查起诉方的主张，即与直接来自俄罗斯的进口增加无关，因为美国没有对俄罗斯做出关税减让。

（8）结论

总之，专家组认为，未预见的发展的复杂性要求更为详细的说明和支持数据。例如，尽管国际贸易委员会说美国市场需求强劲，成为外国被替代产品的重要目的地，人们可能会问，有多少钢铁被替代及从何处被替代。如果主管机关说很大部分，这意味着国际贸易委员会知道总数有多少转移，以及转移到美国的数量。

对于未预见的发展如何导致进口增加，以及其来源和程度，国际贸易委员会应当提供更为综合和一致的解释。美国本来可以指出未预见的发展来源可能与进口增加来源不同，但美国并没有提供充分合理的解释。

专家组认为，由于证明未预见的发展是采取保障措施的先决条件，应当对每个措施都做出这种证明。即使未预见的发展对几种产品有同样效果，主管机关也应当解释为什么是这样，以及为什么具体产品单个受到了未预见的发展结合的影响。

因此，专家组认定，国际贸易委员会没有对未预见的发展的结合如何导致了具体产品对美国进口的增加提供充分合理解释。这样，就没有必要审查起诉方提出的其他观点，包括主管机关援引的事实是否实际支持了国际贸易委员会关于未预见的发展的裁定。

专家组认定，在证明未预见的发展方面，本案所有保障措施不符合《1994年关贸总协定》第19条第1款（a）项和《保障措施协定》第3条第1款。

**2. 上诉机构的裁定**

专家组认定国际贸易委员会没有充分合理解释每种产品进口增加导致了未预见的发展。美国就此结论提出上诉，但美国上诉的内容没有包括俄罗斯危机、亚洲危机和美元坚挺引起的美国市场强劲等是否属于未预见的发展的问题。

上诉机构全面维持了专家组裁决。

(1)关于《1994年关贸总协定》第19条第1款(a)项主张的审查标准

专家组首先考虑了审查未预见的发展主张的审查标准问题。专家组认为，应当审查美国在公布的报告中是否充分合理解释了未预见的发展导致了进口增加；在考虑这个事实问题时，专家组还应当审查主管机关是否考虑了所有相关事实，并且充分解释了这些事实是如何支持其裁定的。

美国反对专家组的这种审查标准，认为专家组没有考虑未预见的发展要求与《保障措施协定》第2条和第4条规定的采取保障措施的条件之间的差异。美国称，上诉机构在韩国—奶制品案、阿根廷—鞋类案和美国—羊肉案中表明，未预见的发展的用语说明这个义务与其他义务明显不同，而专家组根本没有考虑这种差异。美国认为，专家组采用的标准，错误地反映了《协定》第4条第2款的要求，而没有考虑与未预见的发展有关的要求。因此，对未预见的发展适用"充分合理解释要求"是不适当的。

上诉机构在阿根廷—鞋类案中说过，《1994年关贸总协定》第19条与《保障措施协定》规定的是同一个事情，即成员采取保障措施的问题，并且构成了权利和纪律的不可分割的内容，应当同时考虑。因此，这种不可分割的关系表明，美国所说的应当适用不同的审查标准，是没有依据的。

上诉机构在美国—羊肉案和美国—钢管案中曾指出，《保障措施协定》第4条第2款要求，对于事实如何支持裁定，主管机关应当提供充分合理解释。这不仅仅是关于第4条第2款的审查标准问题；没有理由认为对《保障措施协定》义务和《1994年关贸总协定》第19条义务不适用同样的标准。

此外，在美国—羊肉案中，上诉机构指出，未预见的发展属于第3条第1款所说的"相关事实和法律问题"，主管机关公布的的报告必须包括对未预见的发展的认定或合理解释。因此，本案专家组认为未预见的发展必须作为事实问题予以证明的观点是正确的。

不管怎么说，美国反对专家组提出的充分合理解释的要求，与专家组在《争端解决谅解》第11条项下的义务是无法协调的，即对案件的事实及与适用协定(covered agreements)的一致性进行客观评估。如果主管机关没有解释其关于未预见的发展的结论，专家组是无法审查其与《1994年关贸总协定》第19条的一致性的。主管机关只有提供了充分合理解释，专家组才能审查措施是否符合要求。

基于以上原因，上诉机构认为，专家组采用了适当的审查标准。

（2）《保障措施协定》第3条第1款

美国关于第3条第1款的观点，是在“关于专家组在第3条第1款方面的总体错误”部分提出的，因此，关于该款解释的问题，不仅仅涉及未预见的发展，还涉及专家组对进口增加和因果关系部分的裁决。

美国认为，第3条第1款最后一句要求主管机关就其结论提供逻辑依据（logical basis），而没有明确要求解释；第3条第1款仅仅要求对所有相关事实和法律问题提供合理结论（reasoned conclusions）。美国认为，没有充分合理解释也可以有合理结论。

对第3条第1款，应当从其通常含义，并且结合其上下文和协定的目的进行理解。从辞典的解释看，“合理结论”是要求主管机关提供明确、详细、符合逻辑的结论。专家组有责任审查主管机关是否遵守了其义务。欧盟和挪威认为，专家组如果不得不自己从主管机关报告中推论出该机关裁定的理由，那么专家组就无法履行这项责任。这种理解是正确的。

不仅如此，《保障措施协定》第4条第2款（c）项要求主管机关根据第3条的规定迅速公布详细的分析并证明所审查因素的相关性。此处使用的是“根据”（in accordance with），而不是“此外”（in addition）。因此，该项要求是对第3条第1款最后一句（在公布的报告中提供合理结论）要求的解释。

美国在听证会上称，第4条第2款（c）项不适用于主管机关证明未预见的发展。这是错误的。第4条第2款（c）项是对第3条的解释，而且未预见的发展是第3条第1款所说的相关事实和法律问题，因此该项的要求也应当适用于主管机关证明未预见的发展。

有鉴于此，上诉机构认为，美国提出的“提供逻辑依据”，不符合第3条第1款的要求，而应当提供“合理结论”。

上诉机构还审查了其他涉及第3条第1款的问题。

专家组认为，解释的时间和范围可能会影响解释是否为充分合理。美国则称，这在《保障措施协定》中没有依据。美国似乎把专家组所要求的“范围”（extent）理解为解释的“长度”（length）。但专家组没有对解释的长度提出要求，而仅仅是说美国没有对未预见的发展如何导致进口增加提供充分合理解释。

美国还认为，《保障措施协定》并没有要求主管机关的报告应当采取特定的形式。专家组认为，国际贸易委员会没有提供充分合理解释，因为国际贸易委员会没有具体指明报告中其他部分支持某一结论的数据或推理。专家组并没有要求调查报告应当采取特定的形式。

上诉机构在美国—钢管案中指出，对于因果关系，主管机关必须明确确定，充分合理解释；解释必须是清晰的、不含糊的，不应仅仅是暗含或表明了一种解释；解释必须用明确词汇，直截了当。这是对第4条第2款（c）项义务的澄清。但前面已经提到，这种审查标准不能仅仅限于第4条。因此，专家组将这一标准用于未预见的发展的解释，是适用了正确的审查标准。

值得再次强调的是，如果不要求主管机关提供充分合理解释，专家组就无法按照《争端解决谅解》机构第11条的要求，客观评估保障措施是否符合《保障措施协定》的要求。不应当让专家组猜测为什么采取保障措施。专家组不能进行重新审查，因此调查机关报告中的合理结论和详细分析就是专家组评估主管机关是否遵守其义务的唯一依据。因此主管机关的解释必须是清晰的。

美国还提到，专家组的很多结论依据的都是国际贸易委员会报告没有提供充分合理解释，因此这只能说违反了第3条第1款，而不是第2条和第4条。美国还认为，没有解释一个裁定，并不能自动证明国际贸易委员会没有进行做出裁定所必需的分析。但专家组在认定国际贸易委员会没有提供充分合理解释时，审查的就是与第2条和第4条的一致性。上诉机构在美国—羊肉案中指出，如果专家组认定主管机关没有提供充分合理解释，专家组就认定了裁定不符合《保障措施协定》的具体要求。关于主管机关是否进行了分析的问题，专家组不能对案件的证据进行重新审查，而只能看主管机关的解释。主管机关也许进行了分析，但如果主管机关不提供充分合理的解释，专家组就无法判定《保障措施协定》的要求是否得到了满足。在这种情况下，专家组只有认定主管机关没有进行正确的分析。

（3）对每个保障措施是否都有必要证明未预见的发展导致了进口增加

专家组认为需要对每个措施都要做出这样的证明。美国则认为，《1994年关贸总协定》第19条没有规定具体的分析方法，也没有要求主管机关区分多种未预见的发展对每种产品的影响。美国称，如果按照专家组提出的方法，主管机关就需要像分析进口一样分析未预见的发展，而这显然是不正确的。

从《1994年关贸总协定》第19条用语看，要使用保障措施，某些事件必须导致某种产品的增加；只要未预见的发展导致了某种产品进口增加，则该产品就有可能适用保障措施。因此，专家组认为对每种产品都要证明未预见的发展导致进口增加的观点是正确的。

因此，适用保障措施时，仅仅证明未预见的发展导致了范围广泛的产品进口增加是不够的。如果允许成员这样做，就等于是允许在某种产品进口没有增加并且不是来自未预见的发展的情况下，对这些产品中的一种或多种采取措施，而这是不符合《保障措施协定》要求的。对每种产品都要证明未预见的发展。

美国提出，专家组可以要求国际贸易委员会针对每种产品都证明未预见的发展，但不能全面否定国际贸易委员会提供的其他有说服力的解释。但专家组并没有全面否定国际贸易委员会的解释。专家组在分析了国际贸易委员会的解释后认为，国际贸易委员会提及的未预见的发展的复杂性要求提供更为详细的解释和支持数据。

上诉机构同意欧盟的观点，即在本案中，国际贸易委员会提到的是宏观经济事件对众多产业的影响，因此国际贸易委员会应当证明未预见的发展与每种产品进口增加之间的逻辑联系，而不是由专家组去理解国际贸易委员会报告中所没有做的分析。因此专家组要求对每种产品都证明未预见的发展导致进口增加是正确的。由于国际贸易委员会没有提供合理结论，专家组认定每种保障措施都不符合《1994年关贸总协定》第19条第1款（a）项和《协定》第3条第1款的结论没有错误。

（4）关于专家组没有将某些数据与国际贸易委员会裁定相联系

美国提出，专家组没有考虑国际贸易委员会报告在其他部分（进口增加）提到的数据。但第3条第1款要求对所有法律和事实问题提供合理结论。合理结论不是该结论甚至没有提及的事实；提供合理结论的是主管机关，而不应当由专家组收集散落在报告中的数据提供合理结论。

美国提到了上诉机构在欧盟—管或管件案中的观点。美国认为，在该案中，主管机关没有考虑《反倾销协定》中明确列举的一个因素，但上诉机构认为，从报告的其他部分看，主管机关已经考虑了这个因素。但该案与本案是不同的。本案不是国际贸易委员会报告是否考虑了某个数据的问题。国际贸易委员会也许考虑了所有相关因素，但没有用这些数据解释未预见的发展导致了进口增加。而这项工作不应当由专家组去完成。

（5）结论

上诉机构维持专家组裁决，即10种保障措施都不符合《1994年关贸总协定》第19条第1款（a）项和《保障措施协定》第3条第1款的规定，因为国际贸易委员会报告没有对未预见的发展导致进口增加提供充分合理解释。

## （二）“相似产品”问题

### 1. 专家组阶段

（1）第一次书面陈述

①起诉方观点

采取保障措施，首先要做的就是确定具体的进口产品和国内产业；如果定义错误，就会影响对所有其他条件的分析，特别是影响确定因果关系的存在，进而导致针对没有对国内产业造成影响的产品采取保障措施。

（i）产品分类

起诉方在第一次书面陈述中强调，国际贸易委员会没有首先确定具体进口产品，而是按照其自己的方法，先确定国内产业；没有对具体进口产品做出自己的决定，而是盲目地接受了对“进口产品或者调查申请中所包括产品”的任意性描述。而且，国际贸易委员会明确拒绝就具体进口产品做出自己的确定，因为它说国际贸易委员会没有被要求首先考虑是否及如何细分进口产品。

保障措施不允许对一种具体进口产品采取措施，而依据却是对另一种具体产品的认定，即使后一种产品是相同的或者直接竞争的。在本案中，总统的要求将大量的钢铁产品归为4大类：普通碳素和合金板材、普通碳素和合金长材、普通碳素和合金管类产品，以及不锈钢和合金工具类产品。为了收集数据的需要，又分为33类产品。

起诉方认为，即使每类产品足够具体，可以确保做出正确的保障措施决定，国际贸易委员会也无权将这些产品归入不同的类别。例如，国际贸易委员会调查了归在板材类的7种产品，然后又将这一大类细分为3个不同的产品类别（平板轧材、镀锡类产品、取向硅钢）。平板轧材包括5种被分别调查的产品（板坯、中厚板、热轧钢、冷轧钢和涂镀板），但被人为地归为一个类别，以界定国内产业、确定进口增加和损害。而且，对这5种不同的进口产品采取了两种不同的保障措施（一种对板坯，另一种对板坯外的板材）。这些类别都没有精确的定义，能说明它们本身就是具体产品。

更为重要的是，国际贸易委员会自己也需要依赖于33类不同产品以收集数据，这表明大类的分法是人为的。这说明，即使为了经济和数据分析的需要，以及在美国的正常贸易过程中，这种对板材的人为扩大分类也是不真实的。这样的后果是，一种具体产品进口没有增长，会由于和其他产品结合在一起而被掩盖起来。国际贸易委员会的这种做法影响了对进口增加和因果关系的所有认定。

例如，关于平板轧材的进口增加，国际贸易委员会说，进口增加的法定要求满足了。平板轧材总进口的实际数量和相对数量都增加了。从实际数量看，总进口从1996年的1,840万吨，增加到2000年的2,090万吨，增长了13.7%；总进口从2000年中期的1,150万吨，下降到2001年中期的690万吨。进口对国内生产的比率也从1996年的10%上升到2000年的10.5%。

如果按照国际贸易委员会的推理，但对板材中的每一个产品进行审查，就会得出如下结论：

——板坯实际总进口从1996年的630万吨，上升到2000年的726万吨；

——中厚板总进口从1996年的190万吨，下降到2000年的95万吨；

——热轧钢总进口从1996年的530万吨，上升到2000年的750万吨；

——冷轧钢总进口从1996年的260万吨，上升到2000年的280万吨；

——涂镀板总进口从1996年的230万吨，上升到2000年的250万吨。

如果对每种产品进行单独分析，而不是根据一个大类，那么中厚板就不应采取措施，因为中厚板进口显然没有增加，至少从实际数量上看是这样。

对于相对进口，国际贸易委员会的认定也必须根据以下的情况进行修改：

——板坯，1996年9.9 %，2000年10.9 %；

——中厚板，1996年32.5 %，2000年14.8 %；

——热轧钢，1996年8.3 %，2000年10,9 %；

——冷轧钢，1996年7.5 %，2000年7.3 %；

——涂镀板，1996年13.3 %，2000年11.8 %。

可以看出，将不同产品归为平板轧材一类，就可以对相对进口增加做出肯定决定，但这与分产品分析的结果是不符的，因为5种产品中有3种产品相对进口是下降的。

因此，缺乏对进口产品的精确定义，影响了国际贸易委员会对进口增加、损害和因果关系的认定。在美国—羊肉保障措施案中，上诉机构强调调查机关必须正确确定具体进口产品和正确确定国内产业；上诉机构关注的也正是使保障措施分析不要从一开始就是错误的。

总之，起诉方诉称，美国违反了《保障措施协定》第2条第1款要求确定具体进口产品的义务。

（ⅱ）国内产业的界定

起诉方在其第一次书面陈述中指出，国际贸易委员会在按照其方法确定生产同类或直接竞争产品的国内产业时，没有将进口产品与国内产品进行对比，而是集中精力解释为什么没有基于其调查的33种产品确定进口增加、损害和因果关系，以试图表明有些国内生产的产品构成了单一的同类国内产品。但国际贸易委员会忘记了其基本的义务，即将国内产品与进口产品进行对比，以确定它们是否为同类。

最重要的错误出现在对生产平板轧材的国内产业的界定上。创造了平板轧材这个类别，国际贸易委员会的分析就出现了一系列草率的决定。例如，说国内平板轧材与进口平板轧材是相似的，因为从物理特性看，国内平板轧材与进口平板轧材有相同的物理特点，一般是可互换的。说国内和进口产品大体相似，当然不是对这两种产品是否为相似的充分分析；因为分析相似，最少要比较物理特征、共同的最终用途、消费倾向和关税分类。

不仅如此，国际贸易委员会将不同类型的产品捆绑在一起，没有确定国内和进口产品的所有组成部分都是相似或直接竞争的。例如，国际贸易委员会虽然明确承认存在不同类型的平板轧材，但既没有说明国内生产的板坯与进口冷轧钢相似，也没有说明国内生产的热轧钢与进口涂镀板相似。

如上所述，国际贸易委员会试图表明国内产品属于单一相似的国内产品。例如，为界定国内产业，国际贸易委员会考虑了是单独分析平板轧材具体类型还是作为一个整体的问题。然而，它没有具体产品，而只是一般性地提到了物理特征，例如这些产品共同的冶金学基础；单一共同的生产基础；所有产品都最终共同用于汽车和建筑行业。

这种认定与《保障措施协定》第2条第1款的要求是不一致的，因为它要求主管机关确定其要归为一个国内产业的国内产品要么是单一相似产品，要么是与进口直接竞争的产品。国际贸易委员会没有遵循世贸组织关于相似性的标准和它自己的方法，即没有根据物理特征、最终用途、消费者偏好和关税分类，确定这5个不同的下游产品的相似性。国际贸易委员会的依据主要是这5种产品共同的生产环节和最终用户；而这两个标准已经被上诉机构否定。

鉴于以上错误，国际贸易委员会对平板轧材国内产业的界定是不符合《保障措施协定》第2条第1款和第4条第1款（c）项的。

首先，从物理特征看。起诉方指出，根据美国自己的方法和世贸组织的标准，为了确定共同的物理特征，国际贸易委员会应审查这些产品的尺寸、形状和质地。国际贸易委员会承认，在厚度和其他质量上有很大差别，例如，板坯是4英寸，而冷轧钢为2毫米；防腐和表面质地也不同。更为重要的是，国际贸易委员会报告明确承认5种产品之间缺乏互换性，因为这些产品处于不同上下阶段。热轧钢也不能视作与其前加工阶段的产品有共同的物理特性，因为热轧的目的就是减少半成品的厚度。冷轧钢也同样如此。国际贸易委员会报告称，冷轧就是将热轧材料的厚度降低25%—90%，或者使之具有特定的机械特征和表面质地等。而涂镀板就是为了使其具有防腐特性。通过添加金属或非金属物质，涂镀过程可能会改变原材料的物理特性，成为防腐产品。因此，通过涂镀，冷轧钢就变成了不同的产品，而不能视作相似产品。因此，国际贸易委员会的分类显然无法充分、合理地解释以上存在的问题。

其次，从最终用途看。起诉方认为国际贸易委员会没有证明5种产品有共同的用途。国际贸易委员会说所有类型的产品都用于生产汽车（虽然具体用法不同）和建筑业，就承认了每种产品的用法是不同的。有些产品，如涂镀钢，用于制造汽车部件；另一些产品，例如板坯（只是半成品，只能用于制造汽车），只是生产下游产品的原材料。国际贸易委员会所依据的，只是这些产品的最终用户，而这不是上诉机构所确定的标准。而且，如果以最终用户为标准，就会得出非常荒谬的结论。例如，汽车皮革和挡风玻璃也应当视为板材的相似产品了。国际贸易委员会所说的所有这些产品都受到这两个市场总需求的实质性影响，这是一个不相干的问题，因为它所依据的经济利益实质性一致的观点已经被上诉机构明确认定为不相关。

再次，从消费者倾向看。起诉方指出，如果消费者被视为使用制成品的汽车制造商和建筑业，那么这5种产品甚至可以认为是相互替代的。但国际贸易委员会自己承认，对于汽车挡泥板，冷轧钢不能替代热轧钢和板坯。

第四，从关税分类看。国际贸易委员会认为，海关的处理方法对板材调查是没有价值的，因为适用于这些产品的类别量太大（55类）。起诉方强调，缺少对海关分类的分析与上诉机构在欧盟—石棉案中的观点是相悖的；上诉机构认为，海关分类是确定相似产品的一个重要标志。分类太多不应当是一种借口；相反，分类多正表明这些产品不相似。

综上所述，起诉方指出，美国的做法违反了《保障措施协定》第2条第1款和第4条第2款。

②美国的抗辩

美国指出，上诉机构明确指出，相似产品应当根据规定的上下文和宗旨目标，以及该规定所出现的有关协定的宗旨目标进行解释。美国认为，在解释《保障措施协定》中相似的产品时，应当考虑下述情况：《1994年关贸总协定》和世贸组织过去并没有对确定该协定中的相似产品时应考虑什么因素做出决定；并没有何为某一钢铁产品的普遍适用的定义，起诉方对此意见也不一致；在界定相似产品时，调查机关是从调查所涉及的进口范围开始的，如果一个调查中的进口与另一个调查中的进口不同，那么相似产品的范围也可能会不同；本案中，国际贸易委员会对相似产品的界定与进口是一致、对应的，而没有超出进口的范围；国际贸易委员会确定了27种与进口对应的相似产品，其中10种采取了措施，国际贸易委员会对起诉方指责的板材、镀锡类产品和焊管的分类进行了充分的解释。

（i）《保障措施协定》对相似产品的定义

《保障措施协定》并没有对相似产品下一个定义，也没有在过去的保障措施案件中提及。上诉机构在美国—羊肉案中提到，确定国内产业范围的第一步，是确定与进口产品相似或者直接竞争的产品；只有这些产品确定了，才有可能确定这些产品的生产商。这也没有提供多少指导。该案没有涉及相似产品定义问题，而是羊肉国内产业是否应当包括活羊饲养者的问题。此处并没有起诉方所说的狭义界定相似产品的问题。该案只说国内产业应当仅包括相似产品的生产商，而没有对相似产品定义。

（ⅱ）《1994年关贸总协定》和世贸组织对相似产品的处理应不同于《保障措施协定》

在日本—酒税案中，上诉机构说，进口与国内产品是否相似，应当个案分析。上诉机构虽然说《1994年关贸总协定》第3条的相似产品应当做狭义理解，但如何狭义则应个案处理。

上诉机构在欧盟—石棉案中认为，字典对相似一词的解释，没有解决三个问题：哪个特点或质量是重要的；产品应当共有的质量或特点的范围；从哪个角度判断相似性。

上诉机构在日本—酒税案中认为，边境税收调整案中的解释对个案确定相似产品有所帮助，但上诉机构明确提醒，决策者应当牢记，第3条中的相似产品的狭义范围与其他协定是不同的。

起诉方提到了美国—棉纱案中上诉机构的观点，但忽视了这两个案件之间事实和情况的差别。在美国—棉纱案中，进口和国产棉纱是相似的。然而，国内一体化生产商所生产的棉纱被认定不是直接竞争的，因此没有划入国内产业中。上诉机构评论说，相似产品是直接竞争产品的一部分；所有相似产品都是直接竞争或者替代性产品，而直接竞争性产品并非都是相似产品。但在本案中，相似产品与国内产业的范围是一致的，并不涉及直接竞争性分析问题。因此，美国—棉纱案不能直接适用于本案。

美国强调，如上所述，对相似产品的定义，应当结合不同协定的宗旨目的进行。《1994年关贸总协定》第3条的目的是避免保护主义，以及维护产品之间的平等和竞争性关系，而《保障措施协定》的目的是允许在特定情况下保护国内产业。两个协定不同的目的，使得相似产品的范围必定不同，甚至前一个必定比后一个狭窄。

（ⅲ）在《保障措施协定》项下界定相似产品的标准

国际贸易委员会传统上考虑的因素是：物理特征、海关分类、制造过程（何处、如何制造的）、用途、营销渠道。没有哪个因素是决定性的；对每个因素所给予的考虑程度，决定于个案的情况。关于相似或直接竞争产品的决定属于事实裁定，国际贸易委员会传统上寻找产品之间明显的分界线，而不考虑细小的差异。

国际贸易委员会所考虑的因素与边境税收调整案工作组所提出的三个标准是相近的。其中两个标准，即物理特性和用途，是相同的。第三个标准，消费者偏好，似乎与保障措施调查的目的相抵触。由于《保障措施协定》的目的是允许对国内产业进行保护，考虑消费者，而不是生产商，或者两者都考虑，就是错误的。而国际贸易委员会考虑的，则是产品的营销渠道和制造过程。

第四个标准，海关分类，在边境税收调整案中没有提及，但在其他情况下提到过。尽管关税分类显然反映了产品的物理特性，但在界定相似产品时却并非有用；本案涉及大量（612个）税目，所以不能明确区分产品。例如，在为收集数据而确定的33类产品中，每个都有2—65个税目。

起诉方没有说明为什么应当重点看关税分类，他们的观点也是不清楚的：有时说国际贸易委员会应当看10位税目，有时则说应当看4位分类。上诉机构说过，使用特定的方法帮助审查证据，并没有解除审查所有相关证据的义务和必要性。关税分类与国际贸易委员会所使用的物理特性是相关的。国际贸易委员会有权确定哪些因素是有用的。另外，事实证明，4位税目也无法提供明确的产品分类。

第五个标准是制造过程。对于以保护国内产业为目的的《保障措施协定》来说，这是一个适当、客观的因素。在美国—羊肉案中，上诉机构在一个脚注中明确说过，在确定两个产品是否为不同产品时，考虑生产过程可能是相关的。本案中，国际贸易委员会是在众多产品中寻找一个分界线，因此制造过程与物理特性一样是相关的。

上诉机构在美国—羊肉案中还确认，相似产品界定可以包括投入物和最终产品，认为在考虑不同生产阶段的产品时，一个相关因素就是不同阶段的产品是单个相似产品的不同形式，还是变成了不同产品。

（2）第二次书面陈述

①起诉方观点

起诉方在第二次书面陈述中的观点可以归结为两个方面，一方面，美国没有满足《保障措施协定》所要求的开始调查应先确定具体进口产品。美国所采用的方法不符合《保障措施协定》规定，因为它错误地将很多产品归为一类，特别是板材；另一方面，即使美国的方法是正确的，主管机关也不应将不同产品归为板材类，因为国际贸易委员会对相似产品的分析是错误的，并且这些产品显然是不相似的。

（i）美国的方法违反了《保障措施协定》规定

在界定国内相似产品时，国际贸易委员会是从调查中的进口范围开始的。这只是国际贸易委员会创设新的进口产品类别的开始。事实上，国际贸易委员会完全可能在开始时就确定了国内相似产品。但国际贸易委员会不应将这些产品归在一起，然后将这些归类用于确定进口增加时的进口产品，因为这种捆绑式的方法涵盖了不符合《保障措施协定》规定的产品。

首先，《保障措施协定》要求首先确定具体进口产品。应首先确定具体进口产品，然后确定生产相似产品的国内产业。从逻辑上讲，确定进口产品应先于确定国内产业。只有进口产品首先确定了，才具备了确定国内产业的基础。此外，美国援引了上诉机构在美国—羊肉案中的观点，即确定国内产业范围的第一步是确定与进口产品相似或直接竞争的产品。美国称这个观点仅与国内产业的定义有关。事实上，这个观点明确表明，只有在适当确定了进口产品情况下，才能确定与之相似的产品。

其次，国际贸易委员会没有为裁决进口增加而适当确定具体进口产品。美国的方法显然没有遵守这个步骤。美国称，总统启动调查的要求确定了进口，即具体进口产品。这是错误的。《保障措施协定》所要求的，是调查中的产品必须是进口增加裁决中的产品，否则就不符合《保障措施协定》的规定。

也就是说,《保障措施协定》不仅要求调查机关从确定具体进口产品开始调查,而且要求该产品与进口增加裁决中的产品相同。

美国称，启动调查的请求限定了调查中进口的范围，这是国际贸易委员会分析的出发点；国际贸易委员会无权从中排除某些进口。然而，确定国内产业本应是调查机关的最后一步，但国际贸易委员会却将国内相似产品归在一起，最后以这些归类做出裁决。所以，说国际贸易委员会只能界定国内产品是不对的，因为它还对这些产品进行了归类，将其作为进口产品的类别。结果，调查中的产品，即美国所说的启动调查申请中的进口产品，并非进口增加裁决中的产品。

美国称，在本案中，国际贸易委员会对相似产品的界定与进口是一致的，没有超过进口产品或与之不同。但国际贸易委员会对国内相似产品的归类，就对进口产品进行了新的分类，将进口没有增加的产品归入了调查范围。这显然是与《保障措施协定》不一致的。因此，如此捆绑的产品不能视为一种“具体产品”。美国这样做，在很大程度上就重新界定了进口产品的范围。这样，调查就不再是对具体产品进行的，而是对一组不相关的产品进行的。

国际贸易委员会在国内产品之间进行了相似性分析，并把它们归为一组。这样，国际贸易委员会就没有对其中的一些产品进行进口增加的分析，而结果对它们采取了保障措施。这种方法是违反《保障措施协定》的，并且无论如何不应当把不相似的板坯、中厚板、热轧钢、冷轧钢和涂镀钢归为单一的相似产品。不仅如此，美国所说的国际贸易委员会从包括一些钢铁产品的进口开始，寻找与这些进口相对应的国内钢铁的分界线的做法，表明美国没有将国内产品与进口产品进行适当的比较。事实上，美国只有在与进口产品进行相似性分析后，才能界定国内钢铁产品，美国也才能对进口和国内产品进行比较。

就板材而言，美国所说的国内与相应的进口板材相似是错误的，因为在国际贸易委员会确定国内有板材，并且认为应当有所谓的进口板材之前，并不存在进口板材。因此，国际贸易委员会是确定与国内产品相似的进口产品，而不是相反。

（ii）国际贸易委员会对板材的相似产品分析是错误的

首先，现有协定和案例法对《保障措施协定》中的相似产品界定提供了指南。

美国认为相似性解释不能从一个协定转入另一个协定是错误的。美国曾主张，上诉机构在韩国—酒案中的推理不能用于纺织品协定项下，但上诉机构明确驳回了这个观点。因此，在日本—酒案中进一步使用过的边境税收调整案中的意见，与本案是相关的，并且相似产品应做狭义解释。

边境税收调整案工作组虽然承认对相似产品应做个案分析，但提出了个案分析的一般标准，即适用于整个《1994年关贸总协定》的标准。因此，这些标准可以适用于《1994年关贸总协定》第3条，也可以适用于第19条。因此，这4个标准应当适用。

其次，国际贸易委员会对相似产品分析适用了不适当的标准。

美国坚持考虑生产过程，并且错误地解释了上诉机构在美国—羊肉案中的观点。上诉机构明确说，生产过程不是确定产品之间相似或直接竞争关系的因素。上诉机构说可以考虑投入物，但条件是投入物必须与最终产品相似或直接竞争。因此，归类的标准是产品之间的相似性关系，生产过程本身并不是评估相似性的标准。

②美国的抗辩

美国认为，提交专家组的“该产品”和“相似产品”问题，与美国界定国内相似产品的方法是否与《保障措施协定》一致无关，而是关于将该方法适用于特定事实的问题。

首先，从方法上看，国际贸易委员会对国内产品的分析符合《保障措施协定》。

《保障措施协定》对主管机关先分析进口产品还是国内相似产品，并没有做出具体规定，而只是说明了进口产品即该产品与相似产品之间的关系。

而国际贸易委员会对国内产品的分析是符合《保障措施协定》宗旨的。

国际贸易委员会从调查申请中的进口产品出发，首先考虑哪些国内产品与进口产品相似。这种对比表明了国内产品和进口产品是否相似，它们之间是否可以互换，因此确定了国内产品和进口产品之间是否有竞争关系。国际贸易委员会然后考虑与进口产品相对应的国内产品是否为单一相似产品，或这些产品之间是否有明确分界线，以决定是否构成了多个相似产品。国际贸易委员会随后回过来考虑有关进口（即该产品），确定与相似产品相对应的进口产品，以便单独分析这些与相似产品对应的进口是否对生产该相似产品的国内产业造成了严重损害。

国际贸易委员会确定是否存在单个或多个相似产品，从国内产品而不是进口产品出发，与《保障措施协定》目的是一致的。《保障措施协定》要求分析国内产业状况，应确定对其进行保护，因此审查国内产品以确定有关相似产品的范围，是非常合理的。如果目的是确定国内相似产品以界定相关国内产业，确保只有受到严重损害的国内生产商才被给予调整的机会，那么分析就应当从国内产品而不是进口产品开始。分析的重点是国内产业的状况及对应措施，出口商及产业的性质不能改变这种分析。

其次，国际贸易委员会分析相似产品的因素符合《保障措施协定》。

相似产品一词在《保障措施协定》和《1994年关贸总协定》中并没有定义，世贸组织关于保障措施的争端解决程序也没有涉及过这个问题。在其他协定中所做的解释，并不能自动适用于《保障措施协定》。

国际贸易委员会所一贯使用的相似产品标准是一些客观的因素。保障措施调查所分析的是国内产业的状况，而不是市场上进口产品和国内产品的消费者或者它们之间的关系。因此，国际贸易委员会考虑的是营销渠道、生产过程、物理特征、用途和海关分类等客观因素，而不是消费者偏好。

考虑制造或生产过程，即产品是如何及在何处制造，对于处于不同阶段的产品是非常重要的。从本案的情况看，国际贸易委员会看到了不同阶段板材的相关性导致了实质性的内部消费，生产设备是共同的，产业是垂直一体化的。这种生产过程的相关性和生产商之间的一体化，说明市场上每种板材之间的区别是模糊的；所有类型的板材都受到整体板材市场状况的影响，因为一种板材就是另一种板材的投入物。

总之，美国认为，相似产品界定应依据具体案件的事实。国际贸易委员会使用的方法是客观的。

**2. 交叉上诉**

（1）上诉方观点

从《保障措施协定》规定和上诉机构的裁决看，如果进口不是对相似或直接竞争产品的国内产业造成了损害，就违反了协定的规定。本案中，特别是对于板材，美国没有适当界定相似产品，而是把5种产品捆绑在一起进行分析。这种方法是无法分析不同产品之间的竞争性关系的，因此，美国也是无权采取保障措施的。如果专家组审查了这个主张，必定会做出支持起诉方的裁决。

（2）美国观点

《争端解决谅解》第12条第7款要求，上诉机构只审查专家组裁决中的法律适用和法律解释问题。然而，国际贸易委员会处理相似产品的问题显然是一个事实问题。例如欧盟和瑞士强调，相似产品界定必须一致而无差异。而审查产品界定是否一致，不能不考虑有关该产品的事实。日本、韩国和巴西还用图表说明某些产品不是相似的，这也是事实问题，而不是法律问题。

美国指出，专家组在本案中显然没有提供任何证据。专家组没有对相似产品问题做出裁决。另外，对于相似产品，当事方并非存在无争议的事实。事实上，在专家组阶段，当事方对相似产品界定存在很大的分歧。因此，要求上诉机构审查相似产品问题，就是要求上诉机构审查当事方对事实的争议，不符合《争端解决谅解》对上诉机构设定的审查范围，上诉机构不应审查相似产品问题。

（3）专家组和上诉机构的结论

本案中，起诉方提出了多个主张，但专家组只对未预见的发展、进口增加、因果关系和对等性做出了裁决，就足以认定美国的措施没有法律依据，违反了《保障措施协定》和《1994年关贸总协定》的义务。在专家组没有具体审查并裁决的法律问题中，相似产品问题是其中之一。

然而，起诉方认为，专家组行使司法节制权而没有审查的美国措施的其他方面的违法性仍然存在；尽管起诉方认为上诉机构没有理由不同意专家组的整体结论，但如果上诉机构的裁决的确影响了专家组的裁决，则专家组行使司法节制权的基础就不复存在，上诉机构就应当对这些问题进行审查。鉴此，本案中，起诉方就专家组没有审查的一些主张提出上诉，提交了“其他上诉方书面陈述”，即附条件的上诉。其中，日本、韩国和巴西联合提交了一份“其他上诉方书面陈述”。像欧盟等8方就美国的上诉书面陈述提交被上诉方书面陈述一样，美国也就8方的“其他上诉方书面陈述”提交了“被上诉方书面陈述”。

上诉机构最后裁决认为，由于上诉机构维持了专家组裁决，因此对“其他上诉方书面陈述”中的主张进行审查的条件并未出现，因此没有必要审查这些主张。鉴此，就相似产品这一法律点而言，一方面，专家组基于司法节制没有进行裁决；另一方面，由于上诉机构认为对之进行审查的前提条件没有出现，因而同样没有做出裁决结论。

## 三、案件的影响和启示

中国诉美钢铁保障措施案是中国在世贸组织中第一案，是中国成为世贸组织成员后，使用世贸组织争端解决机制解决贸易争议，合法保护自己贸易利益的具体体现。这个案件标志着中国未来解决与其他世贸组织成员的争议，多了一条稳定、可预见的途径。对于作为贸易大国的中国来说，和平解决争议，与其他国家建立良好的贸易关系，是非常重要的。因此，本案对中国不仅仅具有保护具体贸易利益的作用，而且具有很强的象征意义。

从2002年3月5日美国总统宣布采取措施，到2003年11月10日上诉机构做出最终裁决，认定美国的措施不符合世贸组织规定，历时近21个月。在此期间，中国与其他7个起诉方与美国进行了依据《保障措施协定》的磋商和《争端解决谅解》的磋商，经历了专家组程序和上诉审议程序。对于当时还处于世贸组织大家庭新成员的中国来说，都是一个非常珍贵的机会。通过这个案件的参与，加深了对世贸组织规则和争端解决机制的认识，扩展了视野，积累了经验，锻炼了队伍，为日后中国处理和应对更多的世贸组织案件奠定了良好的基础。

从案件的最终结果看，美国在此案中可以说是完败。仔细分析起来，有两个原因：

第一个原因，是世贸组织对保障措施施加了严格的纪律。在世贸组织司法实践中，在包括本案在内的一些主要保障措施案例中，几乎所有采取保障措施的成员都败诉了。上诉机构指出，保障措施是一种特殊救济措施，只应在紧急情况下采取。这种措施是在没有证明存在不公平竞争的情况下实施的进口限制措施。在这一点上，保障措施与反倾销和反补贴措施是不同的，因为这两种措施是针对不公平贸易做法的。因此，保障措施所针对的，可能是其他成员的公平贸易做法，从而影响其他成员享受在多边贸易谈判中所得到的贸易利益。

第二个原因，是美国自始至终处于一种理亏的状态，败局似乎自在意料之中。从美国采取钢铁保障措施后，一时间，美国成为众矢之的，各国纷纷指责美国采取的保障措施，将之斥作典型的贸易保护措施。无疑，从美国相关部门开始启动调查到最终采取保障措施，一直受到了来自其国内的巨大压力，仓促之中做出的调查和裁决必然难以在法律上站得住脚。尽管如此，从实际利益的较量看，美国虽然输了官司，但的确从采取保障措施中获得了巨大实益，利用世贸组织争端解决程序耗时长的特点，在遏制自其他世贸组织成员进口钢铁的同时，一定程度上给国内钢铁产业的发展创造了喘息机会。虽然，我们不认为美国的做法是值得学习的正面榜样，但值得深思的是，世贸组织争端解决机制的确具有工具性特点。美国不惜在世贸组织诉讼中面对8个起诉方的挑战并最终落得了一个全面败诉的下场，虽然输在“理”上，却得了“利”，其将世贸组织争端解决机制作为一个推行其贸易政策并保护其国内产业利益的“工具”，运用规则的“娴熟”和“技巧”，确实值得我们去学习和思考。总之，对于初涉世贸组织大家庭的中国而言，美国—钢铁保障措施案可谓是一本生动的教科书。

从此案中，我们还深刻认识到，世贸组织争端解决是一项高度技巧化的工作，不仅要求对世贸组织规则的深入了解，还要求具有高超的诉讼技巧。在专家组审理阶段，当事双方的书面陈述正文就达2,500页，附件达3,500页。专家组报告也长达969页。在上诉审议阶段，双方提交的书面陈述达1,000页。上诉机构报告也达171页。起诉方为统一立场和观点多次开会协调，分工合作。当事方一百多人参加了专家组和上诉机构召开的听证会。专家组和上诉机构在审理案件时面对复杂问题时所体现的逻辑思维和分析技巧，更是令人大开眼界，叹为观止。鉴此，中国要想充分利用世贸组织多边规则发展和保护自己，提升利用世贸组织争端解决机制的能力和水平，只有大量参与世贸组织案件的审理工作，不断提高专业水平，才能有所作为，别无他途。

**附件**

## 诉美国钢铁保障措施案大事记

2002年3月5日，美国总统宣布将对10种进口钢材采取保障措施，在为期3年的时间里，加征最高达30%的关税。

2002年3月20日，美国钢铁保障措施正式实施。

2002年3月21日，中国要求加入欧盟与美国在《争端解决谅解》项下的磋商。

2002年3月14日，中国要求与美国进行《保障措施协定》项下的磋商。

2002年3月22日，中美《保障措施协定》项下的磋商在华盛顿举行。

2002年3月26日，中国向美国提出《争端解决谅解》项下磋商请求，正式启动世贸组织争端解决程序。

2002年4月11—12日，中国、欧盟、日本、韩国、瑞士和挪威与美国根据《争端解决谅解》的磋商在日内瓦举行。

2002年5月27日，中国向世贸组织提交设立专家组的请求。

2002年6月24日，在争端解决机构会议上，批准中国设立专家组的要求。

2002年7月25日，世贸组织总干事穆尔任命了专家组成员。

2002年7月29日，专家组与当事方召开组织会议，确定了本案的时间表和工作程序。

2002年8月30日，中国向世贸组织秘书处提交第一次书面陈述。

2002年9月6日，中国提交第一次书面陈述的摘要。

2002年10月4日，美国提交第一次书面陈述。

2002年10月11日，美国提交第一次书面陈述的摘要。

2002年10月18日，第三方提交书面陈述。

2002年10月24日，第三方提交书面陈述摘要。

2002年10月29—31日，专家组第一次实质性会议在日内瓦召开。

2002年11月12日，对专家组提出的问题提交回复。

2002年11月26日，中国提交第二次书面陈述。

2002年12月3日，中国提交第二次书面陈述的摘要。

2003年12月10—12日，专家组第二次实质性会议在日内瓦召开。

2003年1月6日，对专家组提出的新问题提交回复。

2003年1月28日，美国要求专家组根据《争端解决谅解》第9条第2款散发单独的报告，起诉方于2003年1月30日提出反对。

2003年2月6日，专家组向当事方散发专家组报告的描述部分。

2003年2月19日，当事方对专家组报告的描述部分提交意见。

2003年3月26日，专家组向当事方散发中期报告。

2003年4月9日和4月16日，当事方就专家组中期报告提交意见。

2003年5月2日，专家组向当事方散发了专家组报告，认定美国的措施违反了世贸组织规则。

2003年7月11日，专家组向世贸组织所有成员散发了专家组报告，认定美国的措施违反了世贸组织规则。

2003年7月11日，八个起诉方就专家组的裁决发表联合声明，敦促美国撤销措施。

2003年7月31日，八个起诉方要求争端解决机构召开特会通过专家组报告。

2003年8月11日，美国通知争端解决机构对专家组报告提出上诉。

2003年8月12日，上诉机构组成审理此案的分庭，并制定本案的上诉机构工作程序。

2003年8月21日，美国递交了上诉方书面陈述。

2003年8月26日，专家组阶段的八个起诉方也提起“附条件上诉”。

2003年9月5日，被上诉方提交被上诉方书面陈述。

2003年9月29—30日，上诉机构听证会在日内瓦召开。

2003年11月10日，上诉机构散发上诉报告，全面维持了专家组裁决。

2003年11月10日，8个起诉方发表联合声明，对上诉机构的报告表示欢迎，敦促美国撤销措施。

2003年12月10日，上诉机构报告和专家组报告在争端解决机构会议上通过。

2003年12月4日，美国总统宣布终止保障措施。

校稿：纪文华　蒋成华

# 诉美国铜版纸反倾销和反补贴初裁决定案评析

孙昭

铜版纸案是美国对中国产品发起的首例反倾销和反补贴（以下简称“双反”）合并调查。此案中，美国商务部改变了不对所谓“非市场经济”国家实施反补贴措施的传统做法：一方面在反倾销调查中继续不合理地将我视为“非市场经济国家”，采取外部基准计算倾销幅度；另一方面对我输美产品发起反补贴调查，将我部分国内政策措施认定为补贴，同时实施反倾销和反补贴措施。此举招致了我政府和企业的强烈反对，并引起了国际广泛关注。事实表明，美国已经不再限于利用反倾销措施不公平地限制我出口贸易，而是进一步利用反补贴措施质疑和挑战我相关经济、贸易政策和措施。我政府和企业面对的贸易救济应对局面日趋复杂，若不能有效地遏制美方的不合理做法，我对美出口将面临更大制约，还可能出现其他国家和地区跟风仿效，我出口贸易发展的外部环境将会日益恶化。为此，在我相关企业运用美国司法救济途径挑战美国商务部双反做法的同时，我国政府决定通过多边机制寻求公平公正待遇，将美国双反措施诉诸世贸组织争端解决机制。

## 一、铜版纸世贸争端案的背景情况

### （一）美首次对我国出口产品发起反补贴调查

截至2005年年底，美国对中国产品采取的贸易救济措施主要是反倾销措施，没有发起过反补贴调查。[①]但随着美国贸易赤字的扩大，美国会不断指责中国操纵汇率、违反规则提供补贴，美国一些产业要求对中国产品采取反补贴措施的呼声也越来越强烈。[②]2006年10月31日，美国新页公司（NewPage Corporation）代表美国内产业向美国商务部提交申请，要求对中国、印度尼西亚和韩国输美铜版纸发起双反调查。美商务部于2006年11月27日做出立案决定，启动了第一起针对中国产品的双反调查。

### （二）中方对美双反调查的初步反应

美国新页公司在其提交的双反调查申请书中，要求对中方的13个补贴项目进行调查，包括人民币汇率、赠款、优惠贷款、低价提供原材料、优惠税收、债务减免、外资企业所得税减免（“两免三减半”）、债转股等。2006年11月18日至22日，中国商务部专门组成磋商代表团赴美与美商务部进行反补贴立案前磋商。[③]磋商中，我代表团详细阐述了中方观点，向美方表明了反对其对中国产品发起反补贴调查的立场，要求其不予立案。我方还重点驳斥了申诉方提出的人民币汇率构成补贴项目的主张。此次磋商虽未能阻止美方启动反补贴调查，但也取得了一定成效，即美商务部最终未将人民币汇率

---

① 据WTO统计，1995—2006年，美国对华发起反倾销调查61起，采取反倾销措施50起，未发起过反补贴调查。

②Vivian C. Jones, Foreign Affairs, Defense, and Trade Division, “Trade Remedy Legislation: Applying Countervailing Action to Nonmarket Economy Countries”, Congressional Research Service Report RL33550, January 31, 2008.

③ 根据《补贴协定》第13.1条，产品可能接受调查的出口国应该被进口国邀请进行磋商（shall be invited for consultation）。

政策纳入补贴项目调查范围。[①]

我政府部门和涉案企业在着手参与美双反调查程序的同时，仍继续通过美国内司法途径挑战美方对中国产品启动反补贴调查的做法。2007年1月9日，涉案企业金东集团、商务部公平贸易局联合就管辖权问题将美反补贴立案诉至美国际贸易法院（CIT），认为美商务部无权对非市场经济国家发起反补贴调查，应终止有关程序。美国际贸易法庭采取了快速程序，[②] 2007年3月29日，美国际贸易法院裁决支持了美商务部的立场，认为现有美国法并未排除对非市场经济国家的产品进行反补贴调查，历史上关于乔治城钢铁案的法院裁决认可了美商务部"充分的自由裁量权"，美商务部对中国产品发起反补贴调查的决定未超越权限。[③]

### （三）美商务部关于铜版纸双反调查的裁决结果

2007年3月30日，美国商务部对反补贴调查做出肯定性初步裁定，认定中国政府向铜版纸生产者和出口商提供了补贴，决定对中国输美铜版纸实施临时反补贴措施。根据认定的补贴率，两家强制应诉企业江苏金东纸业公司和山东晨鸣纸业公司的保证金率分别为20.35%和10.90%，其他企业为18.16%。2007年5月29日，美商务部对反倾销调查做出肯定性初步裁定，认定我相关涉案企业存在23.19%—99.65%的倾销幅度，征收相应比例的保证金。[④] 反倾销和反补贴初裁以后，美商务部继续调查。2007年6月13

① 美商务部以申请人举证不充分为由，拒绝调查其主张的操纵汇率补贴项目。参见US Department of Commerce, " Notice of Initiation of Countervailing Duty Investigations: Coated Free Sheet Paper from the People' s Republic of China, Indonesia, and the Republic of Korea" ,[ C–570–907, C–560–821, C–580–857 ] , Federal Register / Vol. 71, No. 227 / Monday, November 27, 2006 / Notices, 68546。

②Dan Neumann, "CIT Sets Expedited Schedule For Preliminary Injunction Request In China CVD Case" , *Inside U.S. China Trade*, posted on January 17, 2007.

③"Government of the People' s Republic of China v. United States", 483 F. Supp. 2d 1274, 1276, Court of International Trade, March 29, 2007.

④US Department of Commerce, "Preliminary Determination of Sales at Less than Fair Value and Postponement of Final Determination: Coated Free Sheet Paper from the People's Republic of China", [ A-570-906 ] , 72 FR 30758, June 4, 2007.

日，晨鸣纸业公司退出反补贴调查。2007年7月11日至28日，美商务部对我企业进行实地核查。2007年10月17日，美国商务部做出终裁，维持了反倾销和反补贴肯定性初裁结论。在反补贴裁决中，美商务部认为晨鸣纸业公司拒绝配合调查，对其采取了不利推定，反补贴税率从初裁的10.90%升至终裁的44.25%；金东纸业公司的反补贴税率从初裁的20.35%降至终裁的7.40%。在反倾销裁决中，美商务部最终裁定倾销幅度为21.12%—99.65%。

## 二、我将美铜版纸双反调查初裁措施诉诸世贸组织

2007年9月14日，我国就美商务部铜版纸双反调查初裁决定提出磋商请求，[①] 主要关注3个方面：（1）补贴专向性问题，包括外资企业税收优惠措施和国有银行政策性贷款的专向性；（2）政策性贷款的利益计算及外部基准问题；（3）双反措施中对补贴的双重救济问题。[②] 我方主张美方实施的双反临时措施违反了《补贴协定》第1、第2.1、第14、第17和第19条、《反倾销协定》第7和第9条。

铜版纸案是我在世贸组织单独起诉美贸易限制措施的第一起案件，因此在起诉策略的抉择上历经反复斟酌。例如起诉对象问题，即究竟应该立即起诉美商务部的初裁决定，还是等待终裁决定。在铜版纸案之前，曾经有12起世贸争端涉及贸易救济案件的初裁决定或临时措施，只有加拿大起诉的美国—软木III案（US – Softwood Lumber III）发布了专家组报告，其他案件均未推进下去。[③] 起诉初裁的理由主要是以法律手段表达关注和形成威慑，

---

①Request for Consultations by China, "United States – Preliminary Anti-Dumping and Countervailing Duty Determination on Coated Free Sheet Paper from China". WT/DS368/1, 18 September 2007.

②值得注意的是，铜版纸案的争议并不仅限于这些问题，还包括将我国有企业（商业银行）视为公共机构、信用不良公司及其贷款利率的认定、关联公司认定及其利益归属等事项。US Department of Commerce, "Issues and Decision Memorandum for the Final Determination in the Countervailing Duty Investigation of Coated Free Sheet from the People's Republic of China", C-570-907, Investigation, Public Document, Office 1: DL/DEN. 参见 Comments 12 and p. 4。

③在我诉美铜版纸案之后，欧盟也曾将中国的紧固件反倾销临时措施诉诸世贸组织，但磋商无果后亦未继续推进。

但这种做法具有两个明显缺点：第一，即便取得胜诉，也是“空洞的胜利”（hollow victory），因为专家组裁决做出之时或之前，被裁违规的初裁措施已然被终裁措施取代，被诉方无需专门执行专家组裁决；第二，起诉方过早暴露了诉讼策略和关注点，对方可在终裁决定中调整、完善裁决理由，这会增加后续诉讼难度。

在美国—软木 III 案中，加拿大之所以选择起诉初裁主要基于两点理由：一是加拿大在起诉前即做好了充分准备，打算美国商务部一旦发布初裁决定，即提出磋商请求；二是加拿大寄希望于通过《争端解决谅解》第4.8条规定的快速磋商程序（expedited consultations）迅速解决争端，防止木材厂倒闭。但最终结果是，专家组报告发布日期比美国终裁日期晚了近半年，[①] 加拿大虽然手握胜诉裁决，既没救到木材厂，法律效果也甚微，加拿大没有申请报复授权。直至2006年，加拿大与美方达成双边协议，软木系列争端才算告一段落。[②] 鉴于既往的实践，我方在本案中最后采取的策略是先针对初裁决定提出磋商请求，表达关注，但最终是要立足于打终裁措施。我方预判美商务部将在与我磋商期间发布其最终裁决报告，如果其未修正初裁中违反世贸规则的做法，我届时将就终裁向美再次提交补充磋商请求，把美终裁措施纳入磋商范围，磋商无果则推进专家组程序。

## 三、最终结果：美国国际贸易委员会做出无损害裁决

2007年12月7日，美国国际贸易委员会6名委员以5比1的投票，[③] 就铜版纸双反案做出无损害裁决，认为来自中国、印度尼西亚和韩国的低价铜版

①2001年8月9日，美国商务部做出初步裁定；加拿大于2001年8月21日提出磋商请求，9月17日举行磋商，10月25日设立专家组；美国商务部2002年3月21日做出最终裁定；专家组报告发布时间为2002年9月27日。

②参见“The Notification of Mutually Agreed Solution”, WT/DS236/5, 16 November 2006。软木争端的其他系列案件报复授权请求，参见：WT/DS257/16, WT/DS264/17 and WT/DS277/9。

③Commissioner Charlotte R. Lane dissenting, 参见“Coated Free Sheet Paper from China, Indonesia, and Korea: Investigation Nos. 701–TA – 444 – 446（Final）and 731–TA–1107–1109（Final）（hereinafter USITC CFS Paper Report”）, Publication 3965, December 2007, p. 29。

纸未对美国产业造成实质性损害。[①] 从美国国际贸易委员会公开的资料看，损害调查期内（2004—2006年），美国国内产业产量从484万吨增至497万吨，销售量从469万吨增至497百万吨，销售额从38.5亿美元增至39.9亿美元，毛利润从亏损2.4亿美元变为赢利1.7亿美元，现金流从净流出0.7亿美元变为净流入2.9亿美元，铜版纸价格始终在1,300美元/吨上下波动，国内产业的市场份额也比较稳定。[②] 这些公开的数据说明，美国国际贸易委员会的结论是符合案件事实的。由于此无损害裁决，美方撤销了临时措施。相应地，我方也未继续推进世贸争端解决程序。

## 四、铜版纸案的评价

针对铜版纸的双反调查开启了美国对非市场经济国家采取双反措施的先例。长期以来，在美方调查机关的眼中，中国经济呈现的是一种混沌、分裂的图景：现如今的中国经济既不是他们所理解和认同的所谓“市场经济”，又已不再是传统意义上的“计划经济”。在美方调查机关的心中，如何对中国（产品）实施贸易救济措施是一个非常纠结的问题：一方面，若固守于针对“非市场经济国家”的传统做法，则无法与时俱进地对已经相当“市场化”的中国适用反补贴措施，而补贴恰恰是被他们认为是中国政府用以不公平地提高中国产品价格竞争力的主要手段；另一方面，若放弃对中国“非市场经济”的认定，美方（包括政府和产业）又将失去已经用得非常娴熟且能较好地打压中国产品的利器。因此，如何既能留用“非市场经济”的利器，又能有效地制约中国的“补贴”，成了美调查机关、产业界乃至国会的政治人物们都想破解的难题。美国“的确”是一个法治国家，即便它对你实施的是不合理的、歧视性的措施，它也要找到或必须有“法律依据”。走到对中国产品启动反补贴调查、实施双反措施这一步，美方循着“解放思想、制度创新”

①International Trade Commission, Federal Register, “Coated Free Sheet Paper from China, Indonesia, and Korea”, [ Investigation Nos. 701–TA – 444 – 446 ( Final ) and 731–TA–1107–1109 ( Final ) ] / Vol. 72, No. 239 / Thursday, December 13, 2007 / Notices, 70892.

② “USITC CFS Paper Report”, IV-15, table V-3, VI-1 and p. 14.

的路径，大致经历了“凝聚共识、克服障碍、技术补强、大胆实施”四个阶段：

### （一）对中国产品实施反补贴共识的形成

早在中国加入世贸组织谈判时，美国就带有了未来对中国产品进行反补贴调查的相关考虑。《中国加入议定书》第15条中已经有了关于对中国产品进行反补贴调查应遵循的相关规范。[①] 2000年10月10日，根据美国会通过的《与中国的永久正常贸易关系法》，美商务部可以对中国实施反倾销和反补贴措施。[②] 此后，由于贸易赤字逐步扩大，美国内多次指责我操纵人民币、对出口产品提供补贴，要求对我实施反补贴措施。2005年前后（第109届国会期间），美一些国会议员多次尝试推动立法，先后提交过《美国贸易权利执行法案》[③]、《2005年与中国的公平贸易法案》[④]和《2005年中国货币法案》[⑤]，试图将反补贴措施适用于非市场经济国家（尤其是中国），但没有获得通过。第110届国会期间，美国会议员又先后提交五个法案，欲对华实施反补贴措施。[⑥] 在这样的政治背景中，布什政府也有所行动。2006年12月15日，美国商务部在《联邦纪事》发布公告，就是否可以对中国产品实施反补贴措施征求公众意见。美商务部此举获得其国内产业的热烈回应。美国钢铁、农业、零售、

①Article 15, “Protocol on the Accession of the People’s Republic of China”, WT/L/432, 23 November 2001.

②Section 413, “Normal Trade Relations for the People’s Republic of China”, 114 STAT. 880, Public Law No. 106-286-OCT. 10, 2000, 106th Congress,（hereinafter “NTR Legislation”）.

③*United States Trade Rights Enforcement Act*, H.R. 3283, 109th Congress 1st Session, July 14, 2005; S. 1421, July 19, 2005.

④*Fair Trade with China Act of 2005*, H.R. 3306, 109th Congress 1st Session, July 14, 2005.

⑤Section 3 of *Chinese Currency Act of 2005*, H.R. 1498, 109th Congress 1st Session, April 6, 2005.

⑥Five bills seeking to apply countervailing duty law to NME countries have been introduced in the 110th Congress to date: S. 364（Rockefeller, introduced January 23, 2007）; H.R. 708（English, introduced January 29, 2007）; H.R. 782（Ryan/Hunter, introduced January 31, 2007）and its companion bill S. 796（Bunning/Stabenow, introduced March 7, 2007）; and H.R. 1229（Davis/English, introduced February 28, 2007）. H.R. 571（Tancredo, introduced January 18, 2007）, seeks to apply additional tariffs on all imports from designated NME countries.

纺织、水泥、冶金、化工、机械制造等行业协会，及各类商会、劳工组织纷纷表示支持对华采取反补贴措施。[①]美国商务部共收到47份评论意见，其中只有中国商务部、美国贝克豪思律师事务所、中国金东纸业公司和金华盛纸业公司（两家公司联合提出）等三份评论意见反对美国改变传统做法。[②]2007年1月16日和19日，美国会9名参议员和32名众议员分别致函时任美商务部部长古铁雷斯，强烈要求对华实施反补贴措施。[③]从这些事实来看，2006年前后，对中国产品发起反补贴调查是美国的主流意见，其国会、政府、产业界均希望如此。在这种氛围中，铜版纸双反案也算是恰巧应运而生。

### （二）美方从自由裁量权角度克服国内法障碍

不对非市场经济国家实施反补贴措施，是美国商务部长期以来的政策。[④]1986年9月18日，美国上诉巡回法院在乔治城钢铁案（Georgetown Steel）中支持了美国商务部不对非市场经济国家采取反补贴措施的结论。[⑤]1992年，美国商务部先后两次拒绝针对中国的反补贴调查申请，分别为镀铬螺栓轮锁

① 其中比较有代表性的组织包括：American Iron and Steel Institute，Committee to Support US Trade Laws，Copper & Brass，Southern Shrimp Alliance，PC Strand Coalition，American Furniture Manufactures Committee for Legal Trade，Southern Tier Cement Committee，Polyethylene Retail Carrier Bag Committee，National Council of Textile Organizations，Polyurethane Foam Association，Society of the Plastics Industry，The Association for Manufacturing Technology 等。根据可查询的美商务部接收的评论意见，美国制造业全部支持对华采取反补贴措施，目前没有看到反对意见。

②Bureau of Fair Trade for Imports and Exports, "Whether the Countervailing Duty Law Should Be Applied to Imports from China: Comments of the Bureau of Fair Trade for Imports and Exports of the Ministry of Commerce, the People's Republic of China"; Baker and Hostetler LLP., Gold East Paper（Jiangsu）Co., Ltd. and Gold Hua Sheng Paper Co., Ltd., "Comments on Application of Countervailing Duty Law to Imports from China", Public Documents, January 16, 2007.

③Letter to USDOC Secretary, "Re: Application of the Countervailing Duty Law to Imports from the People's Republic of China – Request for Comment", January 16, 2007. Letter to USDOC Secretary Gutierrez, January 19, 2007, available on Inside US Trade, visited on July 18, 2011.

④Written by Harry L. Clark, Kevin M. Dempsey and Joyce C. Koo, "Movement Towards a U.S. Countervailing Duty Remedy for Chinese Goods That Are Found to Be Subsidized", [2007] Int.T.L.R., ISSUE 6, SWEET & MAXWELL LIMITED, pp.136-143.

⑤ "Georgetown Steel Corp. v. United States", 801 F.2d 1308, 8 ITRD 1161, 4 Fed. Cir.（T）143,（hereinafter "Georgetown Steel"）, Sept. 18, 1986.

案和摇头吊式风扇案。[①] 时隔20年以后，美国欲对仍然被认定为非市场经济国家的中国发起反补贴调查，首先要克服国内法障碍，即乔治城钢铁案裁决所形成的判例。当时此案的主要争议为，是否能对自苏联和民主德国等非市场经济国家出口的碳酸钾实施反补贴措施。对此，美国上诉巡回法院做了如下分析：[②]（1）回顾了美国1897年制定的反补贴法案之立法宗旨，认为反补贴法的宗旨是补偿“不公平的竞争优势”（unfair competitive advantage），而非市场经济国家的出口是为了挣取硬通货，并不构成反补贴法规范的“不公平的竞争优势”。[③]（2）美国会的意图是通过反倾销规则而非反补贴手段限制非市场经济的出口产品。根据《1974年贸易法》和《1979年贸易协定法》，美国会制定了明确的法律条款，以替代国方法（surrogate country method）救济非市场经济国家倾销出口产品造成的影响。[④] 与此同时，在修订反补贴规则时，国会没有提及非市场经济问题。（3）在美国诉詹尼士广播公司案[⑤] 中，海关和专利上诉法院认为“行政机关在决定是否存在‘奖金’或‘赠与’时，具有充分的自由裁量权（broad discretion）”，巡回上诉法院同意此判断，认为美商务部关于不对非市场经济国家实施反补贴措施的裁决并非不合理，没有滥用自由裁量权。依据以上三条理由，法院维持了美国商务部不对非市场经济国家适用反补贴措施的做法。

今天重新回顾此案，我们会发现美上诉巡回法院的裁决有些“微妙”。其第一条和第二条理由，实际上否定了美国反补贴法适用于非市场经济国

① “Rescission of Initiation of Countervailing Duty Investigation and Dismissal of Petition: Chrome-Plated Lug Nuts and Wheel Locks from the People’s Republic of China（“PRC”）”, 57 FR 10459（March 26, 1992）; and “Final Negative Countervailing Duty Determinations: Oscillating and Ceiling Fans from the People’s Republic of China”, 57 FR 24018（June 5, 1992）.

② 除了以下将涉及的三点支持性理由，美上诉巡回法院还回应了法庭之友（amici curiae）的意见（主张反补贴规则应适用非市场经济国家，因为其经济扭曲最为严重），认为国会是通过反倾销法来制约非市场经济国家的不公平低价销售行为。

③Georgetown Steel, part III A. 巡回法庭援引了 Zenith 案最高法院的裁决，见437 U.S. at 455-56, 98 S.Ct. at 2448。

④19 U.S.C. Sec. 164（c）(1976）and 19 U.S.C. Sec. 1677b（c）(1982）.

⑤United States v. Zenith Radio Corp., 562 F.2d 1209, 1219（CCPA 1977）, aff'd, 437 U.S. 443, 98 S.Ct. 2441, 57 L.Ed.2d 337（1978）.

家的可能性，但是第三条理由则给美行政机关留下了操作空间。在美国国内法项下，中美围绕乔治城钢铁案的裁决展开了博弈。中方认为，美调查机关无权对非市场经济国家发起反补贴调查，美商务部的做法违反了其国内法。[①] 美方则认为，上诉巡回法院只是认可了调查机关的自由裁量权，美调查机关有权决定是否对非市场经济国家发起反补贴调查。在此背景下，我应诉企业和政府部门将美商务部反补贴调查立案决定起诉至美国际贸易法院。

2007年3月29日，在美国际贸易法院依据“自由裁量权”理由维持美商务部的做法之后，[②] 我方随即将后续挑战的主战场转移到了世贸争端解决机构。

### （三）美商务部在“市场经济地位”问题上的补强

为了能够同时对中国产品采取反倾销和反补贴措施，美商务部做了系统性的技术准备。在铜版纸双反调查之前，美商务部利用对华文具纸（lined paper）反倾销调查（A–570–901）的机会，分别于2006年5月15日和8月30日做出了两个关于中国市场经济地位的备忘录，[③] 按照其法律规定的认定市场经济地位的六个因素，[④] 逐一、全面地评估了中国市场经济的转型特征。在这两个备忘录中，美商务部简单肯定了中国市场化进程发生的变化，但更多

① 商务部新闻办公室，“商务部新闻发言人崇泉就美对我铜版纸反补贴立案发表谈话”，2006年11月21日。见 http://www.mofcom.gov.cn/aarticle/ae/ag/200611/ 20061103814679.html（2011年2月17日访问）。

②“Government of the People’s Republic of China v. United States”,483F. Supp. 2d 1274, 1276, Court of International Trade, March 29, 2007. 我国部分专家也持有与国际贸易法庭类似的观点，认为乔治城钢铁案只是认可了商务部的自由裁量权，并不意味着美国法律禁止对非市场经济国家发起反补贴调查，见郭策：“WTO 贸易救济规则——补贴与反补贴”，2008年11月12日，http://ielaw.uibe.edu.cn/html/mingshijiangtang/jingmaofalvboshiluntan/20081112/11122.html（2011年2月18日访问）。

③US Department of Commerce, “The People’s Republic of China（PRC）Status as a Non-Market Economy”（hereinafter “The May NME Memo”）, May 15, 2006. “Antidumping Duty Investigation of Certain Lined Paper Products from the People’s Republic of China（“China”）- China’s status as a non-market economy”（hereinafter “The August NME Memo”）, August 30, 2006, A-570-901, Investigation, Public Document.

④ 六个因素分别是：（1）货币兑换的程度；（2）劳工与管理层就工资的自由议价程度；（3）合资企业与外国投资的准入程度；（4）政府所有权或控制生产手段的程度；（5）政府资源分配、价格、生产决策的管制程度；（6）其他合适的因素。见 771（18）（B）of the Tariff Act of 1930。

关注了中国政府对经济的管理和调控。第一，关于货币兑换。美国援引了国际货币基金组织等国际组织的报告，认为人民币汇率事实上与美元挂钩，中国政府定期干预银行间外汇交易市场（FOREX），银行不能独立决定买卖人民币。[①]同时，中国资本账户的人民币兑换仍然受到限制，合格的境内机构投资者（QDII）和合格的境外机构投资者（QFII）才能进行海外或国内投资，显著控制了国际资本流动。第二，关于工资的自由议价。美国认为，根据中国的《工会法》，[②]工人不能自由缔结工会组织，没有途径批准或否决集体合同，很少有机会影响工资谈判过程，缺少正式的针对工会事项的决策或投票权，缺少罢工和示威权。同时，户籍制度影响了劳动力的自由流动。[③]第三，关于外商投资事项。美国认为中国要求所有外商投资须符合《外商投资产业指导目录》[④]，由于该目录将产业分为鼓励类、允许类、限制类和禁止类，禁止类包括文化、传媒、军事、国家安全等领域，限制类包括农业、纺织、石油、医药、部分采掘、通信和通信设备、运输、金融和银行业等领域，产业目录的区分影响了外商投资，将外商投资引导至出口导向型产业和特定地区，扭曲了市场。第四，关于政府所有权。美国认为国有企业主导了中国的能源、国防、冶金、汽车、交通和通信等核心产业，政府推进产业整合；国有企业的高级管理人员任命权仍存在干预；国有企业的效率只有私营部门的一半左右，资产回报率低下。[⑤]此外，美国还讨论了中国的土地使用权，援引了中国《宪法》说明中国禁止私人拥有土地所有权，只是区分了土地使用

---

①参见“Annual Report on Exchange Arrangements and Exchange Restrictions”（Washington, DC: International Monetary Fund, 2005）, p.225. Economist Intelligence Unit, Viewswire, China Economy: Rising heat on the currency to cool the economy, July 11, 2006。转引自 The August NME Memo, p. 11。

②《中华人民共和国工会法》，1992年4月3日第七届全国人民代表大会第五次会议通过，主席令第五十七号公布，自公布之日起施行。

③*The August NME Memo*, p. 18-20. 美国在做出以上论述时，大量援引了OECD（经合组织）的报告、《2004年人权国别报告》和大量有关中国的负面新闻报道。

④美国人引用的是《外商投资产业指导目录（2004年修订版）》，国家发展改革委、商务部令24号，2004年11月30日。

⑤“Economic Survey of China”（Paris: Organization of Economic Cooperation and Development, 2005）,pp. 86 and 98.

权，[①] 仍然存在土地征收、非法土地交易、土地行政划拨等现象，财产权保护不够。第五，关于生产控制和价格管制。美国全面分析了中国的贸易和投资环境，认为中国《价格法》仍然维持了政府指导价、政府定价等控制价格的方式；[②]《中国加入议定书》附件四所列的烟草、天然气、药品等物资由政府定价；美国还援引了大量的国际组织和研究机构的报告和文献，认定国有商业银行主导了中国的金融系统，人民银行设定了存款利率的上限和贷款利率的下限，扭曲了存贷款市场；商业银行贷款利率差别较小，资本和债券市场规模不足，发展不充分，中国政府对国有商业银行大笔注资；[③] 美国还主张，中国政府是国有企业是否破产的重要决策人，执行《破产法》时过于侧重保护就业，而忽略了债权人利益；知识产权侵权行为较多；城乡经济发展差距较大，资源分配不均，东南部地区对投资更具吸引力；[④] 中央政府推动汽车产业整合，钢铁产业产能过剩，产业政策降低生产效率。[⑤] 第六，有关其他因素。美国还调查了中国的法治状况、腐败等因素。最后美国根据以上证据得出结

①《中华人民共和国宪法》第十条："城市的土地属于国家所有。农村和城市郊区的土地，除由法律规定属于国家所有的以外，属于集体所有；宅基地和自留地、自留山，也属于集体所有。国家为了公共利益的需要，可以依照法律规定对土地实行征收或者征用并给予补偿。任何组织或者个人不得侵占、买卖或者以其他形式非法转让土地。土地的使用权可以依照法律的规定转让。一切使用土地的组织和个人必须合理地利用土地。"

②《中华人民共和国价格法》于1997年12月29日由第八届全国人民代表大会常务委员会第二十九次会议通过，中华人民共和国主席令第92号公布，第二十二条至第二十五条。

③这些国际组织的研究和报告包括："ADB TA To Help Improve Financial Services To Rural Poor In Two PRC Provinces"（Manila: Asian Development Bank, March 1, 2005）；"Economic Survey of China"（Paris: Organization for Economic Cooperation and Development, 2005）；"Finance and Development, Next Steps for China"（Washington, DC, International Monetary Fund, September 2005）；"Banking Reform in China: Catalyzing the Nation's Financial Future"（Milken Institute, February 2004）；Merhan, Hassanali and Quintyn, Marc, "Financial Reform in China"（Washington, DC: Finance & Development, International Monetary Fund, March 1996）；The Singapore Law Society, *China Business Law: A Guide for Lawyers and Entrepreneurs*（Singapore, Sweet & Maxwell Asia, 2003）。美国还援引了部分新闻报导，有的材料目前难以查阅，其真实性仍待检验。

④"China: Facilitating Investment and Innovation: A Market Oriented Approach to Northeast Revitalization"（Washington, DC: The World Bank, February, 2006）, and "China: Integration of National Product and Factor Markets"（Washington, DC: The World Bank, June 13, 2005）, pp. 44, 52-53. 参见"The August NME Memo" pp.70-72。

⑤美国所指的产业政策包括：《汽车产业发展政策》，国家发改委2004年8号令，2004年5月21日；《钢铁产业发展政策》，国家发改委2005年第35号令，2005年7月8日。

论，认为中国没有摆脱“命令经济”（command economy），而是在政府计划时引入了一些市场要素，在一些领域淡化了国家干预，而在另外一些领域保留了国家控制，仍然属于非市场经济国家。

这两个备忘录很全面地汇总了外界对中国经济的主要负面评价，对此后的相关贸易救济调查产生了重要影响。一方面，它成了美方在贸易救济调查中继续坚持不合理地将中国视为非市场经济国家的又一重要依据。美国商务部在后续贸易救济案件中（例如2011年的钢制轮毂案[①]和镀锌钢丝案[②]等），一旦遇到非市场经济的争议，立即援引这两个备忘录，否定中方的市场经济地位申请；另一方面，它也为美方在不改变对中国“非市场经济地位”认定的情况下启用反补贴提供了铺垫，建立起了针对中国实施双反措施的理论框架和预设前提，因为其中有大量关于中国政府补贴、扭曲市场的论述。

美国商务部的这两个备忘录，表面上探讨的是中国经济的转型特征，但其主要落脚点却是质疑中国的货币政策、金融管理体系、国有经济体制、土地所有制、户籍制度、外资管理体制、产业政策、知识产权保护、劳工标准与人权、法治环境与反贪防腐败等重大问题，广泛涉及中国政治、经济、社会管理等根本体制。这些论述表明，在市场经济问题上，美国已经绝不只是挑剔中国的经济管理方式，而是掺杂了很多非经济因素。只有清醒地看到这一点，才能深刻理解“非市场经济地位”问题不是一个单纯的法律和经济方面的技术问题，也才能促使我们更加谨慎地思考我们在世贸组织所能采取的合适策略。[③]

---

①DOC, “Certain Steel Wheels from the People’s Republic of China: Preliminary Affirmative Countervailing Duty Determination and Alignment of Final Countervailing Duty Determination With Final Antidumping Duty Determination”,［C-570-974］, Federal Register, 55012, Vol. 76, No. 172, Tuesday, September 6, 2011.

②DOC, “Galvanized Steel Wire From the People’s Republic of China: Preliminary Affirmative Countervailing Duty Determination and Alignment of Final Determination With Final Antidumping Determination”,［C-570-976］, Federal Register, 55031, Vol. 76, No. 172, Tuesday, September 6, 2011.

③ 部分国内产业、学者和实务界人士，多次主张将非市场经济问题诉诸世贸组织争端解决机制，参见“纸企联合申诉美国，要求给予产业市场化地位”，http://news.163.com/10/0513/13/ 66IMKTHD00014AED.html。

### （四）美商务部在对华反补贴上大胆作为

自美方通过铜版纸双反调查捅破对华反补贴问题的窗户纸后，美国内产业受到极大鼓舞，不断提出针对中国产品的双反调查申请，美国商务部也几乎是有案必立。截至2010年年底，美国共对华发起双反调查26起，直接影响我对美出口贸易额逾70亿美元。

尽管铜版纸双反调查因美国国际贸易委员会的否定性产业损害裁定结案，其最终结果表面上符合中方利益，但美商务部在该调查中所“探索”的各种针对中国补贴项目的调查方法、推理逻辑及相关判断和结论，在后续的双反调查中被反复采用、复制。中美关于反补贴问题的交锋、较量并未因该案特定的结果而结束，博弈只是拉开了序幕，好戏还在后头！

**附件**

### 诉美国铜版纸反倾销和反补贴初裁决定案大事记

2007年3月30日，美商务部对反补贴调查做出肯定性初步裁定。

2007年5月29日，美商务部对反倾销调查做出肯定性初步裁定。

2007年9月14日，中方向美方提出磋商请求。

2007年9月24日，美方接受中方磋商请求。

2007年10月12日，中美在日内瓦进行磋商。

2007年12月7日，美国国际贸易委员会做出无损害裁决。

校稿：谢伟

# 诉美国反倾销和反补贴措施案评析

孙昭

中国诉美国反倾销和反补贴世贸争端案（案件编号DS379）是一场艰苦的诉讼。从一定意义上讲，本案是2007年9月14日我国政府诉美商务部铜版纸反倾销和反补贴（以下简称“双反”）初裁决定世贸争端案的继续。在铜版纸双反调查之后，美国内产业大受“激励”，不断针对我输美产品提起双反调查申请，美国商务部也几乎是有案必立。一时间，我企业和政府部门面临着日益繁重的双反调查应诉压力，美方陆续实施的双反措施更是极大地杀伤了我产品在美国市场的竞争力，我对美出口贸易环境日趋恶化。为了维护中国企业的出口利益与合法权益，我方在铜版纸世贸争端案后再次将美四起双反措施诉诸世贸争端解决机制。由于此案涉及我重大体制性利益，引起了我相关政府部门、产业界及国际贸易法律界的高度重视。诉讼中，我方制定了直击要害的诉讼策略，着重解决公共机构、双重救济等体制性关注，挑战美方错误的法律标准。我诉讼团队精心推敲攻防方案，即便在专家组就核心问题的裁决于我不利的逆境中，依然坚定信心，并在上诉阶段成功实现逆转，赢得了最终胜利。

## 一、争端的基本情况

### （一）美对中国产品连续发起反补贴调查的背景

2006年11月20日，美国商务部针对中国输美铜版纸启动了双反调查。[①]这是美方对中国产品发起的第一例反补贴调查。美方此举遭到中方政府和业界的强烈反对。为表明中国政府的严正立场和中国业界的高度关注，在美商务部就铜版纸双反案做出肯定性初步裁定后，中国随即针对该初步裁定启动了世贸组织争端解决程序，向美方提出了磋商请求。[②]后因美国国际贸易委员会就双反调查做出无损害裁决，美方终止实施反倾销和反补贴措施，我方亦未再继续推进争端解决程序。但是，中美两国关于双反措施的争议并未停止。一方面，美国继续对中国产品发起双反调查并同时适用反倾销和反补贴措施。截至2010年年底，美国对华发起双反调查26起（2006年1起，2007年7起，2008年5起，2009年10起，2010年3起），直接影响我对美出口贸易额逾70亿美元；另一方面，中国企业和政府不断地通过交涉、磋商、寻求美国国内司法救济、诉诸世贸组织争端解决机制等途径，不断地挑战和质疑美国双反调查的合法性。

美国商务部在针对我国产品的反补贴调查中，充分显露了其对中国经济体制和经济政策认识上的偏见和局限性。在本案所涉的四起反补贴调查中，美方比较常见的做法是：其一，将中国国有企业（包括国有商业银行）一律视为公共机构，认定其通过提供原材料或贷款的方式向与其交易的企业或借款的企

① "Notice of Initiation of Countervailing Duty Investigations: Coated Free Sheet Paper from the People's Republic of China, Indonesia, and the Republic of Korea", Department of Commerce, [ C–570–907, C–560–821, C–580–857 ], Federal Register / Vol. 71, No. 227 / Monday, November 27, 2006 / Notices, 68546. "Initiation of Antidumping Duty Investigations: Coated Free Sheet Paper from Indonesia, the People's Republic of China, and the Republic of Korea", [ A–560–820, A–570–906, A–580–856 ], Federal Register / Vol. 71, No. 227 / Monday, November 27, 2006 / Notices, 68537.

②Request for Consultations by China, "United States—Preliminary Anti-Dumping and Countervailing Duty Determinations on Coated Free Sheet Paper from China", WT/DS368/1, G/L/826, G/SCM/D77/1, G/ADP/D72/1, 18 September 2007.

业提供了"财政资助"；其二，依据中国各层级政府部门的"五年规划"和相关产业政策中带有"鼓励"或"促进"等词汇的表述，进而认定这些"财政资助"具有专向性；其三，以国有经济市场份额高、在市场占据主导地位为由认定中国市场存在扭曲，在原材料和贷款利率上使用外部基准，从而认定这些"财政资助"给相关企业授予了"利益"，并据此计算出相应的补贴额。在此三步走的思路下，美方调查机关固然在形式上满足了世贸规则对认定补贴所规定的相关要求，但其不合理的调查标准和方法不仅使中国政府和出口企业承担了过重的举证责任，而且被调查产品通常都被不公平地裁定了反补贴税。

## （二）我将美双反措施诉诸世贸组织的过程

为了遏制美国对我出口产品连续发起双反调查，2008年9月19日，我将美对中国产品采取的第2至第5起双反案件的终裁措施诉诸世贸组织争端解决机制。这四起双反案件分别为标准钢管案（CWP）①、矩形钢管案（LWRP）②、复合编织袋案（LWS）③和非公路用轮胎案（OTR）④。我方在向美

① "Notice of Final Determination of Sales at Less Than Fair Value and Affirmative Final Determination of Critical Circumstances: Circular Welded Carbon Quality Steel Pipe from the People's Republic of China", 73 Federal Register 31970（5 June 2008）. Circular Welded Carbon Quality Steel Pipe from the People's Republic of China: Final Affirmative Countervailing Duty Determination and Final Affirmative Determination of Critical Circumstances, 73 Federal Register 31966（5 June 2008）.

②Final Determination of Sales at Less Than Fair Value and Affirmative Determination of Critical Circumstances, in Part: "Light–Walled Rectangular Pipe and Tube from the People's Republic of China", 73 Federal Register 35652（24 June 2008）. "Light-Walled Rectangular Pipe and Tube From People's Republic of China: Final Affirmative Countervailing Duty Investigation Determination", 73 Federal Register 35642（24 June 2008）.

③"Laminated Woven Sacks from the People's Republic of China: Final Determination of Sales at Less Than Fair Value and Partial Affirmative Determination of Critical Circumstances", 73 Federal Register 35646（24 June 2008）. "Laminated Woven Sacks from thePeople's Republic of China: Final Affirmative Countervailing Determination and Final Affirmative Determination", in Part, of Critical Circumstances, 73 Federal Register35639（24 June 2008）.

④"Certain New Pneumatic Off-the-Road Tires from the People's Republic of China: Final Affirmative Determination of Sales at Less than Fair Value and Partial Affirmative Determination of Critical Circumstances", 73 Federal Register 40485（15 July 2008）. "Certain New Pneumatic Off-the-Road Tires from the People's Republic of China: Final Affirmative Countervailing Duty Determination and Final Negative Determination of Critical Circumstances", 73 Federal Register 40480（15 July 2008）.

方提出的磋商请求中主张，美国违反《1994年关贸总协定》第1和第6条，《补贴协定》第1、第2、第10、第12、第13、第14、第19和第32条，《反倾销协定》第1、第2、第6、第9和第18条，《中国加入议定书》第15条。2008年11月14日，中美磋商未果，我随即于同年12月9日向世贸组织争端解决机构请求设立专家组。2009年1月20日，争端解决机构设立本案专家组。应我方请求，2009年3月4日，世贸组织总干事帕斯卡尔·拉米（Pascal Lamy）指定了本案专家组成员，专家组主席为David John Walker先生，其余两位专家组成员分别是Thinus Jacobsz先生和Andrea Marie Brown女士。[①] 此案引起世贸成员的高度关注，阿根廷、澳大利亚、巴林群岛、巴西、加拿大、欧盟、印度、日本、科威特、墨西哥、挪威、沙特阿拉伯、台澎金马单独关税区、土耳其等14个成员作为第三方参与案件审理。2009年7月7日至8日，11月11日至12日，专家组在日内瓦先后召开听证会。2010年6月11日，专家组向中美当事方披露中期报告，7月23日披露最终报告，10月22日散发最终报告。2010年12月1日，中方就以上五个主要争议提出上诉。[②] 美方未提出交叉上诉。

### （三）专家组裁决报告

2010年10月22日，世贸组织公开散发了我诉美双反措施争端案的专家组报告，认定美对我标准钢管、矩形钢管、复合编织袋和非公路用轮胎产品

①David John Walker是新西兰人，时任新西兰常驻世贸组织代表团大使，新西兰坎特伯雷大学（University of Canterbury）经济学博士，曾任关贸总协定反倾销委员会主席，新西兰外交和贸易部经济政策分析司司长和首席经济顾问，曾任Indonesia-Auto（DS54）和Mexico-Taxes on Soft Drinks（DS308）案的专家组成员。Thinus Jacobsz是南非人，在若干公司担任贸易法律顾问，曾参与过27起美国、欧盟、南非等国发起的贸易救济案件，曾任EC-DRAM（DS299）和EC-Aircraft（DS316）案的专家组成员。Andrea Marie Brown是牙买加人，美国乔治城大学法律职业博士（JD），现任牙买加反倾销和反补贴委员会执行司长，曾任牙买加财政和计划部法律顾问，曾经在律所工作14年，曾担任US- Continued Zeroing（DS350）案的专家组成员。

②Notification of an Appeal by China under Article 16.4 and Article 17 of the Understanding on Rules and Procedures Governing the Settlement of Disputes（DSU）, and under Rule 20（1）of the Working Procedures for Appellate Review, WT/DS379/6, 6 December 2010.

采取的双反措施违反了世贸规则，[①] 主要体现在四个方面:（1）工业园区土地使用权的专向性问题。专家组在考察了《补贴协定》第2.2条的谈判史后认为，乌拉圭回合中的《邓克尔文本》（*Dunkel Draft*）[②] 用词是“所有企业可获得”（available to all enterprises），而最终的《补贴协定》第2.2条用词是“限定于部分企业”（limited to certain enterprises），谈判文本用词的这一刻意变化，说明只有特定区域内的部分企业获得补贴，才能被认定为具有专向性。建立法律标准后，专家组在适用法律时采取了“独立的土地使用权”的表述，认为美方没有证据证明本案所涉复合编织袋反补贴调查中的工业园区存在一项“独立的土地使用权制度”，因此违反了第2.2条。（2）利益传导问题。美国在反补贴调查中，将私营贸易商从国有企业采购、再转售的原材料，均视为财政资助，进而计算补贴利益，却没有调查补贴利益通过私营贸易商的传导问题。专家组回顾了美国—软木 IV 案（US – Softwood Lumber IV）上诉机构裁决，[③]认为美国商务部未对私营贸易商在交易中所扮演的具体角色进行调查，其计算方法导致在原材料市场价格浮动的情况下，美国商务部未确保据此计算出来的补贴利益额度不超过实际获得的补贴利益额度，因此违反了《补贴协定》第1.1条和第14条的义务。（3）美元贷款利率调整问题。专家组认定，美国商务部在调查美元贷款利率基准时，未根据特定时间调整相应的利率，因此该利率基准不可比，美方做法违反了《补贴协定》第14(b)条。（4）美商务部未调查应诉企业从贸易公司采购原材料的信息，而是直接采用了可获得事实，专家组裁定美商务部此做法违反了《补贴协定》第12.7条。

---

①Report of the Panel, “United States-Definitive Anti-Dumping and Countervailing Duties on Certain Products from China”（hereinafter “US- Anti-Dumping and Countervailing Duties”）, WT/DS379/R, 22 October 2010.

②*Agreement on Implementation of Article VI of the General Agreement on Tariffs and Trade*, at F.1-F.31 within Draft Final Act Embodying the Results of the Uruguay Round of Multilateral Trade Negotiations, GATT Doc. No. MTN.GNG/W/FA, Dec. 20, 1991.

③Appellate Body Report, “United States- Final Countervailing Duty Determination with Respect to Certain Softwood Lumber from Canada”（hereinafter “US-Softwood Lumber IV”）, WT/DS257/AB/R, adopted 17 February 2004, DSR 2004:II, 571, para.143.

但是专家组没有支持中方关于国有企业的性质（公共机构）、政策性贷款专向性、补贴利益归零、原材料价格外部基准、人民币贷款利率外部基准、土地价格外部基准、补贴额的双重救济、磋商、新补贴项目补充问卷答卷期限等问题的立场。在这些未获支持的法律点中，以公共机构、政策性贷款专向性、原材料价格外部基准、人民币利率外部基准和双重救济等五个问题更为重要，对后续贸易救济案件影响较大。尽管专家组裁定美方在涉案的四起双反调查中实施的反补贴措施违反了世贸组织的相关规则，但因我方在本案中的若干核心主张（如公共机构和双重救济问题等）未获支持，仅就专家组的结论而言，我方并未实现诉讼意图。这一结果也引起了国内外专家学者的广泛关注。由于专家组裁决结果未解决我方主要诉求，2010年12月1日，我方就以上五个主要争议点提出上诉。美方未提起交叉上诉。

### （四）上诉机构裁决报告

根据上诉程序的新规则，[①] 我方在2010年12月1日提交上诉通知的同时也提交了上诉书面陈述，美国于2010年12月20日提交被上诉书面陈述。[②] 2010年12月22日，阿根廷[③]、澳大利亚、巴西、加拿大、欧盟、日本、墨西哥、挪威、沙特阿拉伯、土耳其提交了第三方上诉书面陈述。2010年12月15日，上诉机构收到了一封法庭之友意见，来自伊利诺伊科技学院（Illinois Institute of Technology）芝加哥肯特法学院的 Sungjoon Cho 教授，专门就双重救济问题发表了意见，主张美国商务部违反《关贸总协定》第6条第3款和第5款，以及《补贴协定》第19.4条。[④] 中美未就此法庭之友意见发表评论。2011年1月13日和14日，上诉机构在日内瓦召开听证会，听取了中美就此

①Working Procedures for Appellate Review, Communication from the Appellate Body, WT/AB/WP/W/11, Annex B, Rule 21, 27 July 2010.

②"Appellee Submission of the United States", December 20, 2010.

③ 阿根廷第三方上诉书面陈述的摘要于2010年12月23日提交，由于晚于上诉机构设定的期限，上诉机构拒绝接受其摘要。见 Appellate Body Report, US- Anti-Dumping and Countervailing Duties, footnote 33。

④Amicus Curiae Submission by Sungjoon Cho, December 14, 2010.

案的陈述与抗辩。负责此案的上诉机构成员为 Ricardo Ramírez-Hernández（主席）、Lilia R. Bautista 和 Peter Van den Bossche。[①]

2011年3月11日，上诉机构发布了裁决报告，在公共机构和双重救济两个核心问题上，推翻了专家组结论，支持了我方的主张。上诉机构认为：（1）关于公共机构，不能仅仅依据国家所有权认定国有企业为公共机构，而应考虑企业是否具备政府职能，从而裁定美国的做法违反《补贴协定》第1.1（a）（1）条。（2）关于双重救济，专家组错误理解了法律条文，《补贴协定》规定各国应根据案情征收合适的反补贴税，且税额不能超过补贴额。由于采用外部基准的反倾销税已经抵消了补贴额，任何额外征收的反补贴税则超出了合适的限度，因而违反了《补贴协定》第19.3条。[②] 在原材料和利率的外部基准、国有商业银行的贷款专向性等争议点上，上诉机构认为我国市场受到政府干预，因而维持了专家组裁决。同时，上诉机构依据我《商业银行法》第34条和有关证据认为，我国有商业银行“在国家产业政策指导下开展贷款业务”，被赋予了政府职能，构成公共机构。

## 二、争端的主要争议点

在世贸组织首次挑战美国的双反措施，我方主要着力点是美方的反补贴调查，期待在反补贴问题上能达到两方面的效果：其一，“系统性”解决问题，即尽可能地将我企业和政府在现阶段应诉美国反补贴调查中面临的主要障碍一揽子解决，争取较全面地改善我方应诉反补贴调查的处境；其二，解决“系统性”问题，即尽可能地解决我企业和政府在现阶段应诉美国不同的反补贴

①Ricardo Ramírez-Hernández 是墨西哥人，1968年出生，在墨西哥国立大学任教国际贸易法，曾任墨西哥经济部贸易谈判副总法律顾问，主要从事国际贸易和投资仲裁等工作，曾代表墨西哥政府参与处理若干世贸组织和北美自由贸易协定争端。Lilia R. Bautista 是菲律宾人，1935年出生，现任菲律宾司法学会顾问，曾任菲律宾证券交易委员会主席、菲律宾常驻联合国日内瓦办事处代表。Peter Van den Bossche 是比利时人，1959年出生，欧洲大学学院博士，现任荷兰马斯特里赫特大学国际经济法教授，《国际经济法期刊》编委，曾任上诉机构秘书处参赞和执行司长。

②Report of the Appellate Body, “United States – Definitive Anti-Dumping and Countervailing Duties on Certain Products from China”（hereinafter “US-Anti-Dumping and Countervailing Duties”）, WT/DS379/AB/R, 11 March 2011, para.611.

调查个案中面临的共性问题或系统性问题。基于这一考虑，我方全面梳理了本案所涉四起双反调查中在反补贴问题上对中方企业应诉结果影响最大、最具体制性的问题，最终将挑战的焦点锁定在四个议题上，即公共机构、政策性贷款、外部基准和双重救济问题。我方制定的诉讼策略是主攻美方在调查和认定中国产品补贴时所依循的相关法律标准和调查方法，避免过度纠缠反补贴调查中的个案事实。如果能争取到合理的法律标准，则可体制性地影响美方对中国产品实施的反补贴调查，起到纲举目张的作用。

基于上述考虑，我方在起诉中重点关注了公共机构、专向性、外部基准和双重救济等核心问题的法律标准，力求解释出限制调查机关的法律义务。

### （一）关于公共机构（国有企业的性质）

《补贴协定》第1.1（a）（1）条规定，只有政府或公共机构提供的财政资助才能构成补贴。中美关于“公共机构”的争议焦点在于中国的国有企业是否属于公共机构。因为我国有数量庞大的市场化经营的国有企业，这些企业参与着广泛的商业交易，如若我们的国有企业一律被认定为世贸组织补贴规则意义上的“公共机构”，则在美国针对中国产品的绝大多数反补贴调查中，涉案企业都将因“国有企业”因素，或是购买了国有企业生产、销售的原材料，或是从国有商业银行获得了贷款，而被认定接受了补贴。很显然，这种认定对中国企业和产品是不公平的。也正因为如此，国有企业是否构成公共机构是我方的一个重要关注点。

美国商务部在以前针对韩国、加拿大、欧洲国家的反补贴调查中，采取了“五要素分析法”综合认定公共机构。“五要素”分别是:（1）政府所有权;（2）政府官员出任董事会成员;（3）经营活动的政府控制;（4）实施政府政策和追求政府利益;（5）是否为法律要求设立的实体。[①] 但在针对中国产品的

①“Final Affirmative Countervailing Duty Determination Dynamic Random Access Memory Semiconductors from the Republic of Korea”, 68 FR 37122（June 23, 2003）, Issues and Decision Memorandum at pages 16-17, and “Final Affirmative Countervailing Duty Determinations: Pure Magnesium and Alloy Magnesium from Canada”, 57 FR 30946, 30954（July 13, 1992）, and “Certain Fresh Cut Flowers from the

反补贴调查中，美国商务部没有使用五要素分析法，而是仅依据“政府所有权”将所有涉案的中国国有企业视为“公共机构”，进而将这些国有企业销售的原材料均视为“公共机构”提供货物形式的财政资助，所有国有商业银行提供的商业贷款均视为“公共机构”提供贷款形式的财政资助。美方的核心理由是“控制论”( control theory )，即政府所有权意味着政府“控制”了相关企业，因此，任何被政府控制的实体都应当被认定为公共机构。[①] 这种做法几乎消灭了我国有企业的抗辩能力，无论国有企业提交何种事实证据，均无法改变其被美调查机关认定为“公共机构”的结局。在美方调查实践中，国有企业是否构成“公共机构”是一项影响反补贴调查后续进程和结论的根本问题。如果国有企业不是公共机构，则美方无须调查国有企业销售原材料行为的专向性，不能依据国有企业的市场份额认定市场扭曲，进而也不能采取外部基准计算所谓的“补贴”。简而言之，如果中国的国有企业不被认定为公共机构，则在国有企业参与的商业交易中就不存在所谓的补贴问题。仅以国有企业提供钢铁原材料的补贴项目为例。在标准钢管双反案( CWP )中，金洲集团被认定44.84% 补贴率( 总补贴率为44.86% )，潍坊东方被认定27.35% 补贴率( 总补贴率为29.57% )。[②] 在矩形钢管双反案( LWRP )中，张家中原被认定15.18% 补贴率( 总补贴率15.28% )，昆山昱纬被认定1.9% 补贴率( 总补贴率为2.17% )。[③] 这些数字表明，如果美国未将我国有企业视为公共机构，则不会存在所谓“国有企业提供原材料”的补贴项目，至少在这两起调查中，我主要的出口应诉企业补贴幅度属于微量水平，根据《补贴协定》，美方应终止该两起反补贴调查，更不应实施反补贴措施，但现实却

Netherlands”, 52 Fed. Reg. 3301 ( Department of Commerce Feb. 3, 1987 )( final determination ) . The five factors are: ( i ) government ownership; ( ii ) government presence on the board of directors; ( iii ) government control over activities; ( iv ) pursuit of governmental policies/interests; and ( v ) whether the entity was created by statute.

① “United States First Written Submission” , May 27, 2009, para.130.

② 参见 CWP, I&D Memo , p.12。

③ 参见 LWRP, I&D Memo , p.9。

非如此。[①]

**1. 选择诉讼思路**

为了挑战美方在公共机构认定方面的错误做法，我方至少必须处理好以下四个棘手问题：第一，究竟应如何对国有企业进行定性？《补贴协定》第1.1（a）（1）条中提及了三类实体，即政府（government）、公共机构（public body）和接受了政府委托或指示的私营机构（private body）。如果国有企业不是政府和公共机构，则其是否应该被认定为私营机构？[②]第二，如何面对专家组在以往的世贸争端中所采用的于我不利的观点？在我诉美双反争端之前，专家组曾在韩国—商业船舶案（Korea-Commercial Vessels）中认可了“控制论”，认为“如果某实体被政府或其他公共机构控制，则该实体可以成为公共机构”。在本案上诉准备过程中，欧盟—大型民用飞机案（EC-Large Civil Aircraft）专家组发布报告，沿用“控制论”认定法国国有企业（Crédit Lyonnais 公司）为公共机构。第三，如何解读中国加入世贸组织时的相关承诺？在《中国工作组报告》第172段中，针对其他世贸成员对中国国有企业可能以政府行为人的身份提供财政资助的担忧，中方代表认为此类财政资助并不必然带来补贴规则意义上的“利益”。美方主张，此表态默认了国有企业可能承担了政府角色。[③]第四，如何应对美方的“规避说”？上诉机构在美国—软木Ⅳ案中裁定，《补贴协定》的目的和宗旨是“同时加强和提高补贴与反补贴措施的《1994年关贸总协定》纪律”。美国多次主张，如果国有企业不被推定为公共机构，可能存在规避反补贴规则的隐忧，补贴国政府可能躲在国有企业的股东权益背后，授权或指示

---

① 根据《补贴协定》第11.9条，进口产品的补贴率低于1%时，应终止反补贴调查。

② 美国充分利用这一点进行了抗辩，见“United States First Written Submission, May 27, 2009, paras.105-107. United States Second Written Submission”, August 12, 2009, para.23。

③ “Report of the Working Party on the Accession of China”, WT/ACC/CHN/49, 1 October 2001, para.172：“一些工作组成员考虑到中国经济的特性，寻求澄清当国有企业（包括银行）提供财政资助时，它们是以《补贴协定》第1条第1款（a）项意义上的政府行为人的身份这样做的。但是中国代表指出，此类财政资助并不一定导致《补贴协定》第1条第1款（b）项范围内的利益。他指出，中国的目标是国有企业，包括银行，应在商业基础上运作，自负盈亏。工作组注意到这一承诺。”

补贴行为。[①]

理论上，我方至少有三条抗辩思路可供选择：

其一，在“控制论”框架内，根据双边调查时提交的证据，客观描述我国有企业以商业准则参与市场竞争，证明我国有企业不是公共机构。此思路几乎是完全复制韩国在韩国—商业船舶案（Korea–Commercial Vessels）上的立场，即只要证明了某实体的行为是商业行为，则该实体就不构成公共机构。[②]根据这个思路，调查机关需分析某实体行为的客观效果，即变相引入了“利益标准”（benefit test），因为判断某实体的性质（是否为公共机构）取决于其行为的效果（是否提供利益），而非行为本身（提供财政资助）。也就是说，即使提供了财政资助，只要该资助未使接受资助一方获得利益，就不能认为提供财政资助的主体是公共机构。这种思路的最大风险在于此前的世贸争端中上诉机构和专家组曾做出过不利的结论。上诉机构在巴西—航空器案（Brazil – Aircraft）中认为，“财政资助和利益是两个不同的法律概念”，两者不能混淆。韩国—商业船舶案专家组也否定了韩国的这种观点，认为公共机构的认定完全取决于是否存在商业行为，会造成不确定性。此外，遵照该思路，我方也还面临着逻辑推理困难和证据不足的制约。因为私营机构也可以按照授权或指示从事公共事务，因此，仅以“行为”来判定主体的性质存在偏颇之处。本案所涉四起双反调查中我方提交的全部证据尚不足以充分证明国有企业的行为属于“商业行为”。有鉴于此，我方没有采用这一思路。

---

① “United States Appellee Submission”, December 20, 2010, para.104. 在此前的加拿大—汽车案（Canada-Autos）和澳大利亚—汽车皮鞋 II 案（Australia-Automotive Leather II）中，上诉机构和专家组均依据《补贴协定》的目标和宗旨，对禁止性补贴规则（Article 3.1（a））做出严格解释。见 Appellate Body Report, “Canada-Certain Measures Affecting the Automotive Industry”, WT/DS139/AB/R, WT/DS142/AB/R, adopted 19 June 2000, para.142. Panel Report, “Australia-Subsidies Provided to Producers and Exporters of Automotive Leather,” WT/DS126/R, adopted 16 June 1999, para.9.56。

②First Written Submission by the Republic of Korea, “Korea-Measures Affecting Trade in Commercial Vessels（DS273）”, 2 February 2004, paras.152-160. 就韩国进出口银行（KEXIM）是否构成公共机构，韩国在此案中主张：（1）KEXIM 无行政管理职能，借款人可以从市场上的任何金融机构借款；（2）尽管某机构可能追求公共目标，但如果它从事产业和商业活动则不构成公共机构；（3）KEXIM 追求利润，韩国为此提交了 1972—2002 年的赢利数据。

其二，同意“控制论”，但主张所有权不等同于“控制”。本案的部分第三方有此倾向。沙特阿拉伯认为，公共机构须具备或行使政府职能，政府拥有多数所有权的事实本身不能作为证明存在“控制”的主要证据。[①] 欧盟的立场比较微妙。表面上看，其同意美国和专家组的结论，认为“控制论”可作为认定公共机构的法律标准；[②] 但是，其同时认为，多数所有权只是考虑政府控制的“显著证据”（significant evidence），政府所有权并不是必然和唯一的相关因素。[③] 这种观点显然与美国的立场不完全一致。美国的立场是，只要政府所有或被政府控制，即可被认定为公共机构，[④] 所谓的“五要素法”只是在金融危机、国有与私有股份相同等特殊情况下才被使用。若采用此抗辩思路，结果方面会存在较大的不确定性。尽管“控制”这个词未出现在《补贴协定》中，但在广被引用的联合国国际法委员会起草的《国家责任条款草案》[⑤] 中却有这一概念。在以往的国际公法争端中，各国争议的核心是政府对非政府实体的控制程度（degree of control），即政府的控制必须达到何种程度，才能将非政府实体的行为归责于国家的“控制”。[⑥] 这个抗辩思路可能具有继续挖掘的价值，但是，所有权是否达到了国际法意义上的“控制程度”，尚无专家组或上诉机构对此做出裁决，因此该思路会带来何种结果较难预见。[⑦]

---

① “Third Participant Submission of the Kingdom of Saudi Arabia”, December 22, 2010, paras.7-8, 10-17, 38-41.

② “Third Participant Submission by the European Union”, December 22, 2010, para.16.

③ 同上，paras.17-19。关于其他相关因素，欧盟在第三方陈述中，列举了和美国五要素分析法相似的因素，参见其陈述文件脚注29。

④ “Opening Statement of the United States of America at the First Substantive Meeting of the Panel”, July 7, 2009, para.7.

⑤ International Law Commission's Draft Articles on Responsibility of States for Internationally Wrongful Acts, appears in the *Yearbook of the International Law Commission*, 2001, Article 8.

⑥ Military and Paramilitary Activities in and against Nicaragua（Nicaragua v. United States of America）, Merits, Judgment, I.C.J. Reports 1986, paras. 109 and 115. Prosecutor v. Duško Tadi’c, International Tribunal for the Former Yugoslavia, Case IT-94-1-A（1999）, ILM, Vol. 38, No. 6（November 1999）, p. 1518, at p. 1541, para. 117.

⑦ 美国在上诉过程中也意识到这点，因此强调此点并非双方争议。参见 Appellee Submission of the United States, December 20, 2010, para.46。

其三，根本上反对“控制论”，另行确立法律标准，主张只有具备政府职能的实体才能成为公共机构。此立场既可以获得术语通常含义的支持，[①] 也可以获得《补贴协定》第1条、《农业协定》第9.1条和《服务贸易总协定》金融服务附件的上下文支持。此外，联合国国际法委员会起草的《国家责任条款草案》[②] 等国际公法文件也支持“政府职能”的主张。经反复权衡利弊，我方选择了第三种抗辩思路。

### 2. 完善法律推理逻辑

诉讼思路选定以后，就要分析可能面对的法律解释争议。实践中，关于法律术语的通常含义、上下文和条约目的的解释，世贸争端的当事方常常都能找出有利于己方的观点，本案也不例外。例如，（1）词典中关于“公共机构”的定义具有丰富的内涵，既有支持政府职能的意思，也有“属于国家”的含义。[③]（2）《补贴协定》第1条上下文，尽管在第1.1（a）1（iv）条中提及政府职能，但又将政府职能限定为第1.1（a）1（i）至（iii）条中的财政资助职能。（3）《农业协定》第9.1条规定了“政府或其代理机构”（government or their agency），加拿大—奶制品案上诉机构认为，“政府代理机构是执行政府授权的部门，旨在履行政府职能”，且上诉机构报告关于“政府代理机构”（government agency）的西班牙文和法文用词，与“公共机构”的西班牙文和法文用词相同。[④] 但美国认为，《农业协定》第9.1条具有限定词“其”（their），而《补贴协定》没有，同时加拿大—奶制品案（Canada – Dairy）

---

① 很多词典关于“public body”的定义都包括政府职能，参见 *Oxford English Dictionary*, Online Version, adjective definition 2.a, 3.a and 7；*Webster's New World College Dictionary*, 4th ed.（Cleveland, OH: Wiley Publishing, Inc., 2005）, p. 1160, adjective definition 4；*Merriam-Webster Online Dictionary*, adjective definition 2.a；*Black's Law Dictionary*, 8th ed.（West Group, 2004）, p. 1264, adjective definition 1。

② 参见“International Law Commission's Draft Articles on Responsibility of States for Internationally Wrongful Acts, with commentaries”，载于 *Yearbook of the International Law Commission*, 2001, vol. II, Part Two。

③ 美国列举了“belonging to, affecting, or concerning the community or nation”的含义，见 *The New Shorter Oxford English Dictionary*, at 2404（1993）。

④Government agency 和 public body 的西班牙文和法文用词分别为：“organismo público”和“organisme public”。

上诉机构报告列举的政府职能中包括“管理、限制、监督或控制私人行为”的表述。(4)《服务贸易总协定》中“公共实体”(public entity)的定义，尽管包括了政府职能的要素，但没有排除“控制论”，同时采取利益标准(商业条款)来认定“公共实体”，即混淆了财政资助与利益授予两个概念，与上诉机构在巴西—航空器案的裁定不符，潜在地说明“公共实体”与“公共机构”含义不同，而且这种方法仍然在试图通过“行为”界定机构的“性质”，重走了韩国—商业船舶案中韩国的抗辩路径(见前文第一条思路有关论述)。[①](5)《补贴协定》的目的与宗旨是“同时加强和提高补贴与反补贴措施的纪律”，并且在其中寻求“精致的平衡”(delicate balance)。美国看重补贴纪律，中国看重反补贴纪律，而条约面面俱到式的“目的和宗旨”使中美各自都难以“一招制胜”。

由上述介绍可见，条文的通常含义、上下文和目的宗旨总是宽泛甚至模糊的，各种解读都有可能找到理由和依据，若仅从这方面入手或很难完全说服专家组或上诉机构。为了增强说服力，我方把寻求支撑的视野扩展到了国际公法。

根据《争端解决谅解》第3.2条和上诉机构在美国—汽油案(US-Gasoline)的裁决，世贸组织协定与国际公法不是截然分离的，应当根据解释国际公法的习惯规则澄清现有条款。《维也纳公约》第31(3)(c)条规定，解释国际条约时，应考虑适用于当事方关系的国际法的任何相关规则。[②]世贸组织《补贴协定》清楚地反映了将特定行为(补贴)“归责”于政府的理念和要求。补贴是政府提供的财政资助，政府为此要承担相应的义务和责任；构成禁止性补贴时，政府就要撤销此项补贴；补贴对其他成员造成不利影响时，补贴方政府就要避免此种不利影响，或其他成员有权采取措施抵消不利

① 基于此分析，尽管中方在专家组阶段基于此点做了充分抗辩，但在上诉过程将此点放入脚注，美方也在脚注中回应了中方的主张，最后上诉机构未就这一点做出裁决。参见 Appellee Submission of United States, footnote 77。

②Article 31 (3) of the Vienna Convention provides that "[t] here shall be taken into account together with the context ... (c) any relevant rules of international law applicable in the relations between the parties."

影响；即便是指示或授权私营机构从事提供补贴的行为，政府也不能逃脱相应的责任和义务。[①]这种“归责”属性，正是决定一个政府的行为（补贴）是否受制于特定国际规则（《补贴协定》）、是否须承担相应国际义务（不能对其他成员造成不利影响）的核心所在。联合国国际法委员会起草的《国家责任条款草案》恰恰反映了国际习惯法中的归责原则，其第五条直接触及了非国家实体的行为归责于国家的情形：

“根据第四条不为国家机构的，但经该国法律授权行使政府职能要素的人或实体，其行为依国际法应视为该国的行为，但以该人或实体在有关事件中系以政府资格行事者为限。”

《国家责任条款草案》的相关条文对我方观点起到了很好的支撑作用：其一，《国家责任条款草案》归责条款与《补贴协定》中提供补贴的三类主体具有较好的对应性，政府、公共机构、获授权或指示的私营机构可以分别对应于《国家责任条款草案》的第4条、第5条和第8条，[②]且上诉机构在美国—动态随机存储器芯片案（US-DRAMS）中认可了获授权或指示的私营机构与《国家责任条款草案》第8条之间的对应关系。[③]其二，《国家责任条款草案》第5条的评注中专门强调，资产所有权并非认定归责国家的决定性标准。这非常有利于中方的抗辩。[④]其三，世贸组织争端解决机构的专家组和上诉机构

① 在争端解决过程中，美国和第三方均不否认《补贴和反补贴协定》第1条是关于“归责”的条款。欧盟在其作为第三方提交的意见中，明确认为第1.1(a)(1)条规定了关于特定机构（公共或私营）的行为是否归责于政府的根本性要素。见“Third Participant Submission by the European Union”，para.15。

② 由于两个条约（协定）的具体用词存在不同，两者的对应关系确实也存在一定模糊之处，例如《补贴协定》第1.1（a）(1)(iv）条中的经授权（entrust）私营机构，尚不明确是对应于第5条抑或第8条。但是这种模糊之处并不影响总体上的关联性以及最终裁定，见 Appellate Body Report, “US-Anti-Dumping and Countervailing Duties”, para. 311, 上诉机构回避分析“清晰的区分线”（fine line distinctions），而是从“核心原则的相似性”（similarities in the core principles）认可了《国家责任条款草案》第5条涉及的“政府职能”要素。

③Appellate Body Report, “US-DRAMS”, WT/DS296/AB/R, 27 June 2005, para.112 and footnote 179.

④Draft articles on Responsibility of States for Internationally Wrongful Acts, with commentaries, “Report of the International Law Commission on the work of its fifty-third session”, 2001, United Nations, Article 5 commentary, para.（3）.

在此前的众多案例中，为解释特定条款，援引过《国家责任条款草案》，明确认可此草案可以作为国际习惯法。[①] 从国际公法角度看，中方的"政府职能"观点占据了巨大优势。

在专家组阶段，中方关于公共机构的主张未获支持。专家组在考察了公共机构的通常含义、上下文、条约的目的宗旨之后，按照韩国—商业船舶案专家组的思路，接受了"控制论"，认为只要某实体被政府控制，即可被认定为公共机构。按照此标准，专家组认为，尽管国有资本并不是认定公共机构的唯一标准，但政府所有权是证明政府控制的高度相关证据，甚至可能是决定性证据，因此，国有企业可以被认定为公共机构。专家组在考察公共机构的通常含义时，先后援引了苏格兰、欧盟、西班牙和加拿大魁北克等国内法，认为不能将国有企业排除出"公共机构"之外，[②] 同时认为《补贴协定》第1条中只存在三个角色，分别为政府、公共机构和私营机构，国有企业既

① 参见 Appellate Body Report, "U.S.-Cotton Yarn", para. 120; Appellate Body Report, "U.S. -Line Pipe", para. 259; Panel Report, "Australia- Salmon"(21.5), para. 7.12, footnote 146; Panel Report, "Brazil-Tyres", para. 7.305, footnote 1480; Panel Report, " Canada-Dairy", para. 7.77, footnote 427; Panel Reports, "EC-Bananas III (Ecuador)", "EC-Bananas III (Guatemala and Honduras)", "EC-Bananas III (Mexico)" and "EC- Bananas III (United States)", para. 7.50, footnote 361; Panel Report, "Korea-Procurement", para. 6.5, footnote 683; Panel Report, "Mexico-Soft Drinks", para. 8.180; Panel Report, "Turkey-Textiles", paras. 9.42-9.43; Panel Report, "U.S.-Certain EC Products", para. 6.23, footnote 100; Panel Report, "U.S.-Gambling", para. 6.128; Decision by the Arbitrator, "Brazil-Aircraft (22.6)", para. 3.44; Decision by the Arbitrator, "EC-Bananas III (U.S.)(22.6)", para. 6.16, footnote 67; Decision by the Arbitrator, "U.S. – FSC (22.6)", para. 5.26, footnote 52, paras. 5.58-5.60 and footnote 68。 In these decisions, the ILC Articles have been cited as "rules of general international law", and as reflective of "customary international law". For instances in which the ILC Articles have been cited as "rules of general international law", 见 Appellate Body Report, "U.S.-Cotton Yarn", para. 120, and Panel Report, "Australia-Salmon (21.5)", para. 7.12, footnote 146。 For instances in which the ILC Articles have been cited as reflective of "customary international law", 见 Appellate Body Report, "U.S. -Line Pipe", para. 259; Panel Report, "U.S.-Gambling", para. 6.128; and Panel Report, "Canada -Dairy", para. 7.77, footnote 427。也可见 "Third Participant Submission of Brazil", Geneva, 22 December 2010, footnote 8。

②Panel Report, "US - Anti-Dumping and Countervailing Duties", para.8.61 - 8.62. 专家组通过国内法解释国际法的做法极为罕见，但它的名义是确认法律术语的通常含义。中方在上诉过程中挑战了这一做法，上诉机构的裁决很谨慎，对专家组的行为持保留意见，认为如果要援引国内法需要解释两个前提条件:（1）为什么援引国内法有助于（assist）解释当前的国际法问题;（2）为什么选择部分法域（jurisdictions）而非其他法域。尽管上诉机构未关闭通过国内法解释国际法的大门，但设置了两个比较高的门槛。参见 Appellate Body Report, "US – Anti-Dumping and Countervailing Duties", para.335。

不属于政府，也不属于私营机构，故只能属于公共机构。专家组驳回了中方关于《国家责任条款草案》的主张，认为其只有“概念性指导”（conceptual guidance）的作用，可用于补充或确认有关条文的通常含义、上下文和目的宗旨，且根据《国家责任条款草案》第55条，应该优先适用有关争议的特殊法，而不是《国家责任条款草案》。为了使世贸组织争端解决机构更易接受中方主张，我诉讼团队在上诉时，专门聘请了《国家责任条款草案》的起草者——剑桥大学的詹姆斯·克劳福德（James Crawford）教授，帮助中方完善上诉书面陈述，并作为中方顾问出席了上诉听证会。

**3. 最终裁决结论**

上诉机构推翻了专家组关于公共机构的结论，支持了中方立场，认为“公共机构”与“政府”有着部分相似的特质，《补贴协定》中的公共机构必须拥有、履行或被授予政府职能。上诉机构的主要理由包括：（1）《补贴协定》将“政府”和“公共机构”统称为“政府”，显示出这两个概念存在共通之处。从加拿大—奶制品案上诉机构的裁决推理，履行政府职能或被授予职权是“政府”和“公共机构”的核心共通之处（core commonalities）。（2）《补贴协定》第1条上下文表明，如果某公共机构可以委托或指示某私营机构，它本身须具备相应职能或发出命令的能力。（3）《补贴协定》的目的宗旨不支持专家组对“公共机构”过于宽松的解释。（4）关于《国家责任条款草案》问题，上诉机构全面否定了专家组，认为草案可以构成《维也纳公约》第31（3）（c）条所规定的国际法有关规则，同时否定了《国家责任条款草案》和《补贴协定》之间一般法和特殊法的关系，认为本案不是关于适用法的争议，而是关于规则解释的争议。[①]

法律标准确定以后，在本案中运用“政府职能”这一标准判断美国商务部的做法是否违反规则就不是一件难事了。上诉机构裁定，美国商务部仅仅

①Appellate Body Report, “US-Anti-Dumping and Countervailing Duties”, para.307-317. 上诉机构对于专家组的批评是严厉的，尤其不能同意专家组关于“概念性指导”（conceptual guidance）的说法，对专家组此举表示疑惑（puzzled）。

依据所有权将国有企业（SOEs）[①]视为公共机构，违反了《补贴协定》第1.1(a)(1)条。但是，上诉机构裁定我国有商业银行（SOCBs）可以构成公共机构，因为美国商务部在双反调查中采用了包括所有权在内的六方面事实证据：(1)中国银行业几乎全部由国家所有；(2)根据中国《商业银行法》第34条，中国国有商业银行具有政府职能；(3)中国商业银行缺少足够的风险管理和分析能力；(4)中国企业在原始调查中配合有限，美国商务部缺少足够的事实证据；(5)在非公路用轮胎案中，存在我地方政府监管银行的不利证据；(6)不利于我的国际货币基金组织（IMF）研究文献。

### （二）政策性贷款专向性

美国商务部在非公路用轮胎（OTR）双反调查中，依据我各级政府的"五年规划"、"产业结构调整目录"等政策文件，认为我对特定产业采取了扶持措施，构成法律上的专向性（de jure specificity）。[②]我方认为，由于补贴包含财政资助和利益授予两个要素，美商务部所列举的文件只能说明财政资助具有专向性，没有涉及利益要素，而且这些文件也没有明确排除对其他企业的适用性，不能以此证明补贴存在法律上的专向性。专家组否定了中方观点，对《补贴协定》第2.1条中"明确限于某些企业"这一表述的含义做出了非常宽泛的解释。专家组认为，各国政府可以通过很多明确的方式限制补贴的获取途径，补贴专向性可以包括3种情况：(1)财政资助和利益授予同时限定于特定企业；(2)财政资助限于特定企业；(3)利益授予限于特定企业。专家组还认为，《补贴协定》并未要求补贴仅可由部分企业获得、不允许其他企业获得，换言之，即便其他企业也可以获得补贴，也不能因此否定补贴专向性的存在。上诉机构维持了专家组的裁决，认为"针对财政资助的明确限制，必然限制了利益授予，因为只有获得财政资助的企业或产业才有资格享受相应的利益"。

---

① 此处的国有企业（SOEs）特指作为原材料（货物贸易）提供者的国有企业，须与后文谈到的国有商业银行（SOCBs）相区别。

② OTR I&D Memo, p.13.

应该说，我方的主张具有表面逻辑的完整性。"补贴"须包括财政资助和利益授予两个必要条件，根据三段论推理，"补贴"的法律专向性自然包括财政资助和利益授予的专向性。但专家组和上诉机构均没有支持这种拘泥于字句的解释，一方面显示专家组和上诉机构不愿机械地适用法条，另一方面也说明外方对于"五年规划"类的经济政策理解与中方差异较大，同时还说明我们经济管理政策的意图和表述方面有诸多值得反思的地方。仅举三例：（1）根据我国的一贯实践，中央政府制订"五年规划"以后，各级地方政府（省、市、县）将制订相应层级的"五年规划"或实施措施。在此过程中，很多政策文件明确点到某具体产业，甚至具体企业，提供笼统的扶持措施。尽管实际上，该产业或企业获得某笔具体贷款的原因不是"五年规划"，但从反补贴角度来看，已经具备了补贴措施政策专向性的表观证据。[①]（2）目前我国已经不再使用"五年计划"这一概念，代之以"五年规划"，[②]这体现了经济管理思维从计划到市场的转变，但中文表述的调整未适时反映在英文翻译中，我们普遍使用的英文翻译仍为英文中计划经济色彩比较浓厚的"plan"一词。[③]（3）我国很多产业政策经常使用"金融支持"等表述。一般而言，"金融支持"应被理解为"获得贷款"的准入，而非限定于"优惠贷款"的准入（当然并不必然排除这种解读），且此种表述多为宣示性和鼓励性的，不具强制性。但如果将这种广泛存在的政策表述置于补贴与反补贴背景中，则容易产生构成补贴专向性的误解，至少成为证明补贴专向性的证据。[④]

① 更为困难的是，从法律抗辩角度来看，尽管我国的"五年规划"不具备与法律、行政法规、部门规章同等的强制力，且其实施效果也值得观察，但我方无法说明"五年规划"等政策性文件无须得到执行。

② 我国2006年将原来的"五年计划"名称变更为"五年规划"，见"中华人民共和国国民经济和社会发展第十个五年计划纲要"，2001年3月15日第九届全国人民代表大会第四次会议批准；"中华人民共和国国民经济和社会发展第十一个五年规划纲要"，2006年3月14日十届全国人大四次会议表决通过。

③ 笔者以为用"initiative"或"prospect"可能更贴切西方语境。

④ 我国不少贸易法专家也指出，有些产业政策不具强制力，在实践中缺少实际效果，是否必须出台，值得商榷。见郭策："WTO贸易救济规则——补贴与反补贴"，2008年11月12日，http://ielaw.uibe.edu.cn/html/mingshijiangtang/jingmaofalvboshiluntan/20081112/11122.html（2011年2月18日访问）。

### （三）原材料外部基准

此案的核心法律点是美国—软木Ⅳ案上诉机构究竟建立了什么样的外部基准规则。在美国—软木Ⅳ案中，专家组突破了条文限制，允许使用外部基准，上诉机构则走得更远，扩大了使用外部基准的范围。仅从条文来看，《补贴协定》第14（d）条清楚地规定了国内基准，要求调查机关在确定提供货物或服务补贴项目的利益时，“应与所涉货物或服务在提供国或购买国现行市场情况相比较”。专家组通过列举的方式认为有两种情况可以采用外部基准：第一种是政府是该国内唯一的涉案产品供给商，第二种是政府管制了涉案产品的国内价格。上诉机构修正了专家组结论，增加了第三种情况，即尽管政府不是唯一的供给商，但若其主导性地位导致私有价格与其趋同，调查机关仍然可以使用外部基准。上诉机构的表述如下：

“可能出现的情形是，无法了解到，若无财政资助时接受者是否会‘更受益’。因为，政府提供财政资助时的地位，其主导性足以决定私有供给者销售相同或相似产品的价格，以至于第14条所规定的比较成为循环论证……如果调查机关证明了由于政府作为相同或相似产品的供给者的主导性地位（predominant role），那些私营价格被扭曲了，则可以采取供给国私营价格之外的基准。”①

这里的核心问题是该如何理解上诉机构所说的第三种情况，究竟是提供了“两步走”还是“一步走”的分析思路，即究竟是（1）首先要证明政府具有主导地位，其次证明私有价格被扭曲（两步走）；还是（2）只要证明政府具有主导地位即可推定私有价格被扭曲（一步走）。在本案中，我方主张前者，美国主张后者。

本案中（DS379），专家组援引上诉机构在之前争端案件中的裁决，认为政府主导地位本身就可以证明市场扭曲，不必再重复证明。这个解释不仅

①Appellate Body Report, “US-Softwood Lumber IV”, paras. 93-103.

遭到中方的反对，也招致争端第三方加拿大的反对。[①]但上诉机构维持了专家组裁决，并对此问题做了进一步阐述，将第三种情况又进一步细分成两种具体情形。上诉机构称，其在美国—软木 IV 案中使用了两个具有不同含义的术语描述政府在市场中的地位，分别为“主导的”（predominant）和“重要的”（significant）。如果政府是“重要的”供给者，则此事实本身不能证明私营价格被扭曲；但如果政府是“主导的”供给者，则私营价格可以被推定为扭曲，除非存在其他相反证据（实际建立了一个可抗辩的推定，同时也转移了举证责任）。尽管上诉机构未以量化的方式界定何为“主导”、何为“重要”，但其裁决清楚地表明，调查机关可以使用外部基准的情形演变为四种：（1）政府是唯一供给者；（2）政府管制了产品价格；（3）政府是主导供给者，除非有其他相反证据；（4）政府是重要供给者，且私有价格受到扭曲。尽管上诉机构在外部基准问题上未支持中方立场，但其裁决中仍有很多值得仔细研究且具有积极影响的要素，其中包括关于政府“主导性”的论述。上诉机构认为“主导的概念不仅意味着市场份额，还有可能意味着市场支配力（market power）”。“市场支配力”的概念来自反垄断法，这个论述说明上诉机构保留了外部基准的争论空间，尤其是保留了将来参考经济学理念的可能性，为多双边抗辩提供了可能的思路。[②]

### （四）人民币贷款利率外部基准

根据我国法律规定，中国人民银行在执行货币政策时，有权制定、调整金融机构的存、贷款利率。[③]美国商务部在反补贴调查中，认为中国政府（通

① “Third Participant Submission of Canada”, December 22, 2010, paras.17- 31.

② 这一点对中国的市场状况可能有着积极影响。尽管我国有企业在很多经济部门中占有较高的市场比例，但市场高度分散，尤其是钢铁产业。据中国钢铁工业协会在2011年10月29日举行的该年第一次行业信息发布会披露的信息，2010年全行业产粗钢最多的10家钢铁企业集团合计生产粗钢30,473.3万吨，占全国粗钢生产总量的48.43%，尽管产业集中度比2009年提高了3.61个百分点，但仍然显示了钢铁产业比较分散，呈高度竞争的局面。见 http://www.chinaisa.org.cn/news.php？id=2170517（2011年4月28日访问）。

③《人民币利率管理规定》第五条，见《中国人民银行关于印发〈人民币利率管理规定〉的通知》，

过国有商业银行）是人民币商业贷款的主要提供者，同时设定了存款利率的上限和贷款利率的下限，扭曲了人民币贷款利率，因而采用外部基准测算中国的贷款利率水平。[①] 在使用外部基准时，美商务部依据33个中低收入国家的实际利率（经调整通货膨胀率的利率）做了一个回归模型，计算出人民币利率的外部基准。[②] 美国商务部选取这33个国家的标准是参考世界银行使用的“国家治理指标”（governance indicators），例如公立学校质量、公共交通系统、税收体系的复杂性和警察公共服务质量等。[③] 根据这些情况，中美的争议集中于两点：第一，如何选取贷款利率的比较基准，其前提条件是什么？第二，美国采取33国利率回归模型的做法是否合适，该如何做调整？

---

银发［1999］77号，1999年4月1日起实施。

① 美国商务部援引了铜版纸案（CFS Paper）的结论，使用多国利率回归模型。参见 Coated Free Sheet Paper I&D Memo（October 17, 2007）, p.71; CWP I&D Memo , pp. 7-8; LWS I&D Memo , p. 12; and OTR I&D Memo, p. 8。

② 根据铜版纸案，美国商务部通常使用33国利率，但是在非公路用轮胎案（OTR）中调整了备选国家名单，将33个国家变更为30个国家。参见“Final Loan Benchmark and Discount Rate Memorandum”, July 7, 2008。这30个国家的实际利率差别很大，具体如下：

| Albania | 10.569 | Indonesia | 2.869 |
|---|---|---|---|
| Algeria | 5.469 | Jamaica | 9.051 |
| Angola | 7.836 | Jordan | 1.927 |
| Bolivia | 7.611 | Lesotho | 6.113 |
| Cameroon | 10.216 | Maldives | 12.685 |
| Cape Verde | 4.486 | Namibia | 6.128 |
| Colombia | 8.598 | Nicaragua | 2.436 |
| Republic of Congo | 11.898 | Paraguay | 20.548 |
| Dominican Republic | 11.902 | Peru | 21.932 |
| Ecuador | 6.481 | Philippines | 3.538 |
| Egypt | 4.955 | Samoa | 7.943 |
| Fiji | 4.857 | Swaziland | 5.862 |

③ 参见“World Bank's Aggregate and Individual Governance Indicators（1996-2006）（Post-Preliminary Analysis for the Provision of Land for Less than Adequate Remuneration”, Attachment 4（Apr. 21, 2008）（LWRP））。中方在书面陈述中多次质疑这些指标与利率的关联性，参见“First Written Submission”, paras. 244-245 and footnote 201。

关于贷款利率的比较基准问题。由于上诉机构在美国—软木Ⅳ案中开启了外部基准的大门，直接主张只能采用国内基准是不现实的，[①]因此问题变为选取合适的贷款利率比较基准的前提条件是什么。根据《补贴协定》第14(b)条，为认定合适的利率比较基准需要考虑三个条件：(1)可比的(comparable)；(2)商业的(commercial)；(3)有可能实际从市场上获得的(could actually obtain on the market)。围绕这三个条件，中方主要做了两个层面上的抗辩。首先，主张选取贷款利率外部基准应该考虑五个因素：相同时间、相同利率结构(固定或浮动利率)、相似期限、相似金额和相同币种；其次，主张利率是政府货币政策产生的结果，不属于货物贸易领域，利率的高或低也不属于货物贸易中的"扭曲"(distortion)范畴。美联储联邦基金利率与美国基准利率之间稳定地维持了3个百分点的利差，这充分说明各国央行从事着相似的工作，用货币政策工具影响市场利率。[②]但专家组没有支持中方的核心立场，而是区分了政府的两类角色，第一类是作为货币政策执行者，第二类是直接参与和干预借贷市场的贷款人。专家组将《补贴协定》第14(d)条的外部基准分析逻辑沿用到第14(b)条，即如果政府有效设定了利率，同时又扮演了第二类角色，则可以认定此借贷市场存在"扭曲"现象，调查机关可以采用外部基准计算补贴利益。专家组依据本案所涉四起双反调查的相关事实，认为美国商务部在各调查裁决中援引了其之前在铜版纸案中对中国银行业状况所做出的结论，而中方未在此类后续调查中提供充分证据证明铜版纸案后中国政府在中国银行业中所发挥的作用出现了实质性变化，因此维持了美国商务部采取外部基准的做法。[③]上诉机构维持

① 需要注意的是，《补贴协定》第14(b)条还缺少第14(d)条关于"in the country of provision"的表述，因此主张只能适用国内基准是缺少法律依据的。

② "First Written Submission of China", paras.255-262. Appellant Submission of China, paras.398-426. 中方在陈述材料中比较了2006—2008年美国联邦准备金利率(Federal Funds Rate)和美国基准利率(Prime Rate)，并且提供了2000年1月至2010年6月两者间的差额。数据表明，除了"9·11事件"、次贷危机、国际金融危机等特殊时段，美国基准利率随着联邦准备金率同方向、同差额浮动(3个百分点)。

③ Panel Report, "US- Anti-Dumping and Countervailing Duties", paras.10.144-10.148. 专家组论述过程中，大段援引了美国商务部援引的国际货币基金组织(IMF)、经合组织(OECD)等国际机构的报告，认定中国利率市场存在扭曲。

了专家组的结论，接受了专家组关于“扭曲”的分析，认为《补贴协定》第14（b）条未禁止采用外部基准，调查机关不必限于同一币种之间的贷款利率比较，应该采用渐进搜索（progressive search）的方式确定合适的比较基准。如果使用外部基准，则需要调整两笔贷款在时间、规模、期限、币种、结构或借款人信用风险等方面的差异。

关于美商务部采用的33国利率回归模型问题。专家组在这个问题上裁决得有些不可思议，仅仅用两段话打发了中方的抗辩，认为美方基于宏观经济指标（per capita GNI）和体制性因素（institutional quality）的相似性选取33国的做法并非不合理（not unreasonable），认为其回归模型具有可比性，几乎毫无理由地维持了美方的做法，甚至没有回应中方关于美国做法合理性的主张。[①] 中方在上诉过程中，不仅主张专家组错误解释了条文，同时违反了《争端解决谅解》第11条关于客观审查（objective assessment）的审查标准义务。上诉机构驳回了专家组草率的结论，认为专家组应该考虑可能的替代性基准（例如依据国民储蓄率或某单独替代国确定的利率基准），以便做出积极的和有意义的审查。专家组仅消极地接受美国的主张与理由，没有客观审查所涉争议，因此违反了《争端解决谅解》第11条。[②] 由于专家组未尽客观审查之责，上诉机构缺少足够没有争议的事实（insufficient undisputed facts）做出裁决，无法认定美国的做法是否符合世贸规则。这样的结果非中方所乐见，尽管美国的做法非常不合理，中方也起诉了，但由于没有裁决，美国在执行过程中不必做任何调整。这个局面再次暴露了世贸争端解决规则缺少上诉机构发回重审权的弊端。[③]

---

① “Rebuttal Submission of China”, August 12, 2009, paras.73-82. China asserts that “the United States has failed to provide any coherent explanation as to why per capita GNI and ‘institutional quality’ are factors that somehow relate to whether loans are ‘comparable’ within the meaning of Article 14（b）.”

②Appellate Body Report, “US- Anti-Dumping and Countervailing Duties”, paras.523-527. 值得注意的是，在审查标准问题上，《补贴协定》没有类似于《反倾销协定》第17.6（ii）条关于尊重调查机关自由裁量权的规定。

③ 此前比较著名的案件美国—软木VI案（US- Softwood Lumber VI, Article 21.5-Canada），也显露了争端解决规则缺少发回重审权的弊端。此案原审裁定美国双反措施的“实质性损害”结论违反世贸规则，在执行过程中，美国国际贸易委员会将裁决结果变更为“实质性损害威胁”。执行专家组消极地维持了美国国际贸易委员会的做法，此举遭到上诉机构的强烈批评，依据《争端解

在贷款利率外部基准这个问题上，专家组和上诉机构参照美国—软木Ⅳ案做出的裁决是可以理解的，但其关于“贷款利率扭曲”的结论和理由仍然值得从经济学角度推敲。货物贸易和服务贸易是不同的，银行提供的不是货物而是服务。商业银行从存款人借钱，再贷给借款人，赚取存款利率和贷款利率之间的利差（spread）。商业银行的利润来源于利差，与利率的绝对值（5%抑或20%）无直接关系。现实中，各国央行均通过货币政策调控市场中的货币供给总量，从而影响利率的绝对值。虽然各国控制货币总量的手段存在差异，但目的和本质是相同的。因此，从经济学角度看，各国政府干预利率的行为，不应被简单地等同于货物贸易中所谓的“扭曲”。①

## （五）双重救济问题

对非市场经济国家出口产品采取双反措施时，针对补贴的双重救济是一个较难用事实呈现、世贸规则又没有明确规定的疑难问题。中美就此展开了激烈交锋。专家组阶段，中方赢了事实，但未能赢得规则解释，专家组的结论是美方未违反世贸规则；上诉阶段，专家组结论被推翻，上诉机构认定美方违反《补贴协定》第19.3条，中方取得完胜。

从事实角度看，双重救济是一个具有不确定性的问题。按照上诉机构的裁决，它只是可能存在，并不必然存在，其存在取决于被调查产品的销售价格②是否反映补贴利益。如果销售价格反映了补贴利益，即由于补贴而出现了价格下降，则同时征收反倾销和反补贴税存在双重救济；如果产品价格没有反

---

决谅解》第11条客观审查标准义务，推翻了专家组结论，但由于缺少无争辩事实，无法就案件本身做出最终裁决。见 Panel Report, “United States-Investigation of the International Trade Commission in Softwood Lumber from Canada” -Recourse to Article 21.5 of the DSU by Canada, WT/DS277/RW, adopted 9 May 2006, as modified by Appellate Body Report WT/DS277/AB/RW, and Appellate Body Report, “United States-Investigation of the International Trade Commission in Softwood Lumber from Canada” -Recourse to Article 21.5 of the DSU by Canada, WT/DS277/AB/RW, adopted 9 May 2006, and Corr.1。

① 起诉过程中，中方还聘请了纽约大学的 Janusz Ordover 教授和马里兰大学的 Allan Drazen 教授，提供经济学依据，完善抗辩材料。参见“Appellant Submission of China”, para.408。

② 在非市场经济地位的双反调查语境中，此价格特指产品的出口价格。但从整体的反倾销和反补贴规则来看，这里的价格应该理解为同时包括国内价格和出口价格。

映补贴利益，即被调查产品的价格没有因补贴发生变化，则不存在双重救济。[①]美国国会报告认为，“如果美国商务部针对被实施反补贴税的相同产品，使用第三国信息计算反倾销税，则会对可诉国内补贴出现部分双重计算”；[②]美国国际贸易法院（CIT）认为，美国商务部需“避免可能的双重计算税款……如果不做出某种调整，征收反倾销税很可能导致双重救济”；[③]本案专家组也做出了类似的认定：“同时采取反补贴税和依据非市场经济方法计算的反倾销税，至少可能产生部分双重救济。”此结论得到了上诉机构的支持。

从法律义务角度看，中方面临着四点不利因素：（1）举证责任。证明双重救济的实质是研究涉案产品的价格形成机制，分析补贴（某要素）对产品价格的影响。尽管在财务上可以看到补贴对产品成本的影响，[④]但从由供需决定的“市场价格”角度看，完全无争议地量化分析补贴对产品价格的影响，几乎是不可能实现的。（2）世贸规则中没有专门的条文明确禁止对“非市场经济国家”产品实施双反措施中的双重救济。补贴的双重救济有可能出现在以下三种情形：第一是存在出口补贴的情形；第二是使用结构正常价值计算

①Appellate Body Report, “US – Anti-Dumping and Countervailing Duties”, para.599. 也可见“Second Written Submission of United States”, August 12, 2009, para.192。尽管理论上说，补贴有可能无价格影响，只存在数量影响，但实践中调查机关几乎不可能做出无价格影响的裁决，主要原因是产业损害调查可能面临的困境（几乎颠覆了产业损害的基本调查方法和分析逻辑）。在这个问题上，欧盟的立场也比较激进，强调补贴的其他影响（非价格影响），例如产能增加、鼓励分红、增强营销能力等。参见“Third Participant Submission by the European Union”, 22 December 2010, para.56。

②GAO, “US – China Trade: Commerce Faces Practical and Legal Challenges in Applying Countervailing Duties”, “Report to Congressional Committees”, GAO-05-474, June 2005, page28, it provided that “it appears that some double counting of actionable domestic subsidies could occur if Commerce used third-country information to calculate antidumping duties on the same products against which it also applied CVDs。”

③United States Court of International Trade, GPX International Tire Corporation and Hebei Starbright Tire Co., LTD., v. United States, Consol. Court No. 08-00285, September 18, 2009, page3, it provided that “Commerce must adopt additional policies and procedures for its NME AD and CVD methodologies to account for the imposition of the CVD law to products from an NME country and avoid to the extent possible double counting of duties. ... Without some type of adjustment for this, the imposition of AD duties could very well result in a double remedy.”

④中方在专家组阶段，就是从原材料成本角度证明双重救济的存在，认为倾销调查采用的外部基准是一个无倾销、无补贴的基准，必然纠正了生产性资源的不当分配。参见“First Written Submission of China”, para.374。

倾销幅度的情形；[1]第三是使用非市场经济方法计算倾销幅度的情形。在现有世贸规则中，只有《1994年关贸总协定》第六条第五款明确禁止了出口补贴的双重救济（即第一种情形），其他两种情形均无明确规范。[2]（3）我国《加入世贸组织议定书》第15条规定了其他世贸组织成员对原产于中国的产品进行双反调查时应遵循的规则，但没有明确涉及双重救济问题的规定，因此，美国认为，我国《加入世贸组织议定书》默认了其他世贸成员调查机关在认定我为非市场经济国家并实施反倾销措施的同时，可以对同一被调查产品一并采取反补贴措施。美国还认为，《补贴协定》从未将部分国家（非市场经济地位国家）排除于其实施范围之外。[3]（4）多边协定的谈判历史可能被做出不利于我方的解读。根据《东京回合补贴守则》第15.1条，[4]调查机关可以选择反倾销或反补贴措施救济补贴。一般认为，这一条规定了调查机关不能同时实施反倾销和反补贴措施，是确立了调查机关避免双重救济的义务。但是，该条规定在乌拉圭回合谈判中被没有记录地删除了，最终的《补贴协定》没有此条款。[5]根据上诉机构在美国—内衣裤案（US-Underwear）的裁决，其

① 参见《反倾销协定》第2.2.2条。这一条规定了正常价值外部基准的使用情形，由于被采用的基准是“合理的（reasonable）”和“通常贸易条件下的（ordinary course of trade）”，因此该外部基准理论上可能调整了补贴造成的影响。

② 从谈判史来看，此条款出现在《1947年关贸总协定》缔约过程中，此前的《哈瓦那宪章》没有类似规定。参见“*Final Act and Related Documents*”（*the Havana Charter*），United Nations Conference on Trade and Employment, held at Havana, Cuba, from November 21, 1947, to March 24, 1948, Article 25 and 26。

③ 有些专家主张，此案关于双重救济的诉讼目标是逼着美国商务部二选一：（1）若在认定中国为非市场经济国家的情况下进行反倾销调查，则不能反补贴；或（2）承认中国的市场经济地位，可以双反。这种努力目标是共同所愿的，执行裁决时的最终效果也可能客观上限制了美方使用反补贴措施。但在诉讼过程中，由于无法在《加入世贸组织议定书》和《补贴协定》中找到直接的条文支持，我方难以在规则层面令人信服地表明这种二选一的立场。美国可能也是预判到，一旦失守双重救济问题，则其针对中国产品实施反补贴的做法将会受到一定制约。因此，美方在专家组和上诉机构面前反复强调，中方起诉双重救济这一问题的真正目的就是要禁止美国对非市场经济国家实施反补贴。美方在专家组阶段向中方提出的唯一问题（在专家组程序中争端一方向另一方书面提供的情况并不多见），就是要中方说明什么情况下调查机关才可以针对非市场经济国家的产品实施双反措施而又同时避免双重救济。参见“Question from the United States to China”，July 10, 2009。

④ “Agreement on Interpretation and Application of Article VI, XVI and XXIII of the General Agreement of Tariffs and Trade”，12 April 1979, Geneva, Article 15.1。

⑤ 关于此条被删除的原因，没有找到任何的多边会议纪要或背景说明。美国认为这是缔约方刻意的删除，允许对国内补贴双重救济。参见“First Written Submission of the United States”，para.406-409.

“无权推定，条款的消失仅仅是由于疲倦的立法者或粗心的起草者造成的意外或无意的疏忽”。[①]

在存在上述不利因素的情况下，要想从规则层面确立美方在双反调查中避免双重救济问题的义务，中方至少面临着两种选择：第一种思路是深入挖掘现有反补贴规则的含义，主张美国违反《补贴协定》。第二种思路是从反倾销规则的角度起诉，主张美国违反《反倾销协定》。理由是美国商务部没有调整正常价值，导致反倾销税覆盖了补贴额，征收了超过倾销幅度的税。第二种思路有其可取之处。因为补贴与倾销是两种不同的行为，如果已经征收了反补贴税，则反倾销税就不应该被用于救济补贴，否则，所征收的反倾销税就会超过实际的倾销幅度，这将违反《反倾销协定》第9.1条的规定。但是，第二条思路在“举证责任”问题上存在很大隐忧。我们的诉讼目标之一是要把调查并避免双重救济的义务施加于美方调查机关，而《反倾销协定》第2.4条明确将价格比较（确定倾销幅度）时的“调整”（due allowance）的举证责任分配给了应诉企业（出口商）。[②] 倘若我方从反倾销角度赢得了最终结果，但举证责任却留给了中方，那也不是一个理想局面，因为我出口企业在未来的双反调查应诉过程中，将不得不承担难度很高的证明存在双重救济的举证责任。

经过反复、全面的权衡，我方决定从补贴与反补贴规则的角度挑战双重救济问题，主张美国违反《1994年关贸总协定》第6条和第1条、《补贴和反补贴协定》第10、第12.1、第12.8、第19.3、第19.4和第32.1条。[③] 本案专

---

① Appellate Body Report, “United States-Restrictions on Imports of Cotton and Man-made Fibre Underwear” ,WT/DS24/AB/R,adopted 25 February 1997,pp.14-15.

② *Anti-Dumping Agreement* Article 2.4 provides that “Due allowance shall be made in each case, on its merits, for differences which affect price comparability, including differences in conditions and terms of sale, taxation, levels of trade, quantities, physical characteristics, and any other differences which are also demonstrated to affect price comparability.”（emphasis added）尽管此条款省略了主语，但从拟调整信息的所有者、反倾销实践和上下文（后面一句条文专门强调调查机关不能施加不合理的举证责任）来看，出口商承担价格调整的举证责任是没有疑问的。

③ 上诉听证会上，上诉机构曾经专门就此向中国提问（为什么不从反倾销角度起诉），中方回答，由于是补贴被双重救济，因此中方认为与补贴规则关系更为密切。

家组在事实层面支持了我方观点，认为在以非市场经济方法进行反倾销调查的情况下实施双反措施可能存在双重救济。美方在后续程序中未对专家组的这一结论提起交叉上诉，所以中美双方未继续纠缠复杂的事实问题。但是，专家组在法律层面却驳回了我方主张，认为我方所列举的法律条文中没有禁止双重救济。在法律问题上，上诉机构认为专家组的法律解释过于“机械化”（mechanistic），《1994年关贸总协定》第6条第5款的省略和《东京回合补贴守则》第15.1条的删除，不能“反推”（contrario），不能理解为允许对国内补贴双重救济，[①] 应该协调和一致地解释世贸组织的不同条文。[②] 据此，上诉机构做出了有利于我方的裁决，认为美方违反了《补贴协定》第19.3条，同时将双重救济的举证责任分配给了调查机关：

“调查机关负有肯定性义务，查明补贴的准确额度，同样也负有肯定性义务，依据第19.3条设定合适的税额。这义务包括足够勤勉地‘调查’和索取有关事实，并且依据案卷中的支持性证据做出裁定。”[③]

在双重救济问题上，中方有很多理由，美方也有很多理由，但上诉机构推翻了专家组机械的法条分析并不奇怪，因为双重救济是一件明显不公平的

①Appellate Body Report, “US-Anti-Dumping and Countervailing Duties” , para.567. 在现有条文没有明言的争议上，是否可以反推（a contrario），上诉机构曾说“省略必有含义”，又说“不同文本中的省略可能有不同的含义，省略本身并不是决定性的”，所以采取了逐案分析的策略。参见 Appellate Body Report, “Japan – Taxes on Alcoholic Beverages” , WT/DS8/AB/R, WT/DS10/AB/R, WT/DS11/AB/R, adopted 1 November 1996, p. 18 and Appellate Body Report, “Canada – Certain Measures Affecting the Automotive Industry” , WT/DS139/AB/R, WT/DS142/AB/R, adopted 19 June 2000, para.138。

②Appellate Body Report, “US-Anti-Dumping and Countervailing Duties” , para.570. 上诉机构在脚注548中，详细引用了众多世贸争端案，认为条约解释必须连贯一致。

③Appellate Body Report, “US-Anti-Dumping and Countervailing Duties” , para.602. It provides that “an investigating authority is subject to an affirmative obligation to ascertain the precise amount of the subsidy, so too is it subject to an affirmative obligation to establish the appropriate amount of the duty under Article 19.3. This obligation encompasses a requirement to conduct a sufficiently diligent ‘investigation’ into, and solicitation of, relevant facts, and to base its determination on positive evidence in the record.” 举证责任的问题值得多说几句。中美在诉讼过程中并没有直接将举证责任作为“主张”（claim）来对待，而是将此点夹藏在明确的法律义务之中（例如第19.3条的合理税额、第19.4条的查明存在的补贴等）。平心而论，调查机关承担避免双重救济的举证责任并不委屈，主要有两点理由：其一，调查机关占据了最多的信息，包括出口方政府和出口商提供的所有数据；其二，调查机关发明了针对非市场经济国家的双反调查方法，有义务合理化其调查方法。

事情，很难说法律对此无动于衷。值得注意的是，尽管双重救济是不公平的做法，但由于此案仅仅涉及非市场经济国家面临的双重救济问题，某种程度上是中国面临的特殊问题，未直接涉及其他国家，欧盟、日本、加拿大、澳大利亚、巴西、印度、阿根廷、墨西哥等第三方的意见呈一边倒，均反对中方主张，认为条文没有明确限制性义务，只有挪威支持我方立场。这种"逐利"局面反映了世贸争端解决的冷峻现实。①

## 三、此案的后续影响与启示

此案是我在世贸组织挑战美国贸易救济调查做法并历经完整诉讼过程（磋商、专家组程序、上诉程序）的第一案。由于中方在此案中精心设计了诉讼策略，主攻关键术语的法律标准，避免纠缠于双反个案的事实细节问题，最后取得了前所未有的胜利。上诉机构和专家组的裁决标志着中方在中美最为看重的两个核心问题（公共机构和双重救济）上取得胜诉，美方应当遵守经过澄清后的法律义务。路透社、《华尔街日报》和彭博资讯等媒体对裁决结果均做了广泛报道。② 中国商务部对此评价："该裁决是中方在世贸争端中取得的重大胜利。"③ 与此相对照，美国贸易代表柯克表示："我对此报告深感不安"，并批评上诉机构越权（overreaching）。④

① "Third Party Submissions, Argentina, Australia, Brazil, Canada, European Union, India, Japan, Mexico, Norway", Geneva, 5 June 2009.

② 参见 Reuters, "WTO top court backs China in U.S. duties dispute", March 12, 2011; *The Wall Street Journal,* "Trade Body Rules in Beijing's Favor - WTO Judges Say U.S. Illegally Imposed Double Duties on Chinese Exports Limits Trading Partners' Room to Maneuver", March 12, 2011; Bloomberg, "WTO Reverses Ruling on U.S. Steel Duties, Backing China", March 12, 2011。

③ 中华人民共和国商务部，"商务部条约法律司负责人就我诉美反倾销反补贴措施世贸争端案胜诉发表谈话"，2011年3月11日，参见 http://www.mofcom.gov.cn/aarticle/ae/ai/201103/2011 0307442946.html。2011年3月25日，世贸争端解决机构通过了上诉机构报告和经上诉机构修改后的专家组报告，我国商务部再次表示欢迎，并称"会极大增强世贸成员对多边规则的信心"，参见"商务部条约法律司负责人就世贸组织通过中国诉美国双反争端案报告发表谈话"，2011年3月28日，参见 http://www.mofcom.gov.cn/aarticle/ae/ai/201103/20110307468502.html。两个网页均于2011年5月9日访问。

④Office of United States Trade Representative, "USTR Statement Regarding WTO Appellate Body Report in Countervailing Duty Dispute with China", March 11, 2011, http://www.ustr.gov/about-us/press-office/

2011年3月25日，世贸争端解决机构通过了此案的上诉机构报告和经上诉机构修改后的专家组报告。4月21日，美方在世贸组织争端解决机构例会上表示将执行上诉机构和专家组裁决。[①]5月13日，中美联合致函争端解决机构，延长了合理执行期谈判，中方保留了就合理执行期的确定问题诉诸仲裁的权利。[②]7月8日，中美经多轮谈判就本案裁决的合理执行期达成一致。执行期为11个月，美方应于2012年2月25日之前执行完毕。

### （一）动摇了对非市场经济国家采取双反措施的基础

此案的双重救济裁决直接触及了美方是否能够对非市场经济国家实施双反措施的根本性问题。上诉机构和专家组报告不仅从事实上裁定双重救济有可能发生，而且明确了调查机关有义务避免双重救济，负有相应的举证责任。如前所述，双重救济的核心是分析补贴对出口价格的影响，如果出口价格出现下降，通过外部基准计算倾销幅度、征收反倾销税时，则可能抵消了造成此价格影响的补贴，再征收反补贴税时，则构成双重救济。理论上，美方可以通过三个途径执行上诉机构的裁决：一是彻底放弃对非市场经济国家采取反补贴调查，通过在反倾销过程中使用外部基准来救济补贴影响。二是从反倾销税中扣除反补贴税（或在倾销幅度计算中扣除补贴额），同时征收反补贴税，此举实质上只征收了反倾销税，使得反补贴调查变成了徒耗行政资源的行为。[③]三是对应诉方施加大量举证责任，得出价格影响程度的结论，

press-releases/2011/march/ustr-statement-regarding-wto-appellate-body-report-c, visited on May 9, 2011. It provides that "'I am deeply troubled by this report,' said United States Trade Representative Ron Kirk. 'It appears to be a clear case of overreaching by the Appellate Body. We are reviewing the findings closely in order to understand fully their implications.'"

① 参见 http://geneva.usmission.gov/2011/04/21/us-statements-april-21-2011-dsb/, visited on May 11, 2011, "United States wishes to state that it intends to comply in this dispute with its WTO obligations and will be considering carefully how to do so"。

② "Communication from China and the United States Concerning Article 21.3（c）of the DSU", WT/DS379/10, 13 May 2011.

③ 在 GPX 案（美国国内诉讼）中，美国商务部在执行国际贸易法院的第二次裁决时，在反倾销税中扣除了反补贴税。参见 "Final Results of Redetermination Pursuant to Remand 2"（Dep't Commerce Apr. 26, 2010）。

或者证明补贴未影响出口价格。为了研究补贴的价格影响，美方需要研究涉案产品的价格形成机制，此点在技术操作上极为困难，同时，一旦得出“无价格影响”的结论，则又与其双反裁决的损害结论发生矛盾。尽管不能排除美方利用不利推定等方式继续维持其原有双反措施的可能性，但可以初步判断，美方在双重救济问题上，没有太多容易规避上诉机构裁决的选项，且如果美方未善意履行上诉机构的裁决，一旦在执行程序中再次被裁违反世贸规则，则可能遭到中方的报复。可以说，这个裁决使得中方将道义上的优势逐步转化为法律上的优势，逐渐影响了中美之间在贸易救济问题上的游戏规则，改善了中国出口商在双反调查中所面对的非常不公平的处境。

### （二）压缩了调查机关的自由裁量权

此案关于公共机构的裁决，恢复了国有企业在双反调查中的抗辩权，改变了以后反补贴调查中关于国有企业的抗辩策略，有助于改善中国企业在应诉美国反补贴调查中的处境。尽管上诉机构基于不利的事实证据未支持我关于国有商业银行不属公共机构的立场，但中方赢在了战略层面，获得了有利于我的“政府职能”这一法律标准。依据该标准，美方在反补贴调查中，将不能再仅仅依据国家所有权就认定国有企业对下游企业进行财政资助，而是需要调查涉案企业是否具备“政府职能”。在公共机构问题上，由于上诉机构解释的是《补贴协定》中的条文，不是《中国加入议定书》中的条文，所以此案裁决的影响不只局限于中美两国，还将对其他贸成员的反补贴实践产生深远的影响。

### （三）有力遏制了滥用双反措施的蔓延

此案的另外一个作用是遏制了滥用双反措施的蔓延。欧盟2010年4月17日对华首次发起双反调查（铜版纸案），[①] 并于2011年5月14日公布了双

①European Commission, “ Notice of initiation of an anti-subsidy proceeding concerning imports of coated fine paper originating in the People's Republic of China” , *Official Journal of the European Union*, 17.4.2010, C 99/30.

反裁决。欧盟在反倾销调查中采取了低税原则，以损害幅度为基础扣除了与补贴税率相等的额度，作为最终实施的反倾销税，同时实施反补贴措施。[①] 尽管欧盟在表面上维持了双反措施，但实质上只依据损害幅度征收了反倾销税，此举徒耗行政资源，使得反补贴调查缺少经济合理性。

### （四）原始调查的案卷和证据是多边诉讼的重要基础

我方在双边阶段应对美双反原始调查时提交的证据材料，是多边诉讼的重要基础。在反倾销争端中，专家组和上诉机构只能基于原始调查阶段的案件记录，审查调查机关的裁决是否符合世贸规则，其主要法律依据是《反倾销协定》第17.5（ii）条。[②] 尽管《补贴协定》没有类似规定，但在涉及反补贴的以往世贸争端中，专家组和上诉机构也是遵循了同样的原则，即只基于原始调查阶段的案件记录审查相关争议，争端当事方均不能再提交在原始调查阶段未曾提交的新证据。[③] 因此，在本案中，我方亦是依据美调查机关在

---

① “COUNCIL IMPLEMENTING REGULATION（EU）” No.451/2011 of 6 May 2011, imposing a definitive anti-dumping duty and collecting definitively the provisional duty imposed on imports of coated fine paper originating in the People's Republic of China, *Official Journal of the European Union*, L 128/1, 14.5.2011. 两家强制应诉企业，金东纸业倾销幅度43.5 %，损害幅度20%，倾销税率20%，补贴税率12%，最终实施的反倾销税率8%；晨鸣纸业倾销幅度63%，损害幅度39.1%，倾销税率39.1%，补贴税率4%，最终实施的反倾销税率35.1%。

② 根据世贸《反倾销协定》第17.5（ii）条，争端解决机构根据进口国的调查机关可获得的事实审查所涉争端。见 Panel Report, “European Communities – AntiDumping Measure on Farmed Salmon from Norway”, WT/DS337/R, adopted 15 January 2008, and Corr.1, para.7.835-7.860; Panel Report, “Egypt – Definitive AntiDumping Measures on Steel Rebar from Turkey”, WT/DS211/R, adopted 1 October 2002, para.7.15–7.21; Panel Report, “Guatemala – Definitive AntiDumping Measures on Grey Portland Cement from Mexico”, WT/DS156/R, adopted 17 November 2000, para.8.19。

③ 在 US – Countervailing Duty Investigation on DRAMS 案中，专家组根据 DSU 第11条认为，“we shall determine whether an objective and impartial investigating authority, looking at the same evidentiary record as the DOC and ITC, could properly have reached the same conclusions as did those agencies”。潜台词是依据案卷审查法律义务，上诉机构维持了此裁决。Panel Report, “United States – Countervailing Duty Investigation on Dynamic Random Access Memory Semiconductors（DRAMS）from Korea（US – Countervailing Duty Investigation on DRAMS）”, WT/DS296/R, adopted 20 July 2005, para.7.3; Appellate Body Report, “Japan – Countervailing Duties on Dynamic Random Access Memories from Korea”, WT/DS336/AB/R and Corr.1, adopted 17 December 2007, para.132-134. Also see Panel Report, “Mexico – Definitive Countervailing Measures on Olive Oil from the European Communities”, WT/DS341/R, adopted

原始调查中掌握的证据挑战美双反措施，将四个双反调查个案打包在一个世贸争端案件中，有利于在争端过程中灵活取舍能够有效支持我方立场的个案事实和质量较高的证据材料，以便争取最有利的裁决结果。但我方在诉讼过程中还是发现了一些证据不够完备的情况。① 本案涉及的四起双反措施是我企业和政府应对的第一批反补贴调查，每一调查所涉事实千差万别，且我方仍处于摸索、积累应诉经验的过程中，每一起调查的答卷和抗辩质量并非整齐划一。尽管这是可以理解的困难，但我有必要在今后的双反调查应对工作中加以改进，以期更好地支持可能的多边诉讼。

### （五）中美贸易救济争端还将面临“持久战”

美国败诉以后，根据其国内《乌拉圭回合协定法案》（URAA）第129节（又称“129程序”），美国贸易代表应会同调查机关及国会委员会立即就此事宜展开磋商，美调查机关应重新调查涉案措施并做出裁决，修改其被世贸组织裁定违反了相关协定义务的做法。② 对于美方执行本案裁决的情况，我方仍需冷静观察，不宜高估美方的执行意愿和执行效果，不能排除美商务部拖延或不全面执行裁决的可能性，主要有四点原因：

其一，美国面临较大的国内压力。其部分国内势力要求美政府拒不执

---

21 October 2008, para.7.5. 尽管在美国—铅和铋案（US – Lead and Bismuth）中，专家组和上诉机构认为《反倾销协定》的审查标准（第17条）不适用于《补贴协定》，但当时的争议主要是围绕《反倾销协定》第17.6（ii）条中关于“permissible interpretation”审查标准的适用问题，与此处讨论的问题不同，见 Panel Report, “United States – Imposition of Countervailing Duties on Certain HotRolled Lead and Bismuth Carbon Steel Products Originating in the United Kingdom”, WT/DS138/R and Corr.2, adopted 7 June 2000, para.6.8-6.19; Appellate Body Report, “United States-Imposition of Countervailing Duties on Certain HotRolled Lead and Bismuth Carbon Steel Products Originating in the United Kingdom”, WT/DS138/AB/R, adopted 7 June 2000, para.44 - 51。

① 只有在非公路用轮胎案中，中方提交了《公司法》译文。Attached as Exhibit GOC-SUPP3-11 to GOC's Response to the Third Post-Preliminary Determination Supplemental Questionnaire dated February 27, 2008. 同时，还存在着一些不利证言（关于国有商业银行问题），参见 Appellate Body Report, “US -Anti-Dumping and Countervailing Duties”, paras.348-351。

② *Uruguay Round Agreements Act*（Public Law 103-465）, Section 129, DECEMBER 8, 1994. 根据第129节规定，美调查机关应在收到贸易代表的书面通知后180天之内，对涉案调查重新做出裁决。但法律未规定美贸易代表发出书面通知的期限，因此在实践中，美方的执行措施大多远远超过180天。

行裁决，认为上诉机构裁决超越了世贸规则，损害了美国制造业和工人的利益。[①]2011年4月14日，美参议院22名参议员联名致函美国贸易代表柯克，对此案裁决表示极大担忧（great concern），认为如果执行此裁决，将对执行贸易法维护美国制造业和就业的形势产生不利影响。[②]美众议院桑德·莱文（Sander Levin）、杰米·麦克德莫特（Jim McDermott）、麦克·米肖（Mike Michaud）等议员也对此案的裁决结果深表失望。[③]

其二，就贸易救济措施而言，即便不涉及立法，美国也有着不光彩的执行历史，尤其是加拿大起诉美国的一系列软木世贸争端案。在美国—软木Ⅳ案中，原审裁决美国商务部在原始调查中推定补贴利益传导至非关联下游企业的做法违反世贸规则，美国在执行过程中对加拿大政府和出口商施加了沉重的举证责任，同时在执行程序和年度复审程序中依然保持了原始调查中的违规做法。在美国—软木Ⅴ案（US–Softwood Lumber V），原审禁止了美国加权平均正常价值对加权平均出口价格（W–W）时使用的归零，美国在执行阶段采取了逐笔交易正常价值对逐笔交易出口价格的（T–T）归零，加拿大出口商的反倾销税率非但没有降低，反而升高了。[④]在美国—软木Ⅵ案（US–Softwood Lumber VI）中，美国国际贸易委员会的实质性损害威胁裁决被裁违反世贸规则，美国随后在执行过程中增加了新证据并调整了表述，维持了实质性损害威胁结论，依然做出肯定性裁决。以致尽管加拿大多次赢得世贸争端解决，但仍

①Committee to Support U.S. Trade Laws, "The Committee to Support U.S. Trade Laws Calls on the United States Government to Decline to Implement the Recent Findings of the WTO Appellate Body Regarding the Application of the United States Countervailing Duty Law to China", March 24, 2011.

②Letter to Ambassador Ron Kirk, "Re: WTO Appellate Body Ruling on Trade Remedies Dumping on Trade Remedies for Dumping and Subsidization", April 14, 2011.

③ "Levin, McDermott React to WTO Decision on Countervailing Duty Dispute", and "WTO Ruling Undercuts US Trade Enforcement", March 11, 2011.

④ Panel Report, "United States-Final Dumping Determination on Softwood Lumber from Canada" -Recourse to Article 21.5 of the DSU by Canada, WT/DS264/RW, 3 April 2006, Annex A, paras.4 and 9, and footnote 4. 具体来说，美国商务部对加拿大出口商的倾销幅度重新裁定如下：Abitibi from 12.44% to 13.22%; Canfor from 5.96% to 9.27%; Slocan from 7.71% to 12.91%; Tembec from 10.21% to 12.96%; West Fraser from 2.18% to 3.92%; and Weyerhaeuser from 12.39% to 16.35%。The "all others" rate increased from 8.43% to 11.54%, a relative increase of 37%。

然长期无法解决美国滥用贸易救济措施的行为。

其三，美国可能会利用本案比较模糊的裁定，设法维持原先做法。尤其是关于公共机构的裁决，尽管上诉机构支持了政府职能的法律标准，但同时强调，如果证据表明出口国政府对某实体从事了“有意义的控制”（meaningful control），则该实体有可能拥有政府职权、履行政府职能。[①]不能排除美方可能利用这一点、以不利于中方利益的方式执行上诉机构裁决的可能性，例如对出口商和出口国政府施加沉重的举证责任，通过不利推定（AFA）等技术手段，实际上维持其“控制论（股权分析方法）”。

第四，中国原始调查的出口企业可能已经失去美国市场，缺乏继续应诉美执行程序的动力。缺乏应诉动力的原因有很多，从本案涉及的四起双反调查来看，中方共有14个被美方选定作为原始调查的出口应诉企业，其中至少6家企业在原始调查阶段即放弃配合，此后，在争端解决期间，还有部分企业由于并购等原因退出了相关市场；[②]其次，标准钢管案、矩形钢管案、复合编织袋案的反倾销税率极高，基本上禁止了我出口产品，即便降低了部分反补贴税，也没有什么实际经济价值；[③]再次，由于美国独特的年度复审制度，前一年的补贴税率和后一年的保证金比率依年度复审结果而定，即便原始调查的补贴税率有所下降，企业几乎不享受任何实际利益。

说明了以上困难，并不是为了传递悲观的情绪，相反，而是提醒我们有必要在充分借鉴他国历史经验的基础上，做好打持久战的准备，争取有利于我的最终结果，更何况美国在执行双重救济问题上，将可能同时面临国内法

①Appellate Body Report, “US – Anti-Dumping and Countervailing Duties”, para.318. 上诉机构在裁决第346段还探讨了“五要素分析法”，尽管没有明确阐述此方法与政府职能之间的关系，但是否暗示美国可以回归到“五要素分析法”，值得观察。

② 四起双反案件反补贴调查强制应诉企业有：天津双街、潍坊东方、金洲管道、张家中原、青岛祥兴、昆山昱纬、汉兴化学、宁波永丰、齐鲁塑料、寿光健元春、淄博爱富迪、河北兴茂、贵州轮胎、天津联合等。

③ 标准钢管案反倾销税率为69.20% 至85.55%；矩形钢管案反倾销税率为249.12% 至264.64%；复合编织袋案反倾销税率为64.28% 至91.73%。

院和世贸组织的败诉，处于非常复杂也非常困难的执行局面，[①] 我们还是有一些理由保持谨慎的乐观。

诉美双反措施世贸争端案获胜，正逢中国加入世贸组织十周年，这也是中国在世贸组织赢得的很有实质意义的胜利，它意味着在中美反补贴摩擦中，中方逐步摆脱了完全被动挨打、任凭美方滥用贸易救济措施的局面，进入了通过多边诉讼争取权利、制约美方的局面。美方在铜版纸案（DS368）和此争端所涉及的四起双反措施之外，截至2011年4月30日，还对华发起了23起双反调查，除了轮毂和镀锌钢丝等近期发起的双反案件，[②] 其余的多数双反调查和措施在“公共机构”和“双重救济”问题上均不同程度地出现违规做法。由于此案的获胜，中方在与美方的后续交涉中占据了一定的主动权，有望在后续的争端中，采取更加灵活的手段，逐步解决更多的体制性问题，更好地维护我出口企业的合法权益。

**附件**

## 诉美国反倾销和反补贴措施案大事记

2008年9月19日，中方向美方提出磋商请求。

2008年9月29日，美方接受中方磋商请求。

2008年11月14至15日，中方与美方在日内瓦进行磋商。

2008年12月9日，中方向争端解决机构提出设立专家组请求。

---

① 关于双重救济问题，美国国际贸易法院（CIT）2009年9月18日裁定美商务部违反其国内法（GPX International Tire Corporation and Hebei Starbright Tire Co., LTD v. United States, SLIP OP. 09-103, Consol. Court No. 08-00285），经过两次复审，2010年8月4日，最终裁定，由于美国商务部无法改进调查方法，避免双重救济，因而须放弃对非市场经济体征收反补贴税（SLIP OP. 10-84, Consol. Court No. 08-00285）。美商务部就此裁决结果提出上诉，目前此案正处于联邦巡回上诉法院诉讼阶段。

② 截至2011年4月30日，美国对华发起双反调查共28起，前5起被诉至世贸组织，另有20起做出肯定性终裁或初裁，1起做出无损害裁决。我诉美双反世贸争端案上诉机构做出裁决以后，美国商务部分别于2011年4月19日和20日发起轮毂和镀锌钢丝双反案。

2009年1月20日，争端解决机构设立专家组。

2009年3月4日，总干事指定专家组组成。

2009年4月15日，中方提交第一次书面陈述。

2009年5月27日，美方提交第一次书面陈述。

2009年7月7至8日，专家组第一次听证会及第三方会议。

2009年7月28日，当事方提交第一次书面问题答复。

2009年8月12日，当事方提交第二次书面陈述。

2009年11月11至12日，专家组第二次听证会。

2009年12月8日，当事方提交第二次书面问题答复。

2010年6月11日，专家组向当事方提交中期报告。

2010年7月23日，专家组向当事方提交最终报告。

2010年10月22日，专家组报告公开散发。

2010年12月1日，中方向争端解决机构提交上诉通知，并提交上诉方书面陈述。

2010年12月20日，美方提交被上诉方书面陈述。

2011年1月13至14日，上诉机构听证会。

2011年3月11日，上诉机构报告散发。

2011年3月25日，争端解决机构通过上诉机构报告和经修改的专家组报告。

2011年7月8日，当事方达成11个月的合理执行期，自2011年3月25日至2012年2月25日。

校稿：于方

# 诉美国禽肉限制措施案评析

陈雨松

加入世贸组织以来，中美经贸关系取得了稳步发展。但是，在禽肉贸易领域，由于美国采取的单边限制措施严重阻碍了中国禽肉进口，直接引发了2009—2010年间中美禽肉世贸组织争端案，成为中美经贸关系前进中之坎坷和波折的一个缩影。

## 一、争端之缘起：中美农产品贸易和禽肉争端

### （一）美国禽肉进口检疫制度基本情况

美国有着世界上最严格的食品安全监管体系。从政府部门分工来看，美国农业部（USDA）负责肉、禽、蛋的食品安全管理，其他食品则由美国卫生部下属的食品药品监督管理局（FDA）进行监管。美国农业部下属的食品安全和检验署（FSIS）具体负责禽类及其制品的检验检疫工作。[①]

① 美国食品安全和检验署（Food Safety & Inspection Services，简称 FSIS），隶属于美国农业部，根据美国相关法律规定，食品安全和检验署的主要职责包括卫生和污染控制，动物疾病控制，屠宰加工控制，残留控制，美国国内肉、禽、蛋的安全和卫生，相关执法等。目前，该署有超过

根据美国《禽类制品检验法》(PPIA)[①]授权，美国农业部建立了基于等效性(equivalence)评估的进口禽类检验体制。根据这一制度，任何国家向美国出口禽肉之前，必须首先通过美国食品安全和检验署的等效性评估，证明该国禽肉及禽类制品检验体系的管理和执行达到与美国相当的卫生保护水平。具体而言，获得等效性认证需要履行的程序包括：初步等效性认定(initial equivalence determination)[②]、企业认证(certification of establishments)[③]、持续等效性核查(ongoing equivalence verification)[④]等三个阶段。履行完成这些等效性评估程序的时间少则3—5年，多的长达10年。这一程序一方面对本国食品安全以及畜牧业安全起到了极好的保护作用，同时也在安全卫生的前提下，促进了与美国禽肉检验检疫体系存在差异但达到相同保护水平的其他国家对美禽肉的出口。[⑤]

### (二)中美农产品贸易与美国限制中国禽肉进口立法

在中美农产品贸易中，美国对中国一直保持较大顺差。按照美方统计，

---

9,000名雇员，年度预算超过9.7亿美元，在全美各地的肉、禽、蛋生产企业均派驻有监督人员。参见维基百科相关条目(http://zh.wikipedia.org)，访问日期：2011年2月20日。另外，美国农业部下设的动植物卫生检验署(Animal and Plant Health Inspection Service，简称APHIS)也负责部分进口禽肉检验检疫工作。动植物卫生检验署的主要职责，是防止动植物疫病传入美国或在美国传播。在禽肉进口方面，动植物卫生检验署的职责是对到港的进口禽肉进行抽查，以确保其符合动植物卫生检验署的有关防疫要求。关于动植物卫生检验署具体职能的介绍，参见http://www.aphis.usda.gov，访问日期：2011年2月13日。

①1957年8月28日，美国国会制定了《禽类制品检验法》(*Poultry Products Inspection Act*，简称PPIA)，对于禽类制品建立了统一的食品安全检验制度。《禽类制品检验法》规定了普遍的管理所有禽肉贸易的法律框架，包括进口禽肉和国产禽肉。该法还授权美国农业部(USDA)就禽类和禽类制品的检验制定法规和规章。《禽类制品检验法》制定后，历经多次重大修改，全文见《美国法典》第21卷第451节以下。

②在此阶段，首先由美国食品安全和检验署确认有关申请国的禽肉检验体制与美国禽肉检验体制是否等效；如果美国食品安全和检验署做出肯定性的初步结论，则须在《联邦纪事》上公布，并接受评论；此后，美国食品安全和检验署根据公众评论意见，做出最终结论；如果结论是肯定的，则美国食品安全和检验署在《联邦纪事》上公布最终规则，并将该出口国列入有资格向美国出口禽肉国家的肯定性列表中。

③在此阶段，通过等效性认证的出口国必须对本国有资格向美国出口禽肉的企业进行认证。

④在此阶段，通过前两项认证的出口国必须参与持续等效性评估(通常每年一次)，以保持合格出口资格。

⑤李玉冰:《对美国禽肉检验检疫制度与我国相关制度的比对与应对研究》，华中农业大学博士论文。

美2003年对华食品和农产品出口约68亿美元，2008年达145亿美元。中国对美食品和农产品出口额2003年为24亿美元，2008年增长到56亿美元。[①]特别值得提及的是，中美两国的消费习惯差异使得在双边禽肉贸易结构上有很强互补性。中国消费者比较青睐鸡爪、鸡翅和鸡腿等产品，而美国消费者偏爱食用鸡胸肉。这种饮食习惯上的神奇差异，使得双边禽肉产品贸易可以各取所需，互相填补市场需求，也使得中美两国禽肉产业的互补性超过了竞争性，进一步推动两国之间禽肉贸易本应是互惠双赢的选择。[②]

然而，中美两国农产品贸易这一良好前景和巨大潜力，却受阻于美国少数对中国存有偏见的议员们所炮制的法案。2007年底，就在中美双方就禽类检疫问题所作努力即将取得进展之际，美国国会制定了《2008年农业、乡村发展、食品及药品管理以及相关机构拨款法》（*Agriculture, Rural Development, Food and Drug Administration, and Related Agencies Appropriations Act of 2008*），即《2008年农业拨款法》。该法第733节（下称“733条款”）规定，禁止将拨款用于制定或执行任何允许向美国进口中国产禽类制品的规则。[③]

美国的财政年度是从当年10月1日起至下年9月30日止，上述“733条款”本应于2008年9月30日终止。但由于新的2009年度拨款法案在国会迟迟未能通过，所以根据国会临时决议条，该拨款限制规定实际执行至新拨款法生效。2009年3月11日，美国国会通过《2009年综合拨款法》。该法包括《2009年农业拨款法》，其中第727节（下称“727条款”）规定，根据本法所提供的任何拨款，不得用于制定或执行任何允许向美国进口中国产禽类制品的规则。[④]

① 参见 Geoffrey S. Becker, “China-U.S. Poultry Dispute”, “CRS Report”, July 16, 2009。

② “中美家禽产品‘双向贸易’互补大于竞争”，载《中国牧业通讯》2007年第6期，第58页。

③ 起草该条款的是来自康涅狄格州的民主党众议院资深议员罗莎•德劳罗（Rosa De Lauro）。

④ 美国《2009年综合拨款法》（*2009 Omnibus Appropriation Law*）“727条款”原文如下：None of the funds made available in this Act may be used to establish or implement a rule allowing poultry products to be imported into the United States from the People's Republic of China。

美国财政年度始于每年的10月1日，终于次年的9月30日。美《2009年综合拨款法》于2009年3月11日实施，其有效期为2008—2009年财政年度，并于2009年9月30日失效。但是根据美国《2010年立法机构预算法》，在新的年度拨款法案出台之前，此前的拨款法案仍将临时适用。因此，“727条款”实际执行直至新的拨款法案生效，即直至2009年10月21日，“727条款”才全面失效。

这一规定与“733条款”完全相同。该拨款法实际上禁止美国食品安全和检验署从事任何审查中国禽肉是否符合美国标准的活动，从而也就全面阻断了中国输美禽肉贸易。

## 二、争端之经过：中美禽肉世贸争端案基本情况

### （一）从外交到法律：中美禽肉贸易交涉始末

中美禽肉贸易交涉最早可以追溯至2004年。在当时禽流感的风暴下，中美两国都停止了从对方进口禽肉。2004年中美商贸联委会上，双方达成协议，相互解除对禽肉贸易的限制措施。[①]2004年4月20日，根据美国《禽类制品检验法》，中方正式向美方提出等效性认证申请。12月1—17日，美国食品安全和检验署赴中国就中国禽类屠宰检验体系进行初始等效评估核查。[②]2005年7月27日—8月12日，美国食品安全和检验署再次赴中国进行核查。[③]在上述核查的基础上，2006年4月24日，美国食品安全和检验署在《联邦纪事》发布公告，将中方列入有资格向美国出口熟制禽类产品的国家名单，但前提是中国禽类制品加工企业加工的禽肉必须来自通过美方认证的禽肉屠宰机构以及其他具有向美国出口禽肉资格的国家。换言之，在此名单下，中国不得向美国出口本地生产和屠宰的生禽和以本地生产和屠宰的生禽为原料加工的熟制禽肉。

---

此外，在制定《2009年综合拨款法》时，美国国会还颁布了一份《解释性联合声明》（*Joint Explanatory Statement*），用来解释相关立法条款的背景和目的。其中，有关“727条款”，《解释性联合声明》指出：“目前仍然存在对来自中国受污染食品的严重关切，因此，本措施保留阻止美国食品安全和检验署制定允许进口中国禽类制品规则的规定。值得注意的是，中方已对其《食品安全法》进行修正。美国农业部应向农业委员会提交报告，分析此次修正对中国禽类制品安全性的影响。美国农业部还需提交行动计划，据以保证中国禽类制品的安全性。该计划需包括所有禽类制品检验制度的系统审核以及所有屠宰厂的审查。该计划还需包括实验室审查与其他管控措施，扩大港口入境检查，以及同其他完成审查与检验程序后进口中国禽类制品的主要国家联合实施资料分享计划。本计划一经完善即需在美国食品安全和检验署官网公布。”

① 随后，中方对美开放了禽肉市场，但如下文所述，美国一直没有履行承诺对中方开放禽肉市场。

② 核查报告见：www.fsis.usda.gov/OPPDE/FAR/China/China2004.pdf，访问日期：2011年6月4日。

③ 核查报告见：www.fsis.usda.gov/OPPDE/FAR/China/China2005.pdf，访问日期：2011年6月4日。

2006年5月9日，美国食品安全和检验署致信中方，对中方向美国出口熟制禽类产品应当履行的步骤进行了说明。2006年6月，在先前对中方禽类屠宰流程现场核查基础上，美国食品安全和检验署初步认定，中国对本地屠宰禽类的检验体制与美国等效。2007年12月20日，美国食品安全和检验署再次致信中方，要求对中国出口熟制肉类和禽类产品企业进行年度认证。但是，就在上述认证工作即将取得进展之际，2007年12月26日，《2008年农业拨款法》生效，其"733条款"完全禁止了中国禽肉对美出口。

中国政府和企业一直积极配合美国食品安全和检验署进行的等效性评估和核查。但是，美国国会的立法，完全切断了中方通过美国《禽类制品检验法》规定的等效性认证制度，获得向美出口禽肉的路径。对于美方通过国会立法单方面禁止进口中国禽肉的做法，中方表示强烈不满，并通过各种多双边场合对美提出严厉交涉。在多次中美商贸联委会上，中方均强烈要求美方履行承诺，尽快恢复自中国进口禽肉。而美方往往借口国会立法与政府无关，百般推脱。在世贸组织卫生与植物卫生措施委员会（SPS委员会）上，中方曾多次表达对美限制中国禽肉进口措施的关注。[①]2008年4月，应中方要求，国际家禽协会（International Poultry Council,IPC）年会还专门通过决议，包括美方在内的各成员一致反对美国的歧视性做法，认为"733条款"违背了世贸组织规则，要求美国尽快废除该条款。[②]

## （二）中美禽肉世贸争端案件之历程

在经历多次多双边交涉未果的情况下，特别是美国《2009年农业拨款法》依然延续对中国禽类产品限制措施的情况下，2009年4月17日，中国政府通过常驻世贸组织代表团致函美方，就美《2009年综合拨款法》"727条款"提起世贸组织争端解决机制下的磋商请求，正式启动世贸组织争端解决

① 参见 WTO document, Committee on Sanitary and Phytosanitary Measures, "Summary of the Meeting of 28 - 29 October 2009", Note by the Secretariat, paras. 37-38, G/SPS/R/56，28 January 2010。

② 参见"我国禽肉行业获国际支持反对'733条款'"，载 http://cccfna.mofcom.gov.cn/article/c/200809/20080905755116.html，访问日期：2011年2月14日。

程序。[1]4月27日，美方复函接受中方磋商请求。5月15日，中美双方通过视频会议的方式进行了磋商，但是未能达成协商一致的解决方案。[2]

2009年6月23日，中方要求依据《争端解决谅解》第6条、《1994年关贸总协定》第23.2条、《农业协定》第19条和《实施卫生与植物卫生措施协定》第11条设立专家组。[3]2009年7月31日，专家组正式成立。由于中美双方未能就专家组组成达成一致，2009年9月23日，根据中方请求，世贸组织总干事拉米指定了专家组人选。[4]专家组主席为来自挪威的奥利·伦德比先生[5]，专家组成员包括智利的菲利普·洛佩安迪亚先生[6]和巴基斯坦的穆罕默德·赛义德先生[7]。本案第三方包括巴西、欧盟、危地马拉、韩国、台澎金马单独关税区和土耳其。

2009年12月15—16日，专家组在日内瓦举行第一次听证会；12月16日，专家组还召开了第三方听证会，听取第三方意见。2010年3月9—10日，专家组举行了第二次听证会。

①WTO document, "United States-Certain Measures Affecting Imports of Poultry from China，Request for Consultations by China", WT/DS392/1, G/L/886, G/AG/GEN/84, G/SPS/GEN/919, 21 April 2009. 在中方磋商请求中，为了防止美方通过年度预算法每年更新这一措施，从而逃避专家组的管辖，中方的指控不仅包括"727条款"，而且还涵盖了"任何密切相关的措施，以及任何修订或替代措施，或者其他后续的、密切相关的措施"（any closely-related measures, as well as any amendments or replacement measures, or other subsequent closely-related measures）。

②据了解，目前在绝大多数世贸组织争端案件中，争端双方均是在日内瓦世贸组织总部进行磋商。本案因客观原因所限，双方代表团均在本国首都，是首次通过电视视频会议方式进行磋商的案件。

③WTO document, "United States-Certain Measures Affecting Imports of Poultry from China，Request for the Establishment of a Panel by China", WT/DS392/2, 30 June 2009.

④WTO document, "United States-Certain Measures Affecting Imports of Poultry from China，Constitution of the Panel Established at the Request of China", Note by the Secretariat, WT/DS392/3, 24 September 2009.

⑤奥利·伦德比（Ole Lundby），1948年出生，挪威人，曾任挪威驻维也纳国际组织副代表，并代表挪威参与乌拉圭回合和多哈回合谈判，曾担任挪威贸易工业部区域贸易协定首席谈判代表，时任联合国秘书长千年发展目标特别顾问。伦德比先生此前曾经担任"Indonesia-Autos"、"Korea-Dairy Safeguards"、"Korea - Paper AD Duties"等多个世贸组织争端案件的专家组成员或专家组主席。

⑥菲利普·洛佩安迪亚（Felipe Lopeandia），时任智利常驻世贸组织代表团参赞，此前任智利外交官，并曾参与智利大量自由贸易协定谈判。

⑦穆罕默德·赛义德（Mohammad Saeed），时任巴基斯坦常驻世贸组织代表团参赞，曾任巴基斯坦商务部负责国际贸易的副秘书。

2010年6月14日，专家组散发了中期报告；7月26日，专家组将最终报告散发当事方。2010年9月29日，专家组最终报告向所有世贸组织成员公开散发。2010年10月25日，世贸组织争端解决机构会议正式通过了该专家组报告。①

专家组的最终裁决几乎全面支持了中方主张。首先，专家组裁定，“727条款”不符合《实施卫生与植物卫生措施协定》第5.1条、第5.2条、第2.2条、第5.5条、第2.3条和第8条。其次，专家组裁定，“727条款”不符合《1994年关贸总协定》第1.1条和第11.1条。第三，专家组裁定，“727条款”不符合《1994年关贸总协定》第20条（b）项之例外。关于“727条款”是否符合《实施卫生与植物卫生措施协定》第5.6条和《农业协定》第4.2条，专家组未予裁决。鉴于美方已经修改立法，原“727条款”业已失效，专家组没有根据《争端解决谅解》第19条提出执行建议。

## 三、中美禽肉争端之先决问题和程序问题

### （一）关于专家组的审查范围

本案伊始，中美双方首先在程序问题上展开较量。美方在接受磋商请求的函中明确提出两条程序性主张：一是根据美方理解，中方未在《实施卫生与植物卫生措施协定》下提出磋商。美方指出，中方在磋商请求中表示：“如果该项措施被证明是卫生和植物卫生措施，则中方也依据《实施卫生与植物卫生措施协定》第11条提出磋商请求。”② 美国认为，中方在磋商请求中使用了一个条件句，基于美方的理解，中方并未在《实施卫生与植物卫生措施协定》下提出磋商请求。二是美方认为，中方在磋商请求中提及的事项不构成《争端解决谅解》

①WTO document, “United States – Certain Measures Affecting Imports of Poultry from China,Panel Report, *Action by the Dispute Settlement Body*”, WT/DS392/5, 5 November 2010.

② 中方磋商请求原文为：“In addition, although China does not believe that the US measures at issue restricting imports of poultry products from China constitute sanitary and phytosanitary measures（“SPS measure”）within the meaning of the Agreement on the Application of Sanitary and Phytosanitary Measures（“SPS Agreement”）, if it were demonstrated that any such measure is an SPS measure, China also requests consultations with the US pursuant to Article 11 of the SPS Agreement”（emphases added）。

第4.4条含义下的措施（measure）。[①] 在收到美方接受磋商函的第二天，我方即回信美方，明确指出已经在《实施卫生与植物卫生措施协定》下提出磋商请求。

2009年6月23日，我方在提交设立专家组请求中明确指出，在美方措施构成卫生和植物卫生措施的情况下，中方认为其也违反了《实施卫生与植物卫生措施协定》的相关条款。[②] 在专家组召开组织性会议之前，美方于2009年9月25日再次致函专家组，要求专家组做出先决裁决，明确中方在《实施卫生与植物卫生措施协定》下的诉讼请求是否应纳入专家组审查范围（terms of reference）。美方主张，由于中方未在《实施卫生与植物卫生措施协定》下提出磋商请求，这些诉讼请求不应纳入专家组的审查范围。2009年10月1日，美方根据专家组工作程序，正式提出先决裁决的请求。对于此请求，专家组在第一次开庭后致信各方，决定不做出先决裁决，而是在中期报告中做出裁决。[③]

专家组在中期报告以及最终报告中驳回了美方的主张。专家组为此分析了两个问题：（1）磋商请求和举行磋商与专家组职权范围的关系；（2）中方是否在《实施卫生与植物卫生措施协定》下提出磋商请求。关于第一个问题，专家组指出，磋商请求和磋商是设立专家组前的一个必经阶段，专家组有权审查当事方是否已就一项争端（dispute）进行了磋商。[④] 在研究了以往案例后，专家组认为，其在分析中不应考虑当事方实际磋商的内容。[⑤]

① 但在此后的诉讼中，美方未就第二项"程序性问题"提出进一步的意见。

② 中方设立专家组请求相关段落的原文为："to the extent that some or all of the US measures at issue restricting imports of poultry products from China constitute sanitary and phytosanitary measures within the meaning of the SPS Agreement, the measures are inconsistent with the US obligations under the SPS Agreement, including Articles 2.1-2.3, 3.1, 3.3, 5.1-5.7, and 8 thereof"（emphases added）。

③ 专家组做出这一决定是出于种种考虑。但从当事方角度来看，不可否认，尽早做出先决裁决将极大地帮助诉讼双方及早明确争议实体事项的范围，从而集中精力于案件核心问题。

④ 专家组指出，在某些情况下，如果被诉方未及时提出反对意见，可能被专家组或上诉机构认为其放弃了此项权利，但本案不属于这种情况。

⑤ 专家组的考虑是，首先，在"Korea-Alcoholic Beverages"案中，专家组指出，"仅需考虑磋商是否实际举行，而无须考虑磋商中发生的情况"；其次，上诉机构在"US-Upland Cotton"案中，也提出"若考虑磋商发生的情况，则可能有违《争端解决谅解》第4.6条关于磋商保密性和不损害双方诉讼权利的规定"；最后，关于磋商并无正式公开的记录，在争端双方各执一词的情况下，也很难考查其详细情况。

关于第二个问题，专家组指出，专家组不应局限于中方磋商请求中的某个词语，而应当将磋商请求作为一个整体进行审查。在专家组看来，中方希望在《1994年关贸总协定》和《农业协定》下挑战“727条款”，同时作为替代方案，若美方提出“727条款”属于卫生和植物卫生措施，则中方希望将《实施卫生与植物卫生措施协定》也纳入起诉范围之内。[①]专家组认为，从案件情况看，尽管中方措辞含糊，但确实指出（indicate）将《实施卫生与植物卫生措施协定》作为起诉的法律依据。[②]专家组在审查了2009年4月中美间的往来信件后也认为，中方已经在磋商请求中表明了“《实施卫生与植物卫生措施协定》是其指控的基础之一，尽管是一种附条件形式”。[③]

### （二）关于专家组的审查顺序

本案中，我方在《1994年关贸总协定》、《农业协定》、《实施卫生与植物卫生措施协定》项下提出了多项诉讼请求，美方基于《1994年关贸总协定》第20条（b）项做出抗辩。

专家组首先对其审查顺序进行了分析。专家组认为，应当首先审查“727条款”是否属于“卫生和植物卫生措施”；如果确定“727条款”属于“卫生和植物卫生措施”，则《实施卫生与植物卫生措施协定》将成为特别法（lex specialis），根据“特别法优于一般法”（lex specialis derogat legi generali）的原则，应先审查基于《实施卫生与植物卫生措施协定》提出的诉讼请求。如果确定“727条款”属于“卫生和植物卫生措施”，且其违反《实施卫生与植物卫生措施协定》，则专家组理论上可以基于司法经济理由，不对其他协定下的诉讼请求进行审查。但是，本案情况比较特殊，鉴于美方仅基于《1994年关贸总协定》第20条（b）项和《农业协定》进行抗辩，专家

① 在韩国—商业船舶案中，专家组曾指出，若起诉方在多项条款下挑战某项措施，无论是补充性的还是替代性的，则必须在设立专家组请求中提及所有这些条款。

② 专家组还注意到，在收到美方复函后，中方本来可以通过修改或补充磋商请求来消除美方的疑虑，并避免在此问题上耗费时间和精力的。

③ 本案是世贸组织专家组首次对磋商请求中的条件句的含义做出分析。

组认为，基于正当程序的原因，即使完成了《实施卫生与植物卫生措施协定》下的审查，也应当进一步审查中方在《1994年关贸总协定》和《农业协定》下的诉讼请求，以及美方在这些协定下的抗辩。

另外，关于《实施卫生与植物卫生措施协定》下各项诉讼请求的审查顺序，专家组主要从有关条款之间的关系进行考量，基本思路是从易到难，从具体到抽象。专家组认为，应当首先分析“727条款”是否基于科学证据，然后再审查“727条款”适用的方式。具体而言，在审查科学依据时，专家组认为应当先分析“727条款”是否符合《实施卫生与植物卫生措施协定》第5.1条（风险评估）、第5.2条（科学证据），然后再看第2.2条（必要性），因为“一旦认定违反第5.1条和第5.2条，则将导致认定违反第2.2条”。在审查实施方式方面，专家组认为应当先审查较为具体的第5.5条（适当保护水平），接着审查第2.3条（非歧视），最后再审查第5.6条（必要限度）和第8条（控制、检查和审批程序）。

### （三）关于美国“727条款”的性质

本案第一个核心问题是确认“727条款”的性质，即这一措施究竟是否属于“卫生和植物卫生措施”。如果答案为否，则不应适用《实施卫生与植物卫生措施协定》。这又涉及一个更基础性的问题，即何谓“卫生和植物卫生措施”。

本案中，我方在磋商请求、设立专家组请求和第一次书面陈述中，均认为“727条款”是通过限制预算这种方式采取的数量限制措施，直接违反了《1994年关贸总协定》关于最惠国待遇和取消数量限制的规定，我方还同时提出了附条件请求，即若“727条款”被认为是卫生和植物卫生措施，则其也违反了《实施卫生与植物卫生措施协定》下的义务。[①] 由于美方在其第一

① 参见“China's first written submission”, paras. 116-117。中方在磋商请求中未直接指向《实施卫生与植物卫生措施协定》，主要是从诉讼策略角度考虑。《1994年关贸总协定》第1条“普遍最惠国待遇”和第11条“普遍取消数量限制”是多边贸易体制最基本、最核心的义务，从这两条出发，可以更清楚地揭示美“727条款”的歧视性和对中美禽肉贸易的巨大破坏；此外，中方也在努力把握案件走向，力争避免本案像欧盟—荷尔蒙牛肉案那样进入复杂的SPS争议领域，防止在禽肉检验细节问题上与美纠缠。当然，在诉讼过程中，中方也对案件复杂化的可能性进行了较充分的准备。总体上看，中方这一诉讼策略是成功的。

次书面陈述中反复坚称，“727条款”的目的是保护人类的生命和健康，符合《1994年关贸总协定》例外条款的规定，并极力想以检验检疫问题混淆视听，在此情况下，若我方仍停留在《实施卫生与植物卫生措施协定》之外论战，则显然不足以揭示美“727条款”的荒谬之处。为此，我方在第一次听证会上明确指出，美方第一次书面陈述已经证明（has demonstrated）“727条款”构成了《实施卫生与植物卫生措施协定》下定义的卫生和植物卫生措施，[①] 我方进而明确要求专家组裁定“727条款”不符合《实施卫生与植物卫生措施协定》。

关于“727条款”的性质，是美方本案整体抗辩策略的核心支撑点之一。显然，美“727条款”在制定之初并未考虑到符合《实施卫生与植物卫生措施协定》的义务，因此，美方的策略是尽量不进入复杂的《实施卫生与植物卫生措施协定》，不与中方讨论任何具体的“风险评估”或者“科学依据”问题。为此，美方主张“727条款”不属于卫生和植物卫生措施，同时在抗辩上采取较为冒险的做法：首先，将举证责任推给中方，强调应当由中方负责举证证明“727条款”属于卫生和植物卫生措施；[②] 其次，美方认为，一项措施具有食品安全方面的含义并不能说明其就是卫生和植物卫生措施；最后，美方主张，一项措施即使被认为符合《实施卫生与植物卫生措施协定》附件A关于“卫生和植物卫生措施”的定义，也并不意味着该项措施必须遵守《实施卫生与植物卫生措施协定》下的所有义务。美方甚至声称，“727条款”没有禁止自中国进口禽肉。

专家组回顾了《实施卫生与植物卫生措施协定》附件A关于“卫生和植物卫生措施”的定义以及以往的争端案例。[③] 专家组指出，尽管“727条款”

① 参见“China's opening oral statement at the first substantive meeting of the Panel”, para. 37。这里，中方精心选择了“has demonstrated”这个措辞，显然是反击美方提出要求中方举证证明“卫生和植物卫生措施”的意图。

② 参见“United States' response to Panel question No. 95”。

③ 在本案之前，仅有6起审理完结的有关卫生和植物卫生措施问题的案件。这6起案件分别是：欧盟—荷尔蒙牛肉案（DS26/DS48），澳大利亚—三文鱼案（DS18），日本—农产品案之二（DS76），日本—苹果案（DS245），欧盟—影响生物技术产品批准和销售措施案（DS291/DS292/DS293）以

是一项拨款法案，“但实际上，它是国会对负责实施有关卫生和植物卫生措施事务实体法律法规的行政部门施加控制的一种方式”，因此“727条款”构成了《实施卫生与植物卫生措施协定》意义下的卫生和植物卫生措施。

### （四）关于《实施卫生与植物卫生措施协定》条款的适用问题

美方在其抗辩中提出，“727条款”是“国会在持续的等效性评估进程中进行监管的一个正常行动”，“国会所采取的措施是确保整个食品进口安全体制有效的一个不可分割的组成部分”，因此，“727条款”是等效制度的组成部分。在此基础上，美方强调，《实施卫生与植物卫生措施协定》第4条是专门针对等效制度所作规定，“727条款”应当仅受第4条的规制，而不受《实施卫生与植物卫生措施协定》其他条款的纪律约束。

美方还主张，像《实施卫生与植物卫生措施协定》第2.2条、第2.3条、第5.1条这些条款，虽然可能适用于等效制度，但并不意味着这些条款适用于等效制度的每一个步骤和环节。美方援引欧盟—影响生物技术产品批准和销售措施案（DS291/DS292/DS293）专家组报告称，只针对实体性卫生和植物卫生措施（substantive SPS measures）才有科学依据的要求，而“727条款”是在持续的等效性评估中实施的一个程序要求（procedural requirement），不应对其施加科学依据或风险评估方面的要求。

对此，专家组指出，中方并未直接提出有关《实施卫生与植物卫生措施协定》第4条下的诉讼请求，因此，关于“727条款”与《实施卫生与植物卫生措施协定》第4条的相符性问题并不在专家组职权范围之内。但是，鉴于美方在抗辩中首先援引《实施卫生与植物卫生措施协定》第4条，并声称在等效制度下，成员只需遵守《实施卫生与植物卫生措施协定》第4条义务即可，其他条款对于等效制度不适用，专家组指出，在审查“727条款”与《实施卫生与植物卫生措施协定》其他条款相符性之前，必须首先确定等效制

及美国/加拿大—持续报复案（DS320/DS321）。在绝大多数案件中，争端双方对于有关措施是否构成卫生和植物卫生措施都没有争议。

度是否仅受《实施卫生与植物卫生措施协定》第4条约束，换言之，《实施卫生与植物卫生措施协定》其他条款是否不适用于等效制度。

首先，专家组研究了2004年7月23日世贸组织卫生和植物卫生措施委员会通过的《关于执行〈实施卫生与植物卫生措施协定〉第4条的决定》（下称《决定》）。[①] 专家组指出，虽然该《决定》并非强制性的，但其阐释了《实施卫生与植物卫生措施协定》第4条与《实施卫生与植物卫生措施协定》其他条款之间关系，以及如何执行第4条。《决定》规定，进口成员应当澄清其卫生和植物卫生措施所达到的“适当保护水平”（appropriate level of protection）[②]，包括提供风险评估和技术标准方面的解释；进口成员应当对出口成员所提供的相关信息进行分析，以确定该成员采取的卫生和植物卫生措施能否实现本国的适当保护水平。这些规定涉及了风险评估、技术标准、适当保护水平等问题，都属于《实施卫生与植物卫生措施协定》其他条款的范围。

① 该决定的背景是，在乌拉圭回合后，发展中成员在向发达成员出口农产品时，在获得等效认可方面仍然存在很大困难。为此，应发展中成员要求，2000年5月，世贸组织下卫生和植物卫生措施委员会决定讨论《实施卫生与植物卫生措施协定》下与发展中国家相关的议题，其中就包括了等效问题。与此同时，世贸组织总理事会在讨论与《乌拉圭回合协定》相关的执行问题时，也将等效问题纳入其中。在此情况下，总理事会正式要求卫生和植物卫生措施委员会“审查发展中成员关于卫生和植物卫生措施等效问题的关注，并提出解决这些问题的具体选择”。2001年10月，卫生和植物卫生措施委员会通过了《关于执行〈实施卫生与植物卫生措施协定〉第4条的决定》（参见 Committee on Sanitary and Phytosanitary Measures, *Decision on the Implementation of Article 4 of the Agreement on the Application of Sanitary and Phytosanitary Measure*, G/SPS/19, 26 October 2001），对成员之间谈判确认等效措施提出了指导意见。2001年10月召开的多哈部长会议则要求卫生和植物卫生措施委员会继续开展这方面的工作。此后，经过进一步的交流和讨论，2004年7月，卫生和植物卫生措施委员会通过了修改后的《关于执行〈实施卫生与植物卫生措施协定〉第4条的决定》（参见 Committee on Sanitary and Phytosanitary Measures, *Decision on the Implementation of Article 4 of the Agreement on the Application of Sanitary and Phytosanitary Measure*, Revision，G/SPS/19/Rev.2, 23 July 2004）。

关于《关于执行〈实施卫生与植物卫生措施协定〉第4条的决定》具体内容的一个分析，参见肖冰:《实施卫生与植物卫生措施协定》研究，法律出版社2004年8月第1版，第87—93页。

② 全称为“适当的卫生与植物卫生保护水平”（appropriate level of sanitary or phytosanitary protection，简称ALOP），这是《实施卫生与植物卫生措施协定》下核心概念之一。根据《实施卫生与植物卫生措施协定》附件A（5）之定义，“适当的卫生与植物卫生保护水平”是指制定卫生与植物卫生措施以保护其领土内的人类、动物或植物的生命或健康的成员所认为适当的保护水平，本书统一简称为“适当保护水平”。

这就意味着，基于等效制度采取的措施应当同时符合《实施卫生与植物卫生措施协定》其他条款的规定。

其次，专家组指出，第4条中没有任何措辞表明，该条款应当与《实施卫生与植物卫生措施协定》其他条款分割，该条款的适用也不意味着排除《实施卫生与植物卫生措施协定》其他条款的适用。专家组还基于语义角度的分析，认为《实施卫生与植物卫生措施协定》第2.2条明确适用于任何（any）卫生和植物卫生措施，而第2.3条也没有区分实体性卫生和植物卫生措施和程序性卫生和植物卫生措施，这些条款毫无疑问应当适用于"727条款"。

关于美方提出的"727条款"属于程序性要求的观点，专家组经分析后得出了不同的结论。专家组同意欧盟—影响生物技术产品批准和销售措施案（DS291/DS292/DS293）专家组所作分析，认为《实施卫生与植物卫生措施协定》第5条适用于实体性卫生和植物卫生措施。[①] 对于"727条款"，专家组审查后认为，由美国食品安全和检验署制定并实施允许从特定国家进口禽肉产品的规则，是禽肉产品得以进口至美国的前提。在美国食品安全和检验署未制定或者实施该规则的情况下，事实上美国禁止了这些国家禽类产品的进口。"727条款"是通过资金限制（funding restriction），禁止进口中国禽类产品，以实现适当保护水平，即确保市场中的禽类制品是安全的。因此，"727条款"实际上是一个自主的实体性卫生和植物卫生措施（substantive SPS measure in its own right）。

专家组由此认定，《实施卫生与植物卫生措施协定》第5.1条、第5.2条、第5.5条、第5.6条、第2.2条和第2.3条均适用于"727条款"。

### （五）关于司法经济原则的适用

通常而言，在保证有效解决争端的前提下，专家组或上诉机构不必审查

① 在欧盟—影响生物技术产品批准和销售措施案（DS291/DS292/DS293）中，专家组评估了《实施卫生与植物卫生措施协定》第5.1条、第5.5条和第5.6条的范围，并裁定，这些条款适用于旨在实现相关成员适当保护水平的措施。参见 Panel Report, "EC-Approval and Marketing of Biotech Products", paras. 7.1388, 7.1402, 7.1416, 7.1433, 7.1439。

争端涉及的所有诉讼请求。这就是世贸组织争端解决案件中经常适用的“司法经济”（judicial economy）原则。[①] 本案中，专家组适用司法经济原则，对于在《实施卫生与植物卫生措施协定》第5.5条下“727条款”是否造成中国禽肉和中国其他产品之间适当保护水平差别的问题未作裁决；另外，鉴于已经裁决“727条款”违反《1994年关贸总协定》第11.1条，专家组也未对中国在《农业协定》第4.2条下提出的诉讼请求做出裁决。

本案中，关于司法经济原则适用的争议主要出现在专家组报告的中期审议阶段。2010年6月14日，专家组向当事方散发了中期报告；6月28日，中美双方提交了对中期报告的评论意见。令人惊讶的是，美方在中期报告审议中提出，专家组应当适用司法经济原则，对中方在《实施卫生与植物卫生措施协定》下第2.3条、第5.5条、第8条、附件C以及《1994年关贸总协定》第1条下的诉讼请求均不予裁决。[②]

中方对此表示坚决反对，认为专家组做出的每一项裁决对于有效解决当前争端都是必要的，美方关于司法经济请求的理由大多是重复此前已被专家组驳回的观点，专家组不应再予考虑。

专家组驳回了美方在中期报告评论中提出的关于适用司法经济原则的请求。专家组援引以往案件的上诉机构报告认为：“尽管司法经济原则允许（allows）专家组拒绝审查超出解决争端必要限度之外的诉讼请求，但这一原

① 关于司法经济原则的一个详细分析，请见陈喜峰、虞汪日：“论WTO案例中的司法经济原则”，《福建政法管理干部学院学报》2002年10月第4期。

② 参见“Request by the United States for Review of Precise Aspects of the Interim Report”, June 28, 2010。美方关于中期报告的评论长达20页，中方称之为“第三次书面陈述”。在其评论意见中，美方最主要的主张就是要求专家组对《实施卫生与植物卫生措施协定》下的有关诉求适用司法经济。其主要理由是：（1）本案是首个涉及等效性食品安全制度的案件，具有深远影响，专家组裁决应当慎重；（2）专家组关于《实施卫生与植物卫生措施协定》第2.3条、第5.5条、第8条、附件C和《1994年关贸总协定》第1条的裁决，很大程度是源于在第5.1条下关于事实的审查，实质意义不大；（3）专家组裁决已经远远超出解决争端所必要的范围。

显然，美方在收到专家组中期报告后，对于“727条款”这样一句已经失效的立法，居然违反多达9条之多的世贸组织义务感到难堪。在上诉无望的情况下，美方不得已求助于“司法经济”，实质是想否定专家组在核心问题上的裁决。但是这种要求在世贸组织争端解决案件中是比较罕见的。

则并不强制要求（compel）专家组做出这种节制。”[①] 专家组进一步指出，关于《实施卫生与植物卫生措施协定》中第4条其他条款之间的关系问题，是美方在抗辩中首先提出来的，专家组必须首先解决这一问题，才能进一步处理中方在设立专家组请求中提出的诉讼请求。专家组强调，司法经济原则不能用于回避可能具有体制性含义的难题，因为这无助于争端的有效解决，也有悖于《争端解决谅解》第11条和第3.2条的精神。

### （六）关于其他程序性法律问题

本案审理中，还出现了其他两个程序性问题，一是关于是否允许第三方进一步深入参与案件过程，二是专家组是否可以对已经失效的措施进行审查。

#### 1. 关于第三方更多参与问题

欧盟在其第三方书面陈述中提出，专家组应当修改本案工作程序，给予本案所有第三方更多参与的权利（enhanced third-party rights）。[②] 其他第三方（韩国除外）均支持欧盟这一主张，但中美均对此表示反对。

专家组在审查了各方要求后裁定，本案专家组已经充分考虑了各第三方的观点和利益；本案诉讼并未要求专家组必须偏离《争端解决谅解》第10.2条关于第三方权利的规定，专家组因此驳回了欧盟关于加强第三方权利的请求。

#### 2. 关于对已失效措施的审查

美方指出，“727条款”已于2009年9月30日失效，即中方提交第一次书面陈述两天之后，美方因此质疑，专家组是否应当就一项已经失效的措施做出裁决。中方认为，在“727条款”失效前，本案专家组已成立，因此并不妨碍专家组对该措施进行审查。

对此，专家组指出，如何对已撤销的措施进行审查，完全属于专家组的自由裁量权；在以往专家组实践中，在被诉方不承认被诉措施与世贸组织规则不符、且被撤销的措施可能轻而易举被重新实施（could be easily re-

①Appellate Body Report, “Canada-Wheat Export and Grain Imports”, para. 133.

② 参见 “Third Party Written Submission by the European Communities”, 23 November 2009, paras. 57-58。

imposed）的情况下，专家组曾决定审查已失效的措施。本案中的“727条款”恰恰属于这种情况：一方面，美国不承认“727条款”违反世贸组织规则；另一方面，该条款属于年度拨款法，沿袭了此前的“733条款”。在此情况下，如果专家组不对该条款进行审查，势必将剥夺中方要求审查美方与世贸组织规则不符措施的权利。这有点类似于智利—价格平准制度案（DS207）中“移动目标”（moving target）的情形。[①] 为此，专家组决定对“727条款”与世贸组织规则的相符性进行审查并做出裁决，但认为可不根据《争端解决谅解》第19条提出建议。

## 四、中美禽肉争端之实体法律问题

### （一）关于《实施卫生与植物卫生措施协定》下的科学依据要求

科学性是对卫生和植物卫生措施的基本要求。《实施卫生与植物卫生措施协定》第2.2条规定，卫生和植物卫生措施仅在为保护人类、动物或植物生命或健康所必需的限度内实施，并根据科学原理，如无充分科学证据则不再维持。第5.1条则明确规定了卫生和植物卫生措施必须基于（based on）风险评估的基本原则；第5.2条进一步指出了世贸组织成员在进行风险评估时应予考虑的各个因素。

专家组对这些条款之间的关系进行了分析。专家组指出，第5.1条可以视为第2.2条基本原则的一项具体实施；若一项卫生和植物卫生措施未根据第5.1条和第5.2条的要求进行风险评估，则可以推定其不符合第2.2条的规定；但是，第2.2条的含义更宽泛，因此并非所有违反第2.2条的情形均包括在第5.1条和第5.2条的范围之内。为此，专家组决定先讨论风险评估问题，然后再讨论第2.2条问题。

① 在智利—价格平准制度案（DS207）中，为了“保证使争端得到积极解决”（见《争端解决谅解》第3.7条），并且为了保证建议或裁决足够精确以便案件迅速执行，上诉机构认为应当将智利修改后的制度纳入审查范围。参见Appellate Body Report, “Chile – Price Band System”, paras. 139-144。

关于风险评估，专家组首先讨论了《实施卫生与植物卫生措施协定》下关于风险评估的概念。专家组指出，《实施卫生与植物卫生措施协定》附件A（4）规定了两种不同的风险评估。鉴于"727条款"性质上属于《实施卫生与植物卫生措施协定》附件A（1）（b）项规定的卫生和植物卫生措施，所以相关风险评估要求应当符合《实施卫生与植物卫生措施协定》附件A（4）下风险评估定义中第二分句的要求。[①] 美国/加拿大—持续报复案（DS320/DS321）专家组曾指出，进行附件A（4）第二分句的风险评估，需要从三个方面着手：（1）确定（identify）有关食品、饮料或饲料中的添加剂、污染物、毒素或致病有机体；（2）确定（identify）对人类或动物健康的任何不利影响；（3）评估由于食品、饮料或饲料中存在的特定添加剂、污染物、毒素或致病有机体而产生的潜在不利影响（potential for that adverse effect）。风险评估不能仅仅是泛泛而论，必须针对特定的风险进行。

本案中，美方对于其在实施"727条款"前未进行风险评估这一事实未持异议，且也未向专家组提交任何风险评估材料。上诉机构曾指出："风险评估并不需要一定由实施卫生和植物卫生措施的世贸组织成员进行"。因此，"虽然某些研究并非美国政府做出"，但"这项事实本身并不意味着这些研究不能构成风险评估"。但是，本案中美国政府并未主张，这些研究报告构成"727条款"的风险评估依据。因此，专家组裁定，"727条款"没有任何风

---

①《实施卫生与植物卫生措施协定》附件A（4）关于风险评估的定义是：

"4. 风险评估——根据可能适用的卫生与植物卫生措施评价虫害或病害在进口成员领土内传入、定居或传播的可能性，及评价相关潜在的生物学后果和经济后果；或评价食品、饮料或饲料中存在的添加剂、污染物、毒素或致病有机体对人类或动物的健康所产生的潜在不利影响。"

专家组认为，上述定义中的两个分句，实际上包括了两种风险评估，一是"根据可能适用的卫生与植物卫生措施评价虫害或病害在进口成员领土内传入、定居或传播的可能性，及评价相关潜在的生物学后果和经济后果"，二是"评价食品、饮料或饲料中存在的添加剂、污染物、毒素或致病有机体对人类或动物的健康所产生的潜在不利影响"。前者评估的是"可能性"（likelihood），后者评估的是"潜在性"（potential），这两种风险评估具有实质区别（substantive distinction）。

与此相对应，根据《实施卫生与植物卫生措施协定》附件A（1）关于卫生和植物卫生措施的定义，附件A（1）（a）项和（c）项下的卫生和植物卫生措施需要第一分句下的风险评估，附件A（1）（b）项下的卫生和植物卫生措施需要第二分句下的风险评估。

险评估依据，美方违反了有关风险评估的义务。[①]

专家组进一步裁定美国违反了《实施卫生与植物卫生措施协定》第2.2条。[②] 专家组指出，如果一项卫生和植物卫生措施未基于《实施卫生与植物卫生措施协定》第5.1条和第5.2条规定的风险评估要求做出，则可以推定这项措施并非根据科学原理，且无维持的科学证据。专家组还指出，尽管美方提交了一大堆关于禽流感、禽肉走私、三聚氰胺污染饲料等报刊文章材料，但这些材料不能证明消费中国禽肉构成风险，因此美方关于中国食品卫生执法存在问题的证据并不充足。专家组为此裁定，“727条款”并无充分证据支持，因而违反了《实施卫生与植物卫生措施协定》第2.2条。

### （二）关于《实施卫生与植物卫生措施协定》下的一致性要求

《实施卫生与植物卫生措施协定》第5.5条规定，在防范对人类生命或健康、动物和植物的生命或健康的风险方面，世贸组织成员在实施适当保护水平（ALOP）时应当具有一致性（consistency）。

我方指出，“727条款”在两方面违反了上述一致性要求。首先，由于“727条款”完全禁止了中国禽肉进口，而美方对其他成员禽肉进口适用的《禽类制品检验法》程序，至少可以允许一部分合格禽肉进入美国市场，因此美国对来自中国的禽肉和来自其他世贸组织成员的禽肉之间适用了不同的适当保护水平，存在歧视。其次，美方在禁止中国禽肉进口的同时，还从中国进口了其他大量食品，因此，美方对中国禽肉和中国其他食品之间也适用了不同的适当保护水平，也存在歧视。

美方抗辩认为：首先，中方混淆了卫生和植物卫生措施与适当保护水平。在禽肉进口方面，《禽类制品检验法》对所有的禽肉设定了统一的适当保护水

① 专家组注意到，尽管美国提交了一些关于中国食品安全执法问题的证据材料，但这些材料实际上是关于中国其他食品的，和中国禽肉产品的安全无关。

② 该条规定，各成员应保证任何卫生与植物卫生措施仅在为保护人类、动物或植物的生命或健康所必需的限度内实施，并根据科学原理，如无充分的科学证据则不再维持，但第5条第7款规定的情况除外。

平，即所有的禽肉都必须是安全的。这一共同目标是通过多种机制实现的，包括针对中国的“727条款”；其次，就其他食品而言，《禽类制品检验法》所解决的问题和其他食品风险是不同的，不具可比性。

专家组回顾了上诉机构在此方面的实践。在欧盟—荷尔蒙牛肉案（DS26）中，上诉机构指出，构成违反《实施卫生与植物卫生措施协定》第5.5条，必须同时满足三个要件：（1）该成员在不同情形下实施了不同的适当保护水平；（2）在这些情形下，适当保护水平存在任意或不合理的差异；（3）这些任意或不合理的差异造成对国际贸易的歧视或变相限制。①

关于第一个要件，专家组认为需从两个方面分析：其一，是否存在不同但可比的情况（different yet comparable situations）；其二，在保护水平方面是否存在差异。专家组在对中美双方提交的材料审核后认为，从中国进口的禽肉和从其他世贸组织成员进口的禽肉具有共同的风险（即沙门氏菌、弯曲杆菌和李斯特菌），因此存在不同但可比的情况。专家组还认为，即使“727条款”和正常的美国食品安全和检验署程序均会导致禁止禽肉进口的结果，但前者是绝对的，后者是附条件的，两种措施体现的适当保护水平是实质不同的。

关于第二个要件，专家组认为，在判定是否存在任意或不合理（arbitrary or unjustifiable）的差异方面，关键要看导致这种差异是否存在合理的原因或理由（legitimate cause or rationale）。② 鉴于本案涉及卫生和植物卫生措施，专家组认为主要应当看这种适当保护水平的差异是否有科学原理或科学证据作为依据。虽然美方在本案中提交了大量研究报告证明中国存在食品安全危机，并力图证明来自中国的禽肉比来自其他世贸组织成员的禽肉风险更大，但专家组指出，美“727条款”并未基于风险评估，也缺乏任何科学证据，因此，其实施的不同的适当保护水平缺乏科学依据，构成了任意

① 参见 Appellate Body Report, “EC- Hormones”, paras. 214-215。

② 在此方面，本案专家组主要借鉴了上诉机构在有关《1994年关贸总协定》第20条序言部分争端案件中的分析。参见 Panel Report, “US-Poultry（China）”, para. 7.261。

或不合理的差异。

关于第三个要件，专家组援引了澳大利亚—三文鱼案（DS18）专家组的分析框架，即在判定是否属于歧视或变相限制时，要考虑三个预警信号（warning signals）:（1）不同的保护水平是否具有任意或不合理的特征;（2）在不同保护水平之间具有相当实质（rather substantial）的差距;（3）有关的卫生和植物卫生措施与《实施卫生与植物卫生措施协定》第5.1条和第2.2条的不符性。但这些因素并非决定性的。本案专家组认为，首先，美方有关禽肉的保护水平显然是任意或不合理的；其次，“727条款”是一种全面禁止措施，其体现的适当保护水平与《禽类制品检验法》中体现的适当保护水平具有实质性不同；第三，专家组也裁定“727条款”与《实施卫生与植物卫生措施协定》第5.1条和第2.2条不符。这样，三个预警信号都已出现。此外，“727条款”仅适用于自中国进口禽肉这本身即具有歧视性。据此，专家组裁定，美方实施不同的适当保护水平造成了对国际贸易的歧视或变相限制。

基于以上分析，专家组裁定，美方对来自中国的禽肉产品和来自其他世贸组织成员的禽肉产品适用了不同的适当保护水平（ALOP），这种区分是任意的和不合理性的，构成了对中方的歧视，因而违反了《实施卫生与植物卫生措施协定》第5.5条，并且由此导致其也不符合《实施卫生与植物卫生措施协定》第2.3条第一句。关于中方提出的第二项诉求，专家组以司法经济为由，未做裁决。

### （三）关于《实施卫生与植物卫生措施协定》下的非歧视要求

《实施卫生与植物卫生措施协定》第2.3条要求，世贸组织成员实施的卫生和植物卫生措施不得构成任意或不合理的歧视（arbitrary or unjustifiable discrimination），也不得构成对国际贸易的变相限制（disguised restriction）。[①]

①《实施卫生与植物卫生措施协定》第2.3条规定：“各成员应保证其卫生与植物卫生措施不在情形相同或相似的成员之间，包括在成员自己领土和其他成员的领土之间构成任意或不合理的歧视。卫生与植物卫生措施的实施方式不得构成对国际贸易的变相限制。”第2.3条包括两句，也涵盖了两个方面不同的义务。其中第一句规定的是非歧视原则，要求卫生和植物卫生措施既不得在成员

我方主张，由于中方和其他世贸组织成员（例如墨西哥）之间存在“相同或相似的情形”，但在“727条款”禁止美国食品安全和检验署审查中国禽肉对美出口认证的申请的情况下，其他世贸组织成员仍有机会获得美国食品安全和检验署认证并向美国出口禽肉，因此，这种状况构成了对中方的歧视。美方则认为，鉴于第2.3条与《1994年关贸总协定》第20条的“帽子条款”（chapeau）所涉及问题实质是相同的，因此没有必要审查第2.3条；此外，在中国和墨西哥之间，也不存在相同或相似的情形。

对于该争议点，专家组援引了澳大利亚—三文鱼案（第21.5条—加拿大）专家组对第2.3条的解析，即若要证明世贸组织成员的某项卫生和植物卫生措施违反第2.3条第1句，必须满足三个要件：（1）该项措施在除采取措施的成员之外的其他成员领土之间，或者在采取措施的成员自己领土和其他成员领土之间构成歧视；（2）该项歧视是任意或不合理的；（3）在所比较的成员领土之间存在相同或相似的情形。[①]

但是，专家组并未沿着上述三要件的路径来进一步分析本案事实和解决本案争议。专家组走了另一条路径，即从第2.3条和第5.5条的关系入手解决问题。专家组援引澳大利亚—三文鱼案（DS18）裁决指出，《实施卫生与植物卫生措施协定》第2.3条规定的是基本义务（basic obligation），而第5.5条是对该项义务的具体阐述（a more specific enunciation），因此，若一项措施违反了第5.5条，其也必然意味着（would necessarily imply）违反了第2.3条；同时，第2.3条含义更宽泛，因此并非所有违反第2.3条的情形均包括在违反第5.5条情形的范围之内。[②]据此，本案专家组裁定，由于“727条款”违反

---

之间构成任意或不合理的歧视（最惠国待遇），也不得在成员自己领土和其他成员的领土之间构成任意或不合理的歧视（国民待遇）。第二句则强调不得对国际贸易构成变相限制，是关于实施卫生和植物卫生措施方式、意图等方面的要求。

① 参见 Panel Report, “Australia-Salmon（Article 21.5-Canada）”, para. 7.111。

② 参见 Panel Report, “US - Poultry（China）”, para. 7.318。也可参见 Panel Report, “Australia-Salmon”, para. 8.109, upheld by Appellate Body Report, “Australia-Salmon”, para. 252。这里专家组推理似乎有一些漏洞。我们认为，第2.3条和第5.5条还是有一些差别的。一是第2.3条针对的是卫生和植物卫生措施，而第5.5条针对的是适当保护水平；二是第2.3条在某些方面比第5.5条范围要窄，因为第2.3条

了《实施卫生与植物卫生措施协定》第5.5条，其对来自不同世贸组织成员产品适用不同的适当保护水平构成了歧视，因而也违反了第2.3条第一句。

### （四）关于《实施卫生与植物卫生措施协定》下的必要性要求

《实施卫生与植物卫生措施协定》第5.6条规定，各成员应当确保卫生和植物卫生措施对贸易的限制不超过为达到适当保护水平所要求的限度。① 我方主张，根据《实施卫生与植物卫生措施协定》脚注3的判定标准，存在对贸易限制更少的合理替代措施，即正常的美国食品安全和检验署审批程序，因此美方违反了其在第5.6条下的义务。

专家组回顾了澳大利亚—三文鱼案（DS18）裁决。在该案中，上诉机构曾经指出，《实施卫生与植物卫生措施协定》脚注3规定了分析是否构成违反第5.6条的三要件判定法（a three-pronged test）。这三个要件是：（1）存在技术上和经济上可行的其他保护措施；（2）该其他保护措施可以达到与现行措施相同的保护水平；（3）实施其他保护措施对贸易的限制作用大大小于已经采取的措施。上诉机构还指出，上述三个要件是累积适用的，即必须证明符合全部要件，才能判定现行措施与第5.6条不符；如果有一个要件未满足，则现行措施与第5.6条就是相符的。换言之，如果没有在技术上和经济上可行的替代措

---

限制的是卫生和植物卫生措施在成员领土（territory）之间构成歧视，而第5.5条要求避免的是适当保护水平在不同情况（different situations）下构成歧视。例如在本案中，如果专家组裁定，“727条款”导致了在中国禽肉和中国其他产品之间实施了不同的适当保护水平，构成了不一致，这种情况可能违反第5.5条，但似乎很难证明其在不同成员之间构成歧视，即难以证明其违反第2.3条。

关于《实施卫生与植物卫生措施协定》第2.3条和第5.5条之间关系的辨析，可参见肖冰：《〈实施卫生与植物卫生措施协定〉研究》，法律出版社2004年8月第1版，第115—116页。

①《实施卫生与植物卫生措施协定》第5.6条如下：

“在不损害第3条第2款的情况下，在制定或维持卫生与植物卫生措施以实现适当的卫生与植物卫生保护水平时，各成员应保证此类措施对贸易的限制不超过为达到适当的卫生与植物卫生保护水平所要求的限度，同时考虑其技术和经济可行性。”

此外，《实施卫生与植物卫生措施协定》脚注3对第5.6条下过度限制贸易的判定标准做出解释：“就第5条第6款而言，除非存在如下情况，否则一措施对贸易的限制不超过所要求的程度：存在从技术和经济可行性考虑可合理获得的另一措施，可实现适当的卫生与植物卫生保护水平，且对贸易的限制大大减少。”

施，或者该替代措施不能达到该成员的保护水平，或者该替代措施对贸易的限制作用未大大小于现行措施，则现行措施与第5.6条是一致的。[①]

专家组指出，虽然其已经判定，美国通过“727条款”和《禽类制品检验法》程序，适用了不同的适当保护水平，因而违反了第5.5条；但是，并不能由此判定美国一定违反了第5.6条，有关争议的措施与第5.5条不一致的裁决结论不能剥夺进口成员自主选择适当保护水平的权利。关于美方措施是否超出必要限度，专家组认为，由于缺乏事实依据，而且专家组也不应自己进行风险评估，因此，在本案情况下对第5.6条进行深入分析将完全是一种推测，并将超出专家组职权范围。故此，专家组未对中方在第5.6条下的请求进行裁定。

### （五）关于《实施卫生与植物卫生措施协定》下的正当程序要求

首先，专家组审查了美国食品安全和检验署的等效性评估程序是否属于附件C第（1）款下的“控制、检查和批准程序”。专家组指出：“完成美国食品安全和检验署规定的等效性评估程序，包括制定和实施允许从一特定国家进口禽肉的规则，是任何国家向美国出口禽肉的唯一途径。”因此，美国食品安全和检验署的等效性评估程序属于《实施卫生与植物卫生措施协定》附件C规定的“批准”程序。

其次，根据“727条款”的规定，在该条款生效期间，美国食品安全和检验署无论如何也无法完成中国禽肉的等效性评估。由于“727条款”禁止美国食品安全和检验署制定和实施有关中国禽肉进口的规则，所以也就排除了美国食品安全和检验署完成等效性评估的可能性，这种情况构成了不适当的迟延（undue delay）。

为此，专家组裁定，由于“727条款”对美国食品安全和检验署审批程序造成了不适当的迟延，因此违反了《实施卫生与植物卫生措施协定》附件

① 参见 Appellate Body Report, “Australia-Salmon” , para. 194。

C第（1）款（a）项以及第8条的义务。[①]

### （六）关于最惠国待遇问题

我方主张，所有其他世贸组织成员均有机会在通过美国食品安全和检验署审查后向美国出口禽肉，但是由于“727条款”，美国未将给予其他世贸组织成员的利益给予中国，因此违反了《1994年关贸总协定》第1.1条关于最惠国待遇的义务。[②]对此，美方认为，“727条款”属于整个等效性食品安全体制下的一部分，而在等效性体制下，不同世贸组织成员的产品必定会给予不同待遇，即获得等效性认证的世贸组织成员的产品可以进口，而未获得等效性认证的世贸组织成员的同类产品不能进口。[③]

专家组认为应当从三个方面进行分析：（1）“727条款”是否属于《1994年关贸总协定》第1.1条纪律下规范的措施；（2）“727条款”是否给予了《1994年关贸总协定》第1.1条下的某项利益；（3）此项利益是否立即和无条件地给予所有同类产品。

首先，专家组援引了印度—汽车案（DS146/DS175）专家组的解释，指出《1994年关贸总协定》第1.1条中关于“与进口相关”（in connection with importation）一语，不仅包括直接与进口程序相关的措施，还包括像“727条款”这类与产品进口的其他方面相关或者对实际进口产生影响的措施。为此，专家组裁定，“727条款”属于与进口相关的措施。

其次，专家组认为，在美国市场上销售禽类制品的机会是非常宝贵的市

---

①《实施卫生与植物卫生措施协定》第8条“控制、检查和批准程序”规定：“各成员在实施控制、检查和批准程序时，包括关于批准食品、饮料或饲料中使用添加剂或确定污染物允许量的国家制度，应遵守附件C的规定，并在其他方面保证其程序与本协定规定不相抵触。”

《实施卫生与植物卫生措施协定》附件C“控制、检查和批准程序”规定：“（1）对于检查和保证实施卫生与植物卫生措施的任何程序，各成员应保证：（a）此类程序的实施和完成不受到不适当的迟延，且对进口产品实施的方式不严于国内同类产品；……”另外，脚注7规定：“控制、检查和批准程序特别包括抽样、检查和认证程序”。

② 参见“China’s first written submission”, para. 93。

③ 参见“United States’ first written submission”, para. 96。

场机会，而失去这一机会意味着一种重大的竞争不利地位，甚至导致被排除于美国市场之外。为此，专家组认定："在成功完成《禽类制品检验法》和美国食品安全和检验署程序后向美国出口禽肉的机会，构成《1994年关贸总协定》第1.1条意义下的一项利益，它将带来市场准入的机会并影响不同来源产品之间的商业关系。"

第三，专家组援引先前专家组和上诉机构裁决指出，传统上，判定同类产品需要审查4项标准：（1）物理特性；（2）海关分类；（3）最终用途；（4）消费习惯。但在两种情况下，可以采用一种不同的方式来确定产品之间的相似性，即假定两种产品在同一市场上，一是存在基于产地的歧视性措施；二是存在不可能进行同类产品比较的情况，如进口禁止措施。美方主张，中国出产禽肉和其他世贸组织成员出产禽肉的安全水平不同，在分析同类产品时应予考虑，但专家组认为美方并未提出相关证据证明这一点。

专家组裁定，由于美方未将给予其他世贸组织成员的利益立即和无条件地给予中方，因此违反了《1994年关贸总协定》第1.1条。

### （七）关于取消数量限制问题

我方认为，"727条款"在事实上（de facto）导致了禁止进口中国产禽肉的情况，因此违反了《1994年关贸总协定》第11.1条关于普遍取消数量限制的规定。①

专家组从两方面进行了分析。首先，专家组分析了"727条款"是否为第11.1条规定的"其他措施"（other measures）。在此方面，专家组援引了先前案例指出，鉴于"727条款"是美国国会制定的立法，属于"其他措施"的范围，可以在第11.1条下挑战。

其次，专家组分析了"727条款"是否构成了第11.1条下的"禁止或限

①《1994年关贸总协定》第11条"普遍取消数量限制"第1款规定："1．任何缔约方不得对任何其他缔约方领土产品的进口或向任何其他缔约方领土出口或销售供出口的产品设立或维持除关税、国内税或其他费用外的禁止或限制，无论此类禁止或限制通过配额、进出口许可证或其他措施实施。"

制”。专家组审查后认为，由美国食品安全和检验署制定和执行一项规则，是任何国家禽类制品进入美国市场的前提条件。由于“727条款”禁止美国食品安全和检验署使用财政资金制定或执行从中国进口禽肉的规则，其效果是禁止此类禽肉的进口。因此，“727条款”在实际运作上禁止了中国禽肉进口。

据此，专家组裁定，“727条款”在其执行期间，对来自中国的禽肉产品构成了禁止措施，因此也违反了《1994年关贸总协定》第11.1条。

### （八）关于《1994年关贸总协定》第20条（b）项之适用

美方承认，《实施卫生与植物卫生措施协定》作为世贸组织法律体系的一部分，构成了解释《1994年关贸总协定》第20条（b）项的上下文（context）；但这并不意味着，《实施卫生与植物卫生措施协定》中的要点被纳入了第20条（b）项的法律条文。中方则强调，《实施卫生与植物卫生措施协定》构成了解释《1994年关贸总协定》第20条（b）项的相关和直接的上下文（relevant and immediate context）。

按照美方观点，即使“727条款”与《实施卫生与植物卫生措施协定》相关条款不符，其仍可能符合《1994年关贸总协定》第20条（b）项的例外规则。专家组驳回了美方观点，特别指出，《实施卫生与植物卫生措施协定》的前言表明，该协定的目标是“对适用《1994年关贸总协定》关于使用卫生与植物卫生措施的规定，特别是第20条（b）项的规定详述具体规则”。

专家组还指出，世贸组织有关货物贸易的具体协定对《1994年关贸总协定》条款进行详述的情况并不鲜见。例如，《海关估价协定》详述《1994年关贸总协定》第7条的规定；《反倾销协定》和《补贴协定》规定其对《1994年关贸总协定》第6条的执行和适用进行解释；《保障措施协定》规定其“澄清和加强《1994年关贸总协定》的纪律，特别是其中第19条的纪律”。①

最后，专家组还发现，《实施卫生与植物卫生措施协定》谈判历史表明，在乌拉圭回合谈判中，农业谈判小组曾寻求加强《1994年关贸总协定》的规则和纪律，特别是认为《1994年关贸总协定》第20条（b）项下采取的卫生

① 参见《海关估价协定》序言，《反倾销协定》第1条，《补贴协定》第10条，《保障措施协定》序言。

和植物卫生措施必须基于科学证据。《实施卫生与植物卫生措施协定》就卫生和植物卫生措施符合《1994年关贸总协定》第20条（b）项做出了具体规定。

专家组最终裁定，在涉及卫生和植物卫生措施时，《实施卫生与植物卫生措施协定》条款对于《1994年关贸总协定》第20条（b）项的分析是相关的；进一步而言，若一项卫生和植物卫生措施违反了《实施卫生与植物卫生措施协定》的有关规定，则不能援引《1994年关贸总协定》第20条（b）项为其抗辩。

### （九）关于美国“743条款”问题

在中方将美“727条款”诉诸世贸组织争端解决机制后，在诉讼压力下，美国政府一方面在世贸组织全力抗辩，利用世贸组织争端解决法律程序与中方纠缠，另一方面开始运用自身影响力游说国会，力图在2010年度新拨款法中取消这一限制条款。

与此同时，美国国会也开始激烈辩论是否修改这一条款。[①]2009年6月和9月，美众、参两院分别通过了各自版本的新农业拨款法案。其中，众议院版本有关条款与原“727条款”完全相同；参议院版本有关条款则对原条款作了大幅修改，规定在满足特定条件后，允许将拨款用于进口中国禽肉。2009年9月25日，美参、众两院就《2010年农业拨款法》有关中国禽肉对美出口条款达成统一文本。此后，众、参两院分别在2009年10月7日、8日通过了该法案，并提交美国总统签署。该法案在奥巴马总统签署后，正式生效成为美国法律。原《2009年综合拨款法》第“727条款”随即完全失效。[②]

2009年10月21日，美国总统奥巴马签署《2010年农业拨款法》。[③]该法中的“743条款”对《2009年综合拨款法》中的“727条款”做出重要修改，规定在特定条件下，允许将拨款用于进口中国禽肉和禽类制品。具体而

① 为了推动中美禽肉贸易顺利发展，美国相关产业界强烈反对美国国会继续制定类似“727条款”的立法。例如，2009年4月30日，54家美国贸易协会和食品企业联合致信美国总统奥巴马，强烈要求重新考虑禁止中国禽肉进口的立法。2009年7月28日，在众议院农业拨款分委会上，食品和贸易企业联合发表证词，要求美国国会取消禁止中国禽肉进口的禁令，以免招致中国的报复。

② 参见H.R. 2997。

③ 参见H.R. 2997。

言，“743条款”包括三方面内容：一是规定只有在美国农业部向美国国会通报采取加强进口再检验、建立信息共享计划、定期报告和公布等效调查情况等措施后，才允许拨款用于进口来自中国的熟制禽类或禽类制品；二是规定只有在美国农业部按照《12866号行政指令》规定的“重要规章”程序制定和公布有关规章后，才允许进口来自中国的生禽以及以中国生禽为原料的禽类制品；三是该条款将以符合美国在国际贸易协定下义务的方式实施。①

总体而言，“743条款”仍是专门针对中国出口禽肉设置的限制性立法，仍有可能违反世贸组织非歧视原则和其他相关规则；但与原“727条款”比较，在中国禽肉进口方面已经有所松动。2009年11月12日，美国农业部长致信国会，表示将按照“743条款”的要求对中国禽肉进行检疫。② 这表明在中方诉讼压力下，持续6年之久的美对中国禽肉进口的禁止性措施已经改变。

在“743条款”出台之时，中方已经在世贸组织对“727条款”启动诉讼程序。在诉讼初始阶段，中方认为，“743条款”是“727条款”后续的、密切相关的（subsequent, closely-related）措施，应当纳入专家组职权范围。③ 美方则认为，首先，在中方提起磋商请求时，“743条款”并不存在，在中方诉讼请求中也并未点明这一措施，所以不可能属于专家组职权范围；其次，“743条款”的规定与“727条款”有重大本质区别，因此也不应属于专家组职权范围之内。

对此，中方在第一次庭审中，要求专家组尽早通过先决裁决（preliminary ruling）方式澄清，“743条款”是否属于专家组的职权范围，以便当事方双方就是否继续推进此问题做安排。但专家组未就此立即答复当事双方，而是要求双方继续就此问题展开论辩，专家组将在中期报告中与案件实体问题一并做出裁决。在综合考虑本案案情和对外交涉情况之后，2010年1月7日，中方致函专家组，表示将不再在本案中继续指控“743条款”与世贸组织规则相悖，同时保留在争端解决机制下挑战“743条款”的权利。④

① 参见 H. R. 2997。

② 该信见美方证据 US-45。

③ 参见“China's opening oral statement at the first substantive meeting of the Panel”, para. 122。

④ 从当时案件进展情况来看，中方做出此种选择主要基于以下方面的考虑，一是鉴于“743条款”

## 五、案件评析

中美禽肉争端案是我加入世贸组织后以起诉方身份提起的第一起有关农产品检验检疫措施的贸易争端案，也是第一起我起诉美国立法的案件。从世贸组织规则实践角度来看，本案也是世贸组织争端解决机制下第一起涉及等效性制度的争端案件，对于世贸组织相关规则的澄清和解释、推动世贸组织法律制度的发展均具有重要意义。本案专家组几乎支持了中方的全部主张，可以说我方大获全胜。这对我国今后更深入地参与世贸组织争端解决实践、运用世贸组织规则反击国际贸易保护主义具有重要启示意义。

### （一）关于中美双方诉讼策略的盘点

从2009年4月17日我方提出磋商请求，至2010年10月25日世贸组织争端解决机构正式通过专家组报告，中美禽肉世贸争端案历时近1年半。其间，我方提供的证据材料达92份，美方也提交了74份证据材料。从裁决结果来看，专家组几乎全面支持了我方主张，美方被迫修改立法，我方取得重大胜利。在起诉时，对于美方这一看起来具有明显歧视性的措施，我方希望尽可能基于《1994年关贸总协定》第1条和第11条挑战美方措施，以求速战速决。而在中美磋商之后，特别是美方提交第一次书面陈述后，我方对美方抗辩的弱点有了更清楚的认识，于是相应改进了诉讼策略，集中力量挑战美方违反《实施卫生与植物卫生措施协定》之处，并最终取得全面胜利。

---

在措辞上与"727条款"有相当差别，若中方要求专家组继续审查"743条款"，则专家组很可能将允许美国延期提交其第二次书面陈述，这将大大拖延本案的审理进程，难以实现速战速决的初衷；二是要求专家组继续审查"743条款"将大大增加专家组的负担，转移专家组的注意力，甚至专家组可能基于司法经济的理由，不再对"727条款"进行审查，这就有可能失去本案诉讼的主要目标；三是"743条款"在实质上与"727条款"已经有了很大不同，特别是美方通过双边场合，一再向中方表示，"743条款"下关于中国禽类制品进口的检疫规定，实际上与美国从其他国家进口禽肉的检疫规定是完全相同的，"743条款"的立法只不过是重复这些规定，以满足国会少数议员的要求，不存在对中方的特别歧视。在此情况下，鉴于"743条款"刚刚付诸实施，中方需要进一步摸清情况，搜集证据，此时若急兵冒进，具有很大的诉讼风险，因此中方强调保留挑战"743条款"的权利。

从美方角度来看，其抗辩有其老道之处。例如，在磋商之前，美方很早就敏锐地抓住中方磋商请求中的附条件措辞，在专家组的职权范围问题上进行了持续而顽强的抗辩，显示了美方在世贸组织争端解决程序方面的丰富经验。在抗辩中，美方还运用了“抹黑”战术，提交了大量关于中国食品安全问题的报告，渲染中国食品安全体制的“失败”，试图影响专家组的分析和判断。但从案件结果来看，这恰恰暴露了美“727条款”并非基于风险评估的致命弱点。

也许过于依赖诉讼技巧，美方在其随后的抗辩中，显得过于“避重就轻”。美方主张，专家组为解决此争端，仅需审理中方在《1994年关贸总协定》第11.1条下的诉讼请求和美方在第20条（b）项下的抗辩即可。这使得本案双方的攻防策略在案件进行中均有一些戏剧性的改变。在案件前期，我方挑战的重点是《1994年关贸总协定》第1条和第11条，而美方则认为中方应当在《实施卫生与植物卫生措施协定》下提出挑战；在案件后期，当我方集中指控美方违反《实施卫生与植物卫生措施协定》时，美方却回到《1994年关贸总协定》第20条（b）项下进行抗辩。从案件进程来看，由于美方过分依赖于案件程序上的抗辩，因此对我方在《实施卫生与植物卫生措施协定》项下提出的实体性诉讼请求，基本没有进行系统、全面的抗辩，败诉更是必然的结局。例如，关于“727条款”的科学证据要求，是任何一项卫生和植物卫生措施最起码的要求之一，但美方没有进行充分阐述。用第三方欧盟的话来说，美方脱离（run away from）了本案最核心的法律问题。[①]

## （二）关于卫生和植物卫生措施的界定

一项措施是否属于卫生和植物卫生措施，是确定适用该协定的基础。在世贸组织以往有关《实施卫生与植物卫生措施协定》的争端案件中，当事双方对“有关涉案措施是否构成卫生和植物卫生措施”这个问题一般都没有大的争议。但是本案中，中美双方出于诉讼策略考虑，围绕这一问题展开了较

① 参见“Third Party Oral Statement by the European Union”, para. 9。

量。

双方的这些辩论引发了一些思考。例如，什么是卫生和植物卫生措施？有关涉案措施是否构成卫生和植物卫生措施？应当由谁来举证证明属于卫生和植物卫生措施？这些都是事关案件走向的重要前提性问题，但此前的争端解决案例似乎并未提供明确的指引。在“欧盟—影响生物技术产品批准和销售措施案（DS291/DS292/DS293）”中，专家组提出了判定卫生和植物卫生措施的“三要件说”，即在判断某个措施是否属于卫生和植物卫生措施时，必须考虑该措施目的（purpose）、法律形式（legal form）和性质（nature）等三要件。具体而言，附件A（1）（a）至（d）中提出目的要件（any measure applied to）；附件A（1）第二段提出形式要件（laws, decrees, regulations）；附件A（1）第二段强调措施性质要件（requirements and procedures）。从这里可以看出，专家组将《实施卫生与植物卫生措施协定》附件A（1）第二段措辞“法律、法令、规则、要求和程序”分为两个部分，“法律、法令和规则”，指的是措施的形式；“要求和程序”指的是措施的性质。

本案中，中方对上述三要件说提出了质疑。中方认为，《实施卫生与植物卫生措施协定》附件A（1）关于“卫生和植物卫生措施”定义包括了其目的和法律形式两个要件，但并未提及性质的要件。对此，美方认为，在判定某项措施是否属于卫生和植物卫生措施时，专家组应当认真审查措施的各个方面，包括其性质、目的和形式等，但美方并未对此进行深入论证。

专家组仔细研究了《实施卫生与植物卫生措施协定》附件A（1）第二段第一句的规定，即“卫生与植物卫生措施包括所有相关法律、法令、规则、要求和程序，特别包括……”。专家组认为，不清楚为什么要把这句话划分为两个要件，即“法律、法令和规则”（形式要件）和“要求和程序”（性质要件），也不清楚为什么所有的卫生和植物卫生措施都必须有“要求”或“程序”这类性质。故而，专家组认为，“要求和程序”实际上也是指卫生和植物卫生措施的形式，而后面“特别包括……”则是世贸组织成员已经采取的一些典型的卫生和植物卫生措施的示例。最后，专家组认为，在判定是否属于卫生和植物卫生措施时，没有必要严格遵循三要件说，而是要对措施进行整体性审查（holistic examination）。

在此基础上，专家组对“727条款”的立法历史进行了考察，并得出结论认为：“727条款”的目的是保护人类和动物生命健康免受进口受污染禽类制品带来的风险，符合《实施卫生与植物卫生措施协定》附件A（1）的目的要件。同时，专家组认为，虽然“727条款”是一项拨款措施，并未直接规制检验检疫活动，但它实际上是美国国会采取的、对负责执行实体卫生和植物卫生法律和法规的政府部门（美国食品安全和检验署）的活动加以控制的一种方式，因此属于《实施卫生与植物卫生措施协定》附件A（1）第二段的范围。由此，专家组判定，“727条款”属于卫生和植物卫生措施。①

由此可见，本案专家组没有严格遵循此前确立的三要件说，并在卫生和植物卫生措施的界定方面做出一些新的阐释。这主要是由于“727条款”并非《实施卫生与植物卫生措施协定》附件A（1）第二段所列举的那些比较典型的卫生和植物卫生措施。但是为了解决本案出现的问题，专家组在一定程度上可以说做了广义解释。这必将对未来这一领域的案件产生重要影响。但同时也应注意到，关于卫生和植物卫生措施界定的问题尚未完全解决，我们仍然期待未来案件的专家组或者上诉机构对此问题做出进一步阐释。

### （三）关于《实施卫生与植物卫生措施协定》下等效性制度的法律规制问题

等效性制度一直是《实施卫生与植物卫生措施协定》下的一个模糊地带，也是发展中成员农产品进入发达成员市场经常需要面对的一个重大贸易

① 参见Panel Report, “US-Poultry (China)”, para. 7.124。事实上，《实施卫生与植物卫生措施协定》并非适用于所有卫生和植物卫生措施。《实施卫生与植物卫生措施协定》第1.1条规定，“本协定适用于所有可能直接或间接影响国际贸易的卫生与植物卫生措施。此类措施应依照本协定的规定制定和适用。”因此，即使一项措施符合《实施卫生与植物卫生措施协定》附件A（1）的定义，仍需满足“直接或间接影响国际贸易”的条件，才能适用《实施卫生与植物卫生措施协定》。显然，本案中“727条款”对中国禽类产品出口美国造成了影响，对于这一问题，双方并无大的争议。

壁垒。《实施卫生与植物卫生措施协定》规定，各成员在实施卫生与植物卫生措施方面有权确定适当保护水平（ALOP），同时对卫生和植物卫生措施和适当保护水平进行了区分，确认可以通过多种不同的卫生和植物卫生措施达到同样的适当保护水平。为了推动国际贸易的顺利进行，《实施卫生与植物卫生措施协定》第4条规定，如果出口成员证明其卫生和植物卫生措施能够实现与进口国相当的适当保护水平（即“等效”），则进口成员应当接受出口成员的卫生和植物卫生措施；换言之，进口成员不能强迫出口成员实施与其相同的卫生和植物卫生措施。[①] 本案中，美方在抗辩时反复强调，本案是世贸组织历史上首次涉及等效问题的案例，专家组应当慎重对待。[②]

的确，此前世贸组织争端解决机制下尚无直接针对等效性制度的案例，触及《实施卫生与植物卫生措施协定》第4条的案例也很少，仅在日本—苹果案（DS245）中，日本曾主张专家组在审查其措施与第2.2条是否相符时，应考虑第4条之规定。但专家组对此明确指出，《实施卫生与植物卫生措施协定》第4条不能成为违反《实施卫生与植物卫生措施协定》其他条款的抗辩理由。本案专家组在日本—苹果案（DS245）基础上，对于《实施卫生与植物卫生措施协定》第4条和其他条款之间的关系做出了进一步解读，着重强调了两点：一是第4条不能事先（a priori）排除第2条、第4条、第5条对同一措施的同时适用；二是对一具体卫生和植物卫生措施而言，应当在逐案基础上（on a case-by-case basis）确定适用哪些《实施卫生与植物卫生措施协定》条款。这实际上是确认了，《实施卫生与植物卫生措施协定》第4条和其他条款可以同时适用某一具体措施。在本案中，专家组就明确裁定，第

① 《实施卫生与植物卫生措施协定》第4条为“等效”，其中第1款规定：“如出口成员客观地向进口成员证明其卫生与植物卫生措施达到进口成员适当的卫生与植物卫生保护水平，则各成员应将其他成员的措施作为等效措施予以接受，即使这些措施不同于进口成员自己的措施，或不同于从事相同产品贸易的其他成员使用的措施。为此，应请求，应给予进口成员进行检查、检验及其他相关程序的合理机会。”

② 值得注意的是，美方虽然强调“727条款”仅适用《实施卫生与植物卫生措施协定》第4条，但美国在整个等效性制度方面，还是出言慎重，留有余地，多次使用了“似乎”、“可能”、“不清楚”这样的措辞。

2.2条和第2.3条亦适用于等效性制度。

虽然本案的上述结论并未经过世贸组织上诉机构的检验，但毫无疑问具有相当的先例影响，将有助于澄清《实施卫生与植物卫生措施协定》第4条的含义，有助于遏制对等效性制度的滥用。

### （四）关于《1994年关贸总协定》第20条（b）项与《实施卫生与植物卫生措施协定》的关系

本案引发的另一场大讨论是关于《1994年关贸总协定》第20条（b）项与《实施卫生与植物卫生措施协定》的关系问题。《实施卫生与植物卫生措施协定》第2.4条规定，符合《实施卫生与植物卫生措施协定》的卫生和植物卫生措施应被视为（shall be presumed）符合《1994年关贸总协定》(特别是第20条（b）项）的义务。美方认为,《实施卫生与植物卫生措施协定》在《1994年关贸总协定》第20条基础上增加了额外（additional）的义务，因此一项措施不符合这些额外的义务，并不意味着其不符合《1994年关贸总协定》第20条（b）项。[①]欧盟也认为，不能推定一项措施若违反《实施卫生与植物卫生措施协定》则一贯、自动地（always and automatically）不符合《1994年关贸总协定》第20条（b）项。专家组应当根据《1994年关贸总协定》第20条（b）项和"帽子条款"对涉案措施进行审查。就本案而言，虽然美方措施最终可能被认定不符合《1994年关贸总协定》第20条（b）项，但不能仅因为其违反《实施卫生与植物卫生措施协定》就断定其不符合《1994年关贸总协定》。[②]

我方主张,《实施卫生与植物卫生措施协定》的规定为解释第20条（b）项提供了相关和直接（relevant and immediate）的背景，第20条（b）项和《实施卫生与植物卫生措施协定》之间的密切关系反映在《实施卫生与植物卫生措施协定》序言和第2.4条规定的"一致性推定"中。[③]《实施卫生与植物卫

① 参见 WTO document, Dispute Settlement Body, "Minutes of Meeting for 25 October 2010", para. 71, WT/DSB/M/288, 15 December 2010。

② 参见上注，para. 73。

③《实施卫生与植物卫生措施协定》的序言部分明确提及该协定的目的之一是"期望对适用《1994

生措施协定》第2条、第3条、第5条、第6条和第8条均是第20条（b）项的背景。

专家组援引《维也纳条约法公约》和《实施卫生与植物卫生措施协定》谈判史对此问题进行了分析。专家组认为，《实施卫生与植物卫生措施协定》序言部分明确说明其“详述”《1994年关贸总协定》第20条（b）项的具体规则。“详述”（elaborate）一词的通常含义是“详细解释某事”（explain something in detail），因此《实施卫生与植物卫生措施协定》是详细地解释如何适用第20条（b）项。由于《实施卫生与植物卫生措施协定》仅仅适用于卫生与植物卫生措施（SPS措施），所以专家组认为，《实施卫生与植物卫生措施协定》是“详细解释了第20条（b）项有关卫生和植物卫生措施的规定”。为此，专家组得出结论，若一项卫生和植物卫生措施被裁定与《实施卫生与植物卫生措施协定》（例如第2条和第5条）不一致时，不能依据《1994年关贸总协定》第20条（b）项而获得豁免。

仔细厘清《实施卫生与植物卫生措施协定》和《1994年关贸总协定》第20条（b）项的关系是相当困难的。[①] 本案专家组裁决似乎在《实施卫生与植物卫生措施协定》第2.4条的一致性推定（即若卫生和植物卫生措施符合《实施卫生与植物卫生措施协定》，则推定符合第20条（b）项）基础上，又迈进了一步，做出了一项不一致推定（即若卫生和植物卫生措施违反《实施卫生与植物卫生措施协定》，也违反第20条（b）项）。结合前述专家组关于审查顺序的考虑，[②] 我们似乎可以得出这样的结论，由于专家组在审查顺序上将

---

年关贸总协定》关于使用卫生与植物卫生措施的规定，特别是第20条（b）项 的规定详述具体规则”；而第2.4条规定，“符合本协定有关条款规定的卫生与植物卫生措施应被视为符合各成员根据《1994年关贸总协定》有关使用卫生与植物卫生措施的规定所承担的义务，特别是第20条（b）项的规定。”

① 关于《实施卫生与植物卫生措施协定》和《1994年关贸总协定》第20条（b）项之间关系的一个辨析，可参见肖冰：《〈实施卫生与植物卫生措施协定〉研究》，法律出版社2004年8月第1版，第40页—56页。

② 即若确定“727条款”属于卫生和植物卫生措施，则《实施卫生与植物卫生措施协定》将成为特别法（lex specialis），应当首先考察基于《实施卫生与植物卫生措施协定》的诉讼请求。

《实施卫生与植物卫生措施协定》作为特别法优先考察，并且在此基础上，可以基于一致性推定和不一致推定得出是否违反第20条（b）项的结论，所以，仅就卫生和植物卫生措施而论，《实施卫生与植物卫生措施协定》的规则从逻辑角度来看实际上等价于（或者从诉讼角度来看，甚至可以取代）第20条（b）项的规定。

《实施卫生与植物卫生措施协定》和《1994年关贸总协定》第20条（b）项之关系如下图所示：[①]

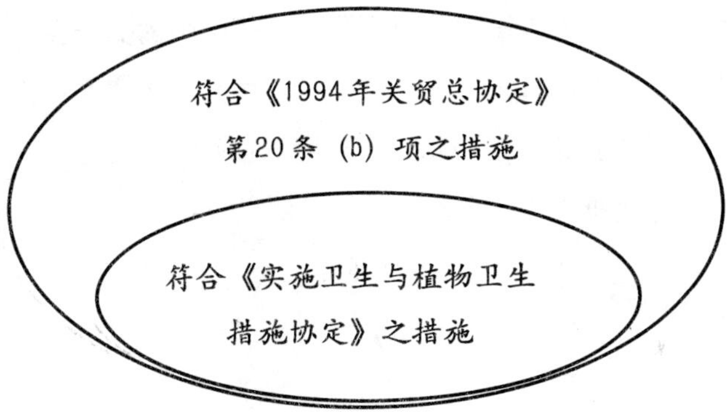


① 如图所示，符合《实施卫生与植物卫生措施协定》的措施，则推定其符合《1994年关贸总协定》第20条（b）项；而符合《1994年关贸总协定》第20条（b）项的措施，则既包括卫生和植物卫生措施（符合《实施卫生与植物卫生措施协定》的措施），也包括非卫生和植物卫生措施。若一项卫生和植物卫生措施不符合《实施卫生与植物卫生措施协定》，则也不包括在符合第20条（b）项措施范围内。

如果本案专家组结论是正确的话，从诉讼角度来看，当一项可能为卫生和植物卫生措施的争议措施被诉诸世贸组织争端解决机制时，首先要对其性质进行判定，即是否属于卫生和植物卫生措施。若属于卫生和植物卫生措施，则需要进一步判定是否符合《实施卫生与植物卫生措施协定》，然后可以根据"一致性推定"或者"不一致推定"判定其是否符合《1994年关贸总协定》第20条（b）项，而不必在《1994年关贸总协定》第20条（b）项下再次进行审查。如果不属于卫生和植物卫生措施，则仍需根据《1994年关贸总协定》第20条（b）项审查其合法性。

由此可见，《实施卫生与植物卫生措施协定》和《1994年关贸总协定》第20条（b）项之关系，与《海关估价协定》和《1994年关贸总协定》第7条之关系；《反倾销协定》和《补贴协定》和《1994年关贸总协定》第6条之关系；《保障措施协定》与《1994年关贸总协定》第19条之关系，均有所不同。

### （五）中美禽肉贸易展望。

美国是现代化的农业强国，中美禽肉贸易有着良好的发展前景。根据美国农业部最新公布的统计数字，2010年美国农业出口额达到1,158亿美元，为历史新高；其中对华农产品出口达175亿美元，中国已经成为美国最大的农产品出口市场。[①]随着中国经济的飞速发展，中国对肉、蛋、奶等农产品的需求也迅速扩大。可以说，农产品已经成为美国对华贸易顺差的重要来源产品之一。在禽肉贸易领域，虽然在中国诉讼压力下，美方已经取消了“727条款”，但美国繁复的检疫措施和程序限制仍使中国禽类产品对美国出口面临诸多阻碍和困难。2010年12月，在第21届中美商贸联委会上，禽肉贸易问题再次成为会谈焦点之一。应该说，这种局面是令人遗憾的。我们希望美方严格遵守规则，为推进中美禽肉贸易做出切实努力。

**附件**

## 诉美国禽肉限制措施案大事记

2009年4月17日，中方向美方提出磋商请求。

2009年4月27日，美方接受中方磋商请求。

2009年5月15日，中美双方通过电视视频会议方式进行磋商。

2009年6月23日，中方向争端解决机构提出设立专家组请求。

2009年7月31日，争端解决机构设立专家组。

2009年9月23日，总干事指定专家组组成。

2009年10月19日，中方提交第一次书面陈述。

2009年11月16日，美方提交第一次书面陈述。

① “中国成美农产品最大出口市场”，载《参考消息》2011年2月14日，第5版。

2009年12月15—16日，专家组第一次听证会及第三方听证会。

2010年1月11日，当事方提交第一次书面问题答复。

2010年1月13日，专家组函告第二次书面陈述和第二次听证会延期。

2010年1月25日，中美双方提交第二次书面陈述。

2010年3月9—10日，专家组召开第二次听证会。

2010年3月30日，当事方提交第二次书面问题答复。

2010年6月14日，专家组向当事方散发中期报告。

2010年7月26日，专家组向当事方散发最终报告。

2010年9月29日，专家组最终报告公开散发。

2010年10月25日，世贸组织争端解决机构通过专家组报告。

校稿：于宁

# 诉欧盟钢铁紧固件反倾销措施案评析

于宁

世贸组织起诉欧盟对华钢铁紧固件实施的反倾销措施案，是我国加入世贸组织后的第一起对欧起诉案件，也是一次较为全面地审视欧盟反倾销相关规则和调查实践的经历，更是一次我国适用世贸规则维护国家和产业利益的有益尝试。

## 一、案件背景和进展

### （一）背景

2009年1月31日，欧盟委员会（以下简称欧委会）公布对华钢铁紧固件反倾销调查最终裁决，裁定对我输欧紧固件产品征收最高达85%的反倾销税。该反倾销措施严重影响中国紧固件产品对欧出口，波及千余家出口企业和数十万人就业。我国紧固件产业对此裁决反应强烈，要求政府采取相应措施维护产业的合法权益。

## （二）进展

### 1. 磋商阶段

2009年7月31日，依据《争端解决谅解》第1条和第4条，《1994年关贸总协定》第23.1条和《反倾销协定》第17.3条，中国政府向欧盟提出磋商请求，正式启动了世贸组织争端解决程序（WT/DS397）。我方要求磋商的措施包括：欧盟《反倾销基本条例》（欧盟理事会384/96号条例）第9（5）条及其修正案，欧盟对华钢铁紧固件反倾销措施（欧盟理事会91/2009号条例）。9月14日，中欧双方在瑞士日内瓦世贸组织总部举行了磋商。但磋商没有解决争议。

### 2. 专家组阶段

2009年10月12日，依据《1994年关贸总协定》第23.2条和《反倾销协定》第17.4条，我方请求争端解决机构设立专家组审理本案，并要求将此事项列入10月23日争端解决机构会议议程。

在10月23日的会议上，欧方并未阻止争端解决机构就本案设立专家组，因此，争端解决机构决定设立专家组审理本案。[①]巴西、加拿大、智利、哥伦比亚、印度、日本、挪威、台澎金马单独关税区、泰国、土耳其和美国，声明作为此案第三方。

11月间，在秘书处的主持下，中欧双方进行了两次专家组人选的讨论，未能达成协议。11月30日，欧盟请求世贸组织总干事确定专家组组成。12月9日，总干事指定本案专家组成员，主席是Luiz O. Baptista（巴西），另两名成员分别是Michael Mulgrew（澳大利亚）和Arie Reich（以色列）[②]。

2010年3月23—24日和6月2—3日，专家组召开两次当事方听证会。3

---

① 在大多数案件中，被诉方通常在设立专家组请求第一次列入争端解决机构的会议上反对设立专家组，只有在第二次列入争端解决机构会议时自动通过设立专家组。但是，欧方在我设立专家组请求第一次列入争端解决机构10月23日会议时并未提出异议。

②Baptista先生是巴西人，时任圣保罗大学法学教授，律师，2001—2009年曾任世贸组织上诉机构成员。Mulgrew先生是澳大利亚人，时任澳大利亚海关总署贸易政策法律顾问，律师。Reich先生是以色列人，时任巴依兰大学国际贸易法教授，法学院院长。

月24日，专家组召开一次第三方听证会。9月29日，专家组向争端当事方提交最终报告。12月3日，专家组向世贸组织成员散发最终报告，裁定欧盟涉案措施违反世贸组织相关规则。

考虑到上诉机构工作任务繁重，中欧双方于2011年1月10日致函争端解决机构主席，要求将《争端解决谅解》第16.4条规定的争端解决机构通过报告的60天上诉期限推迟到3月25日，并且约定在3月22日之前任何一方不提起上诉。1月25日，争端解决机构通过决议认可该要求。

**3. 上诉阶段**

2011年3月25日，欧盟就未获专家组支持的部分法律问题提起上诉；3月30日，中方就未获专家组支持的部分法律问题提起其他上诉。5月4—6日，上诉机构召开听证会。7月15日，上诉机构散发报告。

7月28日，争端解决机构通过上诉机构报告和经上诉机构报告修订的专家组报告。

## 二、涉案措施和中方主张

在设立专家组请求和第一次书面陈述中，我方请求专家组依据《争端解决谅解》第7.1条规定的专家组职权范围，审查以下欧盟措施：

### （一）1995年12月22日《欧盟理事会关于防范非欧盟成员国进口产品倾销的第384/96号条例》（简称《欧盟理事会第384/96号条例》）第9（5）条及其修正案（统称《反倾销基本条例》）[①]

《反倾销基本条例》第9（5）条规定，在从包括中国在内的非市场经济国家进口的情况下，反倾销税应针对当事出口国而非每个单独出口商征收，只有在出口商证明其达到该条规定的五条标准时，才对该出口商单独征收反倾销税。此措施一般被称为“分别裁决”或“单独税率”（IT）。

① 本案专家组设立后，欧盟将《欧盟理事会第384/96号条例》的历次修订案进行了汇纂，在此基础上出台了《欧盟理事会第1225/2009号条例》，前者被取代。

我方主张，欧盟《反倾销基本条例》第9（5）条及其修正案本身违反了如下世贸规则：《反倾销协定》第6.10条、第9.2条、第9.3条、第9.4条和第18.4条；《1994年关贸总协定》第1.1条和第10.3（a）条；《建立世贸组织协定》第16.4条。

### （二）2009年1月26日欧盟理事会《关于对原产于中国某些钢铁紧固件最终征收反倾销税的第91/2009号条例》（下称“终裁裁决”）[①]

我方认为，终裁裁决在以下方面违反世贸组织相关协定：

1. 因“分别裁决”措施的适用，终裁裁决违反《反倾销协定》第6.10条、第9.2条和第9.4条。

2. 在发起调查前，欧盟未对申请人资质进行审核，违反《反倾销协定》第5.4条。

3. 有关“国内产业”的定义，欧盟在以下方面违反《反倾销协定》第4.1条和3.1条：

（1）欧盟从国内产业中不适当地排除了未能在立案公告发布后15日内登记应诉的生产商，以及那些不支持调查的生产商；

（2）国内产业中未包括那些集体产量（collective output）占国内总产量主要部分的生产商；

（3）国内产业的定义并未涉及调查期间；

（4）欧盟不适当地做出了损害裁定，因为该裁定是基于一份不能代表国内总产量主要部分的生产商抽样调查而做出的；

（5）欧盟国内产业中不适当地包括了与中国同类产品出口商相关联的公司或者本身就是倾销产品进口商的公司。

基于上述原因，由于没有采用合理的国内产业定义做出损害裁定，欧盟也违反了《反倾销协定》第3.1条、第3.2条、第3.4条以及第3.5条。

4. 欧盟违反了《反倾销协定》第2.1条和第2.6条，因为其错误地认定，

① 终裁裁决自欧盟《官方公报》公布之日（2009年1月31日）起生效。

由欧盟产业生产并销售的紧固件和由印度生产并在其国内市场上销售的紧固件，与在中国生产并销售到欧盟的紧固件是“同类的”产品。

5. 欧盟违反了《反倾销协定》第2.4条，因为其未在完整的产品控制编码（PCN）的基础上进行正常价值和出口价格的比较，而且没有对影响价格可比性的差异部分进行适当调整。

6. 欧盟违反了《反倾销协定》第3.1条和第3.2条，因为在确定削价幅度时，其未在完整的产品控制编码的基础上进行产品比较，而且，对标准紧固件可影响价格可比性的差异部分未做任何调整。

7. 在对倾销进口量的审查方面，欧盟违反了《反倾销协定》第3.1条、第3.2条，第3.4条和第3.5条。

8. 在审查倾销进口对国内同类产品生产商的影响方面，欧盟违反了《反倾销协定》第3.1条和第3.4条。

9. 欧盟违反了《反倾销协定》第3.1条和第3.5条，因为其未能证明倾销进口造成国内产业的损害，也未能确定不可归因于倾销进口的其他因素造成的损害，诸如原材料价格上涨和欧盟生产商出口等因素。

10. 欧盟在调查中违反了如下程序义务：

（1）未披露反倾销调查申请人及其产量，违反了《反倾销协定》第6.5条、第6.5.1条、第6.2条和第6.4条；

（2）未披露正常价值计算的相关信息，也没有披露包括影响价格可比性的调整措施在内的与出口价格比较的相关信息，因此违反了《反倾销协定》第6.5条、第6.2条、第6.4条和第6.9条；

（3）欧盟生产商和替代国生产商问卷答复的非保密版信息十分不足，违反了《反倾销协定》第6.5条、第6.2条和第6.4条；

（4）未披露欧盟统计局数据和欧盟产量估算方法的说明，违反了《反倾销协定》第6.5条、第6.2条和第6.4条；

（5）未披露国内产业的相关信息，违反了《反倾销协定》第6.2条、第6.4条和第6.9条；

（6）未说明与分别裁决相关的信息，违反了《反倾销协定》第12.2.2条；

（7）在中方某些应诉企业要求对其提交的信息保密的情况下，欧盟通过文件《中国九生产商市场经济待遇主张的评估》披露了这些信息，违反了《反倾销协定》第6.5条；

（8）将提交市场经济待遇和/或分别裁决问卷答复的时间限制在发布立案公告后的15天内，违反了《反倾销协定》第6.1.1条。

我方请求专家组裁定欧盟上述两项措施违反世贸规则，并要求撤销涉案措施。

## 三、主要法律争议

### （一）程序问题：专家组审查范围的法律评估标准

对于我方在第一次书面陈述中确认的多项主张，欧盟提出审查范围（terms of reference）异议，认为这些主张未依《争端解决谅解》第6.2条在设立专家组请求中列明，也未经磋商，不应纳入专家组审查范围。

对此，专家组列出了其据以评估审查范围的法律标准，并做了相应分析。

第一，关于设立专家组请求的评估标准。专家组分析了《争端解决谅解》第7.1条和第6.2条的要求，以及先前案件专家组和上诉机构的裁决，指出本案法律评估标准应是：逐项审查每个争议主张在中方专家组请求中的具体文字，以确认是否指明了具体的措施，提供了起诉的法律依据概要，形式上是否潜在地损害了欧盟的利益。专家组强调，设立专家组请求的瑕疵不能通过后续的书面陈述予以弥补。

第二，关于磋商请求和专家组请求的关系。欧盟称中方的磋商请求有不充分之处，且某些请求并没有经过磋商。经分析《争端解决谅解》第4.4条和第4.7条、《反倾销协定》第17.1条和第17.3条，专家组认为："这些条文都不意味着起诉方不能将它未在磋商请求中特别指明的主张在专家组请求中指明"，"只要磋商请求和专家组请求都是关于'同一事项'，或者只要专家组请求中的‘法律依据’可以合理地从磋商请求的法律依据转化而来，一项没有在磋商请求中明确指出的主张，只要在专家组请求中合理地被指出，就可以纳入专家组审查范围内”。关于是否要评估磋商中实际讨论的问题，专家组同意上诉机构的观点，由于磋商是保密的，专家组对磋商范围的审查将仅限于书面的磋商请求。①

第三，关于《反倾销基本条例》的替代措施问题。欧盟认为，专家组无权审理《欧盟理事会第1225/2009号条例》的相关规定，因为中国的专家组请求并没有列明该规定。而且，《欧盟理事会第384/96号条例》已经被废除，专家组不应就此提出执行建议。②专家组认为，欧盟提出的异议是形式上的，而非实质问题。文字上的细微变化根本不影响规定的范围和运用。将替代措施纳入专家组审查范围不会影响欧盟的正当程序权利，也符合争端解决机制的效率精神。因此，专家组将对替代措施做出认定和建议。

## （二）实体问题：分别裁决

### 1. 欧盟分别裁决政策概述

作为法律本身（as such）之诉的分别裁决问题是本案的焦点，引起了各方的关注。长期以来，分别裁决政策是欧盟在反倾销调查中对包括中国在内的所谓“非市场经济”国家的生产商和出口商适用的一种特殊政策。该政策主要体现在欧盟现行《反倾销基本条例》(《欧盟理事会第1225/2009号条例》)第9（5）条的规定中。

第9（5）条第1款规定：“……有关征收反倾销税的条例应当对每一供应商确定一个具体的反倾销税，如果不可行，或在第2.7（a）条总体适用的情

① 由于欧盟指出中国在专家组请求中的一些主张没有经过磋商，中国向专家组提交了一份磋商问题单，以证明中欧双方在磋商中就这些问题进行了讨论。专家组接受了这份作为附件提交的问题单。

② 本案专家组设立于2009年10月23日。2009年11月30日，《欧盟理事会第384/96号条例》被废止。《欧盟理事会第1225/2009号条例》于2010年1月11日生效。因此，《欧盟理事会第384/96号条例》的废止和《欧盟理事会第1225/2009号条例》的生效均发生在设立专家组之后。

况下，则应当对该供应国确定一个反倾销税”。[①]该条明确了应当对供应国确定全国统一的反倾销税，即适用“一国一税”的两种情况：一是无法对每家供应商确定单独反倾销税的情况；二是《反倾销基本条例》第2.7（a）条适用的情况，即正常价值需要根据替代国价格或该条文中其他手段来计算的情况。全国统一税适用于来自该被调查国的所有进口。

事实上，1995年制定的欧盟《反倾销基本条例》(《欧盟理事会第384/96号条例》)，其第9（5）条仅有关于上述“一国一税”的规定。此后，鉴于中国和俄罗斯多年的经济体制改革，欧盟于1998年颁布《欧盟理事会第905/98号条例》[②]，承认中国和俄罗斯已根本改变其经济体制（fundamentally altered their economies），并将它们列入“转型经济”国家之列，并首次以立法形式详细规定了“市场经济待遇”测试的五条标准。对于满足这五条标准的供应商，在反倾销调查中可以不再适用替代国正常价值确定倾销幅度，而是使用供应商自己的正常价值作为价格比较的基础。在总结实践经验的基础上，[③]欧盟于2002年颁布《反倾销基本条例》修正案（《欧盟理事会第1972/2002号条例》)，增加第9（5）条第2款，设定适用分别裁决的五条标准。

第9（5）条第2款规定：在适用第2.7（a）条的情况下，能够在合理证据支持的基础上证明符合如下条件的出口商将被给予分别裁决：

（1）如果是外商全资或者部分拥有的公司或合资企业，出口商可以自由抽回资金和利润；

（2）可自由决定出口价格、数量、销售条件和条款；

（3）大部分股份私有，政府官员作为董事会成员或者在公司担任重要管理职务的情况必须是少数，否则必须证明该公司完全不受国家干涉；

---

①原文：“The Regulation imposing the duty shall specify the duty for each supplier or, if that is impracticable, and in general where Article 2（7）(a) applies, the supplying country concerned”。

②《欧盟理事会第905/98号条例》是《欧盟理事会第384/96号条例》的修正案，主要是详细规定了第2.7条有关“市场经济待遇测试”的五条标准。

③自1991年对我彩电反倾销案后，欧盟的分别裁决政策经历了一系列变化，并逐渐形成获得单独倾销幅度和反倾销税的资格条件。

（4）汇率变化由市场决定；并且

（5）如果出口商被给予不同的税率，国家干预不至于允许规避该措施。

这五条标准一般被称为分别裁决测试，其实质是为全国统一税率确定一种例外情况：只有符合这五条标准的供应商，才有资格获得分别裁决。欧盟调查当局为通过分别裁决测试的应诉企业确定单独的倾销幅度和反倾销税，否则，将只能适用全国统一税。

**2. 第9（5）条的适用范围**

对于欧盟《反倾销基本条例》第9（5）条的适用范围，中欧双方存在严重的分歧。中方认为，第9（5）条对来自非市场经济体的出口商是否可以被裁定单独倾销幅度并被适用单独的反倾销税做出了规定。欧方认为，第9（5）条仅仅是设定了一个门槛，即确定了什么样的出口商会被适用分别裁决以及什么样的出口商要适用全国统一税率，不涉及倾销幅度的裁定，也不涉及最终征税的水平。[①]尽管专家组是将此问题作为事实问题来认定，但此问题实质上是对世贸组织成员国内法律的解释，且解释的结论直接关乎中方在《反倾销协定》第6.10条、第9.3条和第9.4条项下的诉讼主张是否成立。

总体而言，被欧盟当作非市场经济对待的世贸组织成员，其供应商在欧盟遭受反倾销调查时，正常价值的裁定和反倾销税的实施会有如下几种可能情况：

一是通过市场经济待遇测试的供应商，其正常价值将以对市场经济体的供应商同样的方法来计算，倾销幅度是通过比较它自己的出口价格和正常价值确定，并对其适用单独反倾销税。

二是没有通过市场经济待遇测试，但是通过了分别裁决测试的供应商，其正常价值通常基于替代国价格计算，倾销幅度则是通过比较它自己的出口价格和替代国的正常价值确定，并对其适用单独反倾销税。

三是没有通过市场经济待遇测试，也没有通过分别裁决测试的供应商，只能适用全国统一税率。倾销幅度是通过比较所有合作的未获得分别裁决待

①“欧盟—紧固件案欧盟第一次书面陈述”，第33页，第80段。注：欧盟已将其第一次书面陈述公布。

遇的供应商的出口价格的加权平均值和替代国的正常价值确定。如果未获得分别裁决待遇的供应商合作程度低，则最佳可获得信息将作为计算其加权平均出口价格的基础。

由此可见，尽管第9（5）条表面上没有提及倾销幅度，但是，从其整体适用的情况看，它不仅决定来自非市场经济体的供应商是否要适用单独的或全国统一的反倾销税率，还决定欧委会是否要为该供应商计算单独的或全国统一的倾销幅度。因为，“倾销幅度的计算和反倾销税的征收之间有紧密的联系”，“在国家法律要求对某些生产商征收全国反倾销税的情况下，调查机关为这些生产商计算单独的倾销幅度没有什么意义”。

专家组认定，欧盟《反倾销基本条例》第9（5）条不仅涉及反倾销税的征收还关乎倾销幅度的计算。

**3. 对《中国加入议定书》第15条的解读**

本案诉讼过程中，对《中国加入议定书》第15条的解读一度成为当事方和第三方讨论的核心。各方重点关注，中国在加入世贸组织时是否已经承诺允许各成员方的调查当局适用全国统一税率。

《中国加入议定书》第15（a）条规定：“在根据《1994年关贸总协定》第6条和《反倾销协定》确定价格可比性时，该世贸组织进口成员应依据下列规则，使用接受调查产业的中国价格或成本，或者使用不依据与中国国内价格或成本进行严格比较的方法：

（i）如受调查的生产者能够明确证明，生产该同类产品的产业在制造、生产和销售该产品方面具备市场经济条件，则该世贸组织进口成员在确定价格可比性时，应使用受调查产业的中国价格或成本；

（ii）如受调查的生产者不能明确证明生产该同类产品的产业在制造、生产和销售该产品方面具备市场经济条件，则该世贸组织进口成员可使用不依据与中国国内价格或成本进行严格比较的方法。”

我方认为，上述规定说明，在对中国适用价格可比性例外规定时，应符合如下条件：（1）该条仅适用于计算正常价值，并不涉及出口价格；（2）中国的生产商和出口商应有机会证明其满足市场经济条件；（3）该规定是临时的，2016年将取消；（4）在适用非严格比较方法时，调查当局应遵守《中国工作组报告书》第151段的正当程序要求。

欧方认为，该规定并不局限于确定正常价值，而是确认了对于来自于中国的不具备市场经济条件的供应商可以在全国基础上征收反倾销税。对该条的理解应包括：（1）中国不是市场经济国家；（2）每一世贸组织成员可以自由设定承认中国完全市场经济地位的时间；（3）在加入世贸组织15年后，中国可以被当作是市场经济国家。此外，欧方认为，《中国加入议定书》第15（a）（i）和（ii）条中使用的"销售"一词，应指公司的所有交易，既包括"国内销售"也包括"出口销售"。因此，欧方认为，第9（5）条是在核实来自中国的供应商在"制造、生产和销售"方面是否具备市场经济条件，尤其是其"出口销售"是否不受国家控制。[①]

遗憾的是，专家组报告除反映了部分第三方的观点外，没有就此做出认定。

## 四、专家组裁决

### （一）关于《反倾销基本条例》第9（5）条的裁决

#### 1. 在《反倾销协定》相关规定下的裁定

我方主张，欧盟调查当局在倾销计算时不使用供应商自己的出口价格，而将一组出口价格的加权平均值作为一个出口价格进行价格比较，计算一个全国统一倾销幅度，并在此基础上征收全国统一税，违反了《反倾销协定》第6.10条、第9.2条、第9.3条和第9.4条要求给予受调查供应商单独税率的规定。

（1）关于第6.10条主张的裁定。专家组认为，第6.10条显然是关于受反倾销调查的生产商和出口商分别裁决待遇方面的规定。该条第一句要求，调查机关"通常"（as a rule）应当为"每一已知出口商或生产商""确定"（即

① "欧盟—紧固件案欧盟第一次书面陈述"，第50—54页，第123、125—127、129段。

计算）单独倾销幅度。第二句规定了一种例外情况，即“在出口商、生产商、进口商的数量或所涉及的产品种类特别多”而使确定单独倾销幅度“不可行”（impracticable）的情况下，可以采用抽样方法。

中欧双方争议的焦点在于，第二句列出的情况是否是第一句原则性规定的“唯一例外”。我方认为，抽样调查是唯一例外，欧盟有义务给予每一供应商分别裁决待遇。欧方认为，非市场经济国家本身可能就是倾销源。实践中，调查机关将国家作为一个“生产商”，为其计算统一倾销幅度，确定统一税率，并对不能证明自己不受国家干预的供应商征收全国统一税。欧方认为，这种供应商和国家的关系类似于韩国—纸案（WT/DS312）专家组认可的情况，即可以把法律上相互独立的出口商当作一家出口商对待。[①] 此外，欧方还列举了诸如新出口商、关联生产商、不合作生产商等七种情况作为第6.10条的例外。

专家组认为，从第6.10条的用词和结构看，该条第二句话就是第一句话原则的例外情况。欧盟列举的可能的例外情况都由《反倾销协定》其他条文所规范，并非计算单独倾销幅度的“潜在例外”。通过与韩国—纸案（WT/DS312）的比较，专家组认为，欧盟《反倾销基本条例》第9（5）条和韩国—纸案（WT/DS312）调查机关采用的测试标准和举证责任均不同：第9（5）条规定的五条分别裁决测试标准不适用于不同法律实体间的结构性和商业性关系，涉及的是受调查国家在商业运行中的角色，而且预先假定了国家是所有生产和出口被调查产品的不同法律实体的“母公司”，举证责任在于想要获得分别裁决待遇的不同独立供应商；韩国—纸案（WT/DS312）是以名义上不同的公司之间的商业关系作为标准，要想将相互独立的生产商当作一个实体对待，调查机关有责任证明它们之间的结构性和商业性联系足够紧密。

① 韩国对印度尼西亚部分纸征收进口反倾销税（韩国—纸案）中受争议的反倾销调查中，韩国调查机关将三家法律上相互独立的出口被调查产品的出口商当作一家出口商来对待，为它们计算了统一的倾销幅度，实施了统一的反倾销税。该案专家组认为，根据第6.10条和第9.5条，“可以允许这种对待方式，只要被调查公司间的结构与商业关系足够紧密以至于能够被当作一家出口商或生产商”。参见“韩国—纸案专家组报告”（WT/DS312/R），第111页，第7.162段。

同时，专家组认可中方提交了强有力的证据，证明欧盟法律实际上区分了这两种测试。

基于上述分析，专家组裁定，欧盟《反倾销基本条例》第9（5）条要求来自于非市场经济体的供应商必须满足分别裁决测试才可以享受单独倾销幅度计算待遇，违反了《反倾销协定》第6.10条。

（2）关于第9.2条主张的裁定。我方主张，欧盟《反倾销基本条例》第9（5）条规定未通过其测试的供应商只能接受全国统一税率，因而违反了《反倾销协定》第9.2条。依据第6.10条，既然倾销幅度需要单独计算，那么反倾销税的征收也要基于同样的基础。

专家组认为，第9.2条列明了征收反倾销税的基本要素。该条第一句话规定，要按照适当的额度（amounts），在非歧视的基础上，对除价格承诺已被接受的来源（sources）以外的所有来源（sources）的进口产品征收反倾销税。第二句要求调查机关要列明（name）所有被征收反倾销税的供应商的名字。第三句规定了第二句的例外情况，即列出所有供应商“不可行”（impracticable）时，可以仅列出供应国的名字。

对于如何认定“不可行”，第9.2条没有明确的指示，中欧双方对此做了互不相同的解释。我方认为，在涉及大量生产商的调查中，将每个供应商单独列明的做法实施起来有困难，此为“不可行”的含义。但欧方认为，如果给每个生产商分配单独的税率会降低措施的有效性，即为“不可行”。第9（5）条旨在分辨和确认国家（state）是价格歧视的真正根源，避免在国家的干预下发生规避反倾销税的情况。

在考察了谈判历史的基础上，专家组认定，与第6.10条中“出口商或生产商”的意思相同，第9.2条第一句里的两个“来源”，以及第二句和第三句中的“供应商”都是指出口被调查产品的生产商和出口商。第6.10条规定单独倾销幅度，第9.2条规定单独征收反倾销税，二者都是关于同样的普遍义务，即对反倾销程序中的生产商提供分别裁决待遇。因此，第9.2条中的“不可行”也应与它在第6.10条中的解释相一致：由于供应商，即生产商或出口商的数量过大，导致难以给他们一一分配反倾销税，调查机关因此被允许只列明供应国，并征收全国统一税。专家组不同意欧盟以确定价格歧视来源作为欧盟《反倾销基本条例》第9（5）条的合法性依据，因为供应商是否能够自由决定出口价格仅仅是五条标准之一。

专家组裁定，欧盟《反倾销基本条例》第9（5）条违反了《反倾销协定》第9.2条规定的义务。

（3）关于第9.3条和第9.4条主张的裁定。专家组适用了司法经济（judicial economy）原则，未考虑中方在这两条下的主张。

**2. 在《1994年关贸总协定》第1.1条下的裁定**

我方主张，欧盟《反倾销基本条例》第9（5）条没有自动给予中国生产商计算单独倾销幅度和征收反倾销税的权利，而且它仅适用于部分世贸组织成员，违反了《1994年关贸总协定》第1.1条规定的最惠国原则。

专家组认定:（1）欧盟《反倾销基本条例》第9（5）条构成了一种规则（rule）或手续（formality），影响了来自某些国家的进口;（2）按照生产商自己的出口价格计算反倾销税优于按照加权平均出口价格计算反倾销税;（3）来自非市场经济国家的出口商不是自动享受分别裁决待遇的权利，而是必须先满足一定的条件，而该规定只适用于部分世贸组织成员的生产商。因此，专家组裁定，欧盟《反倾销基本条例》第9（5）条导致从不同的世贸组织成员进口的同一种产品在欧盟的反倾销调查中受到不同的待遇，违反了《1994年关贸总协定》第1.1条最惠国待遇原则。

**3. 在《1994年关贸总协定》第10.3（a）条下的裁定**

专家组认为，既然已经裁定欧盟《反倾销基本条例》第9（5）条本身不符合欧盟在《反倾销协定》第6.10条和第9.2条下的义务，就没有必要考虑不符合世贸组织精神的法律是否被欧盟以统一、合理的方式执行了。因此，专家组适用了司法经济原则。

**4. 在《建立世贸组织协定》第16.4条和《反倾销协定》第18.4条下的裁定**

专家组裁定，欧盟因没有保证它的法律、法规和行政程序与其在相关协定下的义务相一致，违反了《建立世贸组织协定》第16.4条和《反倾销协定》第18.4条。

## （二）关于欧盟理事会第91/2009号条例的裁决

### 1. 专家组支持或部分支持中方相关主张的裁决

（1）关于《反倾销基本条例》第9（5）条的适用问题

我方认为，尽管在对我输欧紧固件反倾销调查中，欧盟调查机关（欧委会）对8家中国生产商给予了分别裁决待遇，但由于第9（5）条的适用（as applied），获得这种分别裁决待遇的权利并非自动取得。专家组认为，在已经发现欧盟法律本身在分别裁决问题上不符合《反倾销协定》第6.10条和第9.2条的情况下，很难认为该规则的适用符合欧盟在《反倾销协定》下的义务。因此，专家组裁定，第9（5）条在本案所涉反倾销调查中的适用违反《反倾销协定》第6.10条和第9.2条。专家组对中方在第9.4条下的主张适用司法经济原则。

（2）倾销进口量：在《反倾销协定》第3.1条、第3.2条、第3.4条和第3.5条下的裁定

第一，专家组裁定，欧委会在损害认定时将其发现未倾销的两家公司的进口产品量计入倾销进口产品量，因此，违反了《反倾销协定》第3.1条和第3.2条。专家组认为，《反倾销协定》非常清楚地规定，在损害裁定中，只需要考虑那些在调查过程中发现倾销幅度大于微量（de minimis）倾销幅度的进口产品。

第二，专家组认为，在损害认定方面，即使未被抽样但获得分别裁决待遇的生产商没有倾销，也不影响欧盟依据抽样生产商的倾销结论将所有未被抽样或未被单独审查的生产商的所有出口视为倾销。因此，欧盟在此方面没有违反《反倾销协定》第3.1条和第3.2条。在此方面，专家组认为《反倾销协定》第9.4条明确指出，如果在认定倾销时使用的抽样方式符合《反倾销协定》，那么，调查机关可以依据抽样公司的倾销结论为未被抽样或未被单

独审查的公司确定倾销存在并征收反倾销税。

由于在损害认定时将无倾销的进口量计入倾销进口量，专家组裁定欧盟违反了《反倾销协定》第3.1条和第3.2条。

此外，专家组认为，在《反倾销协定》第3.4条和第3.5条下的裁定对解决争议没有影响，对任何潜在的执行也不会有帮助，因此适用了司法经济原则。笔者认为，专家组在此适用司法经济原则是欠妥当的，不仅影响对争议的认定，也可能影响到对裁决结果的执行。

（3）因果关系和非归因：在《反倾销协定》第3.1条和第3.5条下的裁定

在进行实质性分析之前，专家组首先重申了《反倾销协定》第17.6（i）条对专家组审查权限的规定：在审查过程中，专家组应确定调查机关对事实的确定是否适当，对事实的评估是否无偏见和客观。如果对事实的确定是适当的，且评估是无偏见和客观的，则即使专家组可能得出不同的结论，而该评估也不得被推翻。

在因果关系（causation）方面，我方主张，倾销进口产品数量的显著增加碰巧（coincidence）与欧盟产业的市场份额减少同时发生，欧委会没有证明产量的减少和市场份额的减少是由倾销进口产品造成的。根据第17.6（i）条设定的审查权限，专家组认为，它没有义务对证据事实进行重新审查，也无须选择哪种对事实的解释更有说服力或给出结论。欧委会依据其所掌握的证据和论点得出的结论是合理的，中方没有证明欧委会裁定中的推理和解释存在瑕疵，因此，驳回此项主张。

在非归因（non-attribution）方面，我方主张，欧委会没有对造成国内产业损害的其他因素进行识别和区分，特别是欧盟产业原材料价格上涨和出口实绩的影响。（a）关于原材料，专家组审查认为，欧委会确实考虑了原材料成本增加的影响，虽然中方提供了相关解释，但是专家组仍然认为难以推翻欧委会结论的合理性；（b）关于出口实绩，专家组认为，欧委会也在最终裁决中进行了处理：由于出口价格始终明显高于欧盟市场价格，欧委会断定欧盟产业的出口实绩并非是欧盟产业的实质性损害源。但是，专家组认为，欧委会实际上没有发现出口实绩属于第3.5条含义范围内的“除倾销进口产品外的、同时正在损害国内产业的其他因素”，而且，欧委会的结论是建立在所有欧盟紧固件生产商信息的基础上得出的，不是建立在欧委会界定的国内产业（即46家生产商）或抽样生产商的基础上得出的。这种基于较大组群生产商（包括非欧盟国内产业的生产商）的出口数据同欧盟国内产业生产数据进行的比较不一定会给出欧盟产业出口实绩的准确指标。因此，专家组认为，欧盟未能对可能造成国内产业实质损害的国内产业出口实绩进行客观审查。

基于上述对出口实绩方面的审查，专家组裁定欧盟违反《反倾销协定》第3.1条和第3.5条。

（4）未披露正常价值认定的相关信息：在《反倾销协定》第6.2条、第6.4条、第6.5条和第6.9条下的裁定

在第6.2条和第6.4条下，我方主张，欧委会没有向中国生产商披露倾销认定的相关信息，包括确定正常价值时所使用的产品类型、正常价值认定、正常价值和出口价格之间的比较等。专家组认为，第6.2条和第6.4条并没有要求调查机关主动（actively）向有关各方披露信息。专家组分别分析了这三种信息的披露情况：

第一，关于产品类型的信息。在总披露文件（General Disclosure Document）中，欧委会第一次告知中国生产商正常价值的认定将建立在产品类型而不是产品控制编码（PCNs）的基础上。虽然两家中国生产商反复要求，但欧委会直到发表评论意见截止日的前一个工作日才告知中国生产商，正常价值的认定是依据强度等级特性，以及标准和特殊紧固件之间的区别。这种情况说明，尽管中国生产商提出查看相关信息的要求，但是欧委会没有及时为其提供机会。因此，欧盟违反了第6.4条。而且，由于无法及时查看产品类型相关信息，中国生产商无法为其利益进行辩护，不能要求进行必要的调整，以确保调查机关进行公平的比较。因此，欧盟违反了第6.2条。

第二，关于正常价值认定的信息。专家组再次重申，第6.2条和第6.4条没有给调查机关施加确定的披露义务，而中国也没有提出初步理由，因此，

拒绝中国的此项主张。

第三，关于正常价值和出口价格比较的信息。专家组注意到，中国生产商确实要求查看相关信息，欧委会也进行了回复，只是中国认为欧委会提供的解释不够充分。专家组认为，第6.2条和第6.4条没有要求调查机关对其所提供信息给予解释，因此，欧盟的做法不构成对前述两条的违反。

中方磋商请求中没有提及第6.9条。专家组认为，没有任何迹象说明在磋商请求中的法律依据可以演变成设立专家组请求中的此项主张。专家组进一步解释，第6.9条明确规定的是调查机关在信息披露方面的一次性的和确定性的义务。这与第6.2条和第6.4条的性质是不同的。因此，中方在第6.9条下的主张不属于专家组审查范围。

基于上述分析，专家组裁定欧盟在与产品类型相关的信息披露方面，违反了《反倾销协定》第6.2条和第6.4条。

（5）调查问卷答复的非保密版本：在《反倾销协定》第6.5条、第6.2条和第6.4条下的裁定

我方认为，（1）欧委会在处理调查问卷答复的非保密版本的方式上违反了第6.5条和/或第6.5.1条；（2）在前项违反的基础上，欧委会也违反了第6.2条和第6.4条。我方此项主张针对的是两家欧盟生产商和一家印度生产商提交的调查问卷答复的非保密版本。

专家组认为，第6.5.1条旨在平衡信息保密和调查程序透明度之间的关系。调查机关有义务确保该条的所有要求都得到利害关系方的尊重，即确保非保密摘要足够详细，以便能够合理了解保密信息的实质内容；在不能提供摘要的特殊情况下，要确保有可以接受的合理解释。经审查，专家组裁定，欧盟生产商Agrati和Fontana Luigi提供的调查问卷答复的非保密版本违反第6.5.1条，印度公司Pooja Forge的问卷答复违反第6.5条，[①] 对中方就该公司在第6.5.1条下的主张适用司法经济原则。

---

①Fontana Luigi能够在其非保密摘要中提交一些Agrati公司没有提交的信息，因此，专家组认为这些信息事实上并不会对摘要构成影响。Agrati也没有提出充分的理由。

专家组对中方在第6.2条和第6.4条下的主张适用司法经济原则。

（6）未披露某些证据和方法：在《反倾销协定》第6.5条、第6.2条和第6.4条下的裁定

我方主张，欧委会错误地把欧盟统计局数据、估算欧盟总产量的方法和是否对数据进行调整都作为保密信息，违反第6.5条、第6.2条和第6.4条。

专家组认为，第6.5条仅适用于对保密“信息”的处理，不涉及调查机关使用的方法和做出的裁定。因此，专家组仅是裁定，欧委会把能够从公开渠道获得的欧盟统计局数据当作保密信息对待违反了第6.5条。由于中国生产商有足够的机会查看这些信息，专家组拒绝了中国在第6.2条和第6.4条下的主张。

（7）泄露保密信息：在《反倾销协定》第6.5条下的裁定

在涉案反倾销调查中，九家中国生产商都要求获得市场经济待遇，其中三家在提交的申请表封面标注“限制”（Limited）字样。我方认为，这些信息应作为保密信息，但是，欧委会却在同一份市场经济待遇评估披露文件中包含全部九家中国生产商的信息，并将其发给九家生产商、中国官方机构和包括调查申请方在内的利害关系方。专家组裁定，欧盟违反第6.5条。

**2. 未获得专家组支持的主张**

（1）代表性：关于《反倾销协定》第5.4条下的裁定

我方主张，关于代表性（standing）问题，欧委会未审查（examine）欧盟总产量是否正确可靠；没有在发起调查前审查申请方的代表性；支持申请的欧盟生产商的产量不足欧盟总产量的25%。[①] 因此，违反《反倾销协定》第5.4条。

专家组认为，上述第一点和第二点理由相互联系，分别涉及代表性裁定的时间性（timing）和有效性（quality）。在时间性方面，专家组认定，欧委会“在发起调查前已经对代表性问题做出裁定”，尽管在调查发起后又重新进行了考虑，但是没有改变最初立场。在有效性方面，专家组认为，中方提

① 中国认为，欧委会使用的欧盟统计局数据会低估欧盟同类产品的总产量，因为它只包括已售出的产品的产量，也不包括中小型企业的产量数据，因而不是实际的总产量。

交的证据不足。对上述第三点理由，专家组认为，中方证据的证明力不够。因此，专家组未支持中方此项主张。

（2）国内产业定义：关于《反倾销协定》第4.1条和第3.1条下的裁定

专家组就中方在国内产业界定方面提出的五个理由进行了逐一分析和认定：

第一，中方主张，欧委会从国内产业中不适当地排除了未能在立案公告发布后15日内登记应诉的生产商，以及那些不支持调查的生产商。专家组认为，《反倾销协定》第4.1条并不阻止调查机关设定最后期限，并以在期限内主动响应的公司作为界定国内产业的依据。此外，欧委会也未将不支持申请的公司完全排除在国内产业外。[①] 而且，没有证据支持中方在第3.1条下的主张。

第二，中方主张，国内产业中未包括那些集体产量占国内总产量主要部分（major proportion）的生产商。专家组认为，首先，欧委会在定义国内产业时，依据欧盟统计局数据估算欧盟总产量的行为并不违反第4.1条。其次，争端双方同意，第4.1条没有关于“主要部分”的定义，可以将其理解为“重要的、重大的或显著的”，不可抽象规定下限。对于中方认为应依据一定标准“审查和裁定”具体案件情况的观点，专家组认为，《反倾销协定》中没有要求调查机关在界定国内产业时审查非量化性因素的确定性义务。

第三，中方主张，欧委会应依据“调查期间”（investigation period）界定国内产业。专家组认为，对于选取哪个期间数据作为国内产量主要部分的计算基础，第4.1条和第3.1条都没有规定。因此，专家组认为，调查机关选取损害调查期中某一年的数据而不是倾销调查期的数据界定国内产业的做法，不违反第4.1条和第3.1条。[②]

第四，专家组基于前述分析驳回中方关于抽样生产商不具有代表性的

---

① 欧盟主张，欧委会定义的国内产业中至少包括一个不支持申请的国内生产商。

② 倾销调查期和损害调查期的提法并非专家组报告的用法。在本案中，中国主张的调查期间是为计算倾销幅度而采集数据的期间，即2006年10月1日—2007年9月30日，一般被称为“倾销调查期”。欧盟通常做法中的考虑期（the period considered）是采集资料研究国内产业损害状况的期间，一般被称为“损害调查期”，2003年1月—2007年10月是本案相关期间。欧委会在计算国内产业主要部分时选取的是2006年全年国内产量的数据。

主张。

第五，中方主张，欧盟国内产业中不适当地包括了与中国同类产品出口商相关联的公司或者本身就是倾销产品进口商的公司。专家组认为，第4.1条使用的术语“可以”表明调查机关没有被要求排除相关联的生产商或进口生产商。第3.1条也没有任何规定。

基于上述原因，专家组认为，欧盟对国内产业的界定不违反《反倾销协定》第4.1条国内产业定义和第3.1条客观审查义务。

（3）被调查产品和同类产品：关于《反倾销协定》第2.1条和第2.6条下的裁定

我方认为，尽管标准紧固件和特殊紧固件存在特性和用途方面的差别，但是欧委会依然将其作为“相同”产品列入被调查产品范围。而且，欧委会错误地认定，由欧盟产业生产并销售的紧固件和由印度生产并在其国内市场上销售的紧固件，与在中国生产并销售到欧盟的紧固件是“同类的”产品。因此，不符合《反倾销协定》第2.1条和第2.6条。

专家组不认可将第2.1条和第2.6条联合起来确定被调查产品范围的主张。专家组注意到，在《反倾销协定》中没有关于被调查产品的选择、说明或认定方面的任何具体规定。“虽然第2.1条规定要为单一的‘被调查产品’做出倾销裁定，但是在确定该产品参数方面该条没有提供任何指导原则，也显然没有该产品内部同质性方面的要求。”第2.6条的目的是定义“同类产品”。从逻辑上讲，第2.6条所提及的被调查产品范围必须在该条有关“相似性”的考察之前予以确定。专家组认为，相较于《反倾销协定》对“同类产品”给予明确定义而言，“被调查产品”定义的缺失就暗示着“各成员试图允许调查机关在裁定被调查产品时享有广泛的自由裁量权”。专家组断定，第2.1条和第2.6条没有规定调查机关有任何义务确保被调查产品只包含“相同”产品。因此，标准紧固件和特殊紧固件是否彼此“相同”并非是一个被调查产品问题。专家组驳回中方关于欧盟确定被调查产品不符合《反倾销协定》第2.1条和第2.6条的主张。

此外，虽然专家组认定同类产品问题不在专家组的审查范围，但还是表明，涉案反倾销调查中，被调查产品和同类产品都包括了标准紧固件和特殊紧固件，只是比例不同而已，因此，欧盟在同类产品认定方面没有违反《反倾销协定》第2.6条。

（4）公平比较：在《反倾销协定》第2.4条下的裁定

在正常价值和出口价格的公平比较问题上，专家组认定，中方的主张集中在两个方面：一是欧委会未能考虑产品控制编码（PCNs）所反映的产品全部特性；[①] 二是没有进行必要的调整（adjustments）。[②]

针对第一个方面，专家组认为，公平比较的义务既要求调查机关必须保证公平比较，也要求出口商有义务提出实质性的调整请求。如果出口商不能证明有影响价格可比性的差异存在，调查机关就没有义务进行调整。产品控制编码仅仅是一种搜集信息的工具，并非是得出结论的内在原因。而且，在本案争议中，没有任何证据证明产品控制编码所包含的每一个要素，在总体上或在本案中一定反映了影响被调查产品价格可比性的差异。因此，专家组拒绝了中方的此项理由。

关于第二个方面，由于印度生产商没有依据产品控制编码提供相关信息，因此，欧委会最终按照强度等级特性和标准与特殊紧固件之间的区别所定义的产品类别进行了价格比较。专家组认定，没有任何中国生产商在第2.4条的含义范围内提出其他任何影响价格可比性的因素。由于没有这样的请求，也没有任何证据表明欧委会忽视了任何影响价格可比性的因素。在接下来评估欧委会是否进行品质差异调整时，专家组注意到，一家中国公司（永宏公司）要求就中国紧固件和印度紧固件之间存在的品质差异进行调整，

① 在本案中，欧委会根据以下因素确定产品控制编码：紧固件类型（采取CN代码）；强度/硬度；涂层；涂层上的铬；直径；长度/厚度。在发送到印度和中国生产商的调查问卷中，欧委会要求按照产品控制编码定义的分类来报告所调查产品的信息。

② 专家组忽视了中国依据第2.4条最后一句话提出的主张，即欧委会未向所涉各方指明为保证进行公平比较所必需的信息。

但未提交相关证明材料。[①] 专家组认为，中方在本案中提供的相关证据不能证明欧委会承认存在品质差异。因此，专家组拒绝了中国此项理由。

（5）价格削减：在《反倾销协定》第3.1条和第3.2条下的裁定

第一，在进行价格削减认定时，欧委会将最初确定产品控制编码的六要素中的“直径”和“长度”替换为“尺寸”，从而简化了产品控制编码。我方主张，欧委会没有将其价格削减认定建立在完整的产品控制编码上，违反了《反倾销协定》第3.1条和第3.2条。专家组认为，第3.2条没有规定考虑价格削减的具体方法，第3.1条中有关确凿证据和客观审查的总体要求限制了调查机关在考虑价格削减时的自由裁量权。专家组不认为简化产品控制编码的做法不符合第3.1条下的义务。

第二，我方主张，欧委会采用区分标准和特殊紧固件的方法并没有导致价格削减方面的客观认定。专家组认为，中方未证明欧委会在价格削减认定中比较了中国的基本标准紧固件（basic standard fasteners）和欧盟的超标准紧固件（standard-plus fasteners），因此，不存在未客观审查价格削减裁定问题。在调查中，中国被调查企业也未证明中欧紧固件存在“品质差异”。

此外，专家组反复强调，在价格削减方面，不要求调查机关做类似于《反倾销协定》第2.4条下的调整。

基于上述原因，专家组裁定，欧盟在价格削减方面的做法不违反《反倾销协定》第3.1条和第3.2条。

（6）倾销进口的影响：在《反倾销协定》第3.1条和第3.4条下的裁定

第一，我方主张，欧委会未能以一致的方式对所有损害因素进行审查，没有基于相同组别的生产商进行损害认定。[②] 欧委会也确认，在采用抽样方法

① 这可能是因为欧委会违反信息披露的相关规定，中国生产商没有被及时告知欧委会价格比较的依据造成的。本书在前面讨论中国有关欧委会未披露正常价值认定相关信息的程序方面的主张时，已经介绍了欧委会违反信息披露方面义务的情况。需要深入探讨的问题是：调查机关违反程序义务的做法是否直接或间接影响被调查生产商的实体权利，并据此可以裁定其违反实体性义务。专家组没有就此进行讨论。

② 中国注意到，欧委会基于欧委会确定的国内产业（包括欧盟46家生产商）信息对以下因素进行了审查：产量、生产能力、产能利用率、销售、市场份额、就业和生产力等；还基于抽样欧盟生产商信息审查了如下因素：库存、赢利、现金流量、投资、投资回报率、融资能力、工资和倾销幅度大小等。而且，在欧委会的信息文件和终裁裁决中有关销售和市场份额的结论存在不一致。

的情况下，其惯常做法是从抽样生产商中收集有关“微观经济”因素的信息，从所有国内生产商搜集有关“宏观经济”因素的信息，并在损害分析时予以考虑。专家组认为，欧委会这种做法本质上（per se）并未导致审查的不客观性。本案的证据材料也不足以证明欧委会没有客观审查证据。

第二，我方认为，欧委会没有客观审查国内产业的赢利能力，忽视了积极的趋势。专家组指出，没有任何理由说明，欧委会关于4.4%的利润率水平（欧委会预期水平是5%）是较低利润率的判定不是客观审查。

第三，我方主张，欧委会未能客观全面地分析倾销进口对国内产业的影响，本案所涉反倾销调查中，“市场份额”是唯一的“消极因素”。《反倾销协定》第3.4条要求评估倾销进口导致有关经济因素和指标的“实际和潜在的下降”，“实际和潜在的消极影响”。专家组认为，“潜在”这个词说明，为便于调查机关进行损害认定，调查期间不必一定要有要素指标下滑情况出现。

第四，我方认为，欧委会的整个损害分析是以标准紧固件和特殊紧固件两个细分市场之间的区别为前提进行的，因此违反第3.1条和第3.4条的规定。专家组指出，考虑其损害分析和结论的整体性，欧委会没有仅在标准紧固件细分市场发现损害，因此，不应认为导致损害的原因是一个细分市场的产品销售对另一细分市场产品销售的替代。

基于上述四个理由，专家组认为，中国未能证明欧委会关于倾销进口影响的审查违反《反倾销协定》第3.1条和第3.4条。

（7）未披露申请人身份：在《反倾销协定》第6.5条、第6.2条和第6.4条下的裁定

专家组审查此项主张的思路是，在就第6.2条和第6.4条进行实质性分析前，必须首先确定欧委会是否错误地将申请人身份当作保密信息对待，因而违反第6.5条。争议的核心是，“潜在商业报复”是否构成判定对申请人和支持申请人身份进行保密处理正当性的良好原因（good cause）。专家组认为，除非有理由相信害怕报复是没有理由的、无事实根据的或不真实的，否则可以认定申请人的主张是欧委会结论的充分依据。因此，专家组不支持中方在

第6.5条下的主张。鉴于第6.2条和第6.4条规定的义务并不适用于第6.5条规定的保密信息，专家组也不支持中方在第6.2条和第6.4条下的主张。

（8）国内产业定义的程序方面：在《反倾销协定》第6.2条、第6.4条和第6.9条下的裁定

我方主张，欧委会未提供国内产业中生产商的数目和身份，因此违反了第6.2条、第6.4条和第6.9条。专家组认为，中方的主张不是关于未提供机会查看相关信息，而是关于国内产业定义。但是，国内产业定义属于欧委会的分析和裁定，并不构成信息本身。专家组还认定，欧委会在实际分析国内产业定义的过程中履行了告知的义务。因此，不支持此项主张。

（9）未提供足够时间以便答复要求的信息：在《反倾销协定》第6.1.1条下的裁定

我方认为，欧委会给予中国生产商提交市场经济地位和分别裁决待遇问卷答复的时间仅有15天，不符合第6.1.1条规定的30天期限。专家组认为，第6.1.1条含义范围内的“问卷”是调查中的一种文件，是调查机关在调查发起初期向所有利害关系方散发的全面的调查问卷，旨在搜集与裁定倾销、损害和因果关系等主要问题相关的全部信息。专家组认为，“市场经济待遇和/或分别裁决待遇申请表”不是第6.1.1条所指的“问卷”，因此欧盟没有违反该条。

**3. 适用司法经济原则的主张**

因为专家组已经依据有关条款支持了中方的相关主张，专家组对以下五项主张适用了司法经济原则，认为没有必要再继续做出裁定。

（1）欧盟《反倾销基本条例》第9（5）条本身违反《反倾销协定》第9.3条和第9.4条以及《1994年关贸总协定》第10.3（a）条的主张

（2）最终裁决关于分别裁决的裁定违反《反倾销协定》第9.4条的主张

（3）最终裁决关于倾销进口量违反《反倾销协定》第3.4条和第3.5条的主张

（4）最终裁决关于印度生产商问卷答复违反《反倾销协定》第6.5.1条的主张

（5）最终裁决关于两家欧盟生产商问卷答复非保密版本和印度生产商问

卷答复违反《反倾销协定》第6.2条和第6.4条的主张

（6）分别裁决待遇的程序方面：在《反倾销协定》第12.2.2条下的裁定

### （三）专家组建议

专家组认定，由于欧盟的行为与《反倾销协定》和《1994年关贸总协定》不符，造成了中国在这些协定下的利益的丧失或损害，因此，建议争端解决机构要求欧盟使之措施符合其在这些协定下的义务。专家组没有就具体的执行方法提出建议。

## 五、上诉机构裁决

依据《争端解决谅解》第17.6条，上诉内容限于专家组报告涉及的法律问题和专家组所做的法律解释。因此，中欧各自的上诉均集中在对专家组裁定的法律异议方面。

2011年3月25日，欧盟就专家组关于分别裁决法律本身和适用，未披露正常价值认定的相关信息，非保密问卷答复和申请人身份披露等方面的裁决提起上诉。3月30日，我方就未获专家组支持的国内产业认定、公平比较、申请人身份披露和市场经济待遇和/或分别裁决待遇表的性质等问题提起上诉。7月15日，上诉机构散发报告。主要争议法律问题如下：

### （一）关于分别裁决法律本身和适用的裁定

对于欧盟提出的上诉，上诉机构分析了《欧盟反倾销基本条例》第9（5）条的范围和性质，支持专家组关于第9（5）条既涉及反倾销税征收，也涉及倾销幅度计算的认定，因此，上诉机构认为，可以在《反倾销协定》第6.10条下挑战其法律规定本身。

1. 上诉机构支持专家组，裁定第9（5）条违反《反倾销协定》第6.10条。但是，上诉机构的理由与专家组不同。上诉机构审查了《中国加入议定书》第15条，并就此给出了解释：第15条是对价格可比性裁定中的国内价格和成本的特殊规则，不是毫无边界的例外，它仅适用于对正常价值的裁定，并未授权成员可以在其他方面给予中国不同的待遇。在确认中国对分别裁决待遇问题没有特殊承诺的前提下，上诉机构的分析重新回到了适用协定。

关于专家组在第6.10条下的认定，上诉机构重点考查了两个重要的解释性问题：一是第6.10条第一句话中的“shall”和“as a rule”是表明裁定单独倾销幅度是“一个强制性规则”（mandatory rule）还是仅为一种“偏好”（preference）；二是该条第二句话所允许的“抽样”是否为第一条的唯一例外。

上诉机构认为，在法律文本中，“应当”（shall）一词通常表示强制性规则。它与“as a rule”共同使用也不意味着代表“偏好”，否则，协定的起草者可以选择其他词语代替“shall”。第6.10条中的“as a rule”表示第一句话设定的义务不是绝对的，还有例外情况存在。比专家组更进一步的是，上诉机构不仅认为抽样是第一条的例外，还认为，应包括适用协定中规定的其他有关例外情况。上诉机构同时承认，它还没有在适用协定中发现这样的例外。

因此，上诉机构认为，欧盟依据第9（5）条对来自非市场经济成员的出口商或生产商设定分别裁决测试，并以此决定是否给予单独倾销幅度的做法，违反了《反倾销协定》第6.10条。

2. 上诉机构支持专家组，裁定第9（5）条违反《反倾销协定》第9.2条。上诉机构肯定了专家组的认定，即第6.10条和第9.2条设定了相同的一般义务：均要求调查机关为出口商和生产商提供分别裁决待遇。

上诉机构进一步分析认为，欧盟征收全国统一税的依据是单独的反倾销税可能因国家的规避而“无效”（ineffective），而第9.2条第三句话仅允许在列明所有供应商“不可行”（impracticable）时，才可以列出有关供应国的名字，并不允许在因规避而使反倾销税无效的情况下，列出有关供应国的名字。上诉机构分析了“不可行”和“无效”两词的词典定义，认为“不可行”是形容行为不能被实施，而“无效”是强调造成的影响和结果。此外，从第

9(5)条的内容和结构来看[①]，它通过连接词“和”(and)区分了单独征税“不可行”和第2(7)(a)条适用的情况(即非市场经济国家)。

因此，上诉机构认定，第9.2条第一句话和第二句话要求对每一供应商征收单独反倾销税。其例外情况即为第三句话的“不可行”的情况，但不包括“无效”和对非市场经济供应商征收全国统一反倾销税的情况。

3. 上诉机构认为，第9(5)条是预先假设(presumption)来自非市场经济国家的所有出口商和生产商与国家构成了一个实体，为了获得分别裁决待遇，出口商必须承担责任证明其满足第9(5)条的条件。这种预先假设是缺乏法律基础的，与第6.10条和第9.2条设定的一般义务不符，在《中国加入议定书》中也找不到依据。但是，上诉机构还认为，调查机关可以用世贸组织成员的经济结构作为证据裁定其国家和一系列出口商和生产商构成一个实体，进而计算一个倾销幅度，并征收一个反倾销税。评估国家和一系列出口商是否为一个实体的标准，除了公司或商业关系外，还可以包括国家控制或指示或实质影响某些出口商在价格或产量方面的行为的证据。

4. 上诉机构撤销了专家组在《1994年关贸总协定》第1.1条下的裁决。上诉机构认为，在判断某一反倾销税的征收不符合第1.1条之前，必须裁定该反倾销税是依据《1994年关贸总协定》第6条征收的。但是，中欧双方和专家组均未处理这个前提性问题。因此，上诉机构宣布专家组在该条下的裁定不发生法律效力。

此外，上诉机构支持专家组在《建立世贸组织协定》第16.4条和《反倾销协定》第18.4条下的裁定，以及认定在紧固件反倾销调查中适用(as applied)第9(5)条也违反了《反倾销协定》第6.10条和第9.2条的裁定。

### (二)关于国内产业界定的裁定

关于《反倾销协定》第4.1条国内产业界定，中方的上诉包括两方面主

① 第9(5)条有这样的表述，“The Regulation imposing the duty shall specify the duty for each supplier or, if that is impracticable, and in general where Article 2(7)(a) applies, the supplying country concerned”(emphasis added)。

张：一是在紧固件反倾销调查中，界定为国内产业的生产商的集体产量并未构成同类产品国内总产量的“主要部分”（major proportion）；二是排除了未支持申请和未在15天内应诉的生产商。上诉机构支持了中方第一项主张，裁定欧盟国内产业界定违反了《反倾销协定》第4.1条，其分析如下：

1. 上诉机构对第4.1条中的“主要部分”进行了解释。上诉机构认为，“主要部分”要求界定为国内产业的生产者的集体产量应该占国内总产量“相对高的比例”，应能反映全部国内生产者的总产量。即使在生产者众多的细分产业，调查机关获得信息的能力受到限制的情况下，“主要部分”可能低于正常的未细分的产业，但是，调查机关仍然承担保证国内产业不被实质扭曲的义务。

2. 上诉机构认为欧盟混淆了代表性和国内产业问题。欧盟《反倾销基本条例》第4（1）条直接援引该条例第5（4）条，据此，欧盟认为，25% 是判断代表国内产业同类产品总产量“主要部分”的基准。上诉机构认为，《反倾销协定》第4.1条和第5.4条规范的是反倾销调查中两个不同的方面，欧盟的主张没有上下文基础。

3. 上诉机构认定，欧盟仅将国内产业界定为愿意被抽样的完全合作生产商，排除了提供相关信息的生产商。因此，其国内产业集体产量占国内产业同类产品总产量27% 是较低的比例。欧委会降低了作为损害分析基础的数据覆盖范围，导致了扭曲损害认定的实质风险。

因此，上诉机构认定欧盟违反第4.1条，但未支持中方在3.1条下的主张。

### （三）关于公平比较的裁定

中欧双方均就倾销裁定相关的问题提出上诉。欧方就专家组裁定其未及时提供机会给利害关系方违反第6.4条和第6.2条提出上诉；我方就专家组未支持我在第2.4条下的主张（尤其是依据该条最后一句话）提出上诉。

**1. 关于欧盟的上诉主张**

上诉机构认为，基于其以往裁决，第6.4条中的代词“their”应指利害关系方。在第6.4条项下，与利害关系方案件陈述有关并被调查机关所使用的信息，应依赖于反倾销调查的专门步骤（specific step）和调查机关面对的特殊问题（particular issue）。据此，上诉机构认定，产品类型是欧委会进行价格比较时使用的信息，构成了第6.4条项下与中方案件陈述相关的信息，欧委会未及时提供机会给中国生产商，违反了该条义务；此项违反又造成中国出口商无法为其利益辩护，进而违反了第6.2条。因此，上诉机构不支持欧方的上诉主张。

**2. 关于中方的上诉主张**

与专家组的观点不同，上诉机构认为，调查问卷按照产品控制编码（PCNs）搜集产品信息的事实使出口商有理由不提出调整要求，更何况，以产品类型为基础进行价格比较的情况是很晚才告知中国生产商。而且，第2.4条最后一句要求“主管机关应向所涉各方指明为保证公平比较所必需的信息”。因此，欧盟违反了该规定。

### （四）其他问题的裁决

1. 欧盟关于印度生产商保密信息正当理由的上诉。上诉机构认为，中方未在专家组阶段的第一次书面陈述前提出该主张，仅在第一次听证会后的问题答复中提出，不符合本案《专家组工作程序》规则4，因此，认定中方未证明在第6.5条下的主张，推翻专家组此项裁决。

2. 中方关于市场经济待遇/分别裁决待遇申请表答复期的上诉。上诉机构同意专家组对第6.1.1条项下“问卷”的解释。值得注意的是，上诉机构认为，市场经济待遇/分别裁决待遇申请表对于非市场经济国家的出口商和外国生产商是非常重要的，其答复期限仅为发起调查公告之日起的15天。依据第6.1条，这个时间太短了，并不能保证给利害关系方“充分的机会”提交所有的证据。但是，中方并未在第6.1条下提出主张。

从上诉机构的裁决来看，中方不仅在第9（5）条关于分别裁决的法律本身和适用上获得了上诉机构的支持，而且在能够实质影响紧固件反倾销措施的国内产业界定（影响损害认定）和公平计较（影响倾销认定）问题上扩大了战果，可以说，中方在本案的上诉中获得了实质性胜利。

## 六、本案的影响和启示

中欧紧固件争端案是我国加入世贸组织后第一次在争端解决机制下挑战欧盟的贸易救济措施，尤其是挑战欧盟《反倾销基本条例》关于分别裁决的法律规定本身。因此，认真研究本案专家组和上诉机构的裁决，总结本案中的得失，客观审视本案的影响，将有利于我们加深对世贸组织规则的理解，吸取诉讼中的经验教训，更好地维护国家和产业利益。

### （一）正确的诉讼目标和策略使我赢得重要的体制性胜利

长期以来，欧盟在对我国输欧产品的贸易救济调查中，始终不合理地将我视为“非市场经济国家”，认为中国政府控制所有产品的生产和经营，企业无权自主经营，因此，将所有中国企业作为一个实体对待（single entity），在实施反倾销措施时对我设定统一的国家税率。对于无法通过分别裁决待遇测试的企业，在计算倾销幅度和反倾销税时，选取第三国（即替代国）数据确定被调查产品的正常价值，出口价格则往往采用的是出口价格的加权平均值，根本无法真实反映企业自己的出口价格是否对欧盟产业造成影响，据此实施的反倾销税已经不是对不公平贸易行为造成的国内产业损害的救济性措施，而是一种惩罚性措施，是贸易保护主义的一种工具而已。因此，在挑战欧盟第一案时，此项不公正法律规定成为重要的体制性诉讼目标。

在本案诉讼过程中，欧方反复强调，中国是非市场经济国家，《反倾销协定》的谈判历史和条文均说明其允许对非市场经济成员适用统一的国家税率。欧方在其提交的第一次书面陈述中用大篇幅阐述了这种观点，影响了大部分第三方对此问题的理解。我方充分认识到欧方的诉讼策略是借非市场经济问题掩盖分别裁决政策的实质，并果断地在后续程序中，利用口头陈述和书面陈述的机会明确表示，中方在本案中并不挑战欧盟对未通过非市场经济测试的中国出口商使用替代国方法计算正常价值，以此消除专家组、上诉机构和其他成员的顾虑和误解。我方进一步强调，欧盟分别裁决政策涉及的是出口价格，与非市场经济测试有各自不同的标准和结果，是完全不同的两项制度。应该说，本案专家组和上诉机构在分别裁决问题上的裁定，基本接受了我方观点，彻底刺破了欧盟“非市场经济”这个面纱，还原了分别裁决政策的本来面目。正如上诉机构所言，分别裁决制度本身是没有任何法律基础的。因此，欧盟应取消这个在过去三十年的反倾销调查中对中国企业的不公正待遇。

正是基于正确的诉讼目标和诉讼策略选择，我在世贸组织争端解决机制下起诉欧盟首战告捷。本案的胜利将直接导致欧盟对非市场经济国家适用不公平调查方法的实践大大受挫，也将警示那些具有相同制度和做法的国家审慎行事，其影响远远超过案件本身。《华尔街日报》“盛赞”，“这是迄今为止中国在这个总部设在日内瓦的机构中取得的最重大法律胜利”[①]。

### （二）对《中国加入议定书》第15条的认定有利于扼制世贸组织成员滥用规则

加入世贸组织近十年，《中国加入议定书》第15条始终是我国参与入世谈判者和从事贸易救济相关工作的官员、律师、行业组织和企业心头的“结”。这个领域的所有人都意识到第15条是一个不利条款，它是对中国产品施加不公平待遇的成员常用的堂而皇之的借口。因为，尽管已经是世贸成员，我国企业在遭受反倾销调查时，往往被扣上“非市场经济”的帽子，面临各种特殊的不公平待遇，最典型的就是用替代国计算我国企业的正常价值，用分别裁决制度摒弃我出口商正常的出口价格，“公平比较”根本无从谈起。无数的双边交涉基本被以同样的理由挡了回来，即《中国加入议定书》第15条表明，中国承认是非市场经济国家，允许其他成员自行设定审查标准，并采取相应措施。十年来，关于第15条的解释，争

①John W. Miller, “EU Dealt Setback on China at WTO”, *The Wall Street Journal*, Dec. 4, 2010.

议不休。

本案选择将分别裁决制度作为涉案措施之一，就绕不开解释第15条这个“雷区”[①]。因为，欧盟在无法确保从《反倾销协定》本身获得支持的情况下，必然将第15条作为解释其分别裁决制度合理性的重要依据。对此，我方在起诉前就有很好的研判和准备。在第一次书面陈述中，我方毫无避忌地主动正视第15条的存在，并给出中方的解释，以使专家组有先入为主的印象。专家组阶段，此问题果然成为中欧双方争议的核心问题，也是第三方关注的焦点。但是，专家组在其报告中却未就此做出认定。上诉阶段，中方一方面强调第15条仅适用于正常价值认定，另一方面强调该条未就中国是否为非市场经济国家做出确认，而且，中国是否为非市场经济国家与本案无关。上诉机构认定，第15条不是毫无边界的例外，除适用于正常价值的裁定外，未授权成员可以在其他方面给予中国不同的待遇，并未确认中国是非市场经济国家。

可以说，上诉机构的这一认定是对争议了近十年的第15条适用范围的尘埃落定的解释，必将有力地扼制某些成员滥用该条款。同时，此问题的解决也为我国今后在处理类似争议问题时开辟了一条新的多边渠道。

### （三）规则解释的局限及对多哈回合谈判的启示

在本案专家组报告中，专家组强调最多的就是《反倾销协定》没有关于某些争议问题的规定，即面对争端双方争议的具体问题，专家组在世贸组织规则中找不到相应的条文处理这些争议。例如，《反倾销协定》没有关于被调查产品的选择、说明或认定方面的任何具体规定；第4.1条没有关于如何界定国内产业的规定；第3.2条没有规定考虑价格削减的具体方法，等等。出现这种无奈状况的原因主要有三个方面：一是规则的谈判者们在当初的谈判

---

① 之所以称其为“雷区”是因为，加入世贸组织十年来，人们不断争论，政府不断交涉，却没有任何权威机构做出认定。因此，任何的解释都可能是一厢情愿的说法，一旦诉讼换来的是一个不利的解释，可能使某些成员更加肆无忌惮地滥用这个规则。

中相互妥协，将争执不下的事项搁置不提，造成规则的空白，最典型的就是反规避问题；二是谈判者故意“留白”，仅做出一些较模糊的限制性规定，使调查机关能够享有一定的自由裁量权；三是规则相对于日新月异的实践的固有滞后性使然，即有些情况是当年的谈判者们没有或难以预见的，也就谈不上制定相应的规范。

规则的缺位或不明确确实给专家组和上诉机构的审理和裁决增加了很大难度，但是，“争端解决机制的目的在于保证使争端得到积极解决”[①]，因此，专家组和上诉机构往往是依照《维也纳条约法公约》第31条和第32条确定的解释规则，寻求对适用协定的解释和澄清。当然，这种条约解释不是随意的、不受限制的，它本身并不应具有“造法”功能，不能增加或减少适用协定所规定的权利和义务，[②]因为适用协定所规定的权利和义务是经全体世贸组织成员协商一致确定的。

虽然专家组和上诉机构报告所反映出的推理过程和分析思路与判例法国家的司法判决极其相似，但是，在世贸组织的争端解决机制中，上诉机构和专家组在先前案件中做出的裁决对其他案件的专家组没有约束力；世贸组织成员的权利和义务来源于世贸组织协定。从规则意义上讲，专家组和上诉机构都没有义务遵循先例。然而，仔细观察世贸组织争端解决的实践后不难发现，上诉机构和专家组（尤其是上诉机构）在先前案件中的裁决会使世贸组织成员产生判断预期，对专家组成员也有先入为主的心理暗示。特别是，上诉机构和专家组都承载着一种使命，即维护世贸组织规则的统一性、一致性。正是这种判断预期和心理暗示促使争端各方和专家组援引先例，同时也受制于先例。尤其是专家组在面对以往所有先例压倒性一致认定的情况下，总是裹足不前，难有建树。本案专家组对被调查产品裁定如是，对国内产业定义中的主要部分认定亦然。

在审理涉及反倾销的争端时，专家组还要遵循《反倾销协定》第17.6条

①《争端解决谅解》（DSU）第3.7条。

②《争端解决谅解》（DSU）第3.2条。

的指示:(1)只要调查机关对事实认定适当，且评估客观无偏见，即使专家组不认可其结论，而该评估也不得被推翻;(2)对本协定的解释允许非唯一性，只要调查机关的措施符合其中一种允许的解释，专家组就应认定该措施符合本协定。

上述种种意在对争端解决机制的限制实质上是制度设计者意图保护成员方及其当局的权利，以维护现有世贸组织制度的宪法性稳定。因此，在批评专家组和上诉机构故步自封或超越权限的时候，我们常寄希望于正在进行的多哈发展回合谈判，求助于世贸组织新一轮的立法。其实，我们已经能够看到本案中争议的很多法律问题，诸如被调查产品、公平比较、损害认定、国内产业评估、因果关系、透明度和程序的公正性等已经摆到了谈判桌上。在各方利益和权力博弈的情况下，考验的就是谈判者的耐心和智慧，决策者的决心和胆识。

### (四)对反倾销措施类案件诉讼的启示

反倾销措施类争端解决案件实际上是挑战调查机关适用法律的实践性做法。虽然案件所涉及的争议措施常常是调查机关的最终裁决(有时是立案或初步裁决)，但是这几十页的裁决往往是浓缩了调查机关长达半年甚至是9个月调查的评估结果，每一句话都可能有大量事实的支撑和利益的考量。探究客观事实真相，还原调查的本来面目只是一种理想主义的终极追求。在争端解决程序中，专家组成员是一张白纸，对调查情况一无所知。如何为专家组描绘一幅调查过程的全景图，如何证明所述事实的确存在，就要考验争端各方掌握的证据和讲故事的能力了。起诉方负有表面证据充分足以证明其主张的举证责任。被诉方在提出反驳意见时同样需要证据的支撑。

事实上，反倾销措施类案件的证据材料比较难以搜集完整，究其原因：一是涉案产品的出口国政府在案件调查中不起主导作用，应诉均是由商会、协会和各个企业独立完成；二是调查机关并不总能保证调查的透明度和程序的公正性，因此，应诉企业与调查机关的信息具有不对称性；三是涉案企业往往数量众多且分散，对证据材料整理和保存的能力各不相同；四是基于企业各自利益的考虑，并非所有企业都会配合政府的诉讼行为；五是争端另一方不会提前共享其所占有的信息，除非该信息已经成为诉讼中的证据。我们在涉及反倾销措施的争端案件中，总是可以看到专家组认定争端一方“未提供充分证据”、“未能证明其主张”等字样。因此，应诉的企业应当提高维权的意识和水平，熟悉规则，了解救济途径。敏锐的律师和法律工作者应当懂得未雨绸缪的道理，注意从国内国际规则的角度审视调查机关的做法，注意搜集和固化相应的信息。

**附件**

## 诉欧盟钢铁紧固件反倾销措施案大事记

2009年7月31日，中方致函欧方提出磋商请求。

2009年8月10日，欧方接受中方磋商请求。

2009年9月14日，中欧双方在日内瓦进行磋商。

2009年10月12日，中方向争端解决机构提出设立专家组请求。

2009年10月23日，争端解决机构设立专家组。

2009年12月9日，世贸组织总干事指定专家组组成。

2010年1月20日，中方提交第一次书面陈述。

2010年2月10日，欧方提交第一次书面陈述。

2010年2月19日，第三方提交书面陈述。

2010年3月23—24日，专家组第一次听证会和第三方会议。

2010年4月19日，当事方提交第一次书面问题答复并提交第二次书面陈述。

2010年6月2—3日，专家组第二次听证会。

2010年6月21日，当事方提交第二次书面问题答复。

2010年8月10日，专家组向当事方提交中期报告。

2010年9月29日，专家组向当事方提交最终报告。

2010年12月3日，专家组报告散发。

2011年1月10日，中欧致函争端解决机构请求推迟通过报告时间至2011年3月25日。

2011年3月25日，欧方提交上诉通知和书面陈述。

2011年3月30日，中方提交其他上诉通知和书面陈述。

2011年4月12日，中欧分别提交被上诉方书面陈述。

2011年4月15日，第三参与方提交书面陈述或通知。

2011年5月4—6日，上诉机构听证会。

2011年7月15日，上诉机构公开散发报告 。

2011年7月28日，争端解决机构通过上诉机构报告和经修改的专家组报告。

校稿：陈雨松

# 诉美国轮胎特保案评析

于方

2009年，一场关于轮胎产品的贸易争端在中美之间掀起了轩然大波。

由于美国经济在金融危机爆发后一直未见明显起色，失业率居高不下，美国国内的贸易保护主义思潮开始涌动。与以往类似，富有竞争力的中国产品再次不幸地成了美国贸易保护主义势力锁定的目标。从2009年4月起至2011年9月，中美围绕轮胎贸易问题，在双边和多边数度交手，其中，在世贸组织关于轮胎问题的诉讼就整整持续了两年时间。

## 一、背景及案件进程

### （一）背景

2009年4月20日，美国钢铁工人协会宣布，依据美国《1974年贸易法》第421条款，向美国国际贸易委员会（ITC）提出申请，要求对中国输美乘用车轮胎和轻卡车轮胎实施为期三年的“特定产品保障措施”（以下简称“特保措施”），分别加征55%、45%和35%的从价税。4月29日，美国国际贸易委员会在《联邦纪事》上公告启动对中国轮胎产品的特保调查。6月18日，美国国际贸易委员会对中国乘用车及轻卡车轮胎特保调查做出肯定性损害裁决，认定中国轮胎产品进口的大量增加，造成或威胁造成美国国内产业的市场扰乱。6月29日，美国国际贸易委员会提出了对中国输美乘用车和轻卡车轮胎征收三年特别关税的方案，第一年至第三年额外征收的关税分别为55%、45%、35%。8月7日，美国贸易代表办公室（USTR）在华盛顿举行听证会，就中国输美轮胎特保案听取各方意见。9月2日，美国贸易代表办公室在咨询财政部、劳工部、商务部等部门意见后，向奥巴马提出对中国轮胎产品实施特保措施的建议。9月11日，美国总统奥巴马宣布对中国输美轮胎实施为期三年的特保措施，从第一年至第三年分别加征35%、30%、25%的从价税。

美国特保措施立法是根据《中国加入议定书》第16条[①]（简称“特保条款”）制定的。特保条款因其仅针对中国产品，且针对的是公平贸易的产品，因而具有明显的歧视性。我国政府自加入世贸组织之初即明确表达了反对其他世贸组织成员动用该条款的立场，并对其他成员启动的每一起特保措施调查均保持高度警觉。此次轮胎特保调查之前，美国政府虽曾六次发起对中国产品的特保措施调查，但在我国政府和业界的高度关注和交涉压力之下，最终均未采取特保措施。就此次轮胎特保措施调查，我国政府和业界自始就表明了坚决反对的态度，并多层次、多渠道对美进行了交涉。迫于我方的压力，美方也曾与我多次进行谈判。谈判中，尽管我方展现了充分诚意，但由于美方提出了诸多不合理要价，通过谈判解决轮胎贸易争端的想法未能如

① 该条规定，如原产于中国的产品进口至任何世贸成员领土时，其增长数量或所依据的条件对生产同类产品或直接竞争产品的国内生产者造成或威胁造成市场扰乱，则受此影响的成员可要求与中国进行磋商，以期寻求双方满意的解决方案。如果磋商未能在60天内达成协议，则受影响的世贸成员有权在防止或补救此种市场扰乱所必需的限度内，对此类产品撤销减让或限制进口。该条的适用自加入后12年（即2013年）终止。具体见《中国加入议定书》第16条，转引自《中国加入世贸组织法律文件》，法律出版社2002年1月第一版。

愿。一方面是双边谈判未果，另一方面是美国国内贸易保护主义势力对奥巴马政府频频施压，将是否对中国输美轮胎产品采取进口限制措施视为检验奥巴马是否兑现其竞选承诺的一把标尺，最终，奥巴马政府交出了一份对内妥协的答卷，决定对中国输美轮胎产品采取特保措施。

美方的做法招致了中国业界的强烈反对，认为其"动摇了中国轮胎企业对美国政府和美国市场的信心"。① 我国政府也发表了措辞强硬的表态。国际社会对美方采取特保措施也有颇多指责，认为这是贸易保护主义的行为。2009年9月12日，世贸组织副总干事哈拉表示："美对中国输美轮胎征收惩罚性关税是限制贸易行为，无助世界经济复苏和贸易往来，各国采取贸易保护措施应谨慎。"

由于双边交涉未能阻止美方实施特保措施，在多方都认为美方做法是贸易保护主义行为的情况下，向世贸组织讨说法便成了我方的逻辑选择。

### （二）案件进程

2009年9月14日，我方就轮胎特保措施向美方提起世贸组织争端解决机制项下的磋商请求，正式启动争端解决程序。2009年11月9日，中美双方在日内瓦进行磋商，但磋商未果。

2010年1月19日，我方请求世贸组织争端解决机构就此案设立专家组。由于中美在专家遴选上没有达成一致，2010年3月，我方请求世贸组织总干事指定专家组成员。3月12日，总干事指定了专家组组成人员。三名专家分别是：巴西前贸易部部长 Celso Lafer（担任专家组主席）、加拿大教授 Donald M. McRea 和菲律宾贸易救济调查官员 Luis M. Catibayan。欧盟、日本、台澎金马单独关税区、土耳其和越南声明作为第三方参与专家组程序。2010年11月8日，专家组向中美提交最终报告，于12月3 日向世贸组织成员散发报告。

由于上诉机构在日程安排上面临问题，经沟通，中美双方于2011年1

① 见搜狐新闻 http://news.sohu.com/20090916/n266771744.shtml。

月27日共同请求争端解决机构延长规定的60天上诉期限。2011年5月24日，我方向上诉机构提交了上诉通知和上诉书面陈述；6月14日，美方提交了被上诉方书面陈述。负责审理本案的上诉机构成员是Jennifer Hillman，Shotaro Oshima 和 Peter Van den Bossche，其中 Jennifer Hillman 是主席。7月7日至8日，上诉机构召开了听证会。9月5日，上诉机构散发报告。2011年10月5日，美方申请召开的世贸组织争端解决机构特别会议通过了本案上诉机构报告和专家组报告。

## 二、本案争议的主要问题

本案中，我方主张，美国针对来自中国的轮胎产品采取的特保措施违反了《中国加入议定书》第16条“特定产品过渡性保障机制”的有关规定。

《中国加入议定书》第16.1条规定，“如原产于中国的产品在进口至任何世贸组织成员领土时，其增长的数量或所依据的条件对生产同类产品或直接竞争产品的国内生产者造成或威胁造成市场扰乱，”则受影响的世贸组织成员可以采取相应行动，包括实施特保措施。第16.4条规定：“市场扰乱应在下列情况下存在：一项产品的进口快速增长，无论是绝对增长还是相对增长，从而构成对生产同类产品或直接竞争产品的国内产业造成实质损害或实质损害威胁的一个重要原因。”一世贸组织成员针对来自中国的产品采取特保措施需要满足三个基本条件：（1）产品的进口存在快速增长；（2）对生产同类产品或直接竞争产品的国内产业造成实质损害或实质损害威胁；（3）进口快速增长是产业损害的一个重要原因。

另外，《中国加入议定书》第16.3条规定：“受影响的世贸组织成员有权在防止或补救此种市场扰乱所必需的限度内，对此类产品撤销减让或限制进口。”第16.6条规定：“一世贸组织成员只能在防止和补救市场扰乱所必需的时限内根据本条采取措施。”前者对其他世贸组织成员采取特保措施的权利予以了确认，后者则对该项权利的行使设定了一定限度。

由于金融危机之后美国制造业整体状况都不好，美轮胎产业也不例外，加之《中国加入议定书》第16条关于损害认定的标准比较低，仅要求证明存在“实质损害（material injury）”而不是世贸组织《保障措施协定》所要求的“严重损害（serious injury）”，所以，我方未挑战“损害”问题的认定，而是将关注的重点放在了进口增长、因果关系和特保措施限度等方面。

我方认为，美国轮胎特保措施具体在以下方面违反了《中国加入议定书》：（1）违反第16.1和16.4条，因为来自中国的轮胎并不存在“快速增长”；（2）违反第16.1和16.4条，因为来自中国的轮胎并不是造成美国内产业损害的重要原因；（3）违反第16.3条，因为美采取的特保措施并不是在防止或补救市场扰乱所必需的限度内；（4）违反第16.6条，因为美轮胎特保措施超过了防止或补救市场扰乱所必需的时限。此外，我方还提出由于美特保措施违反《中国加入议定书》第16条对来自中国的轮胎加征关税，因此其也违反了《1994年关贸总协定》第1条（最惠国待遇）和第2条（关税减让）的规定。

本案中，我方的核心观点是，来自中国的轮胎未造成美国的市场扰乱，因此，美方根本不存在采取特保措施的基础。采取任何形式的特保措施都将违反世贸规则。

本案中，我与美方的争议主要集中在以下三个方面：（1）来自中国的轮胎是否存在快速增长；（2）美国特保立法关于因果关系的规定是否违反《中国加入议定书》第16条；（3）美国国际贸易委员会关于来自中国的轮胎的进口增长是美国国内产业损害的重要原因的认定，是否违反《中国加入议定书》第16条。

### （一）来自中国的轮胎是否存在快速增长

根据《中国加入议定书》第16.4条，认定存在市场扰乱必须满足的第一项条件是，“一项产品的进口快速增长，无论是绝对增长还是相对增长”。所以，中国输美轮胎在调查期内是否存在快速增长，是本案讨论的第一个关键法律问题。

根据美方在其特保裁决中使用的统计数据，我输美轮胎从2004年至

2008年出口绝对数量增幅为215.4%，但在调查期（2004年至2008年）内的增长速度有高有低。2004年至2007年的年均增长率为42.1%，其中，2007年增长最快，相对2006年增长53.7%；但2008年增幅有所下降，相比2007年增长10.8%。

从以上数据看，我输美轮胎在调查期内的出口数量是不断增长的，这是一个客观的事实。从我方抗辩角度，关键是要分析这种增长是否构成了《中国加入议定书》第16.4条所规定的"快速增长"。我方的观点是，这种增长状况并不属于"快速增长"。

**1. 对进口数据的分析**

专家组首先考察了进口增长的数据，认定在调查期内被调查产品进口量增长了215.4%，在数量上增长了3,100万条，最快速的增长发生在调查期的最后两年。在轮胎对美出口方面紧随中国之后的印度尼西亚，从2004到2008年仅增长了390万条。专家组认为，"从第一眼看"，考虑到上述数据，美国国际贸易委员会认定中国进口轮胎在绝对数量上存在"快速增长"并没有错误。中方在书面陈述中提供了进口量季度变化的数据，显示在2008年的最后一个季度进口量出现下降。专家组在一个脚注中驳回了中方关于季度进口量的抗辩，认为有关"快速增长"的法律标准并不意味着必须要考察最后一个季度的数据。

**2. "快速增长"的含义**

我方首先主张，由于《中国加入议定书》第16条使用了现在进行时态，即进口"正在快速增长"，所以，调查机关调查的数据应当是最近期的数据。第16.4条中"增长"之前的"快速"一词在世贸组织《反倾销协定》、《补贴协定》和《保障措施协定》中都没有出现，必须赋予其含义。仅仅"增长"本身并不能满足"快速"增长的要求，而是必须存在增长率比较高的增长或者是增长率连年上升。

专家组没有接受我方的这些主张。专家组认为，《保障措施协定》第2.1条也使用了进行时的语态，但根据上诉机构在以往保障措施案例中的裁决，这要求进口增长必须是“突然的”和“近期的”，但并没有要求必须是“最”近期的。专家组同时认为，“快速”并不意味着对增长率有特别的要求，增长率下降并不代表不存在快速增长。专家组还认为，调查期最后一年即2008年的增长率为10.8%，虽然与前几年相比有所下降，但并不妨碍其构成“快速”增长。

**3. “两端比较”的分析方法**

我方指出，美方所依赖的数据过于强调“两端比较”的增长率，即调查期结束时相对于调查期开始时中国输美轮胎的增长率，并以此认定存在“快速”增长。但是，中国输美轮胎的增长率在2008年，也就是调查期的最后一年发生了明显的变化，从上一年的53.7%骤然降低到10.8%。我方在此援引了专家组和上诉机构在阿根廷—鞋案［Argentina–Footwear（EC），下同］中的裁决。该案中，进口在五年内增长了一倍，但由于调查期的后期进口量下降，所以专家组和上诉机构都没有认定存在进口增长的状况。

专家组没有支持我方的观点。专家组同样也引用了上诉机构在阿根廷—鞋案中的裁决，但认为，上诉机构并不是禁止在任何情况下使用“两端比较”的分析方法，只是该案（阿根廷—鞋案）中，调查机关没有充分考虑调查期的最后两年进口在绝对和相对数量上都呈下降态势，以致只要将调查期提前一年，那么增长便会成为下降。专家组认为，本案情况非常不同。美国国际贸易委员会并没有完全依赖从起点到终点的比较，而是阐明在调查期内的每一年被调查产品都存在绝对或相对的增长。并且，本案中进口量存在“清晰不间断的上升趋势”，起点和终点的选择不会影响认定结果。

**4. 对2009年第一季度数据的采集**

为抗辩“快速增长”问题，我方提出的另外一个重要观点是，美方在调查中没有收集2009年第一季度的数据，而根据该季度的数据，从中国的进口是下降的。我方主张，美国国际贸易委员会的工作报告（staff report）是2009年6月12日完成的，在这种情况下，美方有能力，也应当收集2009年第一季度的数据。对此，美方反驳的理由是，2009年第一季度的数据即使收集了作用也非常有限，因为没有市场份额等证据作为对照。我方认为，这个理由是站不住脚的，因为进口量本身就是非常重要的数据。

专家组没有支持我方的主张。专家组认为，世贸组织在《保障措施协定》方面的裁决并没有涉及调查期选择问题的先例，只要调查期足够长，能够反映进口的增长，同时能够使调查机关专注于近期的进口即可。就《中国加入议定书》第16条涉及的调查而言，这一标准也同样适用。美方在特保调查中选择了一个长度为五年的调查期，调查期截止于调查开始四个月前。美方做法已经满足了上述标准。因此，专家组认定，美国国际贸易委员会并没有义务必须采集2009年第一季度的数据。

最后，专家组裁定，对于自中国的进口是否构成《中国加入议定书》第16.4条项下要求的“快速增长”，美方评估并非不适当。

### （二）美国特保立法中关于因果关系的规定

因果关系问题是我方在本案中的抗辩重点。抗辩分为两部分，即“法律本身”（as such）和“法律适用”（as applied）。

关于“法律本身”的抗辩，针对的是美国的特保立法。

美国《1974年贸易法》第421节（以下简称“421条款”）规定，如来自中国的产品进口至美国时，其增长的数量或所依据的条件对生产同类产品或直接竞争产品的国内生产者造成或威胁造成市场扰乱，总统可以采取必要措施进行救济。421条款还规定，认定存在“市场扰乱”需满足3个条件：（1）进口快速增长；（2）国内产业存在实质损害或实质损害威胁；（3）进口快速增长是国内产业实质损害的重要原因（significant cause）。“重要原因”是指，“对国内产业的实质损害起重要作用（contribute significantly），但并不需要大于或等于其他任何原因”。[①]

我方认为，美国421条款对“重要原因”的定义违反了《中国加入议定书》第16.4条的要求。

①19 USC §2451，《美国法典》第19章第2451节。

**1. 关于“强制性”（mandatory）和“裁量性”（discretionary）的区分**

虽然中美双方在本案的抗辩中都没有过多涉及美国的立法是“强制性”还是“裁量性”的问题，但专家组仍然在因果关系裁决的开始部分将此作为一个门槛性的问题进行了论述。

专家组援引了上诉机构的观点，认为这个问题的重要程度是根据案件的不同而不同的。上诉机构在美国—德国钢铁案（US–German Steel，下同）中裁决，欧盟并没有满足举证责任，证明美国法律强制要求美国商务部做出与《补贴协定》第21.3条不符的行为，或者实质上影响了美国商务部在日落复审中做出与第21.3条相符的裁决的裁量权。专家组指出，在本案中，这个问题的重要性不那么突出。只有在被诉方的措施虽与世贸规则不符，但却给执行机关充分的裁量权做出与世贸规则相符的行为的情况下，区分强制性和裁量性的重要性才显得比较突出，因为在这种情况下，被诉措施具有裁量性可能会使其避免被认定为违反规则。而在本案中，美方的被诉措施并没有被认定与世贸规则不符，所以，区分强制性与裁量性就显得不那么重要了。

**2. 421条款是否降低了《中国加入议定书》第16.4条要求的因果关系标准**

关于因果关系，421条款的表述是“起重要作用”（contribute significantly），而《中国加入议定书》第16.4条的表述是“重要原因”（significant cause）。

我方通过查阅字典等方式比较了两种表述的通常含义，认为“起重要作用”是比“重要原因”弱的因果关系要求，因此，421条款违反了《中国加入议定书》第16.4条。

专家组没有支持我方的主张。专家组认为，从字典含义看，“起重要作用”似乎比“重要原因”要弱，因为“起作用”的因素可以有多个，而“原因”则暗含该因素本身就可以导致结果的发生。但是，这样的比较与《中国加入议定书》第16条的语境不符。根据《中国加入议定书》第16.4条，进口快速增长只需要是国内产业实质损害的“一个重要原因”（a significant cause），而不是“原因”（the cause）。因此，一成员的立法如果规定从中国的进口只需要是造成国内产业损害多个原因中的一个，则并不因此构成对《中国加入议定书》第16条的违反。并且，专家组还认为，中美双方在本案中是将“原因”（cause）和“因果关系”（causal link）两种表述互换使用的。虽然《中国加入议定书》第16.1和16.4条都使用了“原因”的表述，但《中国工作组报告书》第246段在这个问题上则使用了“因果关系”的表述。“因果关系”已被上诉机构解释为“起作用”（contribute to）。

针对我方提出的特保条款属于对世贸组织最惠国待遇基本原则的偏离，只有在极特别的情况下才能够适用，所以对其解释应当更加严格地主张，专家组引用上诉机构在美国—虾案中的裁决认为，条约解释应当以条文本身为依据，应当符合《维也纳条约法公约》第31条和第32条的解释原则。最后，专家组指出，美方已举证表示，在美国国际贸易委员会适用其特保立法的过程中，一直将“起重要作用”解释为具有“直接和重要的因果关系”。专家组认为，这种证据虽然不是决定性的，但仍可说明421条款的“起重要作用”并不比《中国加入议定书》第16条的“重要原因”标准更低。

**3. 421条款中关于进口作为国内产业实质损害的原因不需要“大于或等于其他任何原因”的表述，是否进一步降低了421条款的因果关系标准**

对于这个问题，专家组认为，中方主张“重要”包含着与其他原因相比较显得重要的含义，但这种主张并没有得到充分的论述和证明。即使一个原因不如其他原因重要，其也可以构成符合《中国加入议定书》第16条的“重要原因”。由于美421条款中有明确的“起重要作用”的规定，这就排除了一个微小的原因也被认定为“重要原因”的可能性。

最后，专家做出裁定，421条款中规定的“起重要作用”的因果关系标准并不会使美国在认定因果关系时违反《中国加入议定书》第16条。

## （三）美国国际贸易委员会认定快速增长是实质性损害的一个重要原因是否适当

美国国际贸易委员会对因果关系的认定是否适当是本案中最重要的一个

问题，专家组用了将近一半的篇幅对这个问题进行了论证。

我方是从三个方面对这个问题进行抗辩的：（1）被调查产品与美国产品的竞争关系不支持因果关系的认定；（2）美国国际贸易委员会没有建立进口与国内产业损害之间的钩稽关系（correlation）；（3）美国国际贸易委员会没有考虑造成国内产业损害的其他替代原因。

**1.《中国加入议定书》第16条要求的因果关系分析要素**

在进入实体性分析之前，专家组首先分析了《中国加入议定书》第16条与《保障措施协定》对因果关系分析的要求是否存在不同。

（1）议定书对因果关系中关于竞争关系、钩稽关系分析的要求

我方认为，《中国加入议定书》的分析要求与《保障措施协定》是相同的，即调查机关在特保调查中应当对竞争关系、钩稽关系进行分析。美方则主张，《中国加入议定书》并没有强制要求调查机关必须对这些因素进行分析，而是可以仅根据进口快速增长或者仅根据其他因素就可以认定造成市场扰乱。美国主张的核心在于，由于《中国加入议定书》并没有要求美方对竞争关系和钩稽关系进行审查，美方对是否需要分析这两个因素完全可以自主裁量，所以，专家组不应当对美国国际贸易委员会对这两个因素的分析进行审查。

中美双方关于该问题的分歧主要源于《中国加入议定书》第16条与《保障措施协定》第2.1条的微小不同。《中国加入议定书》第16.1条的用词是，来自中国的产品“增长数量或所依据的条件……造成市场扰乱”，即增长数量与所依据条件是“或”的关系；而《保障措施协定》第2.1条则规定来自一成员的产品“增长数量以及所依据的条件……造成严重损害或严重损害威胁”，即增长数量与所依据的条件是“和”的关系。更加奇特的是，我方发现，虽然《中国加入议定书》英文版中用的是“或”，但法文版和西班牙文版都用的是“和”。

专家组认为，是否对竞争关系和钩稽关系进行分析是一个方法问题，《中国加入议定书》并没有规定调查机关应当使用什么样的分析方法。但由于美国自己也分析了竞争关系和钩稽关系，而专家组的职责是根据当事方的抗辩

对美国国际贸易委员会的裁决进行客观审查，所以专家组将对美国对竞争关系和钩稽关系的分析进行审查。

（2）非归因（non-attribution）问题

“非归因”是我方在本案中重点抗辩一个问题。我方认为，虽然《中国加入议定书》第16条与《保障措施协定》第4.2条文字不同，《保障措施协定》第4.2（b）条规定“如增加的进口之外的因素正在同时对国内产业造成损害，则此类损害不得归因于增加的进口”，《中国加入议定书》中并没有这样的表述，但对“非归因”问题进行分析应当是因果关系分析的必然要求。不能把不是进口造成的损失归因到进口上。由于《中国加入议定书》中并没有关于“非归因”的文字表述，所以，我方在抗辩过程中并没有主张在特保调查中，调查机关应当进行与常规保障措施同样的非归因分析。

在这个问题上，美方主张，《保障措施协定》中包含非归因要求，而《中国加入议定书》第16条中没有这样的要求，这说明缔约方有意排除了这样的要求。不过，美国也承认，某种形式的非归因分析是需要的，调查机关可根据案件不同的情况选择分析方法。

专家组分析认为，虽然中美双方对于《中国加入议定书》第16条是否要求调查机关进行非归因分析持不同意见，但双方最终都认为某种形式的非归因分析是需要的。在美国—绵羊案（US-Lamb，下同）中，专家组确立了常规保障措施的非归因审查要求，调查机关必须对进口造成的损害和其他原因造成的损害进行“区分与辨别”（distinguish and separate），而不能仅分析进口一个原因。专家组认为，虽然美国—绵羊案裁决的理由对于本案并不适用，但这并不意味着特保调查不需要某种形式的非归因分析。专家组进一步引用了美国—棉花补贴案（US-Cotton Subsidies, 下同）专家组和上诉机构的观点，即虽然《补贴协定》第5条和第6.3条并没有关于非归因分析的要求，但非归因分析是因果关系分析的内在要求。由此，专家组认为，调查机关根据《中国加入议定书》第16条分析快速增长和实质损害之间的因果关系时，应当将其“放在其他可能原因的背景下进行分析”。特别是，只有在快速增长造成了其他原因无法解释的损害时，才能够根据《中国加入议定书》第16条认定存在因果关系。

**2. 被调查产品与美国国产轮胎的竞争关系**

我方主张，被调查产品与美国国产轮胎之间的竞争关系是“减弱的”（attenuated），理由有三：一是被调查轮胎与美国产轮胎在替换胎市场上属于不同的细分市场；二是美国生产商的产品很大一部分集中在原装胎领域；三是美国国际贸易委员会错误地通过问卷得出被调查产品与本国产品具有替代性的结论。

专家组对此做了逐一分析。

（1）替换胎市场的不同细分市场

我方主张，美国产轮胎中属于高端的第一层级的比例最大，而中国轮胎属于低端的第三层级的比例最大。根据美国国际贸易委员会的认定，只有18.6% 的美国轮胎落入第三层级。第一层级占整个替换胎市场的70%，而这个层级中基本没有中国轮胎。美方不同意这种说法。

专家组认为，从案件记录看，虽然双方都同意美国替换胎市场分为三个层级，但对于哪些轮胎属于哪个层级，并没有一致看法。专家组专门引用了在调查中投反对票的美国国际贸易委员会委员的论述，认为这个委员也承认对于什么轮胎属于哪个层级并没有一致的看法。专家组还否定了中方关于第一层级轮胎占整个替换胎市场的70% 的观点，认为根据美方在回答问题过程中提交的数据，第一层级只占替换胎市场的51.2%。虽然中国轮胎占第一层级比例很小，但仍然同美国产轮胎在第二、第三层级存在实质性的竞争。据此，专家组认为，美国国际贸易委员会认定被调查轮胎和国产轮胎并非属于不同层级的结论并没有错误。

（2）美国轮胎生产商专注于原装胎市场

我方主张，美国国际贸易委员会认定美国产轮胎和被调查轮胎在原装胎市场存在竞争是错误的，因为被调查轮胎只占原装胎市场的0.2%—4.9%，所以被调查轮胎与国产轮胎在原装胎市场的竞争是可以忽略不计的。美方则认为，中国轮胎占原装胎市场的比例越来越高，美国产轮胎占原装胎市场比例则在日渐下降。

专家组在这个问题上基本上采纳了美方的观点，认为不应要求美国国际贸易委员会做出被调查轮胎与国产轮胎在原装胎市场的竞争可“忽略不计”的认定。

（3）依赖问卷做出进口和国产轮胎可替换性的认定是否合适

我方认为，美国国际贸易委员会不应当依据对问卷的模糊回答来认定被调查轮胎与国产轮胎存在竞争关系。美国国际贸易委员会的问卷仅笼统地问“美国产轮胎与其他国家产的轮胎是否可以替代使用”。轮胎市场本身是分为不同层级的，但问卷并没有区分不同的产品类型和特征。我方引用了阿根廷—鞋案中专家组的裁决，认为美国国际贸易委员会的问卷过于主观和宽泛。

美方则认为，在阿根廷—鞋案中，调查机关根本没有分析竞争关系，仅对国内生产商和进口商相互矛盾的观点进行了一下总结，但美国国际贸易委员会的问卷答案则是与其他证据一致的。

对此，专家组支持了美方的主张，认为美国国际贸易委员会依赖问卷进行裁决并没有错误。

最后，专家组认定美国国际贸易委员会在竞争关系的分析上并没有错误。

### 3. 进口增长与损害之间的钩稽关系

根据《中国加入议定书》第16.4条，认定是否存在市场扰乱，应考虑的因素包括进口量、进口产品对同类产品或直接竞争产品价格的影响以及此类进口产品对国内产业的影响。依据该条规定，专家组首先考察了进口与国内产业总体的钩稽关系，接着考察了进口对国产品价格的影响。

（1）总体钩稽关系

在轮胎特保措施调查中，调查期内（2004—2008年）被调查产品的进口一直呈上升趋势，美国内产业的各项指标均呈下降趋势。但是，在2007年，美国内产业的利润、价格、生产率、开工率、资本支出等指标显示上行势头。随后的2008年，美国内产业的各项指标又都转头向下。

结合本案事实，我方主张，认定进口快速增长与国内产业损害直接的因果关系不能仅进行“两端分析”，而应当考察进口增长的幅度与国内产业损害指标下行的幅度是否相符。被调查轮胎进口的增幅在2007年达到最高，但2007年美国国内产业的各项指标处于调查期内最好的状态，甚至实现了赢利。2008年被调查产品进口增幅为调查期内最低，但美国内产业各项指标却处于谷底。

美方不同意我方观点，认为只要存在整体上的钩稽关系就可以满足《中国加入议定书》16条的标准，不应仅因进口增长趋势和国内产业损害指标下行趋势之间的微小背离而否认二者之间存在钩稽关系。

专家组没有支持我方的主张，认为分析进口增长与国内产业损害之间的钩稽关系并不是精确的科学，所以不能要求进口增长的幅度与国内产业指标下行的幅度完全匹配。专家组还引用了美国—钢铁保障措施案（US-Steel Safeguards）专家组的论述，认为重要的是进口与产业损害之间整体的钩稽关系，而不是个别指标的趋势是否完全重合。本案所涉调查中，进口逐年上升和国内产业指标整体处下降态势的事实已经足以表明进口增长与国内产业损害之间存在钩稽关系。由此，专家组认为，美国国际贸易委员会关于整体钩稽关系的认定与其他因素的考虑一起，足以认定来自中国的进口是造成美国国内轮胎产业实质损害的“重要原因”。

（2）价格抑制

我方在关于钩稽关系的抗辩中主张，在来自中国的进口增长的同时美国产轮胎的价格一直在上升，而不是下降。关于此点，美方则认为，美国产轮胎价格上升主要是因为成本上升，并且由于中国进口轮胎的存在，美国产轮胎价格上升的幅度要小于成本上升的幅度。专家组认可了美方的这项主张。

美国国际贸易委员会认定来自中国的轮胎对美国产轮胎造成价格抑制，其依据的问卷答复显示，在120种情形中有119种情形下来自中国的轮胎价格比美国产轮胎便宜。我方指出，美国国际贸易委员会的问卷将不同层级的轮胎混在一起，不能说明问题。美方则主张，美国国际贸易委员会考察了六种不同的轮胎产品，每一种都是根据尺寸、速度、适合路况等进行的归类，并且在中国轮胎进口量最大的2008年，价格抑制的幅度最大。

专家组支持了美方的主张，认为美方关于价格抑制的问卷按照尺寸、路况、速度等将轮胎产品分为六种，这种分类已经足够细致，并且美国国际贸易委员会还专门针对替换胎市场的情况发放了问卷，避免将原装胎和替换胎混淆，因此问卷不会造成高等级轮胎与低等级轮胎的不恰当比较。并且，专家组也没有支持我方关于价格抑制与美国国内产业利润之间不存在钩稽关系的主张。专家组认为，调查机关只需要认定存在总体的钩稽关系，而利润只是多种因素中的一种，并不影响总体钩稽关系的认定。

最后，专家组裁定，美国国际贸易委员会依据进口增长与国内产业指标下行之间的总体钩稽关系来认定“重要原因”，符合《中国加入议定书》第16.4条的规定。

**4. 进口增长之外的其他因素对国内损害的非归因分析**

在这一部分抗辩中，我方提出了造成美国国内产业损害指标下行的其他三个方面的原因：一是美国国内生产者的经营策略调整，二是需求的变化，三是来自其他国家的进口。我方还主张，美国国际贸易委员会除了单独考察这三方面的原因，还需要考虑这三个原因累积的结果。美方则主张，美国国际贸易委员会已经考虑了中方提出的这些原因。

专家组依次考察了中方提出的主张，同时再次重申了其在非归因方面的考察原则，即只有进口快速增长对国内产业造成了其他原因所不能解释的损害时，《中国加入议定书》第16.4条要求的因果关系才能够成立。

（1）美国国内产业经营策略调整问题

我方主张，美国国内轮胎生产者转变经营策略，退出低端替换胎市场，将低端轮胎的生产转移至中国等成本较低的国家，是造成美国国内产业若干指标下行的一个原因。

专家组认为，中方的主张提出了一个重要的、美国国际贸易委员会必须解决的问题。尤其是在本案中，美国国内产业并不支持发起调查，一些国内生产商还声称其并没有受到来自中国的进口造成的实质损害，即使美政府采取救济措施，其也不打算改变经营策略。

专家组认为，美国国际贸易委员会对这个问题进行了分析。在详细分析中方在此问题项下提出的具体主张之前，专家组首先反驳了中方提出的美国内生产者作为全球化的生产商实际从中国的低成本生产中获益的主张。专家组认为：第一，被调查产品存在对美国产品的价格抑制，说明被调查产品进口的增长对美国内产业并不是无害的；第二，如果说被调查产品的进口是填补国内产业转移留下的空当，那么被调查产品和来自其他国家的进口产品都应当从这种产业转移中获益，但事实情况却是来自其他国家的轮胎进口增长极小；第三，在来自中国的轮胎进口增长幅度最大的2007年，虽然美国轮胎行业赢利状况最好，但10项产业指标中仍然有3项是下行的。并且，在来自中国的轮胎进口绝对量最大的2008年，美国内产业状况最差；第四，中方主张美国内生产者本身就是被调查产品的进口者，但实际上，在2008年美国内生产者的进口只占23.5%；第五，美国内产业的赢利状况与从中国进口轮胎之间并没有指标上的联系。2004—2008年，美国生产商进口的中国轮胎增长了163%，但美国内产业的赢利下降了4.8%。2006—2007年，虽然美国内生产商赢利增加了5.5%，但其从中国进口的轮胎仅增长了3.6%。2007—2008年，美国内生产商进口中国轮胎增长了33.6%，而其赢利状况却下降了6.9%。

随后，专家组对我方主张的几个因素进行了分析。

①工厂关闭

专家组认为，核心问题是，到底是美国内生产商关闭工厂转移生产从而造成被调查产品进口的增加，还是被调查产品进口的增加造成了国内生产商工厂的关闭。在这个问题上，美国国际贸易委员会依据三个工厂关闭的情况进行了裁决。专家组接下来对三个工厂的情况进行了分析。对于美国国际贸易委员会没有作为裁决依据的工厂关闭情况，专家组没有考虑。

首先是大陆轮胎公司夏洛特工厂的关闭。专家组仔细分析了大陆轮胎公司关闭夏洛特工厂时发布的新闻，其中称，其关闭工厂的原因是“来自全球的竞争压力，因为‘我们’在海外的生产更加便宜”。由此专家组认为，大陆轮胎公司所称面临的全球竞争是来自该公司位于海外其他分厂的竞争。由于大陆轮胎公司在中国没有工厂，所以其所称来自全球的竞争不包括来自中国的竞争。同时，专家组还注意到，一个大陆轮胎公司的前雇员在美国国际贸易委员会作证时称，中国的进口与夏洛特工厂的关闭没有关系。因此夏洛特工厂的关闭不应当归因于来自中国的进口。

第二是石桥公司俄克拉荷马工厂的关闭。专家组同样仔细考察了石桥公司在该工厂关闭时的新闻发布，其中称该工厂“生产的轮胎是需求下降的低端轮胎”，并且“来自低成本国家的竞争加剧”。专家组由此认为，需求的变化是石桥公司关闭工厂的原因之一。但同时“来自低成本国家的竞争加剧”意味着需求变化并不是工厂关闭的全部原因。为了说明“来自低成本国家的竞争”中包括来自中国的竞争，专家组又仔细对比了来自中国的轮胎和来自其他国家轮胎的价格，认为从2004年到2006年中国轮胎对美国产轮胎的价格抑制逐年上升，而来自其他国家的轮胎一直比中国轮胎价格要高。随后，专家组又分析了中国轮胎与其他国家轮胎在美国市场的数量和市场占有率的情况，称2004—2006年（俄克拉荷马工厂2006年关闭）来自中国的轮胎数量在上升而其他国家轮胎数量在下降，并且中国轮胎的市场占有率从4.7%增长到9.3%，增长了将近一倍，其他国家轮胎市场占有率增长很少，仅从31.9% 增长到34.5%。另外，专家组还注意到，一个石桥公司的高级雇员曾经在新闻中表示：“来自韩国和中国的低成本轮胎涌入市场是工厂发生经济问题的原因之一。”由此，专家组认为，美国国际贸易委员会可以将石桥公司俄克拉荷马工厂的关闭归因于来自中国的进口。

第三是固特异公司泰勒工厂的关闭。专家组同样考察了该公司发布的与石桥公司类似的新闻表述，认为“低成本进口的竞争”应当包括来自中国的轮胎的竞争。专家组还在脚注中引用了提起特保调查申请的美国钢铁工人联合会的职员提供的证言，称固特异公司曾经明确表示，低价进口产品，包括来自中国的产品的竞争，是关闭工厂的原因。

接下来，专家组又试图解决一个难题，即三家工厂的关闭实际上都发生于2006年（固特异公司工厂的实际关闭虽然在2008年，但决定是2006年做的），而当时来自中国的轮胎进口尚未达到高峰。专家组认为，2006年来自中国的轮胎进口虽然增长率还没有达到最高，但相对2004年也已经增长了85%。虽然进口增长最快的年份还没有到来，但增长85% 本身已经足够使美国国际贸易委员会认定这些增长与中国的进口有关。至于来自中国的轮胎进口与来自其他国家的进口作为损害的重要程度比较，专家组认为其之前对中国轮胎与其他国家轮胎在对美国产品的价格抑制程度、增长率等的比较已经可以说明问题。

专家组认为，中方没有提供充分可信的证据证明美国生产商关闭低端生产厂是出于自愿的行为。

最后，专家组又对美国生产商对此案的反应进行了评论，认为：虽然没有美国生产商支持发起特保调查，但是10个生产商中只有4个表示没有受到被调查产品的严重损害，其他生产商或者表示不便回答，或者没有表达立场。专家组又继续评论认为，虽然有些生产商表示即使美政府采取救济措施也不会改变其生产方式，但这主要是因为救济措施只能持续三年时间，生产商因为如此短暂的救济而改变生产没有必要。

②美生产商对被调查产品的进口

关于美生产商对被调查产品的进口，专家组认为，美国国际贸易委员会认定美生产商并非自愿放弃低端轮胎的生产是正确的，因为如果美生产商自愿放弃生产，那么他们对被调查轮胎的进口应该多很多，但实际上美生产商进口只占被调查产品总进口量的23.5%。

③中国生产商购买轮胎生产设备

有关中国生产商购买轮胎生产设备的报道也被美国国际贸易委员会引用，作为认定中国进口迫使美生产商改变了生产策略的证据。我方主张，这样的事实只能作为认定“损害威胁”的证据。专家组则认为，这样的证据与关于其他事实的证据一起可以认定国内产业停止对低端轮胎的生产是否是由于被调查产品的进口造成的。中国在2008年前10年就开始增加产能了，而中国当时已经占世界轮胎生产能力的一半，这足以使美国生产商认为中国进口必然会占据一定的市场份额，从而做出调整生产策略的决定。一个“公正客观的调查机关”有理由据此认定，2006年美生产商做出关厂的决定与中国进口有关。

在就经营策略问题的分析进行最后归纳时，专家组指出，在经营策略问题上，美国国际贸易委员会的多数意见和少数意见完全不同，且两者都以同样的证据为依据。多数意见认为，美国生产商改变经营策略本身就是中国进口的结果，而少数意见则认为，将生产转移至中国的经营策略是独立的，在进口增长之前就已经开始了。专家组认为，在这种情况下不能简单地在多数和少数意见中选择一种观点。根据其自身的分析，进口增长与经营策略之间无法截然分开，两种说法都有可能是对的。因此，专家组认为，在这种情况下无法认定美国国际贸易委员会的分析是错误的，应当由中方就此建立表面证据确凿的案件（prima facie case），但中方没有完成这种证明。

（2）需求变化

我方主张，调查期内需求的变化也是造成美国国内产业损害的一个原因。从2004到2008年，表观消费量下降了10.3%，只有2007年稍有上升。美方则认为，需求在整个调查期内并不是呈持续下降的趋势，而是一种波动的状态。并且，在2006年和2008年，虽然需求和美国国内产业指标均呈下降态势，但是国内产业的指标的下降远远超过需求的下降。

专家组支持了美方的观点。在分析过程中，专家组始终围绕关于非归因的法律标准，考察是否存在无法归因于需求下降的美国国内产业的损害。专家组认为，美国国际贸易委员会的报告中虽然没有专门的章节对需求进行分析，但的确涉及了需求问题，并且认定存在由进口造成的、不可归因于需求的损害。

专家组主要引用了美国国际贸易委员会对于被调查产品市场份额变化的

分析。被调查产品的市场份额从2004年的4.7% 增长到2008年的16.7%，增长了12个百分点，最大的增幅发生在2006年和2007年。2008年，需求下降了6.9%，中国轮胎进口却仍然增加了10.8%，但同时，第三国轮胎的进口量下降了6.6%，与需求下降的幅度大致相符，美国轮胎则下降了11.1%，吸收了几乎所有需求下降的量。随后，专家组又针对我方所主张的需求下降与美产业损害之间所具有的钩稽关系进行了分析。专家组认为，2004—2005年需求轻微下降了0.8%，2005—2006年下降了4.4%，2006—2007年增加了1.6%，2007—2008年又有较大幅度的下降，这些数据显示调查期内的需求并不是持续下降，而是呈波动态势。专家组还进一步认为，需求与美国国内产业损害之间并不存在钩稽关系。理由主要是，如果二者存在钩稽关系，则2006年到2007年需求的上升应该带来产业指标的上升，但该年度产业的许多指标仍然呈下降趋势。2005年，需求仅下降了0.8%，但美国内产业各项指标下降的幅度与需求上升1.6% 的2007年类似。对于需求均存在下降的2004年和2008年，损害指标下降的幅度比需求下降要大很多。2008年需求的下降（6.9%）比2006年（4.4%）要大得多，但在损害指标上，虽然出货量和净销售额的下降2008年相比2006年要大很多，但产量的下降却基本持平。

最终，专家组认为，美国国际贸易委员会将损害归因于被调查产品的进口是正确的。

在此，我们似乎可以看到，专家组在分析需求与损害的钩稽关系时，使用了与前面分析中国轮胎进口与损害的钩稽关系不同的标准。在前面，专家组认为，钩稽关系的认定并非精确的科学，不能要求进口增长与损害指标下行的幅度完全匹配，只要存在整体上的钩稽关系即可；但在分析需求下降与损害之间的钩稽关系时，专家组又非常细致地对多个具体损害指标进行分析，认为这些损害指标不能与需求下降的幅度完全匹配，所以需求下降与产业损害之间并不存在钩稽关系。

关于原装胎市场需求的下降方面，我方主张，原装胎市场需求下降比替换胎市场更加显著，而美国国内产品有很大一部分（20%）销往原装胎市场，所以，美国国际贸易委员会应当单独对原装胎市场进行考察。专家组没有认可这一主张，认为原装胎市场需求在整个调查期内下降了28%，而替换胎市场则下降了33%，原装胎市场需求下降并不比替换胎市场更加显著。

我方主张，在2008年的金融危机中，美国汽车产业几乎崩溃，需求也进一步减少了，而美国国际贸易委员会对这一点并没有充分分析。美方则主张，即使在2008年，被调查产品的进口仍然在增长。专家组支持了美方的主张，认为在2008年需求大幅下降的情况下中国轮胎进口仍在增长，使美国国内产业吸收了几乎所有需求下降带来的损害，这说明被调查产品对国内产业造成了需求下降所无法解释的损害。

专家组又考察了我方提出的需求向大轮胎转移等主张，并最终得出结论，认为美国国际贸易委员会对需求变化的分析以及美轮胎产业的损害应归因于被调查产品的进口而非需求下降的结论并不存在错误。

（3）非被调查产品

我方认为，美国国际贸易委员会没有对来自其他国家的轮胎，即非被调查产品的进口对美国内产业的影响进行适当分析。正如持反对意见的国际贸易委员会委员指出的，来自其他国家的轮胎在数量上使中国轮胎相形见绌。虽然非被调查产品在美国市场上所占的份额从87.1% 下降到66.9%，来自中国的轮胎所占的市场份额一直在上升，但也不过从12.9% 上升到33.1%，始终少于非被调查产品。我方还主张，非被调查产品虽然比中国轮胎价格贵，但仍然比美国国内生产的轮胎更便宜。来自印尼的轮胎甚至比来自中国的轮胎更便宜。

美方主张，在调查期内来自其他国家的轮胎进口所占的市场份额和绝对数量都相对恒定，而中国轮胎则呈现大幅增长，所以是中国轮胎而不是来自其他国家的轮胎代替了美国轮胎的销售。

专家组没有支持我方的主张。专家组认为，虽然非被调查产品相对美国国内产品价格便宜意味着其对美国产品有负面影响，但是由于中国轮胎价格比其他国家轮胎更加便宜，所以对美国国内产业造成的不利影响更大。印尼的轮胎虽然比中国轮胎更便宜，但其所占的市场份额非常小，增长的幅度也非常小。2008年，美国的表观消费量下降了2,400万条，而来自中国的轮胎则增长了45万条。中国轮胎2004年在进口轮胎中仅占第四位，而2008年已经上升至第一位。专家组认为，美国国际贸易委员会对非被调查产品的进口造成的损害进行了适当分析，也没有不适当地把非被调查产品造成的损害归因于被调查产品。

对于其他原因造成的损害，专家组认为，中方仅主张美国国际贸易委员会没有对其他原因进行充分分析是不够的，中方必须先主张其他原因对美国内产业造成损害并有可能切断中国进口与美国国内产业损害之间的因果链。中方在这一点上没有完成举证责任。中方主张，美国国际贸易委员会应当综合考察所有其他原因造成的损害是否作为一个整体，有可能切断中国进口与美产业损害之间的因果关系。对此，专家组同样认为中方没有举证证明，在本案中其他原因造成的损害已经大到使被调查产品的进口不能被认定为“重要”的程度。

最终，专家组认定，美国国际贸易委员会在认定中国轮胎进口的快速增长是美国内损害的“重要”原因上并无不当。

对于最后两个诉点，即美特保措施因超过必要的限度和时限而违反了《中国加入议定书》第16.3条和第16.6条的主张，我方最主要的观点是，从本案特保调查所涉事实看，采取任何特保措施都是不适当的。由于美方并没有将中国进口造成的损害和其他原因造成的损害区别开来，所以在此基础上采取的救济措施必然是超过必要限度及时限的。专家组则认为，在《保障措施协定》中存在“非归因”的明确要求，所以以往上诉机构的裁决认为，如果调查机关没有进行“非归因”分析，则起诉方就可以建立表面证据确凿的案件，主张调查机关采取的措施超过了必要限度。但是，《中国加入议定书》中并没有“非归因”的明确规定，所以单纯主张调查机关没有进行“非归因”分析并不能建立表面证据确凿的案件。

## 三、上诉阶段

本案专家组报告发布后，我方立刻发表声明，对专家组裁决表示遗憾，并表示将提起上诉。

在经过反复评估专家组报告后，我方选取了两个上诉点：一是专家组关于“进口快速增长”的裁定。我方认为，专家组在这个问题的裁决上存在错误，因为美国国际贸易委员会没有正确评估来自中国的进口是否满足《中国加入议定书》第16.4条规定的条件；二是专家组关于因果关系问题的裁定。在这个上诉点上，我方未再涉及美国421条款的“法律本身”违反问题，而是主张专家组认定来自中国的进口快速增长构成美国内产业损害的“一个重要原因”存在错误。遗憾的是，上诉机构未支持我方的两项上诉主张。

### （一）进口快速增长

关于进口快速增长，我方首先提出，由于《中国加入议定书》第16.4条的条文表述，在语法上使用的是现在进行时态，所以调查机关应当考察“最近期”的进口增长情况。上诉机构认为专家组在关于这一点的裁决上并没有错，因为调查机关通常并不掌握实时的进口数据，所以其并不是必须考察最近期的进口增长，而只需要考察可以合理表明当前进口趋势的“足够”（sufficiently）近期的进口情况。其次，我方提出，由于《中国加入议定书》第16.4条要求存在“快速”增长，这意味着进口的增长率应当是逐年上升的。上诉机构认为，从“快速”一词的通常含义上，并不能看出其要求增长率呈上升趋势。虽然增长率上升有助于表明存在快速增长，但这并不意味着仅在增长率上升的情况下才存在快速增长。

### （二）因果关系

关于“重要原因”问题的理解，上诉机构认为，根据《中国加入议定书》第16.4条，进口增长应当构成国内产业实质损害的“一个”重要的原因，当然，进口增长必须是“重要”原因而不仅仅是普通原因。“重要”作为修饰词并没有出现在反倾销、反补贴等协定中，但这并不意味着《中国加入议定书》比世贸组织其他有关贸易救济的协定规定了更加严格的因果关系要求。虽然反倾销、反补贴协定中仅要求进口增长是损害的“原因”而没有要求是“重要原因”，但是上诉机构在以往的案件中已经将该协定中的“原因”解释为“真实和实质性的”（genuine and substantial）原因，这样的标准已经高于普通的“原因”。上诉机构还认为，第16.4条仅要求国内产业存在“实质损害”，而《保障措施协定》中的要求是进口对国内产业造成“严重损害”，前者要求的损害程度更低，由此也可以推断其对进口造成的影响的要求更低。最后，上诉机构认为，从《中国加入议定书》第16条的目的和宗旨看，其是为成员国国内产业提供一个临时的救济，只要进口快速增长构成国内产业实质损害的一个“重要原因”，而无须是一个“特别强大和实质性的原因”，就可以进行临时救济。

对于因果关系的分析方法，上诉机构认为，进口产品和国内产品之间更强的竞争关系以及进口和国内产业损害之间更紧密的钩稽关系，有助于说明进口与国内产业损害之间存在因果关系，但调查机关可以根据具体案情的不同进行具体分析，调查机关需要做到的是进行合理和充分的解释。对于《中国加入议定书》第16条是否要求分析其他原因，上诉机构认为，虽然第16条没有关于“非归因”的要求，但仍需对其他因素造成的损害进行“某种形式”的分析。分析的程度取决于其他因素造成的影响以及具体案件的事实和情形。

随后，上诉机构对我方在因果关系抗辩中提出的竞争关系、钩稽关系和其他因素三个方面进行了分析。

在关于竞争关系的分析中，上诉机构认为，虽然来自中国的进口轮胎在替代胎市场的第一等级和原装胎市场所占份额较少，但替代胎市场的第二、第三等级轮胎占整个市场的比重更大，而来自中国的进口轮胎占这两个等级的比重很大。从整体市场的竞争关系来看，来自中国的进口轮胎与美国国产轮胎的竞争状况，足以支持美国国际贸易委员会和专家组认定中国轮胎的进口是美国内产业实质损害的“一个重要原因”。

在关于钩稽关系的分析中，上诉机构认为，《中国加入议定书》第16条并没有比世贸组织其他有关贸易救济的协议规定更加严格的钩稽关系，美方所主张的“整体上的”钩稽关系足以支持关于“重要原因”的认定。上诉机构认为，在进口增长的同时，美国内产业的损害指标，包括市场份额、产量、产能、销量、就业等逐年下降，其他损害指标如开工率、生产率等在四年调查期中三年存在下降。虽然2007年利润指标存在上升，但这并不影响整体上的钩稽关系的建立。最终，上诉机构支持了专家组在钩稽关系上的裁决。

在关于其他因素的分析中，上诉机构首先分析了专家组采用的法律标准。专家组在其裁决中认为：“《中国加入议定书》第16.4条项下的因果关系，只有在进口快速增长造成了其他因素所不能解释的损害时才能够成立。”专家组建立的这项法律标准在上诉阶段是我方的重点挑战对象。我方认为，根据专家组的这个法律标准，只要进口增长造成了其他因素所不能解释的损害影响，不管这个影响有多么细微，都应当认定进口增长是美国国内产业损害的一个重要原因。上诉机构认为，单独看专家组建立的这种法律标准的确会产生中方所主张的理解，并且专家组在分析2008年衰退的过程中也的确提及2008年衰退并不能“完全”解释国内产业的损害。上诉机构认为专家组在这个问题上的表述非常不高明（unfortunately worded），但又认为这并非专家组的本意，因为专家组在其裁决的“其他地方”已经明确指出，第16.4条要求进口增长必须构成国内产业损害的“重要”原因。因此，上诉机构认为专家组在建立考察其他因素影响的法律标准问题上并没有错误。

上诉机构随后分析了我方主张的可能解释国内损害的其他因素，包括美国内产业的经营策略、需求变化和非被调查产品的进口三个方面。关于经营策略，上诉机构认为，中方提出的许多主张涉及专家组对美国国际贸易委员会裁决的事实基础的评估，属于《争端解决谅解》第11条项下有关专家组是否正确履行其职能的范畴，应当在第11条项下进行考察，但上诉机构并没有支持中方在第11条项下的主张，因此上诉机构最终未支持中方在经营策略问题上的主张。关于需求变化，上诉机构认为，专家组已经对在2008年衰退期间中国进口仍继续增长的情况进行了充分说明，所以支持了专家组裁决。关于非被调查产品的进口，上诉机构认为，美国国际贸易委员会对非被调查产品的市场竞争影响进行了充分分析，并且来自中国的进口产品价格低于非被调查产品。最后，上诉机构支持了专家组的裁决，认为美国国际贸易委员会并没有不适当地将其他因素造成的损害归因于进口。

## 四、案件的影响与启示

轮胎特保案是一起引起了广泛影响的贸易争端。两年多来，中美之间围绕轮胎特保措施在双多边进行了频繁互动和博弈，双方各有得失。

### （一）我方关于轮胎特保案的总体应对效果良好

在美方酝酿实施轮胎特保措施的过程中及之后，我国政府和业界采取了一系列积极的应对行动。首先是在双边层面，我方一方面在舆论上旗帜鲜明地抨击美方的贸易保护主义做法，并争取到了国际舆论的同情、理解和支持；另一方面对美进行了多层级的交涉，并最终成功迫使美方意识到了特保问题的敏感性，感受到了中方强烈反对特保措施的严正态度和立场。在我方的压力之下，美国政府在其决策后期多次派出代表团与我方进行谈判，希望不因轮胎特保措施导致双边经贸关系出现不可控局面。其次是在多边层面，我方在美国总统奥巴马宣布实施轮胎特保措施后的第四天，便将美轮胎特保措施诉诸世贸组织争端解决机制，坚定地表达了我方反对贸易保护主义的信心。

原本，美国国内有一种声音认为，通过轮胎案可以打开特保措施之门，从此，美国内产业可能更频繁地利用特保措施抑制中国产品的竞争。但两年来的实践显示，并没有出现美方贸易保护主义人士期待的、我方关注的局面，即在美国国内特保调查申请蜂拥而至，其他国家相继跟进采取特保措施。由此我们可以看出，中国政府对于美—轮胎特保案的应对和处理是得当的，效果良好。

### （二）美采取轮胎特保措施的国内政治考量明显

无论从美方实施轮胎特保措施当时的美国内政治背景，还是从该措施实施两年来的实际效果看，美方的做法只不过是为转嫁国内政治压力采取的贸易保护主义措施，并未能真正救济其国内产业，并未能解决其长期居高的失业率，可此举却严重损害了中方的正当贸易利益。2010年，美国从中国进口的轮胎数量比2009年下降23.6%,2011年上半年进口量继续同比下降6%。与此同时，美国2010年从全球进口的轮胎数量比2009年增长20.2%,2011年上半年进口量继续同比攀升9%。数据表明，美特保措施只是导致了扭曲贸易的后果，损人且未利己。

轮胎特保案也再一次反映了美方的惯常思维和做法，即只要是其国内有政治压力，它往往会眼睛向外找茬，把矛盾转嫁给其他国家。眼下美国热议中国汇率问题又是一个例证。中国国家主席胡锦涛2011年1月22日在纽约会见美国总统奥巴马时曾表示，美方对中国输美轮胎采取特保措施不符合两国利益，类似事情不应该再次发生。我们认为，这既是中方对特保措施再一次表达关注，同时也是对美方“不良习惯”的一种警示。

### （三）理性对待多边争端的裁决结果

我方对世贸组织专家组和上诉机构关于轮胎特保措施案的裁决感到遗憾。总体上看，专家组和上诉机构限于其职权，只是拘泥于文字表述就规则谈规则，没有也无法跳脱表面上的规则，从世贸组织所崇尚和遵循的自由贸易、公平贸易的理念高度，审视美方的轮胎特保措施。这或许是裁决结果与各方观感之间存在较大落差的重要原因。从本案裁决结果我们还感受到，对于特保条款这种仅适用于中国的规则，除去规则本身规定的一些约束外，我们很难寄希望于专家组和上诉机构在相关争端中做出更加严格的解释。

此外，美方调查机关执行规则的法律技术水平是值得我们借鉴的。多数舆论认为美方实施的轮胎特保措施是贸易保护主义措施，其国内政治考量显而易见。但就是这样一起调查，美国调查机关却能周全地考虑到相关规则的各种要求，使其最终的调查结论能够经受起世贸组织专家组、上诉机构的仔细评估。其效果是，多方都认为美方实施特保措施的目的并不正当，但美方实施特保措施的技术手段却并未违规。站在公平、正义的角度看，这种局面是尴尬的、不能令人接受的。然而，这就是现实！这或许就是一种运用规则的能力和水平问题，抑或就是“软实力”的一部分。

**附件**

## 诉美国轮胎特保案大事记

2009年9月14日，我方向美方提起磋商请求。

2009年9月24日，美方接受磋商请求。

2009年11月9日，中美双方在日内瓦进行磋商。

2010年1月19日，我方请求世贸组织争端解决机构就此案设立专家组。

2010年3月12日，专家组成立。

2010年3月12日，世贸组织总干事指定专家组组成人员。

2010年4月9日，我方提交第一次书面陈述。

2010年5月7日，美方提交第一次书面陈述。

2010年6月1日至2日，专家组第一次听证会及第三方会议。

2010年6月18日，当事方提交第一次书面问题答复。

2010年6月23日，当事方提交第二次书面陈述。

2010年7月20日至21日，专家组第二次听证会 。

2010年8月6日，当事方提交第二次书面问题答复。

2010年9月24日，专家组向当事方提交中期报告。

2010年11月8日，专家组向当事方提交最终报告。

2010年12月3 日，专家组报告公开散发。

2011年1月27日，中美双方共同请求争端解决机构延长规定的60天上诉期限。

2011年5月24日，我方向上诉机构提交了上诉通知和上诉书面陈述。

2011年6月14日，美方提交了被上诉方书面陈述。

2011年7月7日至8日，上诉机构召开听证会。

2011年9月5日，上诉机构散发报告。

2011年10月5日，美方申请召开的世贸组织争端解决机构特别会议通过了本案上诉机构报告和专家组报告。

校稿：谢伟　童杰

# 诉欧盟皮鞋反倾销措施案评析

张昊

## 一、案件缘起

### （一）欧盟对华皮鞋反倾销措施

1995—2005年，欧盟曾对中国出口皮鞋实施长达10年的配额限制。2005年，欧盟根据其在中国加入世贸组织时所做的承诺取消了配额限制。然而，同年5月30日，欧委会收到来自欧洲鞋业联合会（CEC）的申请，要求对来自中国的皮鞋进行反倾销调查；7月5日，欧委会正式启动反倾销调查。2006年10月欧委会裁定，对中国皮鞋实施为期两年的反倾销措施。2008年6月30日，在该反倾销措施即将期满之际，欧洲鞋业联合会（CEC）申请复审，要求继续延长反倾销措施。2009年12月22日，欧委会决定将反倾销措施再延长15个月，至2011年3月31日。

欧委会在原审调查中使用了抽样的方法。调查启动后，在欧委会规定15

天的期限内，有163家企业表明了它们的出口商身份，并因此被调查机关认定为合作方。调查机关为确定倾销而将4家中国最大皮鞋生产商作为抽样样本，之后又将样本扩大至13家，代表了大约25%的出口商。

所有被抽样的生产商都申请了“市场经济待遇”（market economy treatment，MET）。在这13家之中，有1家没有提交抽样问卷，因为它事先就申请了“市场经济待遇”，因而它认为对其倾销幅度的计算应当是基于可获得事实（facts available），但是其“市场经济待遇”申请被驳回。对于其他12家抽样生产商，欧委会裁定它们都不符合欧盟《反倾销基本条例》第2（7）条（c）项规定，因而拒绝给予“市场经济待遇”。所有被抽样的生产商也都申请了“分别裁决”（IT），但是欧委会认为它们不符合欧盟《反倾销基本条例》第9（5）条的要求。另外有4家未被抽样的生产商要求欧委会分别计算其幅度，但是被拒绝，欧委会的理由是，此举将给其调查造成负担，妨碍其调查按时完成。在欧委会采取临时反倾销措施后，在这12家被抽样的生产商当中，有一家企业金履鞋业（Golden Step），在原来的“市场经济待遇”申请被拒绝后重新提交了一份内含重要变化的证据，欧委会考虑了这种变化，决定重新考虑其最初的决定并给予其“市场经济待遇”。

欧委会采用巴西作为替代国来计算正常价值，数据来自3家合作的巴西生产商。对于金履鞋业，由于其在调查期内未进行国内销售，因而对其倾销幅度的计算是基于结构正常价格，其管理、销售和一般费用（SG&A）以及利润的金额是依据最近在其他反倾销调查中获得“市场经济待遇”的中国生产商的管理、销售和一般费用以及利润，但这些生产商并不属于鞋这个行业。

调查机关按照欧盟《反倾销基本条例》第2（8）条的规定来计算产品的出口价格，即实际支付的出口价格。被抽样产品的倾销幅度是根据正常价格的加权平均值和出口价格的加权平均值的比较计算出来的。这个倾销幅度同时被适用于所有未被抽样的中国生产商。但是，金履鞋业公司例外。在采用被抽样的生产商提供的出口价格信息时，调查机关只采用了其认为可靠的信息，而非采用所有被抽样生产商的信息。有4家被抽样的生产商所提供的出口价格信息被认为是不可靠的，因为它们提交了不可信的交易清单。而对于金履鞋业公司的倾销幅度的计算，则是基于其本身的出口价格和上述结构正常价格的比较得出的。

欧委会在损害裁决中，将支持采取反倾销措施并与欧委会进行合作的生产商视为欧盟国内产业（也就是当时欧盟范围内代表42%被调查产品产量的814家生产商）。[①]欧委会鉴于合作生产商的数量，在调查和损害评估中对生产商进行了抽样，相应地选取了10家欧盟生产商作为样本。为了进行损害分析，欧委会从宏观经济层面（根据所有欧盟产品的数据）[②]和微观经济层面（根据被抽样的欧盟生产商的数据）[③]对损害指标进行了分析。

欧委会根据上述分析和信息，裁定自中国进口的产品对欧盟国内产业造成实质损害。欧委会于2006年10月做出裁定，对中国皮鞋实施为期两年的反倾销措施。

2008年6月30日，在该反倾销措施即将期满之际，欧洲鞋业联合会（CEC）又申请欧委会发起期终复审，2008年10月3日，期终复审启动。2009年12月22日欧委会决定将反倾销措施再延长15个月至2011年3月31日。

在复审中，欧委会在确定倾销时使用了抽样方法。复审调查启动后，在欧委会规定15天的期限内，有58家中国企业表明了它们的出口商身份，并因此被调查机关认定为合作方。被抽样的有7家企业，包括在原审中被给予“市场经济待遇”的金履鞋业公司。

在复审中，欧委会同样选取了巴西作为替代国，其计算正常价值、出口价格和倾销幅度的方法与原审中如出一辙。而作为例外的金履鞋业公司，欧委会的计算方法也与其在原审中一致。

欧委会在考虑损害因素时，发现欧盟的鞋类产业是由大约18,000家中

① 据估计同类产品的生产商多达8,000余家。

② 宏观经济层面的损害指标包括产量、产能、产能利用率、销量、市场份额、雇员、生产能力、增长、倾销幅度大小、恢复到倾销之前状态的努力。

③微观经济层面的损害指标包括库存、销售价格、现金流、赢利性、投资回报、募集资本的能力、投资和工资。

小企业构成，这些企业分布在7个成员国，比较集中的是在3个成员国。在复审通知发布之后，另有5家企业加入了申请复审的行列。与原审一样，欧委会在进行损害调查时采用了抽样方法。这些样本包括来自4个欧盟成员国的8家企业。其中1家由于未在规定时间回答抽样问卷，因而未被当作合作企业从而被从抽样中剔除。与原审一样，为了进行损害分析，欧委会从宏观经济层面（根据所有欧盟产品的数据）和微观经济层面（根据被抽样的欧盟生产商的数据）对损害指标进行了分析。

根据上述分析和信息，欧委会于2009年12月22日做出裁定，反倾销税的终止可能导致倾销和损害的继续，决定将反倾销措施再延长15个月至2011年3月31日。

## （二）世贸组织争端解决案件经过

2010年2月4日，中国常驻世贸组织代表团致函欧盟常驻世贸组织代表团，就欧盟《反倾销基本条例》的有关条款和对华皮鞋反倾销措施，提起世贸组织争端解决机制下的磋商请求，正式启动争端解决程序。本案在世贸组织争端解决机构编号DS405。

根据世贸组织争端解决程序，2010年3月31日，中欧双方通过视频会议方式就本案举行了磋商。由于磋商未能解决争议，4月8日，中方正式提出设立专家组的请求。

中国在世贸组织争端解决机构提起的诉求针对的是欧盟的三个条例：（1）《欧盟理事会第384/96号关于保护欧盟产业免受非欧盟成员国进口产品倾销的条例》第9.5条，及其修正案。该条例现已重新编纂，并被《欧盟理事会第1225/2009号条例》所替代（下称《反倾销基本条例》）。（2）2006年10月5日《欧盟理事会第1472/2006号条例》，对从中国进口的皮鞋产品征收最终反倾销税及最终征收临时性反倾销税的决定。（3）2009年12月22日《欧盟理事会第1294/2009号条例》，根据《欧盟理事会第384/96号条例》第11.2条规定进行期终复审后，对原产于中国的皮鞋产品继续征收反倾销税，并扩大适用于从中国澳门转运的皮鞋。

其中，第一项是欧盟《反倾销基本条例》，这是指导欧盟调查机关进行反倾销调查的法律基础。这一项是针对欧盟法律本身的“as such”之诉。第二项和第三项实际上是欧盟对华皮鞋反倾销的最终裁决和复审裁决。这两项是针对欧盟采取的反倾销措施的“as applied”之诉。

2010年5月18日，世贸组织争端解决机构正式设立专家组，其职权是依据世贸组织规则，对欧盟反倾销法的有关规定和欧盟对华皮鞋反倾销措施进行审查。

由于争端双方无法就专家组组成人选达成一致，7月5日，世贸组织总干事拉米指定了专家组三名组成人员。本案专家组由来自菲律宾的 Jose Antonio Buencamino 先生、来自新西兰的 Donald Greenfield 先生和来自加拿大的 Serge Frechette 先生组成，Buencamino 先生担任专家组主席。

在案件进行过程中，2011年3月31日，欧盟宣布终止对华皮鞋反倾销措施。

本案专家组报告于2011年10月28日散发。

## 二、双方争议的要点

围绕欧盟措施，我方提出了关于欧盟反倾销立法、对华皮鞋反倾销措施的原审调查和复审调查三个方面的诉求。针对欧盟《反倾销基本条例》本身，中方质疑其第9（5）条有关“分别裁决”的规定。关于欧盟对华皮鞋反倾销措施的原审和复审，中方主要质疑其在调查程序方面和实体方面存在的问题。这些质疑也构成了本案中欧双方争议的焦点。

### （一）关于欧盟提出的先决裁决请求

#### 1. 欧盟提出的先决裁决请求

专家组设立后不久，7月22日，欧盟对中方设立专家组请求提出若干诉求，请求专家组做出先决裁决。欧盟认为：（1）中方对于《反倾销基本条例》

第9(5)条的诉求不符合《争端解决谅解》第6.2条的规定;(2)中方依据《反倾销协定》第17.6条(i)项规定提出的诉求不符合《争端解决谅解》第6.2条的规定，且第17.6条(i)项的规定并不能构成诉求的基础;(3)中方就皮鞋复审裁决和原审裁决提出的某些诉求缺乏特定性;(4)某些诉求由于“在磋商请求中未提到”而应从专家组审查范围中排除。

**2. 中方的反驳意见**

对于欧盟提出的先决裁决请求，中方在第一次书面陈述中进行了驳斥。中方理由主要有以下几个方面:

首先，欧盟提出的中国设立专家组请求中缺乏《争端解决谅解》第6.2条要求的具体内容，未能明确具体措施，我方回应认为，中方已经非常清楚地阐明了争议措施，在设立专家组请求中，明确列示了三项措施。

其次，关于欧盟提出的中方在设立专家组请求中未能提供关于所提出的诉求的法律根据的简单概要，我方认为，欧盟错误地认为诉求的法律抗辩才能满足“法律根据概要”的标准，而事实上将违反的法律条款列出已足以满足《争端解决谅解》第6.2条的规定。另外，我方认为我不仅已经将上述条款列出，同时还解释了具体法律规定及违反之处的诉求，这远远超过了法律规定的“法律根据概要”的最低标准。除此之外，欧盟忽视了为明确设立专家组请求中的诉求的含义，在第一次书面陈述中一方也可以将设立专家组请求中的含糊之处予以澄清。

第三，关于欧盟声称的，某些中国提出的诉求应当从专家组审查范围中排除，原因是这些诉求在磋商请求中并未充分说明。中国认为世贸组织并未要求磋商请求和设立专家组请求之间的连贯性，而且欧盟对此过于夸大。在针对欧盟的原审损害裁决中加入《反倾销协定》第9.1条的规定，并不改变整个争端的性质，并可以从磋商请求中的法律依据演绎而来，从而符合最低标准。

最后，欧盟提出由于《反倾销协定》第17.6条(i)项的规定并未规定调查机关的义务，因此不能构成一项诉求的基础，从而中方依据此条规定提出的诉求应当从专家组职权中排除的主张。我方认为，从相关协定及上诉机构判决中内容来看，《反倾销协定》第17.6条（i）项规定暗含着给反倾销调查机关施加了义务，即对事实的评估应当是无偏见的和客观的。中方进一步注意到，考虑到不利的后果及本案事实，在本案中专家组应当考察中方基于《反倾销协定》第17.6条（i）项提出的诉求。

### 3. 专家组的裁决

首先，关于欧盟先决裁决请求的第1项、第3项和第4项，即欧盟力图将中方的一些诉讼请求包括某些根本性的请求排除在专家组审查范围之外，专家组予以驳回，从而支持了中方的请求。

实际上，在之前的中国诉欧盟紧固件反倾销案（DS397）中，欧盟也向专家组提出了同样的问题。该案专家组认为，欧盟混淆了设立专家组请求和在随后的专家组程序中将要进行的详细的论证这二者之间的异同，该案专家组认为，“欧盟提出的问题是案件争议的实质性问题，而不能被视为一个简单的初步性反对意见来解决”。[①]

本案中，专家组认为，欧盟提出的初步反对事项属于争端的实质性问题，需要基于当事方的论证方能做出决定，而不是那种从表面看就很清晰的事项（clear on its face），因此，专家组拒绝了欧盟先决裁决请求的第1项、第3项和第4项，而认为欧盟先决裁决请求的第1项、第3项和第4项列出的中方提出的诉求属于专家组审查范围。

其次，专家组对《反倾销协定》第17.6条（i）项本身和有关案例进行了分析。[②] 专家组分析如下：

（1）从文字上，专家组认为《反倾销协定》第17.6条（i）项内容从字面上看非常清楚，这段文字仅对专家组施加了义务，而未对世贸组织成员反

---

① 中国诉欧盟紧固件反倾销案（DS397）专家组报告，第7.44段。

②《反倾销协定》第17.6条（i）项内容如下：“在审查第5款所指的事项时，

（i）在评估该事项的事实时，专家组应确定主管机关对事实的确定是否适当，及他们对事实的评估是否是无偏见和客观的。如果事实的确定是适当的，且评估是无偏见和客观的，则即使专家组可能得出不同的结论，该评估也不得被推翻。”

倾销调查机关施加义务。

（2）从条约解释角度来看，专家组分析了这项规定的上下文和目的。专家组认为，第17.6条（i）项中“专家组应确定”是明确的、排他的，指向的是专家组的行为。另外，《反倾销协定》第17条的题目是“磋商和争端解决”，因此，其条文是在为争端解决设定规则。从上下文来考察，第17.2条、第17.3条和第17.4条都是世贸组织成员在磋商中的规则，其规范的对象是世贸组织成员。而第17.5条和第17.6条规范的是争端解决机构，其规定是专门指向争端解决机构的，是排他的（exclusively）。

（3）从案例实践来分析，专家组认为，从前的案例中，无论是专家组还是上诉机构报告，都未曾做出诸如某世贸组织成员违反了《反倾销协定》第17.6条（i）项的裁决。

专家组引用了埃及—螺纹钢案专家组报告、泰国—H型钢案上诉机构报告以及美国—热轧卷钢案上诉机构报告，以说明《反倾销协定》第17.6条（i）项仅对专家组设定了义务，而没有对反倾销调查机关设定义务。

专家组还对中国引用的澳大利亚—三文鱼案进行了反驳。在该案中，上诉机构认为，尽管《实施卫生与植物卫生措施协定》未明示规定世贸组织成员实施保护措施的适当程度，但是这项义务是暗示在该协定的某些条款中的。专家组认为，中国引用该案进行类比，但是该案的事实和法律因素与本案相去甚远。专家组认为，该案的上诉机构认定《实施卫生与植物卫生措施协定》的某些条款为世贸组织成员预设了一项标准，即实施保护的适当程度，否则将无法认定世贸组织成员是否遵守了《实施卫生与植物卫生措施协定》的义务。在皮鞋案中，专家组认为，中国并没有证明《反倾销协定》第17.6条（i）项如何和为什么对成员调查机关施加了隐含的义务。专家组认为，专家组有足够能力完成其在第17.6条（i）项下的审查义务，而无须什么对调查机关施加的暗示的义务。

基于上述分析，专家组认定，《反倾销协定》第17.6条（i）项没有对调查机关施加义务，因此，不认可中国基于第17.6条（i）项的所有诉求。

### （二）关于欧盟《反倾销基本条例》第9（5）条有关“分别裁决”的规定

#### 1. 欧盟的规定

欧盟《反倾销基本条例》第7条规定，如果来自非市场经济国家的进口商能通过第7条（c）款设置的“市场经济测试”，欧盟反倾销调查机关将对其适用针对市场经济国家的反倾销规则。本案中，中方并未就此提起争议。中方的争议源自欧盟《反倾销基本条例》第9（5）条有关“分别裁决”（Individual Treatment，简称 IT）的规定。欧盟《反倾销基本条例》第9（5）条规定，生产商或者出口商只有同时满足下列条件才能获得分别税率待遇：

（1）对于外国资本全资拥有或部分拥有的公司或者合资企业，出口商能自由地分享资本和利润；

（2）出口价格和数量以及销售条件能自由决定；

（3）私人占有多数股份；政府官员作为董事会成员或者主要管理人的，必须只占少数，或者能证明足够独立于政府干涉；

（4）汇率变化基于市场；

（5）政府的干预不至于形成对反倾销措施的规避，因而单独出口商被征收了不同的税率。

#### 2. 中方立场

关于欧盟《反倾销基本条例》第9（5）条有关“分别裁决”的规定，中方认为，《反倾销基本条例》第9（5）条规定，在从非市场经济国家进口的情况下，反倾销税应适用于涉案出口国而非每个出口商，出口商只有在其能够证明满足该条所列标准时才能获得单独税率。也就是说，中国生产商如获得市场经济待遇，即可得到单独倾销幅度和税率。如企业未能满足市场经济待遇的要求，而满足《反倾销基本条例》第9（5）条规定的五条标准，则可以获得分别裁决待遇，得到单独倾销幅度和税率。如未获得市场经济待遇的生产商不能满足第9（5）条规定的五条分别裁决标准，则不能获得单独倾销幅度和税率，而自动适用全国统一税率。中方认为《反倾销基本条例》第9（5）条的规定违反了《马拉喀什建立世界贸易组织协定》第16.4条，《1994年关贸总协定》第6.1条和第10.3条（a）项，《反倾销协定》第6.10条、第9.2条、第9.3条、第9.4条、第12.2.2条和第18.4条项下的义务，因为上述协定条款要求对每一个已知的出口商或生产商确定单独幅度和反倾销税。基于上述违反条款，中国请求专家组认定第9（5）条违反上述规定，并建议撤销。

对此，中方进行了论证：

（1）关于《反倾销协定》第6.10条的规定，中国认为第6.10条规定了除非适用抽样程序，否则每一个已知的出口商或生产商都应当得到单独倾销幅度的强制性规则。第6.10.2条进一步要求，如生产商最初未被抽中，但提交了必要信息的则能得到单独倾销幅度，除非生产商/出口商数量太大，审查上述未被抽样生产商的资料会带来过分的负担妨碍调查的及时完成。而《反倾销基本条例》第9（5）条却规定了附加例外，即中国出口商必须满足特定的分别裁决待遇标准才能得到单独倾销幅度，这不符合《反倾销协定》，违反了第6.10条的规定。

（2）关于《反倾销协定》第9.2条，中方认为对未得到市场经济待遇，并且不满足分别裁决待遇标准的非市场经济国家的生产商，将不适用本应对出口商征收的“适当金额”的反倾销关税，违反了该条规定。第9.2条规定了要明确列出供应商的名称，以及第6.10条的规定，没有留下任何除外责任的解释，即除非由于涉案的生产商/出口商数量巨大而为其确定单独倾销幅度是不可行的。

（3）关于《反倾销协定》第9.3条，中方认为《反倾销基本条例》第9（5）条规定不符合第9.3条规定，原因是如果非市场经济生产商未能满足分别裁决待遇标准，则此生产商的倾销幅度并非根据《反倾销协定》第2条确定，其被征收的倾销税将超过得到相关出口生产商的单独倾销幅度。

（4）关于《反倾销协定》第9.4条，中方认为根据《反倾销基本条例》第9（5）条标准，未取得分别裁决待遇的被抽样非市场经济生产商获得的倾销幅度并不进行单独计算，而且也不符合第2条的规定。因此，未获得分别裁决的生产商的加权平均倾销幅度，适用于非抽样生产商，不符合《反倾销协定》第9.4条的规定。此外，与第9.4条相反，未获得市场经济地位而获得分别裁决待遇的生产商只有在满足分别裁决标准的情况下才能获得单独税率。

（5）关于《1994年关税与贸易总协定》第10.3条（a）项，中方认为欧盟违反了该条规定，因为欧盟没有以统一、公正及合理的方式实施《反倾销基本条例》第9（5）条的规定。没有统一实施第9（5）条是因为欧盟确定全国性倾销幅度及对未获得分别裁决待遇的生产商的关税税率，取决于个案中的合作程度高低，尤其是合作程度较低时，欧盟使用不同方法来认定全国性倾销幅度和全国性税率。欧盟在涉及非市场经济国家，尤其是中国的反倾销调查中没有合理实施第9（5）条，因为认定未获得分别裁决待遇的生产商的全国性倾销幅度和全国性税率方式不合理，并经常不恰当地适用“可获得的事实”。

此外，《反倾销基本条例》第9（5）条所列获得单独反倾销税的标准是不合理和不客观的。而且，这些条件仅适用于来自所谓非市场经济国家的进口，因此欧盟措施还具有歧视性，违反了《1994年关税与贸易总协定》第1.1条。

对此，中方进行了论证：

关于《1994年关税与贸易总协定》第1.1条，中方认为欧盟没有无条件地给予原产于其他所有世贸组织成员领土的同类产品因获得分别倾销幅度和分别税率的利益。特别是《反倾销基本条例》第9（5）条额外的分别裁决标准只适用于从非市场经济国家进口的情况。从市场经济国家进口时，出口生产商自动获得单独倾销幅度和单独税率而不受任何条件或额外标准，尤其是分别裁决标准的影响。这种情况构成《1994年关税与贸易总协定》第1.1条项下的“利益”或“优惠”。

### 3. 欧盟立场

欧盟针对关于欧盟《反倾销基本条例》第9（5）条的规定不符合《反倾销协定》的指控进行了辩解。

欧盟申辩的主要理由是：（1）中国是非市场经济地位的国家，价格不反映市场规律；（2）中国政府在生产资料的配给和调控方面，以及在国际贸易环节中，扮演了绝对的控制角色，出口企业实际上没有独立自主的定价权利；（3）因为中国政府在贸易环节的控制，以及非市场经济地位的影响，“倾销”实际上是来源于“国家”，因此不能给予中国应诉企业“单独税率计征待遇”；（4）如果无条件地给予中国应诉企业的“单独税率计征待遇”，那么中国政府会将倾销的产品通过低税率幅度的公司继续出口到欧盟市场。

**4. 第三方立场**

巴西认为，问题的关键是欧盟在实践中如何适用该条款，巴西要求专家组审查欧盟的规定是否给予了中国出口商充分的机会来证明其是独立运作的。日本则对欧盟《反倾销基本条例》的第9（5）条的规定测试门槛不持任何立场。土耳其则认为这种门槛的设置是合法的。美国认为中方的观点是对《反倾销协定》的误读，并赞成欧盟设置的门槛。

**5. 专家组的分析和裁决**

（1）关于与《反倾销协定》第6.10条的相符性

专家组认为，《反倾销协定》第6.10条[①]设定了一个原则，即“主管机关通常应对被调查产品的每一已知出口商或生产商确定各自的倾销幅度”，除非存在第二句所述的例外情况。专家组认为，只有存在第二句所述的例外情况才能作为确定单独倾销幅度原则的例外，此外再也不存在其他的例外情形。欧盟的论述则是努力把对中国实施统一税率归结为一种例外，而这种例外并不属于第二句所述的例外。因此，专家组认为，欧盟《反倾销基本条例》

①《反倾销协定》第6.10条如下：

6.10 主管机关通常应对被调查产品的每一已知出口商或生产商确定各自的倾销幅度。在出口商、生产商、进口商的数量或所涉及的产品种类特别多而使做出此种确定不实际的情况下，主管机关可通过在做出选择时可获得的信息基础上使用统计上的抽样方法，将其审查限制在合理数量的利害关系或产品上，或限制在可进行合理调查的来自所涉国家出口量的最大百分比上。

6.10.1 任何根据本款做出的对出口商、生产者、进口商或产品类别的选择，最好应与有关出口商、生产者或进口商进行磋商并取得它们的同意后做出。

6.10.2 在主管机关按本款的规定限制其审查范围的情况下，它们仍应对及时提交在调查过程中将进行考虑的必要信息的但最初未被选择的任何出口商或生产者单独确定倾销幅度，除非出口商或生产者的数目特别大，使单独审查给主管机关带来过分的负担并妨碍调查的及时完成，不得阻止自愿做出的答复。

第9（5）条对非市场经济体的生产者或出口商设置获得分别裁决的条件的规定违反了《反倾销协定》第6.10条。

（2）关于与《反倾销协定》第9.2条的相符性

专家组认为，肯尼迪回合的谈判确立了《反倾销协定》第9.2条[①]的内容，之后在乌拉圭回合又加入了更详细的第6.10条。在专家组看来，这两条结构相似的规定支持了同样的基本原则，即在反倾销调查中，对于不同的出口商和生产者，应当在确定和征收反倾销税的时候给予不同的对待。另外，专家组还认为，“不可行（impracticable）这个概念与征税的效果之间并无联系”。

基于以上分析，专家组认定《反倾销基本条例》第9（5）条违反了《反倾销协定》第9.2条。

（3）关于《反倾销协定》第9.3条和9.4条

《反倾销协定》第9.3条规定，“反倾销税的金额不得超过根据第2条确定的倾销幅度”；第9.4条规定，“如主管机关已依照第6条第10款第2句限制其审查，则……”。

专家组认为，就这两个问题做出裁决，既不能导致争端的解决，也不会有助于执行裁决，因而采用了司法经济（exercise judicial economy）而不对这两点做出裁决。

（4）关于《1994年关税与贸易总协定》第1.1条

专家组认为，《1994年关税与贸易总协定》第1.1条[②]对最惠国待遇原则

---

①《反倾销协定》第9.2条如下：

如对任何产品征收反倾销税，则应对已被认定倾销和造成损害的所有来源的进口产品根据每一案件的情况在非歧视基础上收取适当金额的反倾销税，来自根据本协定条款提出的价格承诺已被接受的来源的进口产品除外。主管机关应列出有关产品供应商的名称。但是，如涉及来自同一国家的多个供应商，且不能列出所有供应商的名称，则主管机关可列出有关供应国的名称。如涉及来自一个以上国家的多个供应商，则主管机关可列出所有供应国的名称。如涉及来自一个以上国家的多个供应商，则主管机关可列出所有供应商的名称，或如果这样不可行，也可列出所有涉及的供应国的名称。

②《1994年关税与贸易总协定》第1.1条内容如下：

在对进口或出口、有关进口或出口或对进口或出口产品的国际支付转移所征收的关税和费用方面，在征收此类关税和费用的方法方面，在有关进口和出口的全部规章方面，以及在第3条第2款和第4款所指的所有事项方面，任何缔约方给予来自或运往任何其他国家任何产品的利益、优惠、特权或豁免应立即无条件地给予来自或运往所有其他缔约方领土的同类产品。

（MFN）进行了编纂。最惠国待遇是关税与贸易总协定的基石，也是世贸组织贸易体系的支柱之一。该条款的内容是清晰的。世贸组织成员有义务对同类产品进行同等对待，而不论这些产品的来源。专家组认可中国的观点，即对来自市场经济国家的进口自动给予分别裁决的待遇（individual treatment，即 IT）是《1994 年关税与贸易总协定》第 1.1 条所述的“利益”（advantage）。在专家组看来，分别裁决保证了生产者或出口商（对于倾销幅度低于采用平均出口价格计算出来的全国统一税率的生产者或出口商，笔者注）不会获得高于其自身倾销幅度的税率。而《反倾销基本条例》第 9（5）条规定，对于包括中国在内的某些世贸组织成员，必须要满足该条款设定的条件，方能获得单独税率待遇的“利益”。这样，自动获得单独税率待遇这项利益就因产品来源不同而被设定条件，因此，专家组认定，《反倾销基本条例》第 9（5）条违反了《1994 年关税与贸易总协定》第 1.1 条规定的最惠国待遇义务。

欧盟提出，为获得分别裁决设置门槛的依据是不同出口国的不同状况。欧盟认为，在反倾销调查中，对来自市场经济成员的进口与来自非市场经济成员的进口，给予区别对待，是源于其不同的性质，因此不存在歧视。专家组认为，这种区别对待仅限于《反倾销协定》或其他相关世贸组织的协定允许的限度，欧盟并没有证明，《反倾销协定》或任何其他相关世贸组织的协定允许《反倾销基本条例》第 9（5）条规定的对非市场经济成员的不同的待遇。

欧盟认为，《反倾销基本条例》第 9(5）条符合《1994 年关税与贸易总协定》第 2.2 条（b）项的规定，因而属于特别法（lexspecialis）而不违反《1994 年关税与贸易总协定》第 1.1 条。专家组认为，《1994 年关税与贸易总协定》第 2.2 条（b）项规定的是，当《反倾销协定》与《1994 年关税与贸易总协定》冲突的时候，《反倾销协定》的规定应当优先适用。在本案中，根本就不存在这种冲突。

根据上述分析，专家组得出结论:《反倾销基本条例》第 9（5）条违反了《1994 年关税与贸易总协定》第 1.1 条规定的最惠国待遇原则。

（5）关于《1994 年关税与贸易总协定》第 10.3 条（a）项

《1994年关税与贸易总协定》第10.3条（a）项规定，每一缔约方应以统一、公正和合理的方式实施本条第一款所述的所有法律、法规、判决和裁定。我方认为，欧盟没有统一实施《反倾销基本条例》第9（5）条，因为欧盟在实施该条文时使用的计算方法取决于被调查者的合作程度。

专家组认为，专家组已经裁定，《反倾销基本条例》第9(5)条违反了《反倾销协定》第6.10条和第9.2条，因此，没有必要就欧盟是否统一实施《反倾销基本条例》第9（5）条做出裁决，从而实行司法经济，不就此项诉求做出裁定。

（6）《马拉喀什建立世界贸易组织协定》第16.4条和《反倾销协定》第18.4条。

中方认为《反倾销基本条例》第9（5）条的规定违反了《马拉喀什建立世界贸易组织协定》第16.4条和《反倾销协定》第18.4条。专家组基于上述同样的理由，实行司法经济，不就此项诉求做出裁定。

### （三）欧盟在确定倾销幅度时替代国的选择

#### 1. 争端各方观点

中国认为，欧盟在原审和复审中的替代国选择程序以及选择巴西作为替代国，违反了《反倾销协定》第2.1条、第2.4条和第17.6条和《1994年关税与贸易总协定》第6.1条。中国认为，第2.1条是个“定义性”（definitional）的条款，使用替代国来认定倾销的存在应当符合该条的标准。第2.4条规定，“对出口价格和正常价值应进行公平比较”。中方认为，替代国的选择程序应当遵循“公平比较”的要求。同时，《中国加入议定书》第15条的前言部分，即“《1994年关税与贸易总协定》第6条和《反倾销协定》应使用于涉及中国的进口产品进入世贸组织成员的程序”，同样要求对出口价格和正常价值进行公平比较。中国认为，这种公平比较不仅是对替代国选择的程序性的要求，同样还是实质性的要求。这种比较应当本着诚信的原则（good faith）。中方认为，中国作为一个人均收入低的国家，从经济发展水平上与印度尼西亚更为相似，因而选择巴西作为替代国是不适当的。

欧盟认为，《反倾销协定》第2.4条并不能作为替代国的选择规则，唯一的规则应当是《中国加入议定书》第15条。替代国的选择应当遵循的方法是“合适的和并非不合理的”，而不是选择“最合适”的。欧盟认为其在选择替代国时需考虑的因素是现存的法律规定的义务，而对于中国提出的发展水平这样的因素，并不是欧盟所要遵循的义务。而且巴西同类产品生产者的数量更具有代表性和竞争力。

本案第三方巴西、哥伦比亚、土耳其和美国都认为，对于非市场经济国家，替代国的选择在《反倾销协定》中并没有规则，对于中国，规则就是《中国加入议定书》第15条。越南认为巴西的经济社会发展水平高于中国，因而选择巴西作为替代国是不公正、不客观的。

**2. 专家组的分析和裁决**

专家组认为，首先应当回答，《反倾销协定》第2.1条和第2.4条是否适用于替代国的选择程序并设置了选择标准，并是否据以判断所选择的替代国是否正确。如果回答是否定的，那么中国的诉求就不具备《反倾销协定》的法律基础，也不具备《1994年关税与贸易总协定》的基础（专家组认为，中国引用《反倾销协定》第2.1条和《1994年关税与贸易总协定》第6条论述的是同一个问题，即“可比价格”，因此是重叠的），因而也没有必要考虑复审和原审中事实方面的争论。

专家组注意到，“替代国”这个词，并没有出现在《反倾销协定》、《1994年关税与贸易总协定》第6条、《中国加入议定书》以及《中国工作组报告书》中。也并不存在任何关于替代国的选择的程序或标准的指引。专家组认为，中国也并未就此做出否认。中国认为，第2.4条的“公平比较”（fair comparison）义务和第2.1条的“可比价格”（comparable price）这个词显示了调查机关做出替代国选择的自由裁量的限度。

专家组认为，《反倾销协定》第2.1条是对倾销的定义条款，其本身并不单独设定义务，因而不能作为一项独立的诉求的依据。而专家组在前面对欧盟提出的先决裁决请求的分析中，认定《反倾销协定》第17.6条（i）项没有对调查机关施加义务，因此不能构成一项诉求的基础。这样，中国依赖的法律基础就只可能是《反倾销协定》第2.4条了。

专家组对第2.4条进行了分析。《反倾销协定》第2.4条的第一句阐述了出口价格和正常价值应当进行“比较”并且明确要求这种比较应该是“公平”的。第2.4条的其他条文则为保证进行这种公平比较设定了规则。但是该条并没有对出口价格和正常价值的确定设立规则（而只是规定了在出口价格和正常价值确定之后如何进行公平比较）。因此，专家组认定，中国未能证明，第2.4条关于“公平比较”的规定构成公平选择替代国的依据。

综上所述，专家组认定，《反倾销协定》第2.1条、第2.4条和第17.6条和《1994年关税与贸易总协定》第6.1条都不构成替代国选择的法律基础。中国未证明欧盟在进行替代国选择时违反了上述条款。

### （四）关于产品分类方法

中国指出，欧盟在原审和复审中，为计算倾销幅度，在对产品进行归类（classification）的时候，使用了一种宽泛的产品控制编码（product control number，简称PCN，一种产品归类制度）制度，因而未能对出口价格和正常价值进行公平比较。这种做法违反了《反倾销协定》第2.4条。

中国认为，鞋类产品在业界总共被分为六百多类。而欧盟采用的产品控制编码制度，将多类鞋产品归入一类，理论上讲，甚至允许将这六百多类鞋产品归为一类。欧盟这种产品控制编码制度，不能保证对不同种类的鞋产品进行充分的比较，因此无法对出口价格和正常价值进行公平的比较。

欧盟认为，《反倾销协定》第2条根本没有对产品控制码的使用进行规定。因此，成员有权自由使用产品控制码方法。由于产品种类不同而导致在进行比较时存在困难，但成员并没有义务使用一种能避免所有困难的产品分类制度。

专家组认为，《反倾销协定》第2.4条要求对出口价格和正常价值进行公平比较，为进行这种公平比较，允许对影响价格的因素进行适当调整，但是并没有限制这种适当调整的方法的范围。因此，第2.4条并没有对调查机关为保证公平比较而进行适当调整设定方法上的限制。

专家组还认为，第2.4条要求调查机关进行公平比较，并不意味着被调查者就不负任何义务。如果一个出口商认为调查机关采用的方法不足以进行公平比较，出口商应当证明其要求进行适当调整的合理性。中方不能只是仅仅指控产品控制码制度"太宽泛"，以此推卸出口商的责任。专家组认为，这种适当调整的举证责任在于被调查者。而且，这种产品控制码方法的调整也没有被证明是不可能的。

因此，专家组认定，中国未能证明欧盟的产品控制码方法不符合《反倾销协定》第2.4条。

### （五）关于管理、销售和一般费用以及利润的计算

在欧盟对华皮鞋反倾销原审中，有一家企业名为金履鞋业，经过申请，该企业获得了市场经济待遇。在进行出口价格和正常价值（即可比价格）的比较以确定其是否有倾销行为以及倾销幅度时，欧盟需要计算出其出口产品的可比价格。对于金履鞋业，由于其在调查期内未进行国内销售，欧盟通过比较原产国的生产成本加合理金额的管理、销售和一般费用及利润来确定其可比价格，即《反倾销协定》第2.2条规定的结构正常价格计算方法。在计算管理、销售和一般费用以及利润时，欧盟未使用金履鞋业的数据，在金履鞋业得知欧盟计算的管理、销售和一般费用的数据后，随即提交了评论，包括用于计算管理、销售和一般费用及利润的数据。但是，欧盟选择了其他行业的符合市场经济待遇要求的两家公司，以计算管理、销售和一般费用以及利润，并公布了数据。

中国指出，欧盟在计算金履鞋业的管理、销售和一般费用以及利润时，违反了《反倾销协定》第2.2.2条[①]的规定。中国认为，欧盟的计算结果远远

①《反倾销协定》第2.2.2条规定，当调查机关采用结构价格的方法来计算可比价格时：

"管理、销售和一般费用以及利润的金额应依据被调查的出口商或生产者在正常贸易过程中生产和销售同类产品的实际数据。如此类金额不能在此基础上确定，则该金额可在下列基础上确定：

（i）所涉出口商或生产者在原产国国内市场中生产和销售同一大类产品所产生和实现的实际金额；

（ii）被调查的其他出口商或生产者在原产国国内市场中生产和销售同类产品所产生的加权平

高于金履鞋业自己报告的金额，也高于当时欧盟鞋这个行业6% 的利润数据。中方还认为，欧盟采用了两家与鞋业无关的公司的数据来计算金履鞋业的管理、销售和一般费用以及利润，这种计算不具有代表性。因此，中国认为，欧盟的计算方法有两处错误，一是错在不符合第2.2.2条第（iii）项要求的“合理”方法，二是错在不符合金额应当“封顶”的要求［这种封顶金额的计算也必须符合第2.2.2条第（iii）项的要求］。

欧盟认为，除了金履鞋业，其他所有中国的鞋的生产商或出口商都不符合市场经济待遇的要求，所以欧盟选择了其他行业的符合市场经济待遇要求的两家公司，以计算管理、销售和一般费用以及利润。基于同样的理由，《反倾销协定》第2.2.2条第（iii）项的规定的中国“同一产业的其他出口商或生产者”的管理、销售和一般费用以及利润的数据是不存在的。

专家组认为，欧盟不仅没有按照《反倾销协定》第2.2.2条（iii）的规定来计算管理、销售和一般费用以及利润，而且它根本就没打算这么做。因此，欧盟不能也不会保证其计算的数据不超过合理水平。

上述五个方面的问题在双方的书面陈述和专家组听证会上都存在激烈的争论。此外，专家组对于调查机关是否适当履行了信息披露义务的问题，在不同的细节方面分别给予了原告和被告不同的支持。在抽样的适当性、损害因素的评估、因果关系的认定、调查中某些时间性规定的适当性方面，专家组未支持中方的诉求。

## 三、案件启示

本案是中国作为起诉方在世贸组织争端解决机构起诉欧盟的第二起案件。从目前情况来看，中国作为起诉方的案件多为贸易救济案件。正如本书开头“中国参与世贸组织争端解决实践概述”一文所述，伴随着中国出口贸

均实际金额；

（iii）任何其他合理方法，但是如此确定的利润额不得超过其他出口商或生产者在原产国国内市场销售同一大类产品所通常实现的利润额。”

易长期的强势增长，一些国家对华贸易保护主义的倾向也日趋严重，针对中国产品的贸易救济措施和各种形式的贸易限制措施层出不穷。而且，这些针对中国产品的贸易救济措施有意无意地突出了中国专属性（China specific）。比如，强调将中国视为非市场经济国家，因而在对中国采取贸易救济措施时故意忽视世贸组织的有关协定规定的普遍性，强调针对中国的歧视性待遇。我们还看到，这些贸易救济措施大多针对中国出口的劳动密集型产品，而这类产品也正是目前阶段中国出口的优势所在。这也促使我们认识到中国产业转型升级的紧迫性。

在应对本案的过程中，我们还有以下几点想法：

第一，对于其他世贸组织成员专门针对中国的歧视性做法，我们应当在严密论证的前提下，挑战这种歧视，消除中国在世界贸易中可能遭遇的不必要的障碍。

第二，需要重视对案件争议事实和证据的掌握。争端解决案件并不仅仅是翻来覆去地讲世贸规则本身，而且涉及国家在推行其贸易政策中的做法和行为，对于这些事实的掌握和分析会更有利于我们对案件的把握。

第三，对贸易制度的不完美的遗憾。某些贸易规则，无论是有意的安排抑或无意的疏漏，有时让我们感到或多或少的遗憾。

第四，对规则的熟练程度需要提升。引用的贸易规则是否切中要害、对某项规则的来龙去脉的了解，往往有助于在案件中的表现。对规则熟练程度的提升，应该是争端解决水平提升的最明显标志。

本案涉及欧盟的反倾销立法，涉及欧盟原审和复审两个阶段的措施，诉点多达几十个。双方的书面陈述动辄长达几百页，还不论以千页计算的证据材料。我们作为案件的主办人员，切身体会到工作的压力。一方面是人手少的客观事实，另一方面，我们也感到，必须加强学习，包括对世贸规则和案例的研究，也包括对争端解决的战略和战术的学习和运用。作为个人，力量是微薄的；作为团队，我们的使命是光荣的。

**附件**

## 诉欧盟皮鞋反倾销措施案大事记

2010年2月4日，中国常驻世贸组织代表团致函欧盟常驻世贸组织代表团，就欧盟《反倾销基本条例》的有关条款和对华皮鞋反倾销措施，提起世贸组织争端解决机制下的磋商请求，正式启动争端解决程序。

2010年3月31日，中欧双方通过视频会议方式就本案举行了磋商。

2010年4月8日，中方正式提出设立专家组请求。

2010年5月18日，世贸组织争端解决机构正式设立专家组。

2010年7月5日，世贸组织总干事拉米指定了专家组三名组成人员。

2010年8月20日，中方向专家组提交了第一次书面陈述，并于8月27日提交了第一次书面陈述概要。

2010年9月24日，欧盟提交第一次书面陈述，并于10月1日提交其陈述概要。

2010年11月3日至4日，中国在世贸组织诉欧盟皮鞋反倾销措施案（DS405）第一次听证会在瑞士日内瓦世贸组织总部进行。

按照本案专家组确定的时间表，双方本应于12月3日提交第二次书面陈述，由于欧盟申请延迟提交，双方于12月7日提交了第二次书面陈述，并于12月14日提交了书面陈述概要。

2011年1月25日至26日，中国在世贸组织诉欧盟皮鞋反倾销措施案（DS405）第二次听证会在瑞士日内瓦世贸组织总部进行。

2011年7月27日，专家组报告向当事方散发。

在案件进行过程中，2011年3月31日，欧盟宣布终止对华皮鞋反倾销措施。

本案专家组报告于2011年10月28日散发。

校稿：陈雨松

# 美国诉我集成电路案评析

杨国华

中国—集成电路增值税案（China–Value–Added Tax on Integrated Circuits，WT/DS309），是中国在世贸组织的第一个被诉案件，引起了各方关注。

2004年3月18日，美国就中国集成电路增值税退税政策，向中国提出磋商请求，正式启动了世贸组织争端解决程序。在随后的4个月时间里，中美双方举行了4轮磋商，就有关事实问题进行了澄清，就所涉法律问题进行了讨论。2004年7月14日，中美达成谅解，以磋商方式解决了该项争端。

## 一、磋商过程

### （一）提起磋商

2004年3月18日，美国常驻世贸组织代表团大使戴利（Linnet F. Deily）致函中国常驻世贸组织代表团大使孙振宇，正式提起世贸组织争端解决机制项下的磋商请求，诉称中国关于鼓励集成电路产业发展的某些政策违反了世贸组织义务。[①]

美国提出磋商请求的依据是:《争端解决谅解》第1条和第4条,《1994年关贸总协定》第22条第1款和《服务贸易总协定》第22条第1款。

该案的提起非常突然。因为在此之前，美国政府和产业界已经提出这些政策涉嫌违反世贸组织规则的问题，并且中美政府和产业界正在就这些问题进行讨论，在这种情况下美国仍正式启动世贸组织争端解决机制，确实有些出乎意料。为此，中国商务部发表声明，称中美就集成电路增值税问题已进行了几轮双边磋商，并取得了一定进展；美方在双边协商正常进行过程中，又突然在世贸组织争端解决机制下提起磋商请求，中方表示非常不解。[②]后来，中方在与来华访问的美国半导体行业协会（Semiconductor Industry Association，SIA）总裁 George M. Scalise 座谈时了解到，该协会在推动美国政府起诉中国方面起了重要作用。例如，该协会于2003年10月完成了长达200页的报告——“中国正在崛起的半导体产业——中国优惠增值税对当前投资趋势的影响”（“China's Emerging Semiconductor Industry–The Impact of China's Preferential Value-Added Tax on Current Investment Trends”），其中对中国半导体产业的发展潜力进行了预测，指责中国的增值税优惠政策违反了世贸组织规则，影响了世界投资走向，使美国出口产品处于不利的竞争地位。他们敦促美国政府加紧与中国交涉并且将中国诉诸世贸组织争端解决机制。[③]

根据《争端解决谅解》第4条第3款的规定，在收到磋商请求10日内，被请求的成员应做出答复，并且应在收到请求30日内进行磋商，否则请求方就可以直接要求设立专家组。因此，3月26日，中方通知美方，同意就我集成电路增值税退税问题与美方进行磋商，具体磋商时间和地点，由双方通过适当途径协商确定。[④]后中美双方商定，首轮磋商于4月27日在瑞士日内瓦

① 参见世贸组织文件：WT/DS309/1，G/L/675，S/L/160，2004年3月23日散发。磋商请求向世贸组织所有成员散发，一般比提出磋商请求稍晚几天。但磋商从收到磋商请求之日起开始计算。

② 参见商务部网站：http://search.mofcom.gov.cn/site/siteSearch.jsp？ ac=d&no=139&p_keyword=%BC%AF%B3%C9%B5%E7%C2%B7。

③ 这份报告参见美国半导体行业协会网站：http://www.sia-online.org/pre_stat.cfm？ ID=225。

④ 参见世贸组织文件：WT/DS309/6，2004年4月28日散发。

世贸组织总部举行。

按照惯例，美方事先提交了磋商问题单，涉及我有关政策的内容、实施方法、实施效果等很多方面。

### （二）第三方加入磋商

《争端解决谅解》第4条第11款规定，如果其他成员认为磋商涉及其实质贸易利益（substantial trade interest），可以在磋商请求散发之日起10日内，将其参加磋商的愿望通知磋商的成员和争端解决机构，成为磋商中的第三方。只要被请求磋商一方认同该其他成员关于实质利益的主张，就应当允许其加入磋商。若不被允许，则申请加入磋商的成员可以单独提出磋商请求。

在本案中，欧盟、日本、墨西哥和台澎金马单独关税区先后提出了加入磋商的请求。[①] 中方同意了欧盟、日本、墨西哥的请求（见世贸组织文件：WT/DS309/6，2004年4月28日）。由于台澎金马单独关税区的磋商请求函中非法使用了"常驻代表团"（permanent mission）这一带有主权含义的字样，中国常驻世贸组织代表团按惯例退回了台澎金马单独关税区的函件，随后正式通知台澎金马单独关税区驻世贸组织贸易代表办公室，拒绝了其加入磋商的请求。

### （三）正式磋商

2004年4月21日，第15届中美商贸联委会在华盛顿举行，中国国务院副总理吴仪率中国政府代表团出席，并与美国商务部长埃文斯、贸易代表佐利克共同主持会议。在这次会议上，双方明确表达了在平等协商的基础上解决中美贸易摩擦的意愿。[②] 应当说，这次会议对推动中美集成电路世贸争端案的磋商解决起到了重要作用。

---

① 参见世贸组织文件：WT/DS309/2（3月30日）、WT/DS309/3（4月1日）、WT/DS309/4（4月5日）、WT/DS309/5（4月5日）。台澎金马单独关税区还特别提出，中国台湾地区是大陆集成电路最大供应商之一：2003年，大陆从中国台湾地区进口总值达18亿美元，前三年每年分别以13.9%、181.6%和105.1%的比率增长。

② 参见商务部网站：http://search.mofcom.gov.cn/site/siteSearch.jsp？ ac=d&no=14&p_keyword=%C1%AA%CE%AF%BB%E1。

2004年4月27日，中美双方在世贸组织总部举行磋商，欧盟、日本、墨西哥作为第三方参加了磋商。磋商主要就美方问题单中涉及中国政策的事实问题进行了澄清。双方均表示愿意通过磋商解决争议。磋商中，美方没有具体说明中国的相关政策如何不符合世贸组织规则，称他们的惯例是，在磋商中不提具体的法律点，以免在未来的专家组程序中处于不利的地位。

2004年5月27日，中美双方代表在北京进行了短暂会谈，一致同意就法律问题交换意见。

2004年6月15日，中美双方在华盛顿会面，专门就中国有关政策与世贸组织规则的一致性问题交换了意见。

2004年7月1—2日，中美双方在北京就本案的解决方案进行谈判，并最终达成一致意见。7月14日，中美双方常驻世贸组织大使在日内瓦正式签署了"中美关于中国集成电路增值税问题的谅解备忘录"。至此，历时4个月的中美集成电路增值税争端宣告结束。

值得提及的是，按照《争端解决谅解》第4条第7款的规定，在收到磋商请求之日起60日内，如果磋商未能解决争端，则起诉方就可申请设立专家组；如磋商各方共同认为磋商已经不能解决争端，则起诉方可在60日内申请设立专家组。也就是说，磋商的期限为60日。但从本案的情况可以看出，只要争端双方认为可以通过磋商解决争端，且有意愿继续磋商，磋商持续的时间可不受60日的限制。当然，如果在一成员收到磋商请求之日起60日后，争端双方最终未能通过磋商解决争议，提起磋商的一方成员仍然有权请求世贸组织争端解决机构设立专家组。

## 二、涉案的争议措施

美方在磋商请求中列明了本案所涉及的中方关于集成电路产业政策的6个文件：

（1）18号文，即国务院于2000年6月24日发布的《国务院关于发布有关软件产业和集成电路产业发展若干政策的通知》；

（2）25号文，即财政部、国家税务总局、海关总署于2000年9月22日联合发布的《关于鼓励软件产业和集成电路产业发展有关税收政策问题的通知》；

（3）86号文，即信息产业部于2002年3月7日发布的《关于集成电路设计产业及产品认定管理办法的通知》；

（4）70号文，即财政部、国家税务总局于2002年10月10日联合发布的《关于进一步鼓励软件产业和集成电路产业发展税收政策的通知》；

（5）140号文，即财政部、国家税务总局于2002年10月25日联合发布的《关于部分国内设计国外流片加工的集成电路产品进口税收政策的通知》；

（6）1384号文，即国家税务总局于2003年12月23日发布的《关于发布享受税收优惠集成电路产品名录（第一批）的通知》。

美国认为：（1）中国规定集成电路增值税为17%，但在中国的企业可就他们生产的集成电路产品获得部分增值税退税，结果是其产品增值税税率较低。因此，中国似乎使进口集成电路产品承担比国产集成电路产品更高的税，对进口集成电路产品提供了较低的待遇。（2）在国内设计但因技术所限在中国境外生产的集成电路产品，也获得部分增值税退税。因此，中国似乎对从一成员进口的产品提供了比从其他成员进口的产品更优惠的待遇，不仅违反了货物贸易的最惠国待遇原则，从服务贸易角度讲也因歧视其他成员的服务和服务提供者而违反了国民待遇原则。

从磋商请求可以看出，本案涉及两项措施：国内产品增值税退税政策，国内设计国外加工复进口产品增值税退税政策。

## （一）国内产品增值税退税政策

### 1. 政策的内容

18号文第四十一条规定，对增值税一般纳税人销售其自产的集成电路产品（含单晶硅片），2010年前按17%的法定税率征收增值税，对实际税负超过6%的部分即征即退，由企业用于研究开发新的集成电路和扩大再生产。随后的70号文将6%降为3%。

## 2. 政策的执行

（1）若干基本概念

集成电路产品和单晶硅片。25号文规定，集成电路产品是指通过特定加工将电器元件集成在一块半导体单晶片或陶瓷基片上，封装在一个外壳内，执行特定电路或系统功能的产品。单晶硅片是呈单晶状态的半导体硅材料。

增值税。增值税是对销售货物或者提供加工、修理修配劳务以及进口货物的单位和个人就其实现的增值额征收的一个税种。1993年12月13日，国务院发布了《中华人民共和国增值税暂行条例》；12月25日，财政部下发了《中华人民共和国增值税暂行条例实施细则》，于1994年1月1日起施行。根据这些规定，①增值税的纳税义务人是指，在中华人民共和国境内销售货物或者提供加工、修理修配劳务以及进口货物的单位和个人。②增值税的征收范围包括：货物、应税劳务、进口货物。③增值税的税率分为三档：基本税率17%、低税率13%和零税率。④增值税的计税依据：纳税人销售货物或提供应税劳务的计税依据为其销售额，进口货物的计税依据为规定的组成计税价格。⑤增值税应纳税额的计算。一般纳税人的应纳税额 = 当期销项税额 − 当期进项税额；小规模纳税人的应纳税额 = 含税销售额 ÷（1 + 征收率）× 征收率；进口货物的应纳税额 =（关税完税价格 + 关税 + 消费税）× 税率。

一般纳税人。法律和行政法规中未对“增值税一般纳税人”作直接定义，而是通过排除小规模纳税人的方式来明确增值税一般纳税人的含义。税务总局的部门规章中明确了增值税一般纳税人的概念。《国家税务总局关于印发〈增值税一般纳税人申请认定办法〉的通知》（国税发［1994］059号）规定，一般纳税人是指年应征增值税销售额（以下简称年应税销售额，包括一个公历年度内的全部应税销售额）超过财政部规定的小规模纳税人标准的企业和企业性单位。《中华人民共和国增值税暂行条例实施细则》第二十四条规定，条例第十一条所称小规模纳税人的标准规定如下：①从事货物生产或提供应税劳务的纳税人，以及以从事货物生产或提供应税劳务为主，并兼营货物批发或零售的纳税人，年应征增值税销售额（以下简称应税销售额）在100万元以下的；②从事货物批发或零售的纳税人，年应税销售额在180万元以下的。年应税销售额超过小规模纳税人标准的个人、非企业性单位，不经常发生应税行为的企业，视同小规模纳税人纳税。

实际税负。实际税负是指纳税人当期缴纳增值税占当期销售收入的比例。需分两步测算：①计算应缴纳增值税：假设某企业产品当期国内销售额为100，购进的已缴纳增值税的进项额（原材料、辅助材料、配件等）为70，则当期销项税额为100×17%＝17，进项税额为70×17%＝11.9（假设不考虑其他进项税额），当期应纳增值税为17－11.9＝5.1。②计算增值税实际税负：如果5.1的增值税税款全部缴纳，则增值税实际税负为5.1÷（100＋17），即4.3%。根据退税政策，应退税款应为：117×（4.3%－3%）＝1.52。

即征即退。税务机关将企业按照法定税率缴纳的增值税税款入库后，企业于次月月底前凭纳税凭证及其他资料到主管税务机关申请退税，经审核批准后，由国库（地方人民银行）将应退税款退还。

（2）政策的具体执行

关于税务管理，25号文规定：

①软件企业的认定标准由信息产业部会同教育部、科技部、国家税务局等有关部门制定。经由地（市）级以上软件行业协会或相关协会初选，报经同级信息产业主管部门审核，并会签同级税务部门批准后列入正式公布名单的软件企业，可以享受税收优惠政策。国家规划布局内的重点软件企业名单由国家计委、信息产业部、外经贸部和国家税务总局共同确定。

②经由集成电路项目审批部门征求同级税务部门意见后确定的集成电路生产企业，可以享受税收优惠政策。

③集成电路设计企业的认定和管理，按软件企业的认定管理办法执行。

④增值税一般纳税人在销售计算机软件、集成电路（含单晶硅片）的同时销售其他货物，其计算机软件、集成电路（含单晶硅片）难以单独核算进项税额的，应按照开发生产计算机软件、集成电路（含单晶硅片）的实际成本或销售收入比例确定其应分摊的进项税额。

⑤软件企业和集成电路生产企业实行年审制度，年审不合格的产业，取消其软件企业或集成电路生产企业的资格，不再享受有关税收优惠政策。准予和取消享受税收优惠政策的企业一经认定，应立即通知企业所在地主管海关。关于软件、集成电路产品以及软件、集成电路企业的具体管理办法另行制定。

关于集成电路设计企业和产品的认定，86号文作了具体规定。申请认定的集成电路设计企业须满足下列条件：是依法成立的以集成电路设计为主营业务的企业；具有与集成电路设计开发相适应的生产经营场所、软硬件设施和人员等基本条件，其生产过程符合集成电路设计的基本流程、管理规范，具有保证设计产品质量的手段与能力；集成电路设计企业自主设计产品的收入及接受委托设计产品的收入占企业当年总收入的30%以上。该规定还详细列举了申请和审批的程序。

1384号文公布了第一批48家享受税收优惠的集成电路产品目录。

## （二）国内设计国外加工复进口增值税退税政策

### 1. 政策的主要内容

140号文关于国内设计国外加工复进口增值税退税政策规定了如下主要内容：

（1）国内设计并具有自主知识产权的集成电路产品，因国内无法生产，到国外流片、加工后复进口的，其进口环节增值税超过6%的部分实行即征即退。

（2）国内设计并具有自主知识产权，且国内无法生产的集成电路产品，由信息产业部进行认定，并送国家计委备案。相关企业其产品经过认定后，直接到海关办理有关即征即退手续。具体认定办法和海关具体操作办法分别由信息产业部、海关总署另行制定。

（3）信息产业部将符合条件的集成电路产品的认定情况抄送财政部、国家计委和国家税务总局；海关总署将享受该政策的年度实际进口金额和数量抄送财政部。

**2. 进口集成电路产品增值税的计算方法**

《中华人民共和国增值税暂行条例》第十五条规定，纳税人进口货物，按照组成计税价格和该条例第二条规定的税率计算应纳税额，不得抵扣任何税额。组成计税价格和应纳税额的计算公式分别是：组成计税价格 = 关税完税价格 + 关税 + 消费税；应纳税额 = 组成计税价格 × 税率。该条例第二条规定的增值税税率为17%。

**3. 进口集成电路产品增值税纳税义务人**

依照《中华人民共和国进出口关税条例》第五条规定，进口货物的收货人、出口货物的发货人、进境物品的所有人，是关税的纳税义务人。同时，依据该条例第六十五条，进口环节海关代征税的征收管理，适用关税征收管理的规定；依据《中华人民共和国增值税暂行条例》第二十条的规定，进口货物的增值税由海关代征。所以，进口集成电路产品的增值税应由进口集成电路产品的收货人或其代理人交纳。

**4. 纳税时间**

依照《中华人民共和国进出口关税条例》第三十七条规定，纳税义务人应当自海关填发税款缴款书之日起15日内向指定银行缴纳税款。同时，依据该条例第六十五条，进口环节海关代征税的征收管理，适用关税征收管理的规定；依据《中华人民共和国增值税暂行条例》第二十条的规定，进口货物的增值税由海关代征。所以，进口集成电路产品的增值税应由纳税义务人即进口集成电路产品的收货人自海关填发税款缴款书之日起15日内向指定银行缴纳税款。

但在实践中，该项优惠政策并没有付诸实施。

## 三、双方的法律争议

美国的磋商请求认为，这些措施不符合中国在《1994年关贸总协定》第1条和第3条、《中国加入议定书》和《服务贸易总协定》第17条项下的义务。因此，按照美方的说法，这些措施涉及货物贸易国民待遇、货物贸易最惠国待遇、服务贸易国民待遇和中国加入世贸组织承诺等问题。

### （一）国内产品增值税退税政策

美方称，中国规定集成电路产品增值税税率为17%，但是在中国的企业可就它们生产的集成电路产品获得部分增值税退税，结果其产品增值税税率较低。因此，中国使进口集成电路产品承担比国产集成电路产品更高的税，对进口集成电路产品提供了较低的待遇，即中国的政策违反了货物贸易的国民待遇及中国加入世贸组织承诺。美方还具体提到了有关条款：（1）违反了《1994年关贸总协定》第3.2条和第3.4条；（2）违反了《中国加入议定书》第1.1条、第1.2条和第11.2条；（3）违反了《中国工作组报告书》第19段、第22段、第70段、第107段、第170段。

**1. 货物贸易国民待遇**

《1994年关贸总协定》第3条是关于国民待遇的规定。根据这一条的规定，任何缔约方领土的产品进口至任何其他缔约方领土时，不得对其直接或间接征收超过对同类国产品直接或间接征收的任何种类的国内税或其他国内费用；任何缔约方领土的产品进口至任何其他缔约方领土时，在有关影响其国内销售、标价出售、购买、运输、分销或使用的所有法律、法规和规定方面，所享受的待遇不得低于同类国内产品所享受的待遇。因此，美方认为，中方在集成电路增值税方面，对国内产品有部分退税，而进口产品没有这样的退税，进口产品的国内税收待遇低于国内产品的待遇，因此，中方违反了国民待遇的义务。

在磋商中，中方提出，《1994年关贸总协定》第3条第8款（b）项规定，"本条的规定不阻止仅给予国内生产者的补贴的支付，包括自以与本条规定相一致的方式实施的国内税费所得收入中产生的对国内生产者的支付和政府购买国内产品所实行的补贴。"中方认为，中国增值税政策是完全符合这一项规定的：（1）对进口产品和国产产品都以17%的增值税税率征税，因此这是"以与本条规定相一致的方式实施的国内税费"；（2）征税款上缴国库后，其中一部分返还给国内生产者的做法是《1994年关贸总协定》第3条第8款（b）

项所允许的。

磋商中，中方还指出，美方虽然引用了关贸总协定时期的美国—麦芽饮料案[①]和世贸组织成立后的印尼—汽车案[②]，试图说明国民待遇原则不允许这种退税，但这两个案件中所涉及的税收免除，与本案的“先征后退”，毕竟有本质的区别。

尽管中美双方的法律分析观点相左，但承担此案磋商工作的应对工作组在仔细评估并征求律师团队意见后认为，如将本案推向专家组及上诉阶段，世贸组织专家组和上诉机构裁决认定争议措施违反国民待遇的可能性仍然很大，其理由如下：首先，《1994年关贸总协定》第3条第8款（b）项允许的是“先征后退”的补贴方式，我方的优惠税收规定如若实施其实也是“先征后退”，但18号文件第四十一条中的“即征即退”用语本身会产生很大歧义，有可能被解释为不同于“先征后退”。若此，“即征即退”用语本身即在法律上构成了对进口产品和国产产品歧视征收税款；其次，美方可以通过援引多方面证据证明该措施改变了“进口产品和本国产品之间竞争关系”，并举证“进口产品和本国产品实际税负”不同，从而证明存在对进口产品的歧视，并给予国产品优于进口产品的待遇，违反《1994年关贸总协定》第3条第2款；再次，一方面，退税措施容易被认定为对进口产品歧视性适用的国内税，另一方面，根据《1994年关贸总协定》第3条第1款，国内税不得以为国内生产提供保护的目的对进口产品或本国产品适用。美方较容易证明中方涉案措施实施的差别退税优惠的适用效果是为了保护国内企业，进而证明中方违反了《1994年关贸总协定》第3条第1款。

---

① 参见世贸组织文件：BISD 39S/206，1992年6月19日通过。该案中，美国对国内啤酒和葡萄酒小厂商提供消费税信贷。专家组认为，这使得国内产品享受了较低的税率，违反了国民待遇，并且不符合第3条第8款（b）项的规定。

但在1994年的美国影响烟草进口、国内销售和使用的措施案中，专家组认为，美国的以下措施符合该项的规定：对国内和进口烟草征税，其收入用于补充美国国内烟草价格支持项目的亏损。参见世贸组织文件：DS44/R, 1994年10月4日通过。

② 参见世贸组织文件：WT/DS54/R，WT/DS55/R，WT/DS59/R，WT/DS64/R，1998年7月2日通过。该案中，印尼对达到规定国产化比例的汽车给予免税待遇。专家组认为这违反了国民待遇。

### 2. 中国加入世贸组织承诺

我国在加入世贸组织时承诺：保证国家主管机关或地方各级主管机关实施或管理的国内税费，包括增值税，符合《1994年关贸总协定》；将对所有世贸组织成员给予非歧视待遇；保证所有法律、法规和行政要求，自加入世贸组织之日起，全面遵守和执行在本国产品和进口产品之间的非歧视原则；保证与对进口产品征收的国内税费有关的法律、法规及其他措施将完全符合世贸组织义务，并将以符合这些义务的方式实施此类法律、法规及其他措施；自加入世贸组织时起，保证与对进口产品和出口产品征收的所有规费、税费有关的法律和法规将完全符合世贸组织义务，包括《1994年关贸总协定》第1条、第3条第2款和第4款及第11条第1款，且将以完全符合这些义务的方式实施此类法律和法规。

从这些内容可以看出，我国在加入世贸组织时已承诺在货物贸易方面全面遵守非歧视原则。本案争议的焦点法律问题是，中国的相关政策是否符合非歧视待遇原则。

如前述，世贸组织专家组和上诉机构裁决认定争议措施违反国民待遇的可能性很大，相应地，争议措施被裁决不符合我国加入世贸组织承诺的可能性也很大。

## （二）国内设计国外加工复进口增值税退税政策

美方认为，中方相关政策规定，进口在国内设计但因技术所限在中国境外生产的集成电路产品，可获得部分增值税退税。该政策使中方对从一成员进口的产品提供了比从其他成员进口的产品更优惠的待遇，歧视了其他成员的服务和服务提供者，因此，中方的政策违反了货物贸易的最惠国待遇原则和服务贸易的国民待遇原则，以及中国加入世贸组织承诺。美方列明了该项政策违反的具体条款：（1）违反了《1994年关贸总协定》第1条和《服务贸易总协定》第17条；（2）违反了《中国加入议定书》第1.1条、第1.2条和第11.2条；（3）违反了《中国工作组报告书》第19段、第70段、第107段、第170段。

**1. 货物贸易最惠国待遇**

《1994年关贸总协定》第1条规定，在对进出口产品管理、征收关税和费用等方面，所有成员均应遵守最惠国待遇原则，不得因产品来源地的不同实施差别待遇。

美方认为，中方的政策以产品设计是否为在中国境内设计为条件，使得从某些成员进口的产品享受退税待遇，而从另外一些成员进口的产品则不享受这种待遇，因此，中国的政策违反了最惠国待遇原则。

在磋商过程中，中方表示，中国设计的产品，到任何外国加工复进口，都享受增值税退税待遇，不存在国别歧视的问题，因此不违反最惠国待遇的义务。

尽管磋商中双方各有坚持，但我们也不能不考虑到，《1994年关贸总协定》第1条规定了非常严格的最惠国待遇纪律，要求无条件地对所有世贸组织成员给予非歧视待遇。而国内设计国外加工复进口增值税退税政策以“中国国内设计、境外流片加工并复进口”为前提条件，较容易被认定为给予了“有条件的”最惠国待遇，进而被世贸组织争端解决机构裁决违反最惠国待遇原则。

**2. 服务贸易国民待遇**

《服务贸易总协定》第17条规定：对列入服务贸易减让表的部门，在遵守其中所列任何条件和资格的前提下，每一成员在影响服务提供的所有措施方面给予任何其他成员的服务和服务提供者的待遇，不得低于其给予本国同类服务和服务提供者的待遇，此即服务贸易的国民待遇原则。

美方认为，中方的政策给中国的集成电路设计服务提供了更为优惠的待遇，因此违反了服务贸易国民待遇的义务。在磋商过程中，中方指出，从上述《服务贸易总协定》的规定可以看出，服务贸易的国民待遇原则只适用于成员已经承诺开放的服务部门。结合本案，只有在中国承诺开放了集成电路产品设计服务的情况下，才可能产生国民待遇义务问题。美方既没有证明中方承诺开放的“系统设计服务”（system design）包括了集成电路设计服务，也未指明中方是否对集成电路设计服务做出了国民待遇承诺，因此，中方并不认同美方关于中方相关政策违反了《服务贸易总协定》国民待遇原则的观点。

磋商之后，我方应对工作组又做了进一步评估。我们认为，涉案措施是否违反服务贸易国民待遇的关键在于中国是否对集成电路设计服务做出了国民待遇承诺。世贸组织争端解决的司法实践表明，在解读一成员的服务贸易减让表时，专家组和上诉机构的基本取向是推进更自由的贸易。因此，如果我方不能拿出明确的证据证明“集成电路设计服务”不属于我已承诺开放的系统设计服务，或者我方不能以令人信服的证据驳倒美方关于集成电路设计服务属于我已承诺开放的“系统设计服务”，则服务贸易减让表的解释结果将于我方不利。现实情况下，我方在举证方面也面临着诸多困难。

**3. 中国加入世贸组织承诺**

我国在加入世贸组织时已承诺对所有世贸组织成员给予非歧视待遇。本案争议的是我相关政策是否符合非歧视待遇原则。

如前述，我涉案措施被认定违反非歧视待遇原则的可能性较大，相应地，被认定违反非歧视承诺的可能性也较大。

## 四、磋商的结果

2004年7月14日，中国常驻世贸组织代表团大使孙振宇和美国常驻世贸组织代表团大使戴利在日内瓦正式签署了“中美关于中国集成电路增值税问题的谅解备忘录”。随后，双方向世贸组织履行了通报义务。至此，中美在世贸组织争端解决机制项下的集成电路增值税争端得到妥善解决。谅解备忘录的主要内容为：（1）中方将于2004年11月1日前修改有关规定，调整国产集成电路产品增值税退税政策，取消即征即退的规定。经修改的政策将于2005年4月1日正式实施；（2）谅解备忘录签署前享受上述政策的企业及产品可继续执行即征即退政策，直至2005年4月1日；（3）中方将于2004年9月1日前宣布取消国内设计国外加工复进口的集成电路产品增值税退税政策，该项决定将于2004年10月1日正式实施；（4）谅解备忘录不影响中国和美国在世贸组织项下的权利和义务。[①]

## 五、案件的影响和启示

集成电路案是中国加入世贸组织之后应对的首个被诉案件。中国政府如何应对此案，将会以何种姿态处理和应对世贸组织争端，具有风向标意义，因而引起了各方格外的关注。本案通过磋商方式解决后，更是引起了国际社会的种种评论和猜想。有人甚至认为，通过此案可以看出，中国不愿意利用世贸组织争端解决机制中的法律程序解决问题，更喜欢通过双边协商处理贸易纷争。[②]

特别值得一提的是，在应对此案的过程中，商务部、国家发展和改革委员会、财政部、信息产业部（现为工业和信息化部）、海关总署等部门和半导体协会等单位组成磋商工作组，通力合作、密切配合，顺利完成了与美磋商、执行磋商谅解备忘录等工作任务。这一工作模式构成了中国政府部门在日后应对世贸组织争端跨部门应对工作机制的雏形。可以说，通过此案，中国政府不仅在对外磋商方面，而且在内部机制建设方面，均积累了宝贵经验。

此案通过磋商解决，而没有通过法律诉讼程序解决，曾引起国内外的关注和争论。而今看来，不可否认，之所以选择磋商解决，与当时中国对世贸组织争端解决机制的认识深度不够、诉讼经验不足以及专业人才缺乏有一定的关系。但是，我们看到，通过磋商解决此案，绝不是权宜之计，而是经过审慎研究评估的结果。对于涉案措施有相对明显瑕疵，特别是很可能被裁决败诉的案件，如果政策调整的负面影响较小、可控，中国政府并不排除通过磋商解决的途径。

集成电路案涉及的国家鼓励集成电路产业发展的税收支持政策，在文字表述、条文设计方面易被认为违反世贸组织非歧视待遇原则及我加入世贸组织的承

---

① 参见商务部网站：http://search.mofcom.gov.cn/site/siteSearch.jsp？ ac=d&no=31&p_keyword=%BC%AF%B3%C9%B5%E7%C2%B7。

向世贸组织的通报及备忘录全文，见世贸组织文件：WT/DS309/7，G/L/675/Add.1，S/L/160/Add.1，2004年7月16日。

② 参见 Henry Gao, "Aggressive Legalism: The East Asian Experience and Lessons for China", in *China's Participation in the WTO*，Henry Gao and Donald Lewis, eds.，London：Cameron May Publishers, 2005, pp.315—351。

诺，一旦进入世贸组织法律诉讼程序，我方被裁决败诉的可能性较大。在磋商解决此案后，有关部门迅速出台了符合世贸组织义务的支持政策[①]，确保了国家鼓励集成电路产业发展政策的稳定性和持续性。实践表明，国家对集成电路产业发展的支持非但未减弱反而增强了，而且相关政策保持了与世贸组织规则的一致性。

表面上看，此案经磋商之后，我方确实修改、调整了涉案的相关政策、措施，但我方对此案理性、务实的处理方法，既维护了国家重要产业利益，也提升了中国作为负责任贸易大国积极履行国际义务的良好形象，其效果并不能简单地以一个“输”或“赢”字评断。此案的处理过程和结果，不仅使我方积累了宝贵的应对世贸组织争端的实战经验，也推动了我应对世贸组织争端的相应机制建设，特别是使我们对世贸组织争端解决机制的运行特点和作用有了更加切实的了解和体验，为我们继续处理好后续日益增多的世贸组织争端打下了良好的基础。

**附件**

## 美国诉我集成电路案大事记

2004年3月18日，美国正式向世贸组织争端解决机构提交磋商请求，成为中国自加入世贸组织以来被诉第一案。

2004年3月26日，欧盟提出加入磋商请求。

2004年3月26日，通过中国常驻世贸组织代表团致函美方，接受美国磋商请求。

2004年3月31日，日本提出加入磋商请求。

2004年4月2日，墨西哥提出加入磋商请求。

① 参见《财政部、信息产业部、国家发展改革委关于印发〈集成电路产业研究与开发专项资金管理暂行办法〉的通知》（财建［2005］132号），http://www.mof.gov.cn/zhengwuxinxi/caizhengwengao/caizhengbuwengao2005/caizhengbuwengao20055/200805/t20080525_42760.html。

2004年4月2日，台澎金马单独关税区提出加入磋商请求。

2004年4月8日，中美双方确定于4月27日在瑞士日内瓦举行首轮磋商。

2004年4月23日，通知欧盟、日本、墨西哥，同意其加入磋商请求。

2004年4月27日，中美在日内瓦举行《争端解决谅解》项下的磋商。作为第三方，欧盟、日本、墨西哥参加了磋商。

2004年5月27日，中美在北京进行第二轮磋商。在磋商中，美方重申了致力于通过双边协商解决问题的建议。

2004年6月15日，中美在华盛顿举行第三轮磋商。双方同意于7月初再举行一次中美双边磋商，进一步讨论具体解决方案。

2004年7月1日，中美双方在北京举行第四轮磋商。经过艰苦谈判，双方于7月2日草签了“中美关于集成电路增值税问题的谅解备忘录”。

2004年7月12日，中方约见美常驻世贸组织代表团官员，就最后谅解备忘录的签署形式交换了意见，并向美方提出中方要求在文本中加入“用中文和英文写成，两种文本具有同等效力”的字样。

2004年7月13日，美磋商代表团团长致函中方，确认美方同意在最后文本中加入“用中文和英文写成，两种文本具有同等效力”的字样。

2004年7月14日，中国常驻世贸组织代表团大使孙振宇和美国常驻世贸组织代表团大使戴利在日内瓦正式签署了“中美关于中国集成电路增值税问题的谅解备忘录”。至此，中美在世贸组织争端解决机制项下的集成电路增值税争端得以解决。

2004年8月31日，财政部和国家税务总局联合发布《关于停止执行国内设计国外流片加工集成电路产品进口环节增值税退税政策的通知》（财关税［2004］40号）。

2004年9月30日，财政部和国家税务总局联合发布《关于停止集成电路增值税退税政策的通知》（财税［2002］70号）。

2005年10月5日，中美双方依据《争端解决谅解》第3.6条向争端解决机构通报，表示双方已达成满意的解决办法。

校稿：张昊　蒋成华

# 欧盟、美国、加拿大诉我汽车零部件案评析

李诉箎

2006年3—4月，欧盟、美国、加拿大先后就我汽车零部件进口政策诉诸世贸组织。本案是我国在世贸组织第一个完整经历了磋商、专家组和上诉机构程序的被诉案件。

## 一、案件背景和进程

### （一）磋商阶段

2006年3月30日，欧盟和美国同时针对我国有关汽车零部件进口的管理措施，分别启动世贸组织争端解决程序，向中方提出磋商请求。世贸组织争端解决案件编号分别为DS339和DS340。2006年4月12日，加拿大就同一事项也向中方提出了磋商请求，案件编号DS342。欧、美、加三方的磋商请求内容基本相同，只是美、加的磋商请求比欧盟多了一项关于中方措施违反《中国工作组报告书》第93段承诺的主张。

欧、美、加三方（以下简称“起诉方”）的磋商请求涉及中方3项措施：《汽车产业发展政策》（国家发展和改革委员会［2004］8号令）、《构成整车特征汽车零部件进口管理办法》（海关总署、国家发展和改革委员会、财政部、商务部［2004］《125号令》）、《进口汽车零部件构成整车特征核定规则》（海关总署公告［2004］第4号）。

起诉方主张：（1）中方对汽车零部件承诺的约束关税是10%，但如果进口零部件超过一定门槛，就要按汽车整车税率25% 征税，实际上是按装车时使用国产零部件的情况确定进口零部件的税率，属当地含量要求，违反世贸组织《与贸易有关的投资措施协定》第2条；（2）对进口零部件的待遇违反《1994年关贸总协定》第3条国民待遇义务，或违反了《1994年关贸总协定》第2条关税减让义务；（3）对全散件和半散件按25% 征税，违反《1994年关贸总协定》第2条和《中国工作组报告书》第93段；（4）此外，这一政策构成进口替代补贴，违反《补贴协定》第3条。

澳大利亚、日本和墨西哥要求加入磋商。中方接受了其要求加入磋商的请求。

中方与起诉方按照世贸组织争端解决程序进行了磋商，但磋商未能解决争议。

### （二）专家组阶段

2006年9月15日，起诉方提出设立专家组请求。2006年10月26日，世贸组织争端解决机构设立单一专家组审理本案。

阿根廷、澳大利亚、巴西、台澎金马单独关税区、日本、墨西哥和泰国作为第三方参与本案专家组程序。

由于我与起诉方未能就专家组成员人选达成共识，2007年1月19日，起诉方按照争端解决程序要求世贸组织总干事指定专家组成员。2007年1月29日，总干事指定三名专家组成员。专家组三名成员分别是：主席胡里奥·兰卡特先生[①]、成员辛格·巴蒂亚先生[②]和威尔姆·麦尔先生[③]。

2008年3月20日，专家组向争端各方提交最终报告。2008年7月18日，专家组报告向世贸组织成员散发。

专家组认定：

1. 中方涉案措施对进口汽车零部件适用高于国产零部件的国内税费，违反《1994年关贸总协定》第3.2条；对进口零部件提供的待遇低于国产零部件，违反《1994年关贸总协定》第3.4条；且中方未成功援引《1994年关贸总协定》第20（d）条。

2. 假设中方涉案措施属于《1994年关贸总协定》第2.1（b）条下的（关税）措施，则该措施违反《1994年关贸总协定》第2.1条；给予进口零部件的待遇低于中国在关税减让表中承诺的约束税率，且中方未成功援引《1994年关贸总协定》第20（d）条。

3. 关于全散件、半散件（CKD & SKD），中方涉案措施不违反《1994年关贸总协定》第2.1条，但不符合《中国工作组报告书》第93段的承诺[④]。

对起诉方关于中方涉案措施违反《1994年关贸总协定》第3.5条、《与贸易有关的投资措施协定》第2条和《补贴协定》第3条的主张，专家组适用司法经济（judicial economy）原则，未做认定。

### （三）上诉阶段

2008年9月15日，我方就专家组报告提出上诉。2008年12月15日，上诉机构报告散发。上诉机构维持专家组关于涉案措施征收的是国内税费的

①Julio Lacarte Muro，1995—2001年担任世贸组织上诉机构成员，是上诉机构的第一任主席。曾参加多边贸易体制下所有8轮贸易谈判。1947—1948年，任关贸总协定副秘书长。1961—1966年、1982—1992年两任乌拉圭驻关贸总协定常任代表。曾任乌拉圭驻欧盟、印度、日本、美国和泰国的大使。

②Ujal Singh Bhatia，2004—2010年任印度常驻世贸组织代表团大使。

③Wilhelm Meier，时任瑞士驻塞尔维亚和黑山共和国大使，曾任瑞士驻WTO代表团副代表。

④欧盟未提出中方措施违反报告书第93段承诺的指控。专家组有关第93段的认定只针对美国和加拿大的主张。

认定，维持专家组关于涉案措施违反《1994年关贸总协定》第3.2条和第3.4条的认定，推翻专家组关于涉案措施违反《中国工作组报告书》第93段承诺的认定。2009年1月12日，争端解决机构通过上诉机构报告和经修改的专家组报告。

### （四）执行阶段

2009年2月27日，我方与起诉方向争端解决机构通报就合理执行期达成一致。本案合理执行期为7个月20天，从2009年1月12日至2009年9月1日。

2009年8月31日，我方在争端解决机构会议上通报已执行争端解决机构裁决。具体执行情况如下：2009年8月15日，工业和信息化部、国家发展和改革委员会发布第10号令，停止执行《汽车产业发展政策》第52条、第53条、第55条、第56条、第57条的规定；停止执行第60条中“对进口整车、零部件的具体管理办法由海关总署会同有关部门制订，报国务院批准后实施”的规定。2009年8月28日，海关总署、国家发展和改革委员会、财政部和商务部发布第185号令，废止《构成整车特征汽车零部件进口管理办法》。2009年8月28日，海关总署发布第58号公告，废止《进口汽车零部件构成整车特征核定规则》。

## 二、涉案措施和主要法律争议

### （一）汽车零部件进口政策简介

#### 1. 行政管理程序

我国管理进口汽车零部件的相关政策初始于2004年《汽车产业发展政策》(以下简称《产业政策》)。其第53条规定，汽车生产企业凡用进口零部件生产汽车并构成整车特征的，应如实向商务部、海关总署、国家发展和改革委会员报告，其所涉及车型的进口件必须全部在属地海关报关纳税，以便有关部门实施有效管理。第60条要求海关总署会同有关部门制定零部件进口具体管理办法，报国务院批准后实施。

海关总署、国家发展和改革委员会、财政部、商务部联合发布的《构成整车特征汽车零部件进口管理办法》（以下简称《125号令》），设定了详细的行政管理程序，以汽车生产企业为管理对象，分为企业自测备案、整车特征核定、申报纳税3个环节。

**企业自测备案** 《125号令》要求，汽车生产企业以在国内市场销售为目的采用进口汽车零部件生产汽车的，应当对所生产车型中使用的进口零部件是否构成整车特征进行自测。经自测确定构成整车特征的，生产企业应当在汽车零部件进口前，将有关车型向海关总署备案。同一汽车生产企业的不同车型，应当分别备案。生产企业自测后认为不构成整车特征的，应当向海关总署申请复审。海关总署委托核定中心进行简单复审或现场复审。经复审，构成整车特征的，由生产企业补充备案；不构成整车特征的不需备案（第7条）。企业申请备案时需提交一系列资料，包括备案车型生产计划、国产件和进口件价格清单、全部供应商清单等（第9条）。企业所在地直属海关审核后给予登记备案（第11条）。生产企业要按进口计划提供税款总担保（第12条）。

**整车特征核定** 备案车型生产组装成第一批整车后10日内，汽车生产企业应当向海关总署申请进行整车特征核定（第19条）。海关总署委托整车特征核定中心进行核定，出具核定报告。海关根据核定报告确定税率和完税价格，办理征税手续（第17条）。《125号令》还规定，核定中心核定的车型为基型车。在经过核定的基型车基础上选装进口部件的，汽车生产企业应当向所在地海关和核定中心提供选装类型，经核定中心复核并提交报告后，海关在核定完税价格计税时做出调整。如果汽车生产企业在生产过程中，某一核定车型构成整车特征的状况发生改变的，可向海关总署申请对基型车重新核定。经核定，不再构成整车特征的，海关不再按照本办法对该车型实施管理（第20条）。

**申报纳税** 进口汽车零部件生产组装成整车后，汽车生产企业向海关作纳税申报（第28条）。对经核定为构成整车特征的进口零部件，海关按照整车归类，并按照整车税率计征关税和进口环节增值税（第28条）。构成整车特征的进口汽车零部件从报关放行到纳税前，由企业所在地海关比照保税货物实施监管（第27条）。汽车生产企业进口的汽车零部件，1年之内未用于生产汽车整车的，应当在1年届满之日起30日内向海关作纳税申报，海关按照有关规定办理征税手续（按照零部件征税）（第29条）。

**2. 认定构成整车特征的实体标准**

《产业政策》第57条规定了构成整车特征的3个实体标准。在车身总成、发动机总成、变速器总成、驱动桥总成、非驱动桥总成、车架总成、转向系统、制动系统等八大总成中，具有以下情形的构成整车特征：（1）以进口车身、发动机两大总成装车的；（2）以进口车身和发动机两大总成之一及其余三个总成以上装车的；（3）除车身和发动机两大总成以外，其余5个总成以上均为进口的。

《125号令》第21条也规定了构成整车特征的3种情形，其中的第二种情形是《产业政策》所规定的以总成为基础的实体标准。此外还增加了两种情形：一是进口全散件或半散件装车的；二是进口零部件价格总和达到该车型整车总价格60%以上的。[①]

《125号令》实施后，对整车特征的核定是以八大总成为基础的，第22条进一步规定了如何认定某一总成是否构成进口总成。

**3. 第三方进口零部件**

《125号令》规定，海关在对构成整车特征的进口零部件按照整车归类征税时，如果其中由配套厂家提供的零部件在进口时已经缴纳了进口关税和进口环节增值税，并且汽车生产企业能够提供进口纳税证明的，已经缴纳的税款应当扣除（第29条）。

①《125号令》规定这一标准于2006年7月1日实施。实践中，至2009年9月1日《125号令》废止，这一标准并未实施。

配套厂家进口并已按照零部件纳税通关的汽车零部件，如果销售给汽车生产企业，或未经实质加工后销售给汽车生产企业，仍将视为进口零部件（第24条）。使用这些零部件的汽车生产企业要按整车税率纳税，或补交整车与零部件的税差。

**4. 成套散件进口**

《125号令》第2条第2款规定，汽车生产企业进口全散件（CKD）或半散件（SKD）（以下统称成套散件）的，可在企业所在地海关办理报关手续并缴纳税款，不适用《125号令》。但是，第21条又规定，进口全散件或半散件组装汽车是构成整车特征的情形之一。考虑到第2条第1款规定《125号令》适用于汽车生产企业生产组装构成整车特征的汽车所需的零部件进口的监督管理，仅从条文看，对于全散件和半散件的进口，《125号令》既有不适用的依据，也有适用的理由，条文上前后似有些冲突。

## （二）争议的主要法律问题

**1. 进口关税还是国内税**

起诉方主张，中方根据国产零部件的使用情况，对进口汽车零部件征收的国内税费（internal charge），高于对国产零部件征收的国内税，违反国民待遇，是当地含量要求，是变相的国产化要求。

在对构成整车特征的进口零部件按25%征税的情况下，因按照关税减让承诺，对任何进口零部件都只能征收10%的关税，则此时额外征收的15%将被视为国内税费。若循此思路理解涉案管理措施，中方将难以抗辩有关国民待遇和当地含量的指控。为避免出现此种局面，中方主张对进口汽车零部件征收的是《1994年关贸总协定》第2.1（b）条下的关税（customs duty），是按照海关归类规则对构成整车特征的零部件按整车归类征税，不违反世贸组织规则。中方要求专家组首先解决被征收的税究竟是进口关税还是国内税这一门槛问题。

**2. 成套散件应适用何种关税税率**

中方在加入世贸组织后一直对进口成套散件按整车税率25% 征税。根据《中国工作组报告书》第93段，如果中方对成套散件设立税号（tariff line）[①]，则税率不超过10%。由于《125号令》提及进口成套散件构成整车特征，起诉方主张中方涉案措施事实上为成套散件设立了税号，仍按25% 征税违反了《中国工作组报告书》第93段。中方主张，《125号令》并不适用于成套散件进口，且中方未设立成套散件税号，第93段的前提条件不满足。

## 三、专家组裁决情况

### （一）关于涉案税收的性质问题

关于涉案税收究竟是关税还是国内税这一门槛问题，起诉方主张，中方征收的是国内税，因为征税多少是由零部件进口后在中国组装成整车时的具体使用情况决定的（actual use of parts in assembling after importation）；而关税的征收只应基于产品进口跨越关境时的状态决定（status at the moment presented at the border on importation）。中方主张，以产品进入关境为原因或条件而征收的税是进口关税（imposed by reason of, or as a condition of the importation of the product），具体征税时间和地点并不是决定性因素。

对此，专家组先后分析了何为国内税、何为关税，然后认定中方涉案措施征收的是国内税。

#### 1. 何为《1994年关贸总协定》第3条的国内税

专家组分析了《1994年关贸总协定》第3.2条下国内税费中“国内”（internal）一词的含义。专家组认为，“国内”一词是指触发支付税费的因素发生在关境之内。征收时间和地点并不是决定性因素。国内税费不因进口行为而触发，是在产品进口后由于国内因素引发的，如国内使用或再销售。

#### 2. 何为《1994年关贸总协定》第2条的关税

① 中国加入承诺以世贸组织工作语言为准，中文翻译只供参考。加入工作组报告书中并无 tariff line 的定义，这里按常见中译文将 tariff line 称作税号。

专家组分析了《1994年关贸总协定》第2.1（b）项下“普通关税”（ordinary customs duties）的含义。专家组认为，第2.1（b）第一句中的“普通关税”是指进口时（on their importation），第二句中的其他税费（all other duties or charges）是指进口时或与进口相关（on or in connection with the importation）。相比第二句，第一句中的“进口时”有严格的时间含义，因此，“普通关税”是产品进入关境时，根据进口时产品（形态）征收的。

专家组认为，这样的解释是符合世贸组织协定的目的和宗旨的。如果关税待遇不是基于产品进口时的状态决定，而是基于国内因素确定，将损害互惠关税减让安排的稳定性和可预见性。

**3. 中方措施征收的是国内税费**

专家组主要基于以下事实认定中方涉案措施征收的是国内税费：（1）征税是针对汽车生产企业而非进口商；（2）征税多少并非基于零部件进入关境时的状态，而是基于如何与来自其他进口商或进口来源的零部件一起使用；（3）同一批进口的零部件，因在国内用于不同车型装车，被征收不同税费。零部件的征税取决于其国内使用和装车情况。

专家组裁定，鉴于中方措施以来源地区分税收待遇，因此起诉方已满足“国内同类产品”的举证责任，中方有关措施违反《1994年关贸总协定》第3.2条第一句的国民待遇义务。此外，针对构成整车特征的进口汽车零部件的行政管理程序，是影响进口产品销售和使用的国内法规和要求，对汽车生产企业施加了复杂的行政管理要求，不鼓励汽车生产企业使用进口零部件，给予进口零部件的待遇低于国产零部件，因此，中方措施违反《1994年关贸总协定》第3.4条。

## （二）关于替代指控问题

起诉方主张，如果专家组认定中方涉案措施征收的是进口关税，征收的关税（25%）也超过了中国关于汽车零部件的关税减让承诺（10%）。

对于这一替代指控（alternative claim），专家组认为，为了有效地解决争议，避免出现上诉机构推翻有关门槛问题的认定后缺乏有关事实做出一致性的结论，有必要审查这一指控。

专家组分两步作了分析：一是针对中方依据世界海关组织《商品名称及编码协调制度》[①]（以下简称《协调制度》）“归类总规则”[②]第2（a）条提出的主张，审查是否允许对多次进口（multiple shipments）的零部件，基于其装车情况认定构成整车特征；二是分析认定构成整车特征的具体标准（《125号令》第21、22条）是否符合中方的关税减让承诺。

**1. 是否允许对多次进口（multiple shipments）的零部件，基于其装车情况认定构成整车特征**

“归类总规则”第2（a）条规定，税目所列货品应视为包括该货品的不完整品或未制成品，只要在报验时（as presented）该不完整品或未制成品具有完整品或制成品的基本特征（essential character），还应视为包括该货品在报验时的未组装件或拆散件。[③]中方主张这一归类规则允许将多次进口的零部件归为整车，只要这些零部件组装时具有整车的基本特征。中方以世界海关组织协调制度委员会关于“归类总规则”第2（a）条的决定[④]为依据，主张“归类总规则”第2（a）条可适用于多次进口的情形。

专家组认为，关键问题是“报验时”是否包括多次进口的情形。从通常含义看，“报验时”应有时间含义，且“归类总规则”之前的草稿曾使用“进口时”一词。专家组指出，世界海关组织《协调制度》委员会的决定是非约

①*Harmonized Commodity Description and Coding System*（HS）.

② “General Rules for the Interpretation of the Harmonized System”（GIR）.

③GIR 2（a）provides: “Any reference in a heading to an article shall be taken to include a reference to that article incomplete or unfinished, provided that as presented, the incomplete or unfinished article has the essential character of the complete or finished article. It shall also be taken to included a reference to that article complete or finished（or falling to be classified as complete or finished by virtue of this rule）, presented unassembled or disassembled.”

④Paragraph 10 of the “HS Committee Decision 1995” states: “...Thus, the Committee decided that the question of split consignments and the classification of goods assembled from elements originating in or arriving from different countries are matters to be settled by each country in accordance with its own national regulations.”

束性的，且该决定并不涉及多次进口问题，这一点也反映在世界海关组织秘书处的说明中。

**2. 认定构成整车特征的具体标准（《125号令》第21、22条）是否符合中方的关税减让承诺**

专家组对假设情况作了审查，即假设构成整车特征的标准适用于同一次进口的零部件，此种标准是否仍不符合中方有关关税减让承诺。根据《125号令》规定的标准，车身和发动机两大总成即构成整车特征，而《协调制度》下87.06税目是“加装发动机的底盘”（a chassis fitted with engines），根据该税目的注释，加装发动机的底盘，再加上变速器总成、转向总成和轮轴总成等，仍应归类于87.06税目。关于60%的标准，专家组认为，价值标准不必然构成基本特征，且与进口总成的60%认定标准一起考虑，《125号令》规定的不同标准之间缺乏一致性和客观性。因此，专家组认定，《125号令》第21条第2、3款及第22条不符合中方的关税减让承诺。

## （三）关于中方的例外条款抗辩

我方认为，涉案措施是为确保遵守符合世贸组织协定的法律法规所必需的措施，符合《1994年关贸总协定》第20（d）条规定的例外。

针对我方的例外条款抗辩，专家组首先审查涉案措施是否是为确保遵守中国的关税减让表而设计的。专家组审查了《产业发展政策》的有关条文，认为这些条文既提及了防止关税流失（第54条），也提及为了发展汽车产业和提高本地化生产能力（第52条），没有足够的证据表明涉案措施本身是为了确保遵守关税减让而设计。

关于涉案措施是否事实上确保遵守中方的关税减让问题，专家组不同意我方提出的“将构成整车特征的进口零部件安排为多次多来源进口是规避（circumvention）”的观点，认为所谓“规避”应是有意图（intention）的行为，而装配整车的零部件来自不同来源地是正常商业实践，不是规避。如果进口商本意是进口整车，但故意拆分成零部件报关，中方可根据现行海关管理规定进行处罚。

关于措施的必要性，专家组认为，涉案措施涉及范围过广，涵盖所有汽车生产企业和进口商——无论其是按照正常商业实践进口零部件还是有意虚假报关。复杂的备案、复核程序可能长达一年以上，其对贸易的限制性影响远远大于替代措施，即个案调查试图逃避关税的进口商。

因此，专家组不支持中方基于《1994年关贸总协定》第20（d）条例外条款所作的抗辩。

### （四）成套散件进口关税是否符合《1994年关贸总协定》第2条和《中国工作组报告书》第93段

起诉方主张，成套散件进口不适用《125号令》规定的行政程序，对其征收的税可视作进口关税，但涉案措施给予成套散件的关税待遇不符合《1994年关贸总协定》第2.1条。美国和加拿大进一步主张涉案措施还违反《中国工作组报告书》第93段。

我方主张，《125号令》第2条第2款规定涉案措施不适用于成套散件的进口。专家组不同意此观点，认为《125号令》第21条规定成套散件构成整车特征，成套散件进口只豁免于《125号令》的行政管理程序，管理办法的实体认定标准仍适用于成套散件。此外，《125号令》第2条第2款使用了"可"字，只是给予汽车生产企业一个选择，进口成套散件可按其他海关程序报关。

关于是否符合《1994年关贸总协定》第2.1条，专家组认定，中方关税减让表中没有成套散件的单独税号，根据《125号令》第2条和第21条，对成套散件征收等同于整车的25%的关税。在解释关于整车的87.02、87.03和87.04税目时，专家组认为《协调制度》是解释关税减让表的上下文（context），根据"归类总规则"第2（a）条和第87章的注释，成套散件可以原则上被归类为整车，且这一解释并不损害关税减让的稳定性和可预见性。专家组还审查了中国加入世贸组织后成员关于成套散件归类的后续实践，认为中方已提供证据证明，争端方和其他成员都将成套散件归类为整车，而起诉方未证明中国将成套散件归类为零部件。因此，起诉方未能证明涉案措施对成套散件的关税待遇违反《1994年关贸总协定》第2.1条。

关于涉案措施是否符合《中国工作组报告书》第93段，专家组首先认定，第93段的承诺是世贸组织协定的一个组成部分，将按《维也纳条约法公约》进行解释。专家组同意中方观点，第93段的承诺是有条件的，即如果中方对成套散件创设单独税号，则承诺税率不超过10%。关键问题是中方是否设立单独税号。专家组注意到起诉方也认为中方未修改减让表“正式”设立成套散件的单独税号。但美国和加拿大主张中方涉案措施设立了“事实上”（de facto）的税号，因为根据涉案措施对成套散件征收25% 的关税。

专家组认为，税号（tariff line）是指关税减让表中一个横行（horizontal line），规定了一个特定的税目号（specific heading number）（无论是几位码，如8位或10位），以及该税目下描述产品的特定关税税率（specific tariff rate）。

专家组在第二次听证会后所提问题中，要求中方提供加入世贸组织后将成套散件归类为整车并征收25% 关税的证据，并提供证据证明在《125号令》实施后进口成套散件仍按一般海关程序申报纳税。中方提交了2004年12月别克2800C成套散件进口的海关报关单据作为证据（CHI–48）。在该报关单上，海关商品编码一栏填写为8703.2334.90。加拿大提出，中方为成套散件设立了单独税号，并在评论中方答复时提交了其收集的经济科学出版社出版的《2005年中华人民共和国海关进出口税则》，向专家组说明中方为成套散件设立了单独税号。加方认为，既然中方为成套散件设立了单独税号，按照《中国工作组报告书》第93段承诺，则只应对其征收10% 的关税。

我方向专家组解释，中国的官方税则是以8位码为准的，10位商品编码是海关申报、统计等需要[①]，不是税号。专家组不同意我方观点，认为各国在

① 实践中，所有海关程序都依据海关总署在国家税则委员会公布的8位码进出口税则基础上细化的10位海关商品编码。比如，整车和成套散件虽然8位码相同，但因海关代征的消费税等不一样，报关时必须依据海关公布的10位商品编码进行。实践中，中方有关海关10位商品编码的出版物也常称为进出口税则，且包含适用税率，专家组据此认为符合其对报告书第93段中“税号”的解释。

《协调制度》统一的6位码基础上可以自行决定采用8位或10位码，中方不能证明10位码不是《报告书》第93段提及的“税号”（tariff line）。因为中方为成套散件设立了单独税号，应按承诺适用10%的进口关税。

专家组进一步认为，涉案措施要求海关将成套散件归类于整车税号下，相当于设立了事实上的单独税号，因此即使不考虑10位码成套散件税号问题，涉案措施也违反了《报告书》第93段的承诺。

## 四、上诉机构裁决情况

### （一）我方主要上诉主张

#### 1. 请求推翻专家组关于涉案税收性质的认定

我方请求上诉机构，推翻专家组关于涉案措施征收的是《1994年关贸总协定》第3.2条下国内税费的认定，并认定涉案措施征收的是《1994年关贸总协定》第2.1（b）条下的关税。我方认为，专家组的错误在于解释《1994年关贸总协定》第2.1(b)条时，未将《协调制度》及其“归类总规则”第2(a)条作为上下文考虑。“归类总规则”第2（a）条允许将多次进口的零部件根据装车情况归类为整车。专家组关于涉案措施违反《1994年关贸总协定》第3条国民待遇的认定也是错误的。

#### 2. 请求推翻专家组关于替代指控的认定

根据“世界海关组织《协调制度》委员会1995年的决定”，“归类总规则”第2（a）条可适用于多次进口的情况，我方请求上诉机构推翻专家组关于中方涉案措施即使征收的是关税，也违反《1994年关贸总协定》第2条的认定。[①] 如果上诉机构维持涉案措施征收的是国内税费的专家组认定，我方则请求上诉机构宣布专家组关于替代指控的认定没有法律效力（moot and of

① 由于《125号令》第21（2）条规定的构成整车特征的总成标准是不符合《协调制度》87.06的注释的，中方在面对上诉专家组关于涉案措施违反《1994年关贸总协定》第2条时是很被动的，只能集中在“归类总规则”第2（a）条可以适用于多次进口。即使上诉机构同意中方的观点，也不能改变《125号令》第21、22条违反关税减让承诺的认定。

no legal effect )。

### 3. 请求推翻专家组关于涉案措施违反《中国工作组报告书》第93段的认定

我方针对专家组认定涉案措施违反《中国工作组报告书》第93段的认定，提出以下三点上诉主张：

（1）涉案措施不适用于成套散件进口

我方主张专家组对《125号令》第2条第2款的解释是错误的。《125号令》适用于零部件装车后被认定为构成整车特征的情况，这一点可从《125号令》第5条对整车特征的定义得以确认。第2条第2款明确进口成套散件适用正常海关程序，不适用于此办法，无论是所谓行政程序还是实体标准。专家组对《125号令》的解释是自相矛盾的，一方面认定涉案措施对成套散件征收的是进口关税，另一方面又认定涉案措施对进口零部件征收的是国内税费。此外，美国和加拿大未建立初步案件（prima facie case），证明涉案措施适用于按照正常海关程序进口的成套散件。专家组违反《争端解决谅解》第11条的客观审查义务。

（2）中方未创设“事实上”的税号

《中国工作组报告书》第93段的前提条件是设立税号，如果谈判者意图包括所谓因将成套散件归类为整车而创设“事实上”税号的情况，应在第93段的文字中明确。专家组关于创设“事实上”税号的认定是荒谬的。专家组已经在事实上认定中方在加入世贸组织之前和之后，一直将成套散件归类为整车，且今后可以继续这样的做法，只要不行使第93段中的自由裁量权设立成套散件的单独税号。但是，专家组的结论却使任何执行这种归类决定并按整车税率征税的行为都满足第93段承诺的前提条件。

（3）成套散件10位码税号并非第93段承诺所称的税号

我方主张，专家组基于加拿大提出的有关成套散件10位码税号证据，认定《中国工作组报告书》第93段中提及的税号包括10位码是错误的。第93段中的税号应指在中国加入世贸组织时不存在的税号，而加拿大提出的所谓10位码在中方加入世贸组织时就已经存在。其次，专家组忽略了《中国工作组报告书》第89段这一上下文，中方一直是使用10位码确定关税税率，10位码只是为统计等目的，不是第93段意义上的税号。此外，加拿大只是在评论中方对专家组在第二次听证会后所提问题的答复时，提出《2005年中华人民共和国海关进出口税则》等作为证据，并未在设立专家组的请求中明确任何有关中方设立成套散件税号的措施。加方提交的所谓"证据"并不在专家组职权范围内，专家组据此做出结论违反了《争端解决谅解》第11条客观审查的义务。

### （二）上诉机构裁决

#### 1. 支持专家组关于涉案措施系征收国内税费并违反国民待遇义务的裁决

上诉机构认为，关于判断涉案措施征收的是国内税费还是进口关税这一门槛问题的关键是，中方提出的《协调制度》归类规则是否是解释《1994年关贸总协定》第2.1（b）条和第3.2条的上下文。

上诉机构在之前的欧盟—鸡块案（DS286）中曾指出，《协调制度》是解释欧盟关税减让表的上下文。在分析中方提出的上诉主张时，上诉机构进一步阐述，世贸组织协定的谈判者使用《协调制度》作为关税减让谈判的基础，在某些协定中也引用《协调制度》来界定产品范围，总体上说，在解释世贸组织适用协定时，《协调制度》是《维也纳条约法公约》第31.2条意义的上下文，特别是在确定减让表中产品归类和某协定适用的产品范围时。但是，上诉机构在本案中需要解决的问题是，在判定征收的是进口关税还是国内税费时，《协调制度》是否是相关的上下文（relevant context）。专家组需要根据《1994年关贸总协定》第2.1（b）条解释何为关税，根据《1994年关贸总协定》第3.2条解释何为国内税费，而《协调制度》与解释这些条款的文字无关。上诉机构认定，《协调制度》不是解决本案门槛问题的相关上下文。

上诉机构支持专家组关于《1994年关贸总协定》两个条款的解释，即第

2.1（b）条要求时间限制（temporal limits），关税是根据产品进口时的状态征收的；第3.2条下的国内税费是在产品进口后由于发生在关境内的因素而触发的。

上诉机构支持专家组基于涉案措施的事实，所做出的“对进口零部件征收的是国内税费”的认定。除了专家组提及的3个重要事实外，上诉机构还特别指出，根据涉案措施，对进口零部件是否适用整车税率，不是由进口时的申报所决定的，而是根据装车后的纳税申报而决定的。进口时的申报并不必然决定是否适用整车税率，特别是在汽车生产企业不直接进口零部件，而是从独立供应商处购买零部件的情况下（《125号令》第29条）；在此情况下，供应商已申报进口的零部件，在交纳10% 的关税后，如果销售给汽车生产企业装车，且若满足核定标准，汽车生产企业还需支付额外的税费。此外，两种情况下，起初未被核定为构成整车特征的进口零部件，可能最终被征收额外的税费：一是基型车之外的选装件（第29条），二是基型车重新核定后认定为构成整车特征的情况（第20条）。两种情况下，起初被核定为构成整车特征的进口零部件，可能最终不被征收25% 的税：一是如果一年内不用于装车（第29条），二是基型车重新核定后认定不构成整车特征（第20条）。这都说明征收的税费是由进口后装车的情况决定的。

因此，上诉机构维持专家组关于涉案措施征收的是国内税费的认定，维持专家组关于涉案措施违反《1994年关贸总协定》第3条的认定。

**2. 没有必要审查专家组关于替代指控的认定**

关于是否应审查专家组关于《1994年关贸总协定》第2条项下替代指控的认定，上诉机构认为，专家组做出这一认定的假设（assumption）是其对门槛问题的裁决是错误的。鉴于上诉机构支持专家组关于门槛问题的认定，没有理由审查专家组关于涉案措施是否符合《1994年关贸总协定》第2条的认定，也没有理由宣布其有关认定没有法律效力。

**3. 推翻专家组关于涉案措施违反《中国工作组报告书》第93段的裁决**

针对我方的此项上诉，美国等被上诉方提出，专家组对《125号令》的解释属于事实认定，不可上诉。但是，上诉机构同意我方的观点，即专家组对世贸组织成员国内法的解释是为了判断其与世贸组织规则的一致性，这是一个法律问题，可以上诉。

上诉机构首先审查《125号令》是否适用于成套散件进口的问题。上诉机构认为，《125号令》第2条第2款明确规定的是该办法不适用于成套散件进口，而非只是《125号令》规定的行政程序不适用。《125号令》中的行政程序和税费征收是不可分的，税费是按照行政程序在装车后核定的基础上征收的，不是在进口时征收的。专家组认定根据《125号令》第21条第1款对成套散件进口征税是错误的，第21条只是界定构成整车特征的情形，并未涉及税费。专家组一方面认定涉案措施征收的是国内税费，另一方面却对第2条第2款做出如下解释，即汽车生产企业可以选择按照正常海关程序申报成套散件进口，对成套散件征收的是《1994年关贸总协定》第2条下的关税。专家组对第2条第2款的解释与其对门槛问题的认定是相互矛盾的。上诉机构据此认为专家组对《125号令》第2条第2款的解释是错误的。

因为专家组是基于涉案措施对成套散件征收的是进口关税这一前提，认定涉案措施违反《中国工作组报告书》第93段，而上诉机构在上述分析中已否定了专家组所依据的前提，因此，上诉机构推翻了专家组关于涉案措施违反《中国工作组报告书》第93段的裁决。上诉机构认为无需再考虑中方提出的有关成套散件的其他上诉主张。

## 五、争端案件的影响和启示

本案中，我涉案措施经专家组和上诉机构程序后被裁定违反相关世贸规则，最终以我方修改相关涉案措施结案。今天再回过头来分析这个案件，我们认为，无论从过程还是结果，我方的收获和感受是多方面的。

### （一）本案涉及《1994年关贸总协定》核心问题

本案涉案措施的核心是，根据进口产品在国内的使用情况，而非进口时的状态归类征税。进口关税和国内税的区分涉及《1994年关贸总协定》的核心问题。

《1994年关贸总协定》作为世贸组织规制货物贸易的主体规则，其核心宗旨之一就是要求成员主要使用关税手段保护国内产业，对交纳关税后进口的产品提供不低于国内同类产品的待遇，以提高进口产品所面临的竞争环境的可预见性。从推动贸易自由流动、促进公平竞争的角度对关税和国内税设定的明确规范，是《1994年关贸总协定》核心纪律的一部分。《1994年关贸总协定》以第2条和第3条处理关税和国内税问题，也充分显示了缔约各方对该问题的高度重视。因此，我们也就不难理解专家组和上诉机构为何在报告中反复说明，其对何为关税、何为国内税的认定是符合世贸组织协定的目的和宗旨的。尽管我方依据世界海关组织和《协调制度》的一些规定，集中抗辩“归类总规则”第2(a)条可适用于多次进口的情况，但我们应该认识到，如果“归类总规则”第2(a)条可适用于多次进口，则对产品的归类征税必然要考虑其在进入关境后的使用情况，而这将根本性地影响《1994年关贸总协定》的核心纪律。至此，我们也就不难理解上诉机构为何提出，《协调制度》是解释成员关税减让表的相关上下文，而不是解释《1994年关贸总协定》第2条和第3条的相关上下文。

### （二）维护了我方对成套散件征收25%的关税的权利

尽管以《125号令》为核心出台的汽车零部件进口政策被认定不符合世贸组织规则，但经过全力的法律抗辩，我方打掉了起诉方借此案要求中方对成套散件按汽车零部件税率（10%）征税的企图，维护了中方对成套散件按整车税率（25%）征收关税的权利，而这恰恰是我们防止规避汽车关税政策的要害之所在。

### （三）积累了应诉经验和教训

本案是中方加入世贸组织后，第一个经历完整争端解决程序的被诉案件，包括磋商、专家组和上诉机构审理和执行。之前被诉的集成电路增值税案（DS309）通过磋商解决。相比于之前作为共同起诉方起诉美国钢铁保障措施案（CDS252）而言，本案是中方独立完成全部争端解决程序的第一个案件，对积累经验、总结教训都有十分重要的作用。

作为第一个经专家组审理的被诉案件，本案使我相关政府部门对世贸组织专家组如何审查国内法有了直接的感性认识。以《125号令》为例，就这个包含38个条款的部门规章，磋商阶段起诉方要求中方澄清的问题、专家组审查过程中要求中方澄清的问题都有近百个。回答这近百个问题的过程，也是对我们立法的严谨性进行检阅的过程，也使我们对不断提高立法严谨性的重要性有了更深刻的认识。

此外，本案还使我们认识到争端解决过程中证据的重要性。我方提出的任何观点都需要证据支持。如我方提出涉案措施的目的在于防止关税流失，需要引用涉案措施中的具体条文或立法说明作为证据，而起诉方可以涉案措施中另一些条款来反驳我方的观点。再如，我方提出加入世贸组织前后对成套散件都按整车归类和征税，也需提供证据才能使专家组最终认定这一事实。更重要的是，为了援引《1994年关贸总协定》第20条例外条款，专家组更要求我方提供大量关于进口商偷逃关税的证据。在不能提供大量证据的情况下，例外条款的抗辩从开始就难以说服专家组。

### （四）对我制定政策的启示

专家组和上诉机构对涉案措施的审理，也从一个方面为我们制定政策提供了许多启示，特别是作为政策载体的法律文件的严谨性。以本案涉及的成套散件问题为例，涉案措施意在设立一套特别程序，对装车状态下构成整车特征的零部件按整车税率征税。成套散件的进口本与此套特别程序无关，但《125号令》不同条款对成套散件的规定不够清晰，导致原本与涉案措施无关的成套散件进口问题被牵涉其中。如果最终认定中方已设立单独税号，则自此只能对成套散件进口征收10% 的关税，这种结果的影响将远大于停止实施本案涉案措施可能产生的影响。所幸的是，经过我方全力抗辩，上诉机构推翻了专家组关于涉案措施违反《中国工作组报告书》第93段的认定，我对成套散件的征税政策得到了维护。但是，本案中曾经出现的本不应有的波澜是值得我们深思的。

**附件**

## 欧盟、美国、加拿大诉我汽车零部件案大事记

2006年3月30日，欧盟和美国向中方提出磋商请求。

2006年4月7日，中方接受欧美磋商请求。

2006年4月13日，加拿大向中方提出磋商请求。

2006年4月21日，中方接受加方磋商请求。

2006年5月11—12日，中方与欧、美、加在日内瓦进行磋商。

2006年9月15日，三个起诉方向争端解决机构提出设立专家组请求。

2006年10月26日，争端解决机构设立专家组。

2007年1月29日，总干事指定专家组组成。

2007年3月13日，三个起诉方提交第一次书面陈述。

2007年4月17日，中方提交第一次书面陈述。

2007年5月22—24日，专家组第一次听证会及第三方会议。

2007年6月11日，当事方提交第一次书面问题答复。

2007年6月22日，当事方提交第二次书面陈述。

2007年7月12—13日，专家组第二次听证会。

2007年7月26日，当事方提交第二次书面问题答复。

2008年2月13日，专家组向当事方提交中期报告。

2008年3月20日，专家组向当事方提交最终报告。

2008年7月18日，专家组报告公开散发。

2008年9月15日，中方向争端解决机构提交上诉通知。

2008年9月22日，中方提交上诉方书面陈述。

2008年10月10日，欧、美、加提交被上诉方书面陈述。

2008年10月27—28日，上诉机构听证会。

2008年12月15日，上诉机构报告散发。

2009年1月12日，争端解决机构通过上诉机构报告和经修改的专家组报告。

2009年2月27日，当事方达成7个月20天的合理执行期，自2009年1月12日至2009年9月1日。

2009年8月15日，工业和信息化部、国家发展和改革委员会发布第10号令，停止执行《汽车产业发展政策》部分条款。

2009年8月28日，海关总署、国家发展和改革委员会、财政部和商务部发布第185号令，废止《构成整车特征汽车零部件进口管理办法》；海关总署发布第58号公告，废止《进口汽车零部件构成整车特征核定规则》。

校稿：于宁

# 美国、墨西哥诉我税收优惠补贴案评析

张永晖

2007年2月，美国和墨西哥分别就中国政府应收税收的退还、减少或者免除等税收优惠措施提起磋商请求，案件编号分别为DS358、DS359。此后，中国与美、墨举行了多轮磋商，但未能解决争端。7月12日，美、墨提起设立专家组请求。世贸组织争端解决机构于8月31日设立了专家组。之后，当事方仍继续磋商。本案最终通过协商解决，中美、中墨分别于2007年12月19日和2008年2月7日通知世贸组织争端解决机构达成谅解。

## 一、案件的发展进程

### （一）背景

美国在起诉本案之前，曾在双边、多边（世贸组织对华过渡性审议、贸易政策审议等）场合对中国某些税收政策提出质疑，认为中国的措施构成禁止性补贴，不符合世贸组织相关规则。2006年5月开始，中美双方就美方提出的问题进行了多轮双边磋商。经过磋商，中国向美国澄清了部分问题，并说明，新《企业所得税法》将出台，可解决美国提出的大部分问题。在双边磋商顺利进行之时，美国却突然提起世贸组织争端解决机制项下的磋商请求，启动了世贸组织争端解决程序。

### （二）磋商阶段

2007年2月2日，美国提起了本案磋商请求。[①]2月26日，墨西哥提起本案磋商请求[②]，提出的法律主张与美国基本相同。磋商请求涉及政府应收税收的退还、减少或者免除（certain measures granting refunds, reductions or exemptions from taxes and other Payments）。随后，欧盟、澳大利亚和日本请求加入磋商，美国、墨西哥互相请求加入对方所提起的磋商，中国同意了他们的请求。3月20日，中美、中墨在日内瓦举行了联合磋商，日本、澳大利亚、欧盟作为第三方参加了磋商。

2007年4月27日，美国提出补充磋商请求[③]，5月4日，墨西哥提出补充磋商请求[④]。起诉方的补充磋商请求将中国新通过的《企业所得税法》纳入起诉范围，并放弃了一项已经废止的措施（《中国人民银行、国家外汇管理局、对外贸易经济合作部、国家税务总局关于印发〈出口收汇考核试行办法奖惩细则〉的通知》）。日本、澳大利亚、欧盟和加拿大请求加入第二轮磋商，美国、墨西哥互相请求加入对方所提起的补充磋商，中国同意了他们的请求。6月22日，第二轮磋商在日内瓦举行。

### （三）专家组阶段

由于磋商未能解决争端，起诉方于2007年7月12日提出设立专家组请求[⑤]，

① WT/DS358/1.

②WT/DS359/1.

③WT/DS358/1/Add.1.

④WT/DS359/1/Add.1.

⑤WT/DS358/13, WT/DS359/13.

要求世贸组织设立专家组审理本案，将案件从磋商阶段推进到专家组审理阶段。争端解决机构于8月31日设立了一个单一专家组，以审理这两起案件。澳大利亚、加拿大、智利、欧盟、日本、台澎金马单独关税区、土耳其、阿根廷、哥伦比亚和埃及等10个成员作为第三方。但是美国在提起设立专家组请求的同时表示仍希望与中国继续磋商。此后，中国与起诉方在2个月时间内又进行了4轮艰苦磋商，并最终与起诉方就谅解备忘录达成一致，解决了本案。由于当事方继续磋商，专家组审理程序在设立单一专家组后并未进一步推进。

## 二、本案涉及的主要措施

起诉方在磋商请求中指控的涉案措施可以分为以下三类:

### (一)第一类措施：对国内企业和外商投资企业购买国产设备的税收返还和抵扣政策

起诉方认为这些措施以在中国的企业购买国产货物而非进口货物为条件向这些企业给予政府应收税收的退还、减少或者免除。第一类措施主要包括:

1.《国家税务总局关于印发〈外商投资企业采购国产设备退税管理试行办法〉的通知》(国税发[1999]第171号)，并结合《国家税务总局、国家发展和改革委员会关于印发〈外商投资项目采购国产设备退税管理试行办法〉的通知》(国税发[2006]111号)，明确规定其制定目的为“鼓励外商投资企业使用国产设备”及“鼓励外商投资项目使用国产设备”，对于外商投资企业及外商投资项目使用国产设备给予退回增值税的优惠。

2.《财政部、国家税务总局关于外商投资企业和外国企业购买国产设备投资抵免企业所得税有关问题的通知》(财税字[2000]49号)，并结合《国家税务总局关于印发〈外商投资企业和外国企业购买国产设备投资抵免企业所得税管理办法〉的通知》(国税发[2000]90号)，规定“凡在我国境内设立的外商投资企业，在投资总额内购买的国产设备，对符合《国务院关于调整进口设备税收政策的通知》(国发[1997]37号)中规定的《外商投资产业指导目录》鼓励类、限制乙类的投资项目，除国发［1997］37号规定的《外商投资项目不予免税的进口商品目录》外，其购买国产设备投资的40%可从购置设备当年比前一年新增的企业所得税中抵免”。

3.《关于印发〈技术改造国产设备投资抵免企业所得税暂行办法〉的通知》（财税字［1999］290号），规定“凡在我国境内投资于符合国家产业政策的技术改造项目的企业，其项目所需国产设备投资的40%可从企业技术改造项目设备购置当年比前一年新增的企业所得税中抵免”。

### （二）第二类措施：对产品出口型、先进技术型外商投资企业的税收减免政策

起诉方称这些措施以受益企业满足某些出口实绩标准为条件给予政府应收税收的退还、减少或者免除。第二类措施主要包括：

1.《中华人民共和国外商投资企业和外国企业所得税法实施细则》第75条第7款和第8款，并结合《国务院关于鼓励外商投资的规定》（国发［1986］95号）第8条和第9条以及《中华人民共和国外商投资企业和外国企业所得税法》第6条和第8条，规定外商投资举办的产品出口企业在满足一定出口实绩要求后，可以减半征收企业所得税。

2.《中华人民共和国外商投资企业和外国企业所得税法实施细则》第73条第6款，并结合《中华人民共和国外商投资企业和外国企业所得税法》第6条和第7条以及《外商投资产业指导目录》第13部分，规定“鼓励举办采用先进技术、设备，产品全部或者大部分出口的外商投资企业”，产品全部直接出口的允许类外商投资项目减收企业所得税。

3.《中华人民共和国外商投资企业和外国企业所得税法实施细则》第81条，并结合《中华人民共和国外商投资企业和外国企业所得税法》第6条和第10条以及《国务院关于鼓励外商投资的规定》第10条，规定外国投资者将其从企业分得的利润，在中国境内再投资举办、扩建产品出口企业或者先进技术企业，经营期不少于五年的，经申请税务机关核准，全部退还其再投

资部分已缴纳的企业所得税税款。

4.《国务院关于鼓励外商投资的规定》第3条规定，“产品出口企业和先进技术企业，除按照国家规定支付或者提取中方职工劳动保险、福利费用和住房补助基金外，免缴国家对职工的各项补贴”。

5.《国务院关于调整进口设备税收政策的通知》，并结合《外商投资产业指导目录》第十三类，规定对转让技术、产品全部直接出口的允许类外商投资项目在投资总额内进口的自用设备，除《外商投资项目不予免税的进口商品目录》所列商品外，免征关税和进口环节增值税。

上述两类措施包括对在中国境内经济区域（例如经济特区、经济技术开发区、沿海经济开放区以及海南省经济特区）设立的外商投资企业和外国企业给予的优惠待遇，即给予位于上述区域内的企业税收减免退优惠。例如，《中华人民共和国外商投资企业和外国企业所得税法实施细则》第75条，《国务院关于鼓励外商投资的规定》第8条和第9条规定，经济特区和经济技术开发区以及其他已经按百分之十五的税率缴纳企业所得税的产品出口企业，符合一定出口实绩条件的，按百分之十的税率征收企业所得税。

起诉方认为，中国的上述措施提供了出口补贴或进口替代补贴，违反了《补贴协定》第3条、《1994年关贸总协定》和《与贸易有关的投资措施协定》中的国民待遇条款、《中国加入议定书》和《中国工作组报告书》有关取消禁止性补贴和国民待遇的承诺。

## 三、主要争议法律问题

### （一）《补贴协定》第3.1（a）条、第3.1（b）条和第3.2条

《补贴协定》第3条规定的是禁止性补贴，第1款（a）项和（b）项分别规定了出口补贴（法律或事实上视出口实绩为唯一条件或多种其他条件之一而给予的补贴，包括附件1列举的补贴）和进口替代补贴（视使用国产货物而非进口货物的情况为唯一条件或多种其他条件之一而给予的补贴）。第3条

明确禁止世贸组织成员实施出口补贴和进口替代补贴。起诉方认为中国上述第一类措施构成进口替代补贴，第二类措施构成出口补贴。

### （二）《1994年关贸总协定》第3.4条、《与贸易有关的投资措施协定》第2.1条和附件1第1条（a）项

《1994年关贸总协定》第3条规定的是“国内税和国内法规的国民待遇”，其中第4款规定进口产品所享受的待遇不得低于同类国产品所享受的待遇。《与贸易有关的投资措施协定》第2.1条和附件1第1条（a）项规定了与贸易有关的投资措施的国民待遇原则。起诉方认为，中国的措施给予进口产品的待遇似乎低于给予“同类”国产品的待遇，因此违反了国民待遇原则。

### （三）《中国加入议定书》第一部分第7.2条、第7.3条和第10.3条

起诉方认为中国的措施违反了以上条款中的有关规定：第7.2条关于中国不得采取违反世贸组织规则的非关税措施的规定，第7.3条关于中国应遵守《与贸易有关的投资措施协定》并取消当地含量要求和出口实绩要求的规定，第10.3条关于中国应取消所有禁止性补贴的规定。

### （四）《中国加入议定书》第一部分第1.2条（就该款并入《中国工作组报告书》第167段、第203段而言）

该条规定，“本议定书，包括工作组报告书第342段所指的承诺，应成为《建立世贸组织协定》的组成部分”。《中国工作组报告书》第342段列举的承诺包括第167段和第203段。其中第167段规定中国应取消所有禁止性补贴，第203段规定中国应遵守《与贸易有关的投资措施协定》并取消当地含量要求和出口实绩要求。起诉方认为中国的措施违反了上述规定。

## 四、磋商的结果

世贸组织就本案设立专家组后，中国继续与起诉方磋商，澄清了有

关措施，向起诉方表明有些措施已经废止，或者将要废止或修订。2007年11月29日，中美、中墨分别签署了“谅解备忘录”（Memorandum of Understanding，MOU）[①]，就本案达成了双方同意的解决办法。2007年12月19日和2008年2月7日，中美、中墨双方分别向争端解决机构通报双方已达成“谅解备忘录”，正式结束案件。

本案“谅解备忘录”的主要内容如下：

第一，确认《国务院关于鼓励外商投资的规定》第3条给予部分外商投资企业免缴职工补贴的优惠已被《国务院关于废止2000年底以前发布的部分行政法规的决定》（国务院令第319号，2001年10月6日）取消。

第二，由于《国务院关于调整进口设备税收政策的通知》规定，对于进口设备，在规定的范围内免征关税，并同样免征进口环节增值税，因此，外商投资企业采购国产设备和进口设备均可享受同等的增值税优惠，《国家税务总局关于印发〈外商投资企业采购国产设备退税管理试行办法〉的通知》和《国家税务总局、国家发展和改革委员会关于印发〈外商投资项目采购国产设备退税管理试行办法〉的通知》有关外商投资企业或外商投资项目采购国产设备退回增值税的优惠在法律上或事实上并不会导致购买国产设备的进口替代。

第三，关于《外商投资企业所得税法》、《外商投资产业指导目录》和《鼓励外商投资产业目录》对产品出口型外商投资企业的税收减免政策，中国已于2007年10月31日修订《外商投资产业指导目录》，同时不再恢复《鼓励外商投资产业目录》第十三类，即产品全部直接出口的允许类外商投资项目。

第四，新《企业所得税法》实现“两税合一”，将废止《外商投资企业所得税法》，同时《国务院关于鼓励外商投资的规定》第8条、第9条、第10条相应的所得税优惠条款也不再有效，并将根据中国行政法规清理的进程于2009年1月1日前被废止。

第五，关于新《企业所得税法》第25条、第28条、第3条和第57条的规定，中国已解释这些条款没有规定提供以使用国产而非进口产品为条件或

①WT/DS358/14；WT/DS359/14.

以出口实绩为条件的所得税优惠。同时，第57条授权某些所得税优惠可延续至2008年1月1日以后，但不会用于继续实施已经废止的所得税优惠。

第六，关于《关于印发〈技术改造国产设备投资抵免企业所得税暂行办法〉的通知》规定的先进技术型外商投资企业的税收减免政策，以及《财政部、国家税务总局关于外商投资企业和外国企业购买国产设备投资抵免企业所得税有关问题的通知》和《国家税务总局关于印发〈外商投资企业和外国企业购买国产设备投资抵免企业所得税管理办法〉的通知》规定的对购买国产设备给予所得税抵免优惠的政策，中方确认，中国将于2007年12月31日之前发布新的法律文件，废止以上措施。

由于起诉方未能全面了解中国的法律法规和政策措施，因此对中国的政策存在严重的误解和偏见，认为中国的措施都是鼓励出口的补贴措施。中国在磋商过程中就起诉方提出的数百个问题进行了详尽解释，说明有的措施已经取消，有的因为同时存在其他措施的限制因此并不会导致起诉方所声称的结果，最终澄清了起诉方的误解，为磋商解决争端奠定了基础。中国在磋商过程中据理力争，使得起诉方放弃了对中国增值税退税政策和新《企业所得税法》的挑战，新《企业所得税法》的权威得以维护。此外，欧盟、日本和澳大利亚等成员对本案也非常关注，本案磋商解决同时解决了这些成员对中国措施的关切，产生了良好的国际影响。

## 五、案件的启示

本案中起诉方挑战的措施大部分是中国入世之前采取的措施，有的是上世纪八九十年代采取的措施。当时中国正处于改革开放的初期，经济发展需要资金，因此出现了很多吸引外资、鼓励出口创汇的措施。可以说，这些措施是历史的产物，是当时经济发展的需要。随着改革开放的深入，尤其是中国加入世贸组织，中国经济转变了发展方式，这些措施便不再适应发展需要，有的实际上早已不再实施。同时，中国早已主动开始对法律法规的清理和修改。因此，本案磋商解决具有客观基础。现在，中国已具有相当的经济实力，正在大力开展“走出去”战略。中国将更多地运用世贸组织规则维护自身权益，为对外贸易、对外投资等营造良好的国际环境。

**附件**

## 美国、墨西哥诉我税收优惠补贴案大事记

2007年2月2日，美国向中方提出磋商请求。

2007年2月15日，欧盟请求加入中美磋商。

2007年2月16日，澳大利亚和日本请求加入中美磋商。

2007年2月19日，墨西哥请求加入中美磋商。

2007年3月8日，中国同意了以上加入磋商的请求。

2007年2月26日，墨西哥向中方提出磋商请求。

2007年3月7日，澳大利亚请求加入中墨磋商。

2007年3月6日，欧盟请求加入中墨磋商。

2007年3月8日，日本请求加入中墨磋商。

2007年3月12日，美国请求加入中墨磋商。

2007年3月20日，中国同意了以上加入磋商的请求。

2007年3月20日，中美、中墨在日内瓦举行了联合磋商，日本、澳大利亚、欧盟作为第三方参加了磋商。

2007年4月27日，美国提出补充磋商请求。

2007年5月4日，墨西哥提出补充磋商请求，并请求加入美国提出的补充磋商。

2007年5月7日，欧盟请求加入美国提出的补充磋商。

2007年5月11日，澳大利亚和日本请求加入美国提出的补充磋商。

2007年5月14日，加拿大请求加入美国提出的补充磋商。

2007年6月15日，中国同意了以上加入补充磋商的请求。

2007年5月11日，澳大利亚请求加入墨西哥提出的补充磋商。

2007年5月14日，加拿大、欧盟请求加入墨西哥提出的补充磋商。

2007年5月16日，日本请求加入墨西哥提出的补充磋商。

2007年5月18日，美国请求加入墨西哥提出的补充磋商。

2007年6月15日，中国同意了以上加入补充磋商的请求。

2007年6月22日，第二轮磋商在日内瓦举行。

2007年7月12日，美、墨提出设立专家组请求。

2007年8月31日，争端解决机构设立了一个单一专家组。

2007年9月20日，电话会议磋商。

2007年10月16日，电话会议磋商。

2007年11月9日，电话会议磋商。

2007年11月14日，电话会议磋商。

2007年11月29日，中美、中墨分别签署了“谅解备忘录”，就本案达成了双方同意的解决办法。

2007年12月19日，中、美向争端解决机构通报双方已达成“谅解备忘录”，正式结束案件。

2008年2月7日，中、墨向争端解决机构通报双方已达成“谅解备忘录”，正式结束案件。

校稿：于方

# 美国诉我知识产权案评析

程秀强

2007年4月10日，美国以中国相关法律不符合《与贸易有关的知识产权协定》为由，提起世贸组织争端解决机制项下的磋商，涉及知识产权犯罪的刑事门槛、海关处置侵权货物的措施、依法禁止出版传播作品的著作权保护、对从事未授权复制或发行侵权作品的行为适用刑事程序和处罚等问题。经过近两年的磋商和专家组审理程序，除对进口冒牌货仅摘除非法标志的处置方式、未能通过审查的作品及通过审查的作品中被删除部分的著作权保护等两个具体问题外，专家组驳回了美方的绝大部分主张，肯定了中国的知识产权制度。对此，中美双方均未提出上诉，世贸组织争端解决机构审议并通过了专家组报告。根据双方商定的合理执行期，中国在2010年3月完成了执行工作，此争端得以妥善解决。

## 一、案件背景和基本进程

### （一）背景情况

知识产权是经济全球化下国际竞争的重要手段。在中美经贸关系的发展过程中，知识产权一直是美方重点关注的议题之一。据有关统计，知识产权产业占美国出口总量的一半以上，在经济增长中占40%，美国大企业2/3的价值可以追溯到以专利和商标等为代表的无形资产。为此，美国通过世界贸易组织、亚太经合组织、自由贸易区、双边知识产权对话与合作等多种形式，在全球范围内不断推动提高知识产权保护水平。

美国对中国知识产权的关注体现了其利益所在，并与其全球战略保持一致。1979年签订的《中美贸易关系协定》第六条规定，中美双方承认在其贸易关系中有效保护专利、商标和版权的重要性，每一方提供的专利、商标和著作权的保护，应与对方给予自己的此类保护相适应。随着中美经贸关系的迅速发展，两国在知识产权领域的争议也日渐显现。1991年，两国政府开始知识产权谈判，分别于1992年、1995年和1997年达成了三个知识产权保护协议。2004年，中美商贸联委会升格为副总理级，专门设立了知识产权工作组，讨论解决中美知识产权问题。美方关注议题涉及知识产权立法、执法、行政资源配置、商标、专利、版权等诸多方面，几乎涵盖了知识产权的所有领域。

2007年，美国提出了要求中国解决的知识产权问题清单。经过多次磋商未果后，美国将部分问题诉诸世贸组织争端解决机制，包括知识产权犯罪的刑事门槛、海关处置侵权货物的措施、依法禁止出版传播作品的著作权保护、复制发行等四个问题，涉及《刑法》、《最高人民法院、最高人民检察院关于办理侵犯知识产权刑事案件具体应用法律若干问题的解释》、《最高人民法院、最高人民检察院关于办理侵犯知识产权刑事案件具体应用法律若干问题的解释（二）》、《知识产权海关保护条例》、《中华人民共和国海关关于〈中华人民共和国知识产权海关保护条例〉的实施办法》、《海关总署公告2007年第16号》、《著作权法》及其他一些法律和行政法规。

### （二）基本进程

根据世贸组织《关于争端解决规则与程序的谅解》（以下简称《争端解决谅解》）第4条规定，中美双方于2007年6月7日至8日在日内瓦进行了磋商。磋商解决了美方关于复制发行的关注，但未能解决其他问题。

2007年8月13日，美国根据《争端解决谅解》第6条向争端解决机构提出设立专家组的请求，指控中国在三个方面不符合《与贸易有关的知识产权协定》。2007年9月25日，争端解决机构会议设立了专家组。阿根廷、澳大利亚、巴西、加拿大、欧盟、印度、日本、韩国、墨西哥、台澎金马单独关税区、泰国和土耳其等成员作为第三方参加专家组程序。

在世贸组织秘书处的主持下，中美双方虽经多轮磋商，但未能就专家组成员达成一致。2007年12月3日，美国根据《争端解决谅解》第8.7条请求世贸组织总干事决定专家组的组成。2007年12月13日，总干事任命Adrian Macey（新西兰）、Marino Porzio（智利）、Sivakant Tiwari（新加坡）三人组成专家组。

2008年1月和3月，美国、中国分别提交了第一次书面陈述。专家组与中美双方于2008年4月14日至16日以及2008年6月18日至19日召开听证会，并于2008年4月15日与第三方召开会议。2008年10月9日，专家组向中美双方提交了中期报告。2008年11月13日，专家组向争端双方提交了最终报告。2009年1月，专家组报告向世贸组织成员公布。

专家组报告发布后，中美双方均未提起上诉。2009年3月，争端解决机构会议审议并通过了专家组报告。中国在2009年4月争端解决机构会议上宣布了执行意向，并与美国就合理执行期达成了一致。2010年3月，中国完成了执行工作，案件得以妥善解决。

## 二、主要涉案措施和专家组裁决情况

### （一）知识产权犯罪的刑事程序和责任门槛

#### 1. 涉案措施

我国《刑法》第二编第三章第七节规定了侵犯知识产权罪，包括假冒注册商标罪（第213条），销售假冒注册商标的商品罪（第214条），非法制造、销售非法制造的注册商标的商品罪（第215条），侵犯著作权罪（第217条），销售侵权复制品罪（第218条）及单位侵犯知识产权罪的处罚（第220条）等。根据这些条款，侵犯商标权、著作权的违法行为只有达到“情节严重”、“销售金额数额较大”、“违法所得数额较大”、“违法所得数额巨大”或者“有其他严重情节”，才能追究侵权人的刑事责任。例如，《刑法》第217条规定：“以营利为目的，有下列侵犯著作权情形之一，违法所得数额较大或者有其他严重情节的，处三年以下有期徒刑或者拘役，并处或者单处罚金；……。”

《最高人民法院、最高人民检察院关于办理侵犯知识产权刑事案件具体应用法律若干问题的解释》和《最高人民法院、最高人民检察院关于办理侵犯知识产权刑事案件具体应用法律若干问题的解释（二）》进一步明确、量化了侵犯知识产权罪的定罪量刑门槛。例如，《最高人民法院、最高人民检察院关于办理侵犯知识产权刑事案件具体应用法律若干问题的解释》第5条规定：“以营利为目的，实施刑法第二百一十七条所列侵犯著作权行为之一，违法所得数额在三万元以上的，属于‘违法所得数额较大’；……”。《最高人民法院、最高人民检察院关于办理侵犯知识产权刑事案件具体应用法律若干问题的解释（二）》第1条规定：“以营利为目的，未经著作权人许可，复制发行其文字作品、音乐、电影、电视、录像作品、计算机软件及其他作品，复制品数量合计在五百张（份）以上的，属于刑法第二百一十七条规定的‘有其他严重情节’；……。”

**2. 双方主张**

根据《与贸易有关的知识产权协定》第61条，世贸组织成员方应至少对具有商业规模的故意的商标仿冒和盗版案件规定刑事程序和惩罚，可使用的补救措施应包括足以起到威慑作用的监禁和/或罚金，并应与适用于同等严重性的犯罪所受到的处罚水平一致。《与贸易有关的知识产权协定》第41.1条也规定：“各成员应保证其国内法中包括关于本部分规定的实施程序，以便对任何侵犯本协定所涵盖知识产权的行为采取有效行动，包括防止侵权的迅速救济措施和制止进一步侵权的救济措施。”

美国认为，达到“商业规模”的侵权人是指在市场中为获得经济收益而从事商业活动，因而在商业规模之上运营的人；或不论动机或目的，其行为在相关市场上就规模或数量而言足以构成商业规模的人。中国在法律中设定了“一刀切”的金额或数量门槛（例如500份或3万元人民币），并忽视了其他足以衡量侵权规模的指标。据此，构成具有“商业规模的蓄意假冒商标或盗版”案件、但低于这些数量门槛的侵权行为（例如销售499份假冒产品或者盗版光盘），不能受到刑事处罚，从而在法律上为“商业规模的蓄意假冒商标或盗版”行为提供了“安全港”，这既不符合TRIPS第61条“各成员应规定至少将适用于具有商业规模的蓄意假冒商标或盗版案件的刑事程序和处罚”的规定，也与中国在《与贸易有关的知识产权协定》第41.1条下承担的义务不符。

中国不否认侵犯知识产权罪刑事门槛的存在，但澄清中国对很多类型的商业犯罪适用门槛，门槛反映了不同违法行为对整个社会和经济秩序的影响，以及中国对刑事执法、追诉和司法资源分配优先顺序的判断。考虑到中国的法律结构和其他有关商业犯罪的法律，中方认为假冒商标和盗版的刑事门槛是合理和恰当的，并提供证据证明有关门槛并不高。“商业规模”是指具有相当规模的侵权活动，是一个宽泛的概念，取决于国家的自由裁量权以及国内的情况。在中国的商业环境下，刑事门槛是适当的。此外，任何规模的侵权行为都可能被采取行政执法措施，不存在侵权行为的“安全港”。

**3. 专家组裁决**

专家组首先逐一分析了中国刑事门槛的体系，包括考察加重情节、犯罪的未完成形态、共同犯罪、以营利为目的、门槛的任意性、累积计算、非法经营额的计算方法等。在此基础上，专家组认定由于刑事门槛的存在，门槛之下的假冒商标和盗版行为不受刑事制裁。因此，关键问题是门槛之下的假冒商标和盗版是否在“商业规模”之上。

专家组集中分析了“商业规模”的定义，认定其明确区别于美国主张的“商业”，同时也认为中国主张的“大规模”并不合适。专家组在考虑双方证据后认为，“商业规模”表明《与贸易有关的知识产权协定》第61条要求将行为的性质和相对大小结合起来作为“市场基准”进行考察，应指“典型或通常商业活动的规模或程度”；“具有商业规模的假冒商标或盗版”应该是在特定市场中，针对特定产品的假冒商标或盗版的典型或通常商业活动的规模或程度。这种“商业规模”是相对的标准，可大可小，其随着商业的形式、假冒商标和盗版的形式等众多因素的变化而变化。在本案中，就需要结合中国的市场进行考察。

因此，专家组认定对第61条义务的衡量标准，当其适用于不同具体情况时会有所不同。《与贸易有关的知识产权协定》没有限制成员具体的立法形式，只要成员对具有商业规模的假冒商标和盗版行为规定了刑事程序和处罚，就履行了其义务。针对中国的刑事门槛本身，专家组认为并不能判断在中国市场上，门槛之下的行为哪些在“商业规模”之上，哪些在“商业规模”之下。因此，美国作为起诉方，必须用证据对此进行证明。通过对美国所有证据的逐一审查并对比中国提出的反驳（特别是依据刑法总则和相关中国判决的论点），专家组认定美国未能就其针对第61条第一句话的主张建立有初步证据的案件。鉴于美国针对第61条第二句话和第41.1条的主张，都依赖于对第61条第1句话的诉请，专家组未对该等主张进行判决。

### （二）海关对知识产权侵权货物的处置方式

#### 1. 涉案措施

我国《知识产权海关保护条例》第27条和《中华人民共和国海关关于〈中华人民共和国知识产权海关保护条例〉的实施办法》（以下简称《实施办法》）第30条对海关处置知识产权侵权货物的方式做出了规定。海关的处置方式是：（1）有关货物可以直接用于社会公益事业或者知识产权权利人有收购意愿的，将货物转交给有关公益机构用于社会公益事业或者有偿转让给知识产权权利人；（2）被没收的侵犯知识产权货物无法用于社会公益事业且知识产权权利人无收购意愿的，海关可以在消除侵权特征后依法拍卖有关货物。拍卖货物所得款项上交国库；（3）有关货物不能按照第（1）、（2）项规定处置的，应当予以销毁。海关销毁侵权货物，知识产权权利人应当提供必要的协助。有关公益机构将海关没收的侵权货物用于社会公益事业以及知识产权权利人协助海关销毁侵权货物的，海关应当进行必要的监督。《海关总署公告2007年第16号》进一步明确：完全清除有关货物以及包装的侵权特征，包括清除侵犯商标权、侵犯著作权、侵犯专利权以及侵犯其他知识产权的特征。对不能完全清除侵权特征的货物，应当予以销毁，一律不得拍卖。海关拍卖侵权货物前应当征求有关知识产权权利人的意见。

**2. 双方主张**

《与贸易有关的知识产权协定》第59条规定："在不损害权利可采取的其他诉讼权并在遵守被告寻求司法机关进行审查权利的前提下，主管机关有权依照第46条所列原则责令销毁或处理侵权货物。对假冒商标货物，主管机关不得允许侵权货物在未做改变的状态下再出口或对其适用不同的海关程序，但例外情况下除外。"第46条规定："为有效制止侵权，司法机关有权在不进行任何补偿的情况下，责令将已被发现侵权的货物清除出商业渠道，以避免对权利持有人造成任何损害，或下令将其销毁，除非此点会违背现行宪法规定的必要条件。司法机关还有权在不给予任何补偿的情况下，责令将主要用于制作侵权货物的原料和工具清除出商业渠道，以便将产生进一步侵权的危险减少到最低限度。在考虑此类请求时，应考虑侵权的严重程度与给予的救济以及第三方利益之间的均衡。对于冒牌货，除例外情况外，仅除去非法加贴的商标并不足以允许该货物放行进入商业渠道。"

美国认为，《与贸易有关的知识产权协定》第59条要求授予依据第46条所列原则处理或销毁侵权货物的充分权力，主管机关必须自货物被认定侵权时起即有权选择任何合法的处置方式，直至处置完成。中国海关处置没收侵权货物时存在一个强制顺序：首先，转交给社会公益机构或有偿转让给权利人；其次，清除所有侵权特征后拍卖；最后，予以销毁。这种顺序造成海关不能直接销毁侵权货物，从而违反了世贸组织"将侵权货物清除出商业渠道或责令将其销毁”的规定。而且，捐赠和转让给权利人的做法都会对权利人利益造成损害，违反了世贸组织“避免对权利持有人造成任何损害”的原则；拍卖导致侵权货物流入商业渠道，不符合世贸组织“将侵权货物清除出商业渠道”的规定。

中国认为，海关具有《与贸易有关的知识产权协定》第59条所规定的销毁权和处理权。捐赠给公益机构及卖给权利人构成以避免对权利人造成任何损害的方式将侵权货物清除出商业渠道。第59条所规定的授予主管机关销毁权的义务并非意味着成员必须授予无限制的绝对的自由裁量权及国内机构必须在任何情况下都具有责令销毁侵权货物的绝对权力。中国没有义务确保所有侵权货物被清除出商业渠道以避免对权利人造成任何损害，而是，海关必须具有将侵权货物清除出商业渠道以避免对权利人造成任何损害的权力。第59条必须结合《与贸易有关的知识产权协定》第1.1条理解。中国法律规定的标准反映了中国对销毁之外的其他处置方式的偏好，但是海关具有决定法律规定的标准是否得以满足继而决定采用哪种处置方式的自由裁量权。中国海关在2005年至2007年间销毁的侵权货物金额占其没收的全部侵权货物金额的58%，这证明所谓的处置方式的先后顺序并不妨碍海关责令销毁侵权货物的权力。即使第46条第4句为海关设定了一项独立义务，中国也已履行——海关在拍卖前应清除所有侵权特征而不仅仅是非法加贴的商标，并征求权利人意见。

**3. 专家组裁决**

专家组首先参考《与贸易有关的知识产权协定》第三部分第4节的上下文，尤其是第51条，认为世贸组织成员没有义务将《与贸易有关的知识产权协定》第59条的要求适用于出口货物，裁定在中国的涉案海关措施涉及出口货物的限度内，《与贸易有关的知识产权协定》第59条并不适用。专家组认为，中国海关措施适用于出口货物，高于《与贸易有关的知识产权协定》第三部分第4节的要求。

在针对进口侵权货物的海关措施方面，专家组指出第46条至少第1、3、

4句都被并入了第59条。针对“有权”这一问题，专家组认为第46条第1句规定的是有权责令“销毁或处置”，因此，只要涉案海关措施规定了二者其一，就满足了第46条第1句在此问题上的义务。成员可以自由地在该句规定的救济措施之外规定其他形式的救济措施。关于捐赠给社会公益机构，专家组认为中国海关认定侵权货物是否可以用于社会公益事业，并对货物用途进行必要的监督，美国未能证明中国海关缺乏依据第46条第1句所列原则责令处理侵权货物的权力。关于卖给权利人，《与贸易有关的知识产权协定》第27条使用的是“可以”，没有排除《与贸易有关的知识产权协定》第59条要求的其他处置方式，因此专家组认为没有必要对该处置措施进行评估。关于拍卖，专家组认为《与贸易有关的知识产权协定》第27条规定拍卖是选择性的，美国未能证明海关责令拍卖侵权货物的权力排除了依据第46条第1句所列原则责令销毁侵权货物的权力。综上，专家组裁定美国未能证明中国的涉案海关措施不符合《与贸易有关的知识产权协定》第59条纳入的第46条第1句所列原则。

关于进口冒牌货仅摘除非法标志的处置方式，专家组认为，《与贸易有关的知识产权协定》第46条第4句并不禁止放行进入商业渠道这一处置方式本身，而暗示需再采取其他额外措施，即对侵权货物的状态做出进一步的改变。但中国海关对假冒商标货物进行拍卖时，清除侵权特征就是除去非法加贴的商标。专家组考虑了中国提出的征求权利人意见的要求，但认为这并非对侵权货物的状态做出改变，且海关也没有义务考虑权利人意见。因此，专家组认为对于仅涉及侵犯商标的货物，中国海关的措施使在“例外情况”以外的情形下，仅仅除标也能允许货物进入商业渠道，从而裁定中国的涉案海关措施不符合《与贸易有关的知识产权协定》第59条纳入的第46条第4句所列原则。

### （三）禁止出版传播作品的著作权保护

#### 1. 涉案措施

我国《著作权法》第4条第1款规定：“依法禁止出版、传播的作品，不受本法保护。"

2. **双方主张**

《与贸易有关的知识产权协定》第9.1 条规定各成员应遵守《伯尔尼公约》(1971)第1条至第21条及其附录的规定。其中,《伯尔尼公约》第5(1)条规定:"根据本公约得到保护作品的作者,在除作品起源国外的本联盟各成员国,就其作品享受各国法律现今给予或今后将给予其国民的权利,以及本公约特别授予的权利。"第5(2)条规定:"享有和行使这些权利不需要履行任何手续,也不论作品起源国是否存在保护。因此,除本公约条款外,保护的程度以及为保护作者权利而向其提供的补救方法完全由被要求给予保护的国家的法律规定。"

美国认为,《著作权法》第4(1)条拒绝对出版和发行被某些法律、法规禁止的作品提供自动保护。这些法律法规包括《刑法》、《出版管理条例》、《广播电视管理条例》、《音像制品管理条例》、《电影管理条例》以及《电信条例》等。"依法禁止出版、传播的作品"既包括经审查认定含有法律禁止内容的作品,也包括尚未提交内容审查和正在接受内容审查的作品。这种拒绝保护包括拒绝对这些作品的作者提供《著作权法》第10条列举的广泛权利,而第10条列举的权利很大程度上包含了《伯尔尼公约》的规定设想的权利。被拒绝提供《著作权法》保护的作品的作者,也无法从《著作权法》第46条和第47条规定的救济中受益。因此,该等作品的作者并不享有《伯尔尼公约》"特别授予"的最低限度权利,违反了公约第5(1)条,从而违反了《与贸易有关的知识产权协定》第9.1条。同时,由于上述原因,中国没能确保为作品提供《与贸易有关的知识产权协定》第三部分所规定的执法程序,没有履行其于《与贸易有关的知识产权协定》第41.1条和第61条第1句和第2句项下的义务。

中国认为,著作权从作品完成时即获得,其不依赖于作品的发表。《著作权法》第2条明确授予了全面的著作权。《著作权法》第4(1)条并不影响第2条对著作权的授予,而只是对内容违法的作品不会实施《著作权法》的保护。

当作品未能通过内容审查时，中国不会保护未经修改的被禁止版本的著作权，使之免受其侵权复制品的侵害，中国也不保护为了通过内容审查而进行修改的作品中被删节的部分。《伯尔尼公约》第17条:“本公约的条款绝不应妨碍本同盟各成员国政府通过法律或条例对于任何作品或制品的发行、演出、展出行使许可、监督或禁止的权力，如果主管机关发现有必要对该等作品或制品行使这种权力。”这种权力包括了拒绝保护特定作品的所有著作权。中国完全禁止第4条第1款规定作品的出版传播并强制执行这种禁止，中国已经对出版该等内容的任何尝试规定了构成“有效行动”的程序，“提供”了著作权实施程序。

**3. 专家组裁决**

专家组首先确认了《著作权法》第4条第1款中“依法禁止出版、传播的作品”的范围，认为包括未能通过审查的作品和修改后通过内容审查的作品中被删除的部分，但美国对从未提交内容审查的作品、在等待内容审查结果的作品、经修改后通过内容审查的作品的未修改版本，未能建立有初步证据的案件。

对美国依据《与贸易有关的知识产权协定》第9.1条并入的《伯尔尼公约》第5（1）条提出的诉请，专家组分析了《著作权法》和《伯尔尼公约》的相关规定，认为《著作权法》第4条第1款清楚地表明拒绝对某些作品提供第10条规定的保护，不符合《与贸易有关的知识产权协定》第9.1条并入的《伯尔尼公约》第5（1）条。但同时，专家组强调其认定并不影响中国进行内容审查的权力。

关于《伯尔尼公约》第17条，专家组认为该条规定政府可以“控制或禁止”任何作品或其制品“发行、演出或展出”。但“发行、演出或展出”的措辞与《伯尔尼公约》有关实体权利的措辞并不相互对应，因此不能推断第17条授予了成员政府拒绝提供著作权保护的权力。虽然政府在第17条项下的权力也可以干预对某些著作权的行使，但不能认为政府的审查权可以排除作者在作品上的所有权利。

对美国依据《与贸易有关的知识产权协定》第41.1条提出的诉请，专家组认为，在一部作品被依据《著作权法》第4条第1款拒绝著作权保护的情形下，司法机关并不享有该法第5章规定的针对侵犯著作权行为的执法权力，因此不符合《与贸易有关的知识产权协定》第41.1条。

对美国依据《与贸易有关的知识产权协定》第9.1条并入的《伯尔尼公约》第2（6）条、《与贸易有关的知识产权协定》第14条和国民待遇提出的诉请，专家组认为不属于其职权范围、美国没能提出可裁决的明确诉请或放弃了诉请。关于《与贸易有关的知识产权协定》第9.1条并入的《伯尔尼公约》第5（2）条和《与贸易有关的知识产权协定》第61条，专家组实行“司法节制”，未做出裁定。

### （四）对从事未授权复制或发行侵权作品的行为适用刑事程序和处罚

《刑法》第217条规定，以营利为目的，未经著作权人许可，复制发行其文字作品、音乐、电影、电视、录像作品、计算机软件及其他作品的，违法所得数额较大或者有其他严重情节的，处三年以下有期徒刑或者拘役，并处或者单处罚金。美国在磋商请求中称，根据中国《刑法》第217条的规定，只有复制并发行侵权作品的，才可能被追究刑事责任。如果复制不发行，或发行不复制，就都不会被追究刑事责任。在美起诉前，《最高人民法院、最高人民检察院关于办理侵犯知识产权刑事案件具体应用法律若干问题的解释（二）》第2条已对此做出了明确规定：“刑法第217条侵犯著作权罪中的‘复制发行’，包括复制、发行或者既复制又发行的行为。”通过磋商，美国未再在设立专家组请求中提出该问题。

## 三、本案争议的重点法律问题

### （一）商业规模的含义

《与贸易有关的知识产权协定》第61条要求世贸组织成员方应至少对具

有商业规模的故意的商标仿冒和盗版案件规定刑事程序和惩罚，判断中国刑法和司法解释的规定是否与其相符的重点是比较中国的刑事门槛（例如复制品数量合计达到500张）是否与“具有商业规模”相一致，门槛之下的侵权行为是否也符合“具有商业规模”的标准。因此，如何解释《与贸易有关的知识产权协定》中的“商业规模”是核心问题。

中美双方和第三方对商业规模做出了不同的解释。按照美国观点，以获得经济收益为目的的活动或者在商业规模之上的活动（无论动机或目的如何）均符合商业规模，只有在某些情况下，非常轻微、微量侵权才不算达到商业规模。很多第三方的立场与此类似，例如：澳大利亚认为包括对权利人应有的经济收益造成不利影响的任何或系列假冒商标和盗版的行为；加拿大认为是足以构成追逐利益或开展商业的规模；欧盟认为包括所有涉及交易或利润的实现并特别可能造成侵害的活动；韩国认为是任何通过侵权从事商业活动并实现经济收益的活动。中国则认为美国将“规模”排除在了“商业规模”的定义之外，主张商业规模是具有相当规模的侵权活动，是宽泛的概念，对其认定取决于国家的自由裁量权以及国内的情况。这也得到了一些第三方的支持。巴西认为商业规模应包含获利动机和大量侵权货物；泰国认为《与贸易有关的知识产权协定》没有对商业规模进行定义，具有灵活性，各成员可采用其认为合适的解释；阿根廷认为根据《与贸易有关的知识产权协定》第1.1条，中国有确定实施方式的自由；台澎金马单独关税区也认为商业规模是一个抽象概念，需要逐案考察。

专家组按照《维也纳条约法公约》规定的解释方法，从通常含义、上下文等角度对商业规模进行了解释。在通常含义上，专家组将“商业的”的解释和“规模”的定义结合起来，考虑到规模是一个数量概念而“商业的”是一个定性概念，认为将“具有商业规模”直接理解为“商业的”不能赋予条约中所有措辞以意义，违反了有效解释条约的规则。在考虑上下文时，专家组认为谈判者选择将某些活动（例如出租、利用和使用）限定为“商业的”，但没有在《与贸易有关的知识产权协定》第61条中像其他条文一样使用“商业的”，而是就“具有商业规模”达成了一致，这表明“规模”一词是一个深思熟虑的选择，在进行解释时必须加以重视。

在专家组看来，只有不仅根据活动的性质，也根据其相对大小，将“商业的”和“规模”的基本定义结合起来作为一个市场基准进行考察，才能使得这种结合与《与贸易有关的知识产权协定》第61条的上下文相匹配。商业规模的基准是从事商业或有关商业的活动或涉及商业的活动时，典型或通常的规模或程度。由于该短语使用了不定冠词“a”，其所指代的包括不止一种的典型或通常商业活动的规模或程度，该等规模或程度在义务所适用的不同假冒商标和盗版“案件”中各不相同，根据所涉商业种类而变化。专家组认为美国的解释方法把对“规模”的解释放到了极低的位置，使该词丧失了谈判者明显意图给予的重要意义；与第60条不同，谈判者并没有将少等同于非商业的，“商业”规模并不必然是小规模或大规模。因此，专家组认为“商业规模”是典型或通常商业活动的数量或规模，“具有商业规模”的假冒商标或盗版指的是在特定市场中，针对特定产品，以典型或通常商业活动的数量或规模进行的假冒商标或盗版。在特定市场中，什么构成针对特定商品假冒商标或盗版的商业规模，取决于在该特定市场中，针对该特定商品的典型或通常数量或规模，这一数量或规模可大可小。

专家组对商业规模的解释整体上是符合其一般含义和《与贸易有关的知识产权协定》的，也符合属于成员主权范围内的刑事处罚的特点，为各成员实施《与贸易有关的知识产权协定》提供了一定的灵活性。显然，这种解释并不完全符合美国等发达成员希望尽可能地降低知识产权犯罪的刑事门槛的立场和利益。在《反假冒贸易协定》(ACTA)的谈判中，美国等发达成员试图再次提出其已被专家组否定的“商业规模”的定义，在2010年4月公布的《反假冒贸易协定》文本中规定，商业规模包括“无直接或间接获利动机的重大版权或邻接权恶意侵权行为”和“为了获取商业或经济利益而故意侵犯版权或邻接权的行为”。在2010年12月发布的最终文本中，《反假冒贸易协定》虽未再明确规定这两类行为，但明确具有商业规模的行为“应至少包括那些直接或间接为获得经济或商业利益而从事的商业活动”。

## （二）作品管理与著作权保护的关系

我国《著作权法》第4条第1款规定依法禁止出版传播的作品不受保护。国家版权局1998年在《关于〈侵华日军投降内幕〉一书著作权纠纷给最高人民法院的答复》中指出：“《著作权法》第4条所称‘依法禁止出版、传播的作品’，仅指内容非法（反动、淫秽、宣扬迷信等）的作品。……如果内容不违法，仅仅是出版、传播方式非法或不符合有关出版规定，则不是《著作权法》第4条所称的‘依法禁止出版、传播的作品’。”理论界对禁止出版传播的作品有没有著作权争议很大。一种观点认为，法律禁止反动、淫秽作品传播，但该作品作者的姓名权、修改权和作品不受歪曲、篡改权是存在的，不容他人随意侵犯。另一种观点认为，权利是法律赋予的，法律禁止出版传播的作品不享有著作权，不受法律保护。在此争端中，美国将禁止出版传播的作品是否受著作权保护问题提交世贸组织裁决，并认为中国《著作权法》违反了《与贸易有关的知识产权协定》。

《与贸易有关的知识产权协定》并入了《伯尔尼公约》第1条至第21条及其附录的规定。《伯尔尼公约》第5(1)条规定：“对于受本公约保护的作品，作者应当在来源国之外的本联盟的各成员国享有其各自法律现在赋予或将来可能赋予其国民的权利，以及由本公约特别赋予的权利。”一般认为，该条的核心内容是国民待遇要求，世界知识产权组织编写的《伯尔尼公约指南》也以“国民待遇原则”作为第5（1）条指南的标题。专家组在解释该条时，并未局限于国民待遇，而是将作者根据第5（1）条享有的权利分为两种：一是“作者应当在来源国之外的本联盟的各成员国享有其各自法律现在赋予或将来可能赋予其国民的权利”，即所谓的国民待遇；二是“以及由本公约特别赋予的权利”，对成员国来说是一项与国民待遇相并列的义务。对于“本公约特别赋予的权利”，专家组认为只能由《伯尔尼公约》第9（2）条、第10条和第10b条，或《与贸易有关的知识产权协定》第13条进行限制。中国《著作权法》第4条第1款不能在这些条款中找到依据，但其字面含义明确地表明对禁止出版传播的作品拒绝提供包括《著作权法》第10条规定的各项权利和保护，因此违反了中国确保其他成员国国民享有“本公约特别赋予的权利”的义务。

《伯尔尼公约》第17条规定：“本公约的规定绝不妨碍本联盟每一成员国政府通过立法或行政程序对任何作品或制品的发行、演出或展出行使许可、控制或禁止的权力，只要有关主管机关认为有必要对其行使这种权力。”专家组赞同《伯尔尼公约指南》对该条的解释，即“它包括政府采取合理措施保持公共秩序的权力。在这一点上，成员国的主权不受公约所授予权利的影响。作者只有在其权利行使不与公共秩序产生冲突时才能行使其权利。前者必须让步于后者。因此，该条给了公约成员国某种控制权”。虽然专家组注意到第17条的规定包含某些宽泛的短语，同意“发行、演出、展出”这三个词并不必然构成对第17条所涵盖的作品利用形式的穷尽列举，但认为没有理由认为审查权能针对特定作品消灭其所有权利。专家组用中国著作权法第10条所列举的17项权利来反证，发行、演出、展出权利只是著作权中的一小部分，而实质性权利却还有很多。

专家组认为，著作权和政府的审查权谈论的是不同的权利和利益。著作权保护私权，这反映在《与贸易有关的知识产权协定》前言第四段，而政府审查权涉及的是公共利益。《著作权法》第4条第2款（并非本案涉案措施）规定“著作权人行使著作权，不得违反宪法和法律，不得损害公共利益”，这可能已经解决了中国针对某些权利的公共政策考虑，但并未拒绝著作权保护。《著作权法》第4条第1款因为公共利益而将全部作品的权利（私人利益）否定，已经超出了《伯尔尼公约》第17条授予的权力。但同时，专家组强调其认定并不影响中国进行内容审查的权力。

## 四、中国执行裁决工作

知识产权案是中国第一个涉及全国人大制定的法律修改的世贸组织争端

解决案件。根据《争端解决谅解》规定，对被裁定违反《与贸易有关的知识产权协定》的《著作权法》第4条第1款和海关措施，中国有义务进行修改，使其与世贸组织规则保持一致。如中国不执行争端解决机构建议和裁决，则美国有权依照《争端解决谅解》第22条对中国采取中止减让等报复措施。

### （一）通报执行意向和确定合理执行期

根据《争端解决谅解》第21.3条，中国应在专家组报告通过30天内召开的争端解决机构会议上，通知争端解决机构关于执行争端解决机构建议和裁决的意向。考虑到争端解决机构在3月20日通过报告后的30天内未安排例会，为不因此通报执行意向事而要求召开专门会议，中美双方通过协商，商定由中国通过书面文件向争端解决机构通报执行意向，并在后续的争端解决机构会议上予以确认。2009年4月15日，中国致信争端解决机构主席通报了执行意向，并称需要一个合理的期限来完成执行工作。在2009年4月20日的争端解决机构会议上，中国发言确认了执行意向，中美双方同意就合理执行期展开磋商。

通过多轮磋商，中美双方于2009年6月就合理执行期达成了一致，为12个月，即中国应在2010年3月20日前执行完毕。据统计，在世贸组织历史中仅有17% 的案件通过仲裁确定合理执行期，且呈逐步减少的趋势，涉及立法措施的案件合理执行期平均为12个月。考虑到此案的裁决十分明确，在法律层级上只涉及《著作权法》第4条第1款的修改，12个月的合理执行期相对比较合理。

### （二）修改著作权法

《著作权法》的修订，首先由国家版权局牵头进行研究、起草，并上报国务院。随后，国务院法制办对修订草案进行审核，征求有关部门、相关组织、专家学者的意见，并召开论证会，形成了《著作权法修正案（草案）》。2010年2月10日，国务院总理温家宝主持召开国务院常务会议，会议讨论并原则通过《著作权法修正案（草案）》，决定该草案经进一步修改后，由国务院提请全国人大常委会审议。2010年2月26日，第十一届全国人民代表大会常务委员会第十三次会议通过了《关于修改〈中华人民共和国著作权法〉的决定》，自2010年4月1日起施行。此次著作权法修改内容有两条，其中关于第4条的修改与知识产权世贸组织争端案的执行工作有关。新的著作权法删除了原第4条第1款，在原第2款中增加了“国家对作品的出版、传播依法进行监督管理”的规定。

1990年制定著作权法时，我国尚无对作品出版、传播进行监督管理的具体法律规定。著作权法通过后，1994年至1997年，国务院先后公布实施了《音像制品管理条例》、《电影管理条例》、《出版管理条例》和《广播电视管理条例》。2001年以后又公布实施了《计算机软件保护条例》、《信息网络传播权保护条例》。目前，对禁止出版、传播的作品已经有了明确规定，没有著作权法第4条第1款的规定也可以对作品出版、传播进行有效的监督管理。因此，删除《著作权法》第4条第1款，适应了我国法律制度建设的发展，与我国参加的国际条约保持了一致，不会影响我国对作品出版、传播继续进行有效的监督管理。

### （三）修改海关措施

《知识产权海关保护条例》的修订，首先由海关总署牵头进行研究、起草。2009年12月，海关总署向国务院上报了《国务院关于修改〈中华人民共和国知识产权海关保护条例〉的决定（送审稿）》。随后，国务院法制办向社会公开征求意见，并进一步修改完善。2010年3月17日，国务院第103次常务会议通过《国务院关于修改〈中华人民共和国知识产权海关保护条例〉的决定》，自2010年4月1日起施行。《知识产权海关保护条例》的修改内容共5条，其中对第27条第3款的修改与知识产权世贸组织争端案的执行有关，增加了“但对进口假冒商标货物，除特殊情况外，不能仅清除货物上的商标标识即允许其进入商业渠道”的规定，这与《与贸易有关的知识产权协定》

第46条第4句的用语基本一致。

知识产权世贸组织争端案中涉及的海关措施有三个，我国虽然只修改了《知识产权海关保护条例》，但完全实现了执行裁决的目的。《知识产权海关保护条例》属于行政法规，根据《立法法》第79条第2款规定（“行政法规的效力高于地方性法规、规章”），其效力高于《实施办法》和《海关总署2007年第16号公告》。《实施办法》规定有关货物“在消除侵权特征后依法拍卖”，应当符合《知识产权海关保护条例》第27条第3款，即遵守冒牌货仅摘标不可进入商业渠道的规定。《海关总署2007年第16号公告》仅对拍卖本身的要求进行了细化，不涉及处置方式的选择，与修订后的《知识产权海关保护条例》也不冲突。

2010年3月19日，中国在争端解决机构会议上宣布已经完成了执行争端解决机构建议和裁决的国内所有立法程序。2010年4月20日，中国针对美国等有关成员的询问，在争端解决机构会议上进一步说明了《知识产权海关保护条例》的发布和生效时间。

此外，考虑到美国对中国的执行措施存在某些关注，为避免引发贸易报复，双方经过协商，参照世贸组织成员的习惯做法，于2010年4月8日签署了《关于〈争端解决谅解〉第21.5条执行专家组程序和第22条启动报复之间顺序问题的协议》(也称《顺序协议》)，约定只有在经过执行程序确定中国执行措施与争端解决机构的裁决和建议不符的情况下，美国才能启动报复。截至目前，美方并未依据《争端解决谅解》第21.5条启动执行专家组程序，双方也未再因执行问题产生争执，案件获得了稳妥解决。

## 五、案件的影响和启示

在知识经济和经济全球化不断发展、知识产权保护成为国际通行规则的背景下，美国为扩展贸易利益，配合其全方位推动知识产权强保护的战略，对中国知识产权的某些具体制度提起诉讼，试图通过世贸组织争端改变中国知识产权法律制度，提高执法和保护水平，减少市场准入障碍。此案是中国遭遇的第一个知识产权世贸组织争端案，也是世贸组织中第一个进入专家组程序的涉及《与贸易有关的知识产权协定》执法条款的案件，同时涉及多类知识产权执法措施条款，引起了较为广泛的关注和众多第三方成员的参与。

虽然专家组在两个具体问题上裁定我国不符合《与贸易有关的知识产权协定》，但正如加拿大知识产权专家 Michael Geist 指出的那样，任何认真读完裁决书的人都会得出一个结论：美国并没有胜诉，相反是惨败。因为在“海关措施”和“知识产权刑事犯罪门槛”这两项美国最为看重的争议中，专家组驳回了美国对中国知识产权法和执法措施提出的绝大部分指控。在海关措施方面，海关查处的侵权货物绝大多数是出口货物，90% 以上被捐赠或销毁，2005 年至 2007 年未发生拍卖进口侵权货物的案例，专家组关于冒牌货的裁决不会对海关执法活动产生实际影响。专家组关于《著作权法》的裁决也不会对中国的内容审查机制产生影响。

美国对中国提起知识产权世贸组织诉讼，表明在中国加入世贸组织后，美国对不能通过双边妥善解决的问题，开始从惯用的单边制裁措施转为依赖世贸组织这种多边争端解决机制，并将其作为美国政府缓解来自国会和业界压力的场所。美国贸易代表办公室向国会提交的 2010 年《中国履行入世承诺报告》仍将中国知识产权作为其最关切的问题之一，表示当双边讨论无法解决关键问题时，“美国仍准备采取其他形式的手段，包括在适当情况下诉诸世贸组织争端解决”。因此，知识产权在相当长一段时间内仍将是中美经贸关系中的重点问题之一。除双边对话与合作外，世贸组织争端解决机制也提供了以规则为导向、比单边制裁更为合理的解决争端的场所。

**附件**

## 美国诉我知识产权案大事记

2007 年 4 月 10 日，美方向中方提出磋商请求。

2007年4月20日，中方接受美磋商请求。

2007年6月7—8日，中方与美方在日内瓦进行磋商。

2007年8月13日，美方向争端解决机构提出设立专家组请求。

2007年9月25日，争端解决机构设立专家组。

2007年12月13日，总干事指定专家组组成。

2008年1月30日，美方提交第一次书面陈述。

2008年3月12日，中方提交第一次书面陈述。

2008年4月14—16日，专家组第一次听证会及第三方会议。

2008年5月5日，当事方提交第一次书面问题答复。

2008年5月27日，当事方提交第二次书面陈述。

2008年6月18—19日，专家组第二次听证会。

2008年7月3日，当事方提交第二次书面问题答复。

2008年10月9日，专家组向当事方提交中期报告。

2008年11月13日，专家组向当事方提交最终报告。

2009年1月26日，专家组报告公开散发。

2009年3月20日，争端解决机构通过专家组报告。

2009年6月29日，当事方达成12个月的合理执行期，自2009年3月20日至2010年3月20日。

2010年2月26日，第十一届全国人民代表大会常务委员会第十三次会议通过了《关于修改〈中华人民共和国著作权法〉的决定》，删除了原第4条第1款，在原第2款中增加了“国家对作品的出版、传播依法进行监督管理”的规定。

2010年3月17日，国务院第103次常务会议通过《国务院关于修改〈中华人民共和国知识产权海关保护条例〉的决定》，在第27条第3款增加了“但对进口假冒商标货物，除特殊情况外，不能仅清除货物上的商标标识即允许其进入商业渠道”的规定。

校稿：陈福利　杨翰辉

# 美国诉我出版物市场准入案评析

谢伟

美方于2007年4月将中方出版物市场准入问题诉诸世贸组织争端解决机制。世贸组织案号为DS363，案件全称为中国针对特定出版物及视听娱乐产品所采取的影响贸易权和分销服务的措施（以下简称出版物案）。世贸组织专家组于2009年6月向中美双方提交最终裁决报告，在做出裁决的76个具体问题中，中方赢得了41个问题。专家组驳回了美方关于进口电影发行等方面的诉求，裁决我在出版物贸易权和分销权等方面违反世贸规则。中美分别提出上诉，上诉机构于2009年12月做出最终裁决，维持专家组的裁决，同时裁定中方可援引《1994年关贸总协定》的例外条款抗辩贸易权问题。

## 一、案件的发展进程

美方于2007年4月10日将中方出版物、音像制品和电影进口权以及分销服务的有关措施诉诸世贸组织。美方于2007年7月10日提出补充磋商请求，将中方进口电影发行和网络音乐的有关措施纳入本案。

中美双方于2007年6、7月间，在日内瓦举行了两轮磋商，但未能解决争议。

美方于2007年10月10日向世贸组织争端解决机构提交了设立专家组请求。世贸组织争端解决机构于2007年11月27日设立专家组。世贸组织总干事拉米于2008年3月27日指定专家组成员，主席为弗洛伦蒂诺·费利西亚诺先生（菲律宾），成员为裘安·安东尼奥·多兰提斯先生（墨西哥）和克里斯汀·赫伯利先生（瑞士）。欧盟、澳大利亚、日本、韩国、台澎金马单独关税区作为本案第三方。

美方于2008年5月13日递交第一次书面陈述，中方于6月20日提交第一次书面陈述。专家组于2008年7月和9月举行两次听证会，听取中美双方和第三方的意见。专家组于2009年4月20日向中美双方提交中期报告，于6月23日向中美提交最终报告，于8月12日向世贸组织成员散发报告。

中方于2009年9月22日提出上诉，美方也就专家组的一个裁决点提出上诉。上诉机构于2009年11月举行了听证会，听取中美双方和第三方的意见。上诉机构于2009年12月21日做出裁决并向世贸组织成员散发报告。

世贸组织争端解决机构于2010年1月19日通过了本案专家组和上诉机构报告，有关裁决正式生效。

中美双方于2010年7月就本案的合理执行期达成协议，执行期为14个月，从2010年1月19日起至2011年3月19日。

中方已完成绝大部分涉案措施的修改，包括修改了《出版管理条例》和《音像制品管理条例》有关涉案条款；修订了《出版物市场管理规定》，同时废止《外商投资图书、报纸、期刊分销企业管理办法》和《中外合作音像制品分销企业管理办法》；颁布了《文化部关于实施新修订〈互联网文化管理暂行规定〉的通知》。

## 二、本案涉及的主要措施

### （一）贸易权[①]

美方认为，中方不允许所有的中国企业、外国企业和个人进口影院放映的电影、出版物（如图书、期刊、报纸和电子出版物）、家庭视听娱乐产品（如录像带和DVD）、录音制品，这种做法违反了《中国加入议定书》和《1994年关贸总协定》项下的义务。

贸易权问题涉及以下措施及其任何修订、相关措施或执行措施：

（1）《电影管理条例》；

（2）《电影企业经营资格准入暂行规定》；

（3）《出版管理条例》；

（4）《音像制品管理条例》；

（5）《外商投资产业指导目录》；

（6）《关于文化领域引进外资的若干意见》；

（7）《音像制品进口管理规定》；

（8）《中外合作音像制品分销企业管理办法》；

（9）《电子出版物管理规定》；

（10）《设立出版物进口经营单位审批程序》。

美方认为，中方的这些措施似已违反《中国加入议定书》第一部分第5.1条和第5.2条项下的义务，以及《中国工作组报告书》第83和84段的承诺。而且，这些措施对进口至中国的此类产品，施加了除关税、国内税或其他费用之外的禁止或限制，违反了中方在《1994年关贸总协定》第11.1条项下的义务。

### （二）出版物、家庭视听娱乐产品和录音制品的分销服务

美方认为，中方的《服务贸易具体承诺减让表》（以下简称《服务贸易减让表》）虽然包含了“分销服务”和“视听服务”部门的市场准入和国民

---

① 根据《中国加入议定书》第5条规定，中国应在加入世贸组织三年内，使所有中国企业有权从事所有货物的贸易，对于外国个人和企业亦应给予不低于中国企业的贸易权待遇。

待遇承诺，但中方却对寻求从事出版物、家庭视听娱乐产品和录音制品分销的外国服务提供者实施了市场准入和歧视性的限制，违反了中国在《服务贸易总协定》项下的义务，而且，某些限制措施还与中国在《1994年关贸总协定》项下的义务不一致。

分销服务问题涉及以下措施及其任何修订、相关措施或执行措施：

（1）《出版管理条例》；

（2）《音像制品管理条例》；

（3）《指导外商投资方向规定》；

（4）《外商投资产业指导目录》；

（5）《关于文化领域引进外资的若干意见》；

（6）《外商投资图书、报纸、期刊分销企业管理办法》；

（7）《出版物市场管理规定》；

（8）《电子出版物管理规定》；

（9）《订户订购进口出版物管理办法》；

（10）《设立中外合资、合作和外商独资出版物分销企业审批程序》；

（11）《中外合作音像制品分销企业管理办法》；

（12）《互联网文化管理暂行规定》；

（13）《文化部关于实施〈互联网文化管理暂行规定〉有关问题的通知》；

（14）《文化部关于网络音乐发展和管理的若干意见》。

美方认为，中方的这些措施似已违反《服务贸易总协定》第16条市场准入和第17条国民待遇项下的义务。此外，中方措施还涉嫌违反中方在《1994年关贸总协定》第3.4条国民待遇项下的义务，以及《中国加入议定书》第5.1段贸易权和《中国工作组报告书》第22段国民待遇的承诺。

### （三）供影院放映的电影的发行

美方认为，对于供影院放映的进口电影，中国提供的发行机会要低于供影院放映的国产电影，这与中方在《1994年关贸总协定》和《中国加入议定书》下的义务不符。

电影发行问题涉及以下措施及其任何修订、相关措施或执行措施：

（1）《电影管理条例》；

（2）《电影企业经营资格准入暂行规定》；

（3）《关于改革电影发行放映机制的实施细则（试行）》。

美方认为，以上措施似不符合中方在《1994年关贸总协定》第3.4条国民待遇项下的义务，以及《中国加入议定书》第5.1段贸易权和《中国工作组报告书》第22段国民待遇的承诺。

### （四）录音制品的分销

美方认为，对于以物理形态进口到中国的录音制品，中国提供的分销机会，低于国产录音制品。这与中方在《1994年关贸总协定》和《中国加入议定书》项下的国民待遇义务不符。

录音制品分销问题涉及以下措施及其任何修订、相关措施或执行措施：

（1）《互联网文化管理暂行规定》；

（2）《文化部关于实施〈互联网文化管理暂行规定〉有关问题的通知》；

（3）《外商投资产业指导目录》；

（4）《关于文化领域引进外资的若干意见》；

（5）《文化部关于网络音乐发展和管理的若干意见》；

以及对上述措施的任何修订、相关措施或执行措施。

美方认为，有关措施似乎违反中方在《1994年关贸总协定》第3.4条国民待遇项下的义务，以及《中国加入议定书》第5.1段贸易权和《中国工作组报告书》第22段国民待遇的承诺。

## 三、争议的主要法律问题

### （一）中方是否有权援引《1994年关贸总协定》第20条抗辩贸易权

本案经过上诉机构裁决，明确了一个重要法律问题，即中方可以使用《1994年关贸总协定》第20条对贸易权问题进行抗辩。

中方主张，《中国加入议定书》第5.1条明文规定，有关贸易权承诺“不损害中方以符合《建立世贸组织协定》的方式管理贸易的权利”。涉案措施规定由进口单位对进口文化产品进行内容审查，即是中方“管理贸易的权利”，因此中方有权援引《1994年关贸总协定》第20条（a）项保护公共道德例外条款进行抗辩。中方在上诉阶段要求上诉机构认定中方可以援引《1994年关贸总协定》第20(a)条作为抗辩，并认定相关措施不违反《中国加入议定书》中的贸易权承诺。

美方辩称，《中国加入议定书》第5.1段就贸易权问题做出了特别的、单独的、完整的规定。“管理贸易的权利”允许中方要求进口货物满足进口许可、技术标准（TBT）和检验检疫（SPS）等方面的条件，但是，不允许中方据此违背对所有企业放开贸易权的承诺。

专家组认为，《1994年关贸总协定》第20条提到的“本协定”指向《1994年关贸总协定》协定本身，而非《中国加入议定书》之类的其他协定，因此第20条是否可被中方援引用于抗辩贸易权问题是一个复杂的法律问题。专家组对此问题采取了回避态度，在裁决中使用了“假定适用”的分析方法，即首先假定《1994年关贸总协定》第20条可适用于贸易权抗辩，先来分析涉案措施是否满足第20条的实质要求，如果满足然后再来分析第20条的适用性问题。

上诉机构坚持对《1994年关贸总协定》第20条适用性问题做出裁决。上诉机构认为，专家组在本案中使用“假定适用”的分析方法，有悖于世贸组织通过争端解决促进多边贸易体制安全和稳定之目标，并无助于解决本案争端，对中方如何执行裁决带来了不确定性。上诉机构认为，中方可在本案中援引《1994年关贸总协定》第20条抗辩贸易权问题。理由为：第一，“管理贸易的权利”是指中方通过法律法规管理国际贸易的权利，该权利是世贸成员的固有权利，而不是《建立世贸组织协定》等条约所赋予的权利。第二，“以符合《建立世贸组织协定》的方式”系指《建立世贸组织协定》的整体，包括其附件。第三，“以符合《建立世贸组织协定》的方式管理贸易的权利”系指：（1）根据《建立世贸组织协定》规则和标准，针对货物贸易采取特定的法律措施；（2）如能满足有关例外条款，可采取背离《建立世贸组织协定》有关义务的法律行为。第四，中方管理贸易权的措施与对相关产品贸易管理之间存在着清晰、客观的联系。①

### （二）中方关于出版物贸易权管理措施是否符合《1994年关贸总协定》第20条的例外规定

本案争议的焦点问题之一是，中方有关出版物进口管理措施是否符合《1994年关贸总协定》第20条（一般例外）规定的条件。中方对出版物进口的主要管理措施是，由行政主管部门对进口经营单位进行审批，并将国有独资企业作为审批条件之一。

专家组裁定，中方涉案措施与保护公共道德之间具有紧密联系，但是涉案措施并非是保护公共道德所必要的措施。

#### 1. 进口单位实施内容审查与保护公共道德的关系

中方主张，出版物是文化产品，根据《世界文化多样性宣言》，文化产品是“特性、价值观和观念的媒介”，“不能仅视为商品或消费产品”。中方建立由进口单位实施内容审查的制度，目的是防止对公共道德产生消极影响的文化产品的传播。

美方对中方上述观点未提异议。

专家组认为，对于公共道德，“各成员的概念的内容由于时间和空间的

① “出版物市场准入世贸组织争端案上诉机构报告”（WT/DS363/AB/R），第205—233段。

不同而有区别，取决于一系列因素，包括社会、文化、道德和宗教主流价值观”。专家组注意到，《出版管理条例》明确规定出版物不得包含以下内容：反对宪法确定的基本原则；危害国家统一、主权和领土完整；泄露国家秘密、危害国家安全；煽动民族仇恨、民族歧视；宣扬邪教、迷信；扰乱社会秩序，破坏社会稳定；宣扬淫秽、赌博、暴力；侮辱或者诽谤他人；危害社会公德或者民族优秀文化传统等。专家组还注意到，根据《出版管理条例》，进口单位与旨在保护中国的公共道德的内容审查之间存在非常密切的联系。因此，专家组认定，中方规定出版物在进口前必须进行内容审查，并且规定如果包含禁止内容则不能进口，是旨在保护中国的公共道德的措施。①

**2. 涉案措施对于保护公共道德的必要性**

中方主张，由进口单位实施内容审查，对于保护公共道德至关重要，是一种必需的措施。中方选择进口实体主要是基于以下四项标准：（1）具有适宜的组织机构；（2）拥有可靠的胜任人员；（3）总量控制；（4）涵盖关税领土内适宜的地理范围。中方认为，上述标准有助于高效实施内容审查，实现保护公共道德的目标。

美方认为，尽管中方主张进口商在内容审查中发挥关键作用，但中方未能解释为什么参与内容审查的实体必须是国有企业并且垄断进口过程。美方认为，内容审查应独立于进口环节，可以在进口之前、期间或之后的任何时间由与进口过程无关的单位实施。

专家组认为，《1994年关贸总协定》第20条（一般例外）规定的条件之一是，成员应采取对贸易限制作用更小的措施。判断涉案措施是否是保护公共道德的必要措施，可以分析是否存在一项对贸易限制作用更小的替代措施，如果有，则涉案措施就不是必要的。就本案而言，该项涉案措施至少存在一种替代方案，即由中国政府自行审查进口产品。该方案可以同样实现保护公共道德的政策目标，并且对贸易的限制影响更小。尽管中方认为实施该方案将导致额外的人力和财务负担，但是，专家组认为，根据中方进口单位

① “出版物市场准入世贸组织争端案专家组报告”（WT/DS363/R），第7.757—7.767段。

目前实施内容审查的人力和财务负担，在替代方案下中方应能承受有关人力和财务成本。[①]

经过上述法律分析，专家组认为中方措施不符合《1994年关贸总协定》一般例外的条件。

### （三）电影究竟是货物还是服务？贸易权承诺是否适用于电影进口

中方主张，《电影管理条例》等有关涉案措施并不管辖货物进口，而是管辖有关电影内容许可服务，因此，《中国加入议定书》中关于贸易权的承诺对本案所涉电影进口管理措施不适用。

中方提出了如下理由：

（1）涉案措施规定的电影“进口”系指在中方影院使用外国电影的权利许可。给予指定进口单位的电影“进口权”不是货物进口权，而是获得版权许可的权利。

（2）中方在《服务贸易减让表》中，对“用于影院放映的电影进口”做出了具体承诺，即“在不损害与中国关于电影管理的法规的一致性的情况下，中国将允许以分账形式进口用于影院放映的电影，此类进口的数量应为每年20部”。该承诺表明，有关“进口”概念系指服务，并表明中方保留了管理用于影院放映的电影进口服务的权利。

（3）对于用于影院放映的电影服务而言，电影胶片应当仅视为有关服务的附件。其附件性质体现为以下方面：①电影胶片不会在有关服务贸易之外交易；②交易用于影院放映的电影无需转让电影胶片的所有权；③电影胶片自身没有商业价值，除了提供服务的收入外，不产生其他收入。

美方认为，涉案措施规定由主管部门指定进口单位经营电影进口业务，违反了中方关于贸易权的承诺。美方不同意中方有关用于影院放映的电影不是货物的观点。美方指出：第一，世界海关组织制定的《商品名称及编

① “出版物市场准入世贸组织争端案专家组报告”（WT/DS363/R），第7.869—7.909段。

码〈协调制度〉》将海关编码3706项下的产品描述为:“曝光和冲洗的电影胶片,无论是否包含声道,或是仅由声道组成。”类似地,《联合国中心产品目录》(CPC)将电影胶片归为3895类货物,还将相关服务归入96113类;第二,中方自己也将电影作为货物进行管理,要求清关并征收关税;第三,上诉机构在既往案件中的裁决已经明确,一项措施可以同时适用货物和服务规则。服务贸易方面的承诺并不能被解释为中方有权违反货物贸易权承诺。

专家组认为,涉案措施应受中方贸易权承诺的管辖。具体理由如下:

(1)美方申诉对象为任何有形的、可用于影院放映的电影胶片硬拷贝。世界海关组织的《商品名称及编码〈协调制度〉》海关编码3706项下将“无论是否包含声道,或是仅由声道组成的曝光和冲洗的电影胶片”定义为独立货物。中方货物减让表包含同样的海关编码以及同样的描述。中方对曝光和冲洗的电影胶片进口征收关税。

(2)如果将“电影”理解为“能够通过在影院放映进行商业性使用的内容”,则中方涉案措施不会直接管辖谁可以进口有争议的货物(电影胶片硬拷贝)。但是,如果相关内容通过电影胶片硬拷贝进口,则涉案措施必然会影响谁可以进口电影胶片硬拷贝,因为涉案措施规定只有指定进口商才能进口电影胶片上的内容。

(3)专家组认为,根据欧盟—香蕉III案(DS27)上诉机构报告的裁决,对中方涉案措施可根据《服务贸易总协定》进行审查,同时,在谁可以进口电影胶片这一问题上,也可根据中方贸易权承诺进行审查。中方在服务贸易减让表中提及“在不损害与中国关于电影管理的法规的一致性的情况下”,并未表明中方保留了将以导致违反贸易权承诺的方式管理有关服务的权利,或者该涉案措施不应受中方贸易权承诺管辖。

(4)某些类型的货物,例如商业样品,自身可能没有商业价值或产生收入,但是这不会将其从货物贸易范围中排除。因此,每部进口电影只有一套硬拷贝可以进入中国的事实并未对中方主张的电影问题不适用中方贸易权承诺提供理由。

经过上述法律分析，专家组裁定涉案措施应受中方贸易权承诺的管辖，进而裁定涉案措施违反中国关于贸易权的承诺。[①]

## （四）中方关于录音制品分销服务的承诺是否包括录音制品的电子化分销

中方主张，中方在“服务贸易减让表”第2D部分（视听服务）对“录音制品分销服务”[②]的承诺，只适用于以物理形式存在的录音制品的分销，并未包括录音制品的电子化分销，如允许外资从事网络音乐服务。

中方提出了如下理由：（1）专家组应按照缔约时的情况对服务减让表进行解释。在进行加入世贸组织谈判时，网络音乐服务在中国还没有形成成熟的业态，其在2001年之后才全面出现。（2）技术发展没有改变这样一个事实，即谈判各方在缔约时都不同意把一种新的不熟悉的服务写进中方服务减让表第2D部分的承诺之中。（3）美方所提到的“技术中立”原则[③]与本案无关，因为网络音乐服务在性质上是一个和物理形式录音制品分销不同的服务，不应被看作仅是提供录音制品分销服务的一种手段。并且，“技术中立”原则及其系统性的含义并未被世贸组织成员所普遍接受，适用技术中立原则解读成员方的服务贸易减让表，将违背《服务贸易总协定》前言规定的渐进自由化原则。（4）根据欧盟—荷尔蒙案（DS26）上诉机构报告中所采用的遇有疑义从轻解释原则，不应轻易地假定一个主权国家给自己加上了更加沉重的而不是较少的负担和义务。

美方认为：第一，按照《维也纳条约法公约》规定的条约解释原则，中方对“录音制品分销服务”的承诺应被理解为包括录音制品的电子化分销；第二，中方加入世贸组织之前，录音制品的电子化分销就已经存在；第三，

① “出版物市场准入世贸组织争端案专家组报告”（WT/DS363/R），第7.528—7.560段。

②《服务贸易具体承诺减让表》规定减让表以英文作准，“录音制品分销服务”对应的英文原文为“sound recording distribution services”。

③ 美国在本案中使用“技术中立”原则辩称，任何可能在以物理和非物理形式提供录音制品之间存在的做法区别仅仅是“交付方式”上的区别。根据技术中立的原则，这些差别与解释服务贸易的一个承诺无关，除非是成员国的减让表中另有规定。

即便中方的观点是正确的，认为其没有打算针对录音制品的电子分销做出承诺，但是根据美国—赌博案（DS285）上诉机构报告，成员的意向不是决定性因素，成员的承诺文字才是依据所在；第四，美方的解释与技术中立的原则一致，录音制品的电子分销构成了以现代方式提供既有服务。如果中方的主张被接受，世贸组织成员国可以在一个已有服务发展出一个新的服务提供方式后援引这个推理，以规避服务贸易准入承诺。服务贸易是伴随技术发展不断变化的，成员不需要在技术变化时对协定或其承诺进行协商。

专家组认为，中方对“录音制品分销服务”的承诺包括录音制品的电子化分销。具体理由如下：

**1. 根据《维也纳条约法公约》第31条对中方服务贸易减让表中的“录音制品分销服务”进行解释**

（1）按通常含义解释。“录音制品”（sound recording）的通常意义表明这个词不能被限制成在物理载体上镶嵌或传播的声音。换句话说，“录音制品”的通常意义不是取决于声音存储或分销的技术，而是其“内容”本质。“分销服务”指的是具有价值的任何有形或无形物体在消费者之间进行传播的交易活动。

（2）按上下文解释。专家组审查了视听服务（2D部分）、分销服务（第4部分）、《服务贸易总协定》中的条款以及其他成员国的服务贸易减让表，结论是上下文也支持“录音制品分销服务”包括电子化分销，或者不发生矛盾。专家组还认为，在视听服务（2D部分），中方把“电影”排除在受其市场准入承诺限制的“音像制品”之外。这表明，中方以含蓄的方式接受了对非物理形式产品的分销包括在“音像制品”范围内。类似地，在“其他承诺”一栏，中方承诺“允许以分账形式进口电影用于影院放映，此类进口的数量应为每年20部”。这里指的是20个不同的电影（内容），而不是20个不同的电影拷贝（货物）。这进一步表明有关准入的部门范围不应仅被解释成物理形式的产品。此外，针对分销服务（第4部分），专家组认为，如果当初中国在视听服务2D部分列出服务条目的目的只是为了包含物理形式的音像制品，那么就不必在第4部分分销服务以外的其他部分插入这些条目，因为物理形式货物的分销通常包含在中国的减让表第4部分的分销服务部门中。专家组认为，为了保证有明确的承诺，一成员减让表中的部门和分部门必须是互相排斥的，因此，一个具体服务不能被解释为属于两个不同的部门或分部门。

（3）按目的宗旨解释。《服务贸易总协定》的前言表明，协定的目的是建立一个“服务贸易原则和规则的多边框架，以期在透明和逐步自由化的条件下扩大此类贸易”。为了这个普遍的目的与宗旨，前言中还规定，在协定下所谈判的承诺应该以成员之间“获得全面均衡的权利义务”为目标。专家组的解释和上述目的与宗旨是一致的。

**2. 关于缔约情形**

根据《维也纳条约法公约》第32条，为证实适用第31条所得条约解释含义的准确性，或者发现根据第31条进行条约解释后含义仍不明确或结果明显不合理，可使用条约准备、缔约情况等补充资料进行条约解释。在本案中，专家组为证实条约解释的准确性，特别考察了中方谈判服务贸易承诺时的情形。第一，中方于2001年11月11日加入世贸组织；第二，中美双方对此时录音制品电子分销的技术可行性没有争议。实际上，在互联网上分销音乐，在20世纪90年代末出现合法在线音乐服务前就已经存在很长时间了；第三，关于中方的商业情况，专家组采纳了美方提交的证据，即一份中美两家企业之间签署的在中国设立电子分销音乐的合作经营企业协议，日期为2000年2月21日；第四，专家组还注意到，世贸组织秘书处于1998年6月15日制定的视听服务背景注释做出了以下事实陈述，即“视听内容的分销可以通过如CD-ROM的物理媒体进行，也可以通过互联网或其他新网络进行”。

**3. 关于技术中立问题**

专家组认为，在解释中方针对“录音制品分销服务”承诺的过程中，专家组没有必要采用技术中立原则，因为专家组根据条约解释的一般方法，已可确定“录音制品分销服务”包括以非物理载体形式分销录音制品。如果专家组根据条约解释的一般方法，对有关承诺是否包括录音制品的电子化分销存有疑问，专家组可能会适用技术中立原则进行解释，但是本案不是这种情形。

经过上述法律分析，专家组裁定，中方关于“录音制品分销服务”的承诺包括录音制品的电子化分销，进而裁定涉案措施禁止外资从事网络音乐服务违反该项承诺。[①]

## 四、专家组裁决情况

专家组于2009年6月23日向中美双方提交最终报告，并于8月12日向世贸组织成员散发报告。

### （一）驳回美方诉求情况

#### 1. 进口电影发行问题

美方认为，中方的电影发行存在着“两寡头垄断制”，导致了对在影院放映的进口电影的歧视性待遇。具体来说，《电影管理条例》、《电影企业经营资格准入暂行规定》、《关于改革电影发行放映机制的实施细则》等涉案措施，只允许两家国有企业（中影公司和华夏公司）发行在影院放映的进口电影；相反，国产电影可以由上述两家发行公司、国内其他电影发行公司及电影制作企业发行。

中方主张，外国电影在中国的发行由国家广播电影电视总局批准的公司负责，目前只有两家被批准的发行单位，即中影公司和华夏公司。中方的管理条例没有确定所谓“两寡头垄断制”，也没有以任何方式限制国家广播电影电视总局可以批准的企业数量。进口电影发行单位数量少，原因是根据中方服务贸易减让表承诺，中方承诺每年进口的分账影片数量仅为20部。

专家组认为，美方必须提供证据证明中方在法律层面或者实施层面对进口电影的发行采取了歧视措施。经过审查，专家组认为美方未能完成举证责任，因此驳回了美方关于进口电影发行问题的诉求。首先，在法律层面，美方未能指明哪些法律文件证明了两寡头垄断制的建立；其次，在实施层面，

① “出版物市场准入世贸组织争端案专家组报告”（WT/DS363/R），第7.1168—7.1265段。

美方也未能以充分的证据证明中方建立了事实上的两寡头垄断制。

**2. 进口录音制品的内容审查方式**

美方认为，《关于网络音乐发展和管理的若干意见》等涉案措施规定，国产录音制品在网络上传播仅要求文化部备案，不必经文化部审查和批准，而进口录音制品必须经文化部内容审查和批准等程序方可进行网络传播，这违反了《1994年关贸总协定》第3.4条国民待遇义务。

中方主张，美方提出的国民待遇指控仅限于进口录音制品的"分销"环节，而不包括"使用"环节。有关涉案措施并未影响进口录音制品的"分销"环节，因此美方指控应被驳回。

专家组认为，进口录音制品的网络传播包括进口录音制品从进口商向互联网文化提供商（ICP）或手机内容提供商（MCP）转移、录音制品内容由主管部门审查以及把录音制品转换成适合电子分销的格式等若干环节。在本案中进口录音制品的"分销"环节在互联网文化提供商或手机内容提供商收到进口录音制品之时即告结束。由于美方仅提起了一项影响国民待遇项下"分销"的诉讼请求，而未包括影响"使用"等方面的诉求，同时，美方论据全部集中在"使用"环节（即互联网文化提供商或手机内容提供商收到进口录音制品之后所遭受的延误），因此，专家组认定美方未能完成举证责任。

**3. 限定发行范围图书的订户订阅**

中方对进口书报刊实行订户订购管理，订户订购进口报纸、期刊以及限定发行范围的图书，须由新闻出版总署指定的出版物进口经营单位经营。

美方认为，《订户订购进口出版物管理办法》等涉案措施与《1994年关贸总协定》第3.4条国民待遇原则不一致，因为它们通过限制分销企业、分销渠道以及订购进口出版物的消费者，对进口产品施加歧视待遇。进口图书和国产图书具有同样的物理特征与商业用途，在《1994年关贸总协定》第3.4条项下把进口和国产图书作为同类产品是适当的，因此，涉案措施以国籍来源地为依据歧视进口图书的做法违反了国民待遇原则。

中方主张，涉案措施《订户订购进口出版物管理办法》仅要求"限定发行范围”类的图书通过订购方式分销，“非限定发行范围”类的图书可以通过市场销售进行分销。“限定发行范围”类是指含有禁止内容的图书。

专家组认为，“限定发行范围”类的进口图书和国产图书在待遇上的区别不仅以进口图书的外国来源地为依据，而且以进口图书是否含有禁止性内容为依据。特别是在后一点上，美方未能证明进口图书与国产图书是同类产品。因此，美方未能证明中方违反《1994年关贸总协定》第3.4条的国民待遇。

**4. 被专家组排除在审查范围之外的美方诉求**

经中方主张，部分美方诉求被专家组排除在审查范围之外。专家组认为不应审查《设立出版物进口经营单位审批程序》、《设立中外合资、合作和外商独资出版物分销企业审批程序》，因为上述措施目的是向公众提供程序性说明，其本身并未制订有关规则和标准，因此不是争端解决项下的“措施”。专家组认为不应审查《关于改革电影发行放映机制的实施细则》，因为美方未在专家组请求中清楚列明该措施，中方也未收到美方质疑该项措施的充分通知。

## （二）裁决中方违反的情况

**1. 出版物贸易权**

关于出版物和音像制品贸易权问题，专家组裁定我涉案措施只允许经批准或指定的国有企业从事进口，违反了我加入世贸组织时关于贸易权的承诺。并且，由于存在对贸易影响更小的符合世贸组织规则的替代措施（例如由政府实施内容审查），涉案措施并非保护公共道德所必需，因此，专家组认为涉案措施不能根据《1994年关贸总协定》第20条得到豁免（详见上文第三部分）。

**2. 电影贸易权**

关于电影和用于出版的音像制品的贸易权，专家组认为，我涉案措施虽然主要是规范服务，但会对货物（电影拷贝和音像母带）的进口产生影响，因此也应遵守关于贸易权的承诺。专家组裁定我涉案措施违反贸易权承诺（详见上文第三部分）。

**3. 出版物和音像制品分销权**

关于出版物和音像制品分销权，专家组裁定我涉案措施在以下几个方面违反我加入世贸组织承诺和世贸组织规则：不允许外资企业从事出版物总发行以及进口出版物的分销，违反了中方分销服务的市场准入承诺；不允许外资企业在中外合作音像制品分销企业中控股，违反了中方分销服务的市场准入承诺；对外资分销企业在注册资本、经营期限等方面设定与内资企业的不同要求，违反了中方分销服务的国民待遇承诺；对进口报刊实施与国内报刊不同的订户订购管理，违反了世贸组织国民待遇义务。

**4. 网络音乐外资准入**

关于网络音乐的外资准入，专家组裁定我就录音制品分销服务所做承诺包括电子化分销服务，因此我涉案措施不允许外资从事网络音乐服务违反了有关服务减让承诺和世贸组织规则（详见上文第三部分）。

## 五、上诉机构裁决情况

中方于2009年9月22日提出上诉，请求上诉机构认定：中方关于出版物进口权的限制符合《1994年关贸总协定》第20条一般例外的规定；电影不受贸易权承诺管辖；中方服务贸易减让承诺不包括录音制品的电子化分销。美方于10月5日提出反上诉，请求上诉机构推翻专家组的一项中间裁决。

上诉机构裁决主要内容如下：

### （一）《1994年关贸总协定》第20条适用于中方贸易权承诺

上诉机构没有沿用专家组“假定适用”的分析方法，而是明确裁定，中方可在本案中援引《1994年关贸总协定》第20条一般例外条款，为出版物贸易权问题进行抗辩。这是我在本案上诉阶段取得的重要成果（详见上文第三部分）。

### （二）维持专家组裁决

关于出版物贸易权，上诉机构裁定，中方对进口权的限制并非保护公共道德所必需，且存在对贸易影响更小的符合世贸组织规则的替代措施，因此不能根据一般例外条款得到豁免。

关于电影的贸易权，上诉机构裁定，电影内容以物理介质为载体，中方涉案措施必然会对货物（电影拷贝）的进口产生影响，因此中方应遵守有关贸易权的承诺，相关涉案措施违反有关贸易权的承诺。

关于网络音乐的外资准入，上诉机构裁定，专家组适用条约解释的方法正确，中方就录音制品分销服务所做的承诺包括录音制品电子化分销服务（如网络音乐），因此中方涉案措施不允许外资从事网络音乐服务违反了该承诺和世贸组织规则。

### （三）推翻专家组一项中间裁决

上诉机构推翻了专家组有关“审批设立出版物进口经营单位应当符合国家总量、结构、布局的规划”是保护公共道德的必要措施这一中间裁决，理由是中方未能提供相关的“国家规划”，专家组做出上述裁决缺乏有关事实根据。

## 六、案件的影响和启示

出版物案的涉案措施多达二十余项，是我加入世贸组织后处理的较为复杂的案件之一。美方对我贸易权、分销权、电影发行、录音制品内容审查方式等四个领域的管理措施提出了质疑。经我精心组织抗辩，专家组和上诉机构均认可中方对进口文化产品进行内容审查的权利，仅就内容审查的主体和方式等具体问题进行了规则审查。我还利用美方程序方面的瑕疵和举证不足，成功驳回了美方对电影发行和录音制品内容审查方式的质疑。我有效组织了对贸易权和分销权领域涉案措施的法律抗辩，充分阐述了中方措施的合理性，尽管专家组最后裁决我有关措施违反相关规定，但我在有关规则和承诺框架下争取到了尽可能有利的解读（如中方在本案中援引例外条款抗辩的权利等）。

本案涉及我们惯常所称的“文化产品”贸易、世贸组织规则中的例外条款对我加入世贸组织承诺的适用性、我加入世贸组织承诺的解释等诸多复杂问题，而且涉及我几十年来一直沿用的对文化产品的管理体制和模式。回顾本案处理的整个过程和专家组、上诉机构的裁决，我们感到，本案的裁决结果对于我们更深入地理解现行世贸组织规则颇有裨益，对于我们如何正确运用世贸组织规则也有颇多启示。

### （一）应正确理解文化产品贸易与世贸组织规则的关系

书报刊、电影等文化产品，具有自身内在的文化属性，具有区别于其他产品的内容特性。正如《世界文化多样性宣言》所言，文化产品是“特性、价值观和观念的媒介”，“不能仅视为商品或消费产品”。相应地，我们也应认为，对文化产品贸易的管理可在一定程度上区别于对非文化产品贸易的管理。例如，本案中，无论是专家组还是上诉机构，都不否认文化产品进口方成员政府有权以一定形式对拟进口的文化产品进行内容审查的权利。

然而，我们更加需要注意的是，在世贸组织规则的语境中，对于产品只有货物和服务两种分类，其没有引入“文化产品”的概念和分类。对照世贸组织的分类，我们眼中的某种“文化产品”要么是有形的货物，要么是无形的服务，抑或兼具货物和服务两类产品的属性，如本案中的“电影”，从电影胶片角度看它是货物，从通过放映所呈现的内容看它又可归类于服务。正因为如此，针对某一特定文化产品的贸易管理措施，若要从世贸组织规则角度判断其合规性，既有可能单独适用货物贸易规则，也有可能单独适用服务贸易规则，还有可能同时适用货物贸易规则和服务贸易规则进行综合分析。

电影进口是本案一个焦点问题。专家组和上诉机构均认为，由于电影具有双重属性，电影内容属于服务，电影胶片又属于货物，电影管理方面的涉案措施应同时受服务贸易规则和货物贸易规则的约束。就本案争议而言，中方在货物贸易领域做出的放开贸易权的承诺适用于电影进口问题。本案裁决结果提示我们，在对我们所称的“文化产品”进行管理时，需要特别注意作为被管理对象的产品在世贸组织规则语境中的归类问题，要准确判定其是货物、服务或兼具两类的特性，并根据该判定使我们相应的管理措施保持与世贸组织规则和我加入承诺的一致性。在文化产品进出口问题上，要特别注意中方关于货物贸易权的承诺。

### （二）应审慎处理《1994年关贸总协定》第20条与中方《中国加入议定书》的关系

在本案中，由于我对相关文化产品的进口主体实施了限制性的许可或指定，只要贸易权承诺适用于这些产品的贸易，则我相应的管理措施明显地与该承诺不一致。为证明涉案相关措施的规则正当性，我方就必须援引世贸组织规则中的例外条款进行抗辩。如果中方连援引例外条例的权利都没有，则我完全没有可能成功地为涉案措施抗辩。因此，中方是否有权援引世贸组织规则中的例外条款的权利，是本案中争端双方首先争执的一个问题。

上诉机构认可中方在出版物案中援引《1994年关贸总协定》第20条对贸易权问题进行抗辩的权利。这一裁决将为今后中方援引例外条款对有关贸易权问题进行抗辩提供重要依据，也否定了有关成员认为《中国加入议定书》中的贸易权承诺是“特别的、单独的、完整的规定”，中方不得援引《1994年关贸总协定》例外条款进行抗辩的观点。

但是，我们也应注意到，上诉机构裁决是严格依据《中国加入议定书》第5.1段的有关文字做出的。具体来说，上诉机构认为，第5.1段首句话“以符合《建立世贸组织协定》的方式管理贸易”，建立了贸易权承诺与《1994年关贸总协定》例外条款之间的文字连接，本案事实也表明涉案措施与相关产品的贸易管理之间存在着清晰、客观的联系。

关于《中国加入议定书》中的其他承诺能否援引《1994年关贸总协定》第20条抗辩这一问题，目前答案还不是很清晰。世贸成员援引例外条款，是必须要求有关加入承诺具有清楚的文字表示，还是承认即使加入承诺没有清楚的文字表示，成员也具有根据例外条款管理贸易的固有权利？这是在本案裁决之后，世贸组织需要进一步澄清的问题。作者认为，在考虑有关成员《加入议定书》的承诺与《1994年关贸总协定》第20条的关系时，至少还可从以下几个角度加以分析：

（1）例外条款是世贸组织平衡贸易目标与非贸易目标的重要条款。世贸组织协定为实现自由贸易对成员规定了一系列义务，但是并不否认成员为了保护公共道德、人类健康等政策目标而对贸易加以管理的权利。贸易目标与非贸易目标通过有关例外条款（如《1994年关贸总协定》第20条、第21条，《服务贸易总协定》第14条等）取得了平衡。

（2）不应推定成员放弃使用例外条款。成员的加入议定书需对多个领域的事项进行规范，如货物贸易、服务贸易和知识产权领域等问题。成员在做出具体承诺时，不可能一一地通过文字表明保留援引例外条款的权利。由于例外条款是世贸组织成员平衡贸易目标与非贸易目标的重要手段，因此不应轻易推定成员放弃使用例外条款，除非成员通过文字清楚地表明放弃使用例外条款的权利。

（3）例外条款自身的严格标准决定了成员不会滥用例外的权利。无论是例外条款本身文字要求，还是专家组和上诉机构有关裁决，都对世贸组织成员使用例外条款进行抗辩施加了严格条件。历史上成员援引例外条款的案例不少，但鲜有成功通过例外条款测试的案例。成员如想证明涉案措施的合法性，必须证明其措施符合例外条款的苛刻条件，因此，从实践角度看，成员难以通过例外条款规避加入承诺的具体义务。

我方始终认为，除非一成员在加入世贸组织时做出了明确的放弃承诺，否则，援引例外条款应是一成员固有的权利。轻易否定一成员援引例外条款的权利，既会损害该成员规则利益的平衡，也会影响世贸组织规则体系的平衡。从这一角度讲，它不是本案的个案问题，涉及中国作为世贸组织成员的规则权利；它也不是中国作为后加入的世贸组织成员的独特问题，还会涉及其他后加入的世贸组织成员的规则权利。因此，中方在今后的个案中还应特别关注援引例外条款的权利问题，并力争系统地解决中国作为世贸组织成员援引例外条款权利的各种可能争议。

### （三）应持续关注世贸组织争端中的条约解释问题

条约解释在世贸组织争端中具有极其重要的作用，它往往会决定裁决结果的取向。

根据缔约当时的含义解释条约用语是国际公法关于条约解释的一般原则。国际法专家伊恩·布朗利在《国际公法原理》中指出："通常含义原则的另一个自然推断就是同时原则，即对条约的文字，必须参照条约缔结时有效的一般国际法规则，以及各个用语在当时的含义来予以解释。"[①] 国际法院也主张依据缔约当时含义解释条约用语是大原则，依据现在含义解释是例外。根据 Costa Rica 诉 Nicaragua 案的判决，国际法院认为适用现在含义解释条约用语必须满足以下条件，即条约用语为一般性术语，以及条约缔结已有相当长的时期。[②]

上诉机构在本案裁决中似乎认为对"录音制品"和"分销"两个用词可以根据现在的含义进行解读。上诉机构认为：第一，这两个词都足够宽泛，含义可以与时俱进地发生变化；第二，服务贸易减让表与其他世贸组织协定一样对成员构成了持续义务的无期限的多边条约；第三，如果使用缔约当时的通常含义对服务贸易减让表进行解释，将导致相似或者同样的用词由于不同成员加入条约的日期差异而具有不同含义，这将减损服务贸易减让表的可预见性、稳定性和明确性。[③]

作者认为，专家组和上诉机构在本案中对中方服务贸易减让表项下"录音制品分销服务"的解释，总体来说是属于运用《维也纳条约法公约》对成员减让表用语进行解读的经典案例。有关通常含义、上下文、目的宗旨、缔约背景等方面的分析逻辑是较为严谨的。作者仅对上诉机构认为可

① 伊恩·布朗利著，曾令良、余敏友等译，《国际公法原理》，法律出版社2003年8月第1版，第689页。
②Costa Rica v. Nicaragua，"国际法院判决"，第63—66段。
③"出版物市场准入世贸组织争端案上诉机构报告"（WT/DS363/AB/R），第396—397段。

使用现在含义对“录音制品”和“分销”两个用词进行解读有不同看法，几点理由如下：

### 1. 减让表用语不同于一般性术语

“录音制品”、“分销”等减让表用语不应被归类为一般性术语，这是由减让表的特殊性质决定的。服务贸易减让表是成员综合缔约当时其国内政治、经济等多方面考量，针对具体的服务部门做出的具体承诺。减让表用语具有很强的限定性，需对拟开放的部门和开放程度做出清晰的描述，因此与“可用尽的自然资源”这样的一般性条约用语具有明显的区别。我们难以推定有关成员在进行服务贸易减让谈判时，会意识到或有能力意识到“录音制品”、“分销”等用语将随着时间推移发生含义演变。

### 2. 服务贸易减让表会不断变化

世贸组织成员的服务贸易谈判是渐进式的，目前在多哈回合中成员正在就新一轮的服务贸易减让进行谈判。成员在做出具体承诺时，均遵循逐步开放的原则严格限定承诺范围。服务贸易减让表本身可能不断变化的事实，使得我们不应轻易推定成员在进行服务贸易减让谈判时，将意识到有关减让承诺将构成其谈判时无法预见的多边义务。

### 3. “技术中立”原则未被世贸组织成员普遍接受

美方在本案中主张适用“技术中立”原则，辩称任何可能在以物理和非物理形式提供录音制品之间存在的做法区别仅仅是“交付方式”上的区别，根据技术中立原则，这些差别与解释减让表的承诺无关。但是，技术中立原则迄今并未被世贸组织成员普遍接受。因为随着新技术的出现，新的商业模式也随之出现，如本案中传统硬载体录音制品的分销演变为网络音乐的电子化分销，对此成员需要时间进行相应的政策调整和监管制度设计。适用技术中立原则解读减让表会不合理地扩大成员的承诺范围。本案中，尽管专家组和上诉机构无意依据“技术中立”原则做出裁决，但其采用相关概念的“现在含义”解读条约用语的做法，客观上呈现了与适用技术中立原则的相同或相似的效果。

### （四）规则谈判中要更小心地处理英文用词和表述

在中方服务贸易减让表中，与“录音制品”相对应的英文用词是“sound recording”。专家组和上诉机构都是根据该用词的英文通常含义进行条约解读的。客观地讲，根据英文含义进行解读与我们中文的概念是有出入的。或许当年我方在谈判的时候，脑海里想着的就是“物理载体的录音制品”，也是在针对这种有形产品做承诺，但是，由于中方的服务贸易减让表规定得很清楚，“本减让表仅以英文为准”[①]，因此，我们最终不得不面对英文用词“sound recording”的解释问题。假设我们在谈判减让表当时，能够对“录音制品”这一概念做出界定，例如通过脚注对其做出更明确的解释，即仅指有物理载体的录音制品，或者谈判双方认识到“录音制品”中英文概念可能不同，在当时就直接处理网络音乐问题，则不需要在若干年之后通过争端解决的方式来澄清。本案的一个重要启示就是，中英文概念有可能不完全匹配、对应，为避免协议达成之后出现争议，条约谈判过程中应对每一个条约用词都加以注意，争取对概念存在差异的条约用词做出必要的界定。

**附件**

## 美国诉我出版物市场准入案大事记

2007年4月10日，美国向中方提出磋商请求。

2007年4月20日，中方接受美国磋商请求。

2007年6月5—6日，中方与美国在日内瓦进行磋商。

2007年7月10日，美国向中方提出补充磋商请求。

---

①《中国加入议定书》附件9“服务贸易具体承诺减让表”，首页。

2007年7月20日，中方接受美国补充磋商请求。

2007年7月31日，中方与美国在日内瓦进行磋商。

2007年10月10日，美国向争端解决机构提出设立专家组请求。

2007年11月27日，争端解决机构设立专家组。

2008年3月27日，总干事指定专家组成员。

2008年5月13日，美国提交第一次书面陈述。

2008年6月20日，中方提交第一次书面陈述。

2008年7月22—23日，专家组第一次听证会及第三方会议。

2008年8月11日，当事方提交第一次书面问题答复。

2008年8月29日，当事方提交第二次书面陈述。

2008年9月23—24日，专家组第二次听证会。

2008年10月9日，当事方提交第二次书面问题答复。

2009年4月20日，专家组向当事方提交中期报告。

2009年6月23日，专家组向当事方提交最终报告。

2009年8月12日，专家组报告公开散发。

2009年9月22日，中方向争端解决机构提交上诉通知。

2009年9月29日，中方提交上诉方书面陈述。

2009年10月5日，美国向争端解决机构提出交叉上诉通知。

2009年10月7日，美国提交交叉上诉方书面陈述。

2009年10月19日，中美双方提交被上诉方书面陈述。

2009年11月2—3日，上诉机构听证会。

2009年12月21日，上诉机构报告散发。

2010年1月19日，争端解决机构通过上诉机构报告和经修改的专家组报告。

2010年7月12日，当事方达成14个月的合理执行期，自2010年1月19日至2011年3月19日。

2011年3月18日，《文化部关于实施新修订〈互联网文化管理暂行规定〉的通知》颁布。

2011年3月19日，新修订的《出版管理条例》和《音像制品管理条例》颁布。

2011年3月25日，新修订的《出版物市场管理规定》颁布，《外商投资图书、报纸、期刊分销企业管理办法》和《中外合作音像制品分销企业管理办法》同时废止。

校稿：李咏箑　马宇驰

# 欧盟、美国、加拿大诉我金融信息案评析

张昊

## 一、案情经过

2008年3月3日，欧盟、美国分别在世界贸易组织争端解决机制下就我金融信息服务管理措施提出磋商请求，认为这些措施不符合世贸组织规则和我加入世贸组织时开放金融信息服务的承诺。

2008年6月20日，加拿大就同一事项诉诸世贸组织争端解决机制。[①]

自2008年4月22日至23日，中国与欧盟、美国在日内瓦进行第一轮磋商。之后又在日内瓦与起诉方举行了二次磋商。并进行了8轮电话会议磋商。

2008年11月13日，中国代表分别与争端三方代表在日内瓦签署了“关于影响外国金融信息服务提供者措施的谅解备忘录”，并于12月4日通知争端解决机构，从而在磋商阶段即解决了这一争端。

① 按照世贸组织统计，欧、美、加诉我金融信息案被算作三起争端案件，案号分别为DS372、DS373和DS378。

## 二、争端的主要内容

起诉方的磋商请求包括其所关注的问题、相关法规规章文件（12个）。其关注的事项主要在于，其所称的外国金融信息服务提供者在华经营面临的“商业障碍”。起诉方声称，1997年中方分别与欧盟、美国换文，承诺新华社不干预外国金融信息提供者与中国用户之间的交易。2001年中国加入世贸组织时，承诺开放金融信息服务，并做出“已获权利”和“独立监管”的承诺。而在2006年9月10日，新华社发布了《外国通讯社在中国境内发布新闻信息管理办法》（以下简称2006年《管理办法》），规定外国通讯社在中国境内发布新闻信息，应当经新华社批准，并由新华社指定的机构代理。起诉方作为全球主要金融信息服务提供商所在国，认为2006年《管理办法》要求其与指定代理机构签订协议，不得直接发展用户，影响了其在华开展多年的金融信息服务。

争议的问题具体包括四个方面。

### （一）对金融信息服务的独立监管问题

起诉方认为，新华社既是市场竞争者，又是监管者，违反了《中国工作组报告书》第309段有关独立监管的承诺。第309段规定：“对于包括在中国具体承诺减让表中的服务部门，相关管理机关将独立于其所管理的任何服务提供者，且不对其负责，但速递和铁路运输除外。”

起诉方认为，新华社推出的“新华08”，在商业基础上提供金融信息服务，但同时新华社又是对外国金融信息提供者进行监管的机构。因此违反了“相关管理机关独立于其所管理的任何服务提供者”的承诺。

在磋商中，关于独立监管问题，中方表示，中国政府的机构改革秉承政企分开的原则，将确立金融信息服务的独立监管者。在2008年7月3日的电话会议中，中方向起诉方表示，金融信息服务今后将不再由新华社管理。

**（二）金融信息服务提供者不能直接向用户提供服务，必须指定代理机构，起诉方认为改变了其产业在中国市场上二十多年的经营模式，与我加入世贸组织时“已获权利”和“市场准入”、国民待遇的承诺不符**

（1）已获权利：根据《中国加入议定书》附件9“服务贸易具体承诺减让表”水平承诺，“对于设立或批准现有外国服务提供者从事经营或提供服务的许可中所列所有权、经营和活动范围的条件，将不会比中国加入世贸组织之时更具限制性”。

起诉方声称，根据1997年11月10日新华社和欧洲委员会的交换信函（Exchange of Letters），新华社涉外信息管理中心（FIAC）不干涉欧盟的金融信息提供者和他们的客户之间的交易，并对向其提交的所有信息保密；不要求金融信息提供者提供他们与顾客之间金融交易的详细信息；并在收到金融信息提供者的中国的业务介绍文件后的20个工作日内批准许可申请。

2006年9月10日，中国颁布了《外国通讯社在中国境内发布新闻信息管理办法》，金融信息提供者需由新华社批准运营，外国金融信息提供者需要遵循更多的运营要求，包括任何业务范围、传播信息手段等变更都需得到新华社的批准，并需承担向新华社提交经营活动年度报告的义务。

起诉方认为，中国的规定违反了《中国加入议定书》附件9“服务贸易具体承诺减让表”水平承诺关于已获权利的规定。

（2）市场准入：根据《中国加入议定书》附件9“服务贸易具体承诺减让表”，中国允许以跨境交付、商业存在的形式“提供和转让金融信息、金融数据处理及相关软件”。

起诉方声称，2007年10月，中国政府颁布了《外商投资产业指导目录》，外国金融信息提供者被视为通讯社，其金融信息服务在《外商投资产业指导目录》中属于禁止外国投资的服务门类，因此外国金融信息提供者在中国境内只能设立代表处，而不允许设立正常形式的商业存在。

起诉方认为，中国的规定违反了其在加入世贸组织时所做的有关金融信息服务的市场准入承诺。

（3）国民待遇：根据《服务贸易总协定》第17条的规定，对于做出市场准入承诺的服务部门，给予外国服务和服务提供者的待遇，不得低于给予本国服务和服务提供者的待遇。

在2007年6月20日，新华社推出“新华08”，在商业基础上提供金融信息服务，直接与其他服务提供者竞争。但“新华08”以及其他国内金融信息提供者都无需通过指定代理机构提供服务，也无需遵守其他规定。

起诉方认为，中方的做法违反了《服务贸易总协定》第17条关于国民待遇的规定。

### （三）不允许以商业存在的形式提供金融信息服务

这一项实际上与上述第二项争议事项有所重叠。

关于商业存在的问题，中方在磋商中澄清，中国现行法律、法规没有禁止外国金融信息服务提供者设立商业存在。

### （四）未有效保护外国金融信息服务提供者的商业秘密

起诉方声称，2006年《管理办法》要求，在年度审查过程中，外国金融信息提供者须向新华社涉外信息管理中心（FIAC）呈报他们所提供的服务以及客户等具有商业价值的保密信息。他们的客户在签约提供金融信息服务时都须向新华社涉外信息管理中心提交所有合同信息。

起诉方认为，2006年《管理办法》未确保企业对商业秘密的保护，不符合世贸组织《与贸易有关的知识产权协定》第39条，世贸组织成员应对未披露信息提交政府或政府机构的数据进行保护。

针对商业秘密保护问题，中方在磋商中表示，新的监管机关将按照中国的法律，对外国金融信息服务提供者的商业秘密予以保护。

## 三、磋商解决

2008年11月13日，中国代表分别与争端三方代表在日内瓦签署了“关于影响外国金融信息服务提供者措施的谅解备忘录”，并于12月4日通知争端解决机构，从而在磋商阶段即解决了这一争端。

该谅解备忘录主要内容如下：

### （一）关于中国独立的金融信息服务监管机构的问题

（1）在2008年3月15日召开的11届全国人大一次会议通过了《国务院机构改革方案》后，国务院对中国行政体制结构进行了调整。中方确认，国务院将于2009年1月31日前任命一个新的金融信息服务监管机构（以下简称“新监管机构”），该新监管机构将是一个独立的政府机构，独立且不对任何金融信息服务供应商负责。

（2）新监管机构在其职权范围内，将有权要求金融信息服务供应商遵守所有有关中国的法律、法规和部门规章。

### （二）关于中国政府发布的与外国金融信息服务供应商有关的措施

这些措施包括1995年12月31日国务院办公厅公布的《关于授权新华通讯社对外国通讯社及其所属信息机构在中国境内发布经济信息实行归口管理的通知》（以下简称《通知》）以及2006年9月10日新华社发布的《外国通讯社在中国境内发布新闻信息管理办法》。

（1）中方确认，2009年4月30日前制定新的与2006年《管理办法》具有相同法律地位的法律文件（“新办法”），且2006年《管理办法》最迟于2009年6月1日废止。

（2）中方确认，新措施将对外国金融信息服务供应商实行新的许可制度。中方进一步确认，该新制度将遵循中国《中国工作组报告》第308段以及《中国加入议定书》的承诺。

（3）中方确认，自新措施正式实行之日起，中国将允许外国金融信息服务供应商提供直接或间接的金融信息服务，而不再需要通过任何代理或中介机构，并且服务消费者不再需要许可证及类似的审批就能够获取外国供应商的金融信息服务。

（4）新监管机构将只要求外国金融信息服务供应商提交相关许可证项下的信息。新监管机构可能仅要求外国金融信息服务供应商在与其用户正式签署订购合同后的30日内向该机构提供其用户的真实资料，无需提交认购合同本身。

（5）中方确认，给予外国金融信息服务和外国供应商的待遇不低于给予中国金融信息服务和服务供应商的待遇。

（6）中方明确，发布《国务院对确需保留的行政审批项目设定行政许可的决定》（中华人民共和国国务院令第412号）的机构也将在2009年1月31日前发布一份文件，中方将修改国务院令第412号以确立新监管机构，届时《通知》将不再予以执行，由此，外国金融信息服务供应商将依据本谅解备忘录接受新监管机构的行政监管。

### （三）关于外国金融信息服务供应商具有商业价值信息的保护问题

中方明确，按照中国的法律、法规和部门规章，新监管机构将采取一切必要措施以保护外国金融信息服务供应商提供的信息，并且其将仅以具体监管为目的使用这些信息，否则不会对任何未经授权者披露相关信息。

### （四）关于外国金融信息服务供应商直接向在华用户提供服务的问题

中方明确，中国法律、法规和部门规章没有明文禁止任何以商业存在的形式提供金融信息服务。

### （五）关于本谅解备忘录中的“金融信息服务”的定义

本谅解备忘录中明确了“金融信息服务”的定义，即对服务消费者从事的金融分析、金融交易、金融决策以及其他金融活动提供可能影响金融市场或金融数据信息的服务。

## 四、案件启示

中国金融信息服务市场正处于发展阶段，蕴藏着无限的潜力，因此中国市场一直是世界几大金融信息服务提供商的角逐目标。

路透、彭博和道琼斯在华经营多年，随着我国金融市场的开放和发展，其更加看好中国市场的潜力。欧盟、美国和加拿大政府就金融信息服务将中国诉诸世贸组织争端解决机制，有着巨大的经济利益的考虑。

正如前文“中国参与世贸组织争端解决实践概述”指出的，任何国际争端的背后都是利益的较量，世贸组织争端也不例外。世贸组织争端往往涉及成员方采取的贸易政策、产业政策甚至重大经济政策。随着多边贸易体制覆盖范围的大大拓宽，世贸组织处理争端的范围也从传统上的货物贸易进一步拓展至服务贸易和知识产权领域，影响着成员方经济生活的方方面面。中国参与世贸组织争端解决机制的实践表明，世贸组织讼案往往牵涉国家重大利益。金融信息案涉及关键领域的金融服务。

通过磋商解决应对本案，是中国政府统筹考虑各种因素，经过认真研判利益得失的结果。应诉团队研究认为，在短期内制订出台符合世贸组织规则的替代管理办法是可行的，磋商解决此案不会影响国家继续加强外国通讯社在华提供金融信息服务的管理力度。此案磋商解决后，有关部门制订出台了《外国机构在中国境内提供金融信息服务管理规定》[①]，不仅未削弱管理，反而进一步加强和完善了相关管理。同时，维护了我国遵守国际规则的良好形象，营造和谐的国际发展环境。

在本案中，中方所做的主要调整是将原由新华社负责的金融信息服务监管划归国务院新闻办公室负责。值得一提的是，由于新华社不是行政管理部门，其原来的管理不能通过行政许可手段。经与美、欧、加三方谈判，国务

① 参见国务院新闻办网站：《外国机构在中国境内提供金融信息服务管理规定》，http://www.scio.gov.cn/zcfg/zcfg/200906/t341501.htm。

院新闻办公室在后来的管理中可以行使行政许可。相比调整前，除中方部门间内部有些职能变化外，管理体制被理顺了，管理手段和方式进一步严格和规范了，实际的监管效果也得到了改善。

**附件**

## 欧盟、美国、加拿大诉我金融信息案大事记

2008年3月3日，欧盟、美国分别在世界贸易组织争端解决机制下就我金融信息服务管理措施提出磋商请求，认为这些措施不符合世贸组织规则和我加入世贸组织时开放金融信息服务的承诺。

2008年3月13日，我方接受欧盟、美国的磋商请求。

2008年4月22—23日，我方与欧盟、美国在日内瓦进行磋商。

2008年6月20日，加拿大就同一事项诉诸世贸组织争端解决机制。

2008年6月30日，我方接受加拿大的磋商请求。

2008年7月5日，我方与起诉方进行第一次电话磋商。

2008年7月16日，我方与起诉方进行第二次电话磋商。

2008年7月29日，我方与起诉方进行第三次电话磋商。

2008年8月14日，我方与起诉方进行第四次电话磋商。

2008年8月20日，我方与加拿大在日内瓦进行磋商。

2008年9月9日，我方与起诉方进行第五次电话磋商。

2008年9月25日，我方与加拿大在日内瓦进行磋商。

2008年10月3日，我方与起诉方进行第六次电话磋商。

2008年10月22日，我方与起诉方进行第七次电话磋商。

2008年11月13日，中国代表分别与争端三方代表在日内瓦签署了《关于影响外国金融信息服务提供者措施的谅解备忘录》，并于12月4日通知争端解决机构，从而在磋商阶段即解决了这一争端。

校稿：于方

# 美国、墨西哥、危地马拉诉我出口补贴案评析

张永晖

2008年年底及2009年初，美、墨、危三国分别将中国“中国出口名牌”、“名牌产品”评价活动及各级地方政府的相应奖励措施，以及各级地方政府出台的某些出口补贴措施诉至世贸组织。案件编号分别为DS387、DS388、DS390。经过磋商，中国向起诉方澄清了措施情况，并修订了部分措施，最终解决了争端。

## 一、案件的发展进程

### （一）背景

中国作为一个贸易大国，加入世贸组织以后一直受到其他世贸组织成员及其国内各业界的关注。对于中国地方政府采取的一些促进经济发展的措施，美国业界认为影响了他们的利益，要求美国政府向中国施压，解决他们的诉求。因此，美大量搜集中国有关政策措施，并最终在世贸组织争端解决

机制下提起本案。

### （二）磋商阶段

2008年12月19日，美、墨提起本案磋商请求。[①]2009年1月19日，危地马拉提起本案磋商请求。[②]墨西哥、危地马拉提起的磋商请求与美国的完全相同。

2009年2月5日—6日，中国与美、墨、危三方在日内瓦举行了磋商。此后，中国又与起诉方进行了五轮艰苦谈判。中国在磋商中对有关政策进行了解释，说明部分措施已经废止或者修改，并说服起诉方放弃就具有承诺内容的谅解备忘录进行谈判，而是签署《双方同意的解决办法》（*Mutually Agreed Solution*，MAS）。2009年11月，中国与起诉方就结案文件的内容达成一致。2009年12月18日，中国与起诉方在日内瓦签署了“双方同意的解决办法”，解决本案。

## 二、本案涉及的主要措施

起诉方起诉的措施主要是“中国出口名牌”项目、“名牌产品”项目评价活动及各级地方政府的相应奖励措施，以及各级地方政府出台的出口补贴措施。磋商请求和磋商中涉及的有关措施总计103项，其中中央政府措施14项，地方政府措施89项，涉及15个省、自治区、直辖市和3个计划单列市。

### （一）“中国出口名牌”项目

2005年5月30日，《商务部、发展改革委、财政部、科技部、海关总署、税务总局、工商总局、质检总局关于印发〈关于扶持出口名牌发展的指导意见〉的通知》（商贸发［2005］124号），要求“各地区、各部门、各行业结合实际贯彻落实，切实提高我国企业和出口商品的国际竞争力”。“出口名牌”的评比条件中有出口业绩要求，同时该项目规定安排“出口品牌发展资金”

①WT/DS387/1, WT/DS388/1.

②WT/DS390/1.

对获得“出口名牌”称号的企业进行支持，并要求地方商务主管部门落实此政策。

起诉方在“中国出口名牌”项目下指控的措施还有与上述文件相应的47项地方政策，涉及福建、广东、河南、黑龙江、上海、天津、慈溪、嘉兴、泉州、绍兴、浙江省长兴县、德清县等32个省、市、县。这些政策规定对获得“出口名牌”称号的企业给予奖励或者提供其他支持。如《河南省商务厅关于印发新修订的〈“河南出口名牌”评选办法〉的通知》规定对入选的“河南出口名牌”给予奖励;《福建省出口品牌发展资金使用管理暂行办法》规定出口品牌资金实行无偿资助方式支持企业自主出口品牌的建设。

### （二）“名牌产品”项目

此项目涉及的措施包括：质检总局《中国名牌产品管理办法》、《中国名牌产品评价管理办法》，以及有关“中国世界名牌”项目的《关于开展中国世界名牌产品评价工作的通知》（国质检质［2005］95号）及附件《中国世界名牌产品评价工作方案（试行）》、《关于申报2006年中国世界名牌产品的通知》、《关于申报2008年中国世界名牌产品的通知》。这些文件规定，企业申报“中国世界名牌”必须符合多项条件，包括“企业出口的同类产品中，申报品牌的出口量占50%以上，出口额不低于5,000万美元，在国际同行中位于前5名”、出口创汇率高；评价指标包括“产品的出口量、出口额以及出口量、出口额的增长率”。

起诉方在“名牌产品”项目下指控的措施还有与上述文件相应的19项地方政策，涉及甘肃、广西、佛山、深圳、武义、盐城等17个省市。这些政策规定对获得“名牌产品”称号的企业给予奖励或者提供其他支持。如《甘肃省人民政府关于印发〈甘肃省获得名牌产品企业奖励办法〉的通知》规定对获得“中国世界名牌产品”、“中国名牌产品”和“甘肃名牌产品”称号的企业给予奖励;《温州市人民政府办公室关于印发〈温州市质量与品牌奖励管理办法〉的通知》规定，对首次获得中国世界名牌产品、中国名牌产品、中国驰名商标、商务部重点培育和发展的出口名牌的企业给予奖励，市财政部门每年安排1,500万元，用于质量与品牌奖励。

### （三）其他地方出口补贴措施

起诉方在磋商请求中还列举了其他32项地方政策，涉及浙江、黑龙江、山东、江苏、上海、南昌、绍兴、深圳等省、市。这些地方政策包括对出口产品研究开发项目贷款进行贴息、设立配套资金支持企业发展外贸出口、根据出口实绩对企业给予奖励等措施。

起诉方认为，“中国出口名牌”和“名牌产品”项目的评比条件中有出口实绩要求，地方对被评为“中国出口名牌”和“名牌产品”的企业给予奖励或提供补助、贷款和其他激励手段，因此构成了出口补贴。其他地方出口补贴措施以出口实绩为条件给予资金支持，也构成了出口补贴。

## 三、主要争议法律问题

### （一）《补贴协定》第3条

《补贴协定》第3条规定的是禁止性补贴，其中第1款（a）项规定了出口补贴（法律或事实上视出口实绩为唯一条件或多种其他条件之一而给予的补贴，包括附件1列举的补贴）。第3条明确禁止世贸组织成员实施出口补贴。起诉方认为中国的措施含有出口实绩要求，构成出口补贴，因此违反了《补贴协定》第3条。

### （二）《农业协定》第3条、第8条、第9条和第10条

《农业协定》第3条规定的是“减让和承诺的并入”，规定世贸组织成员减让表中的出口补贴承诺是《1994年关贸总协定》的组成部分，世贸组织成员不得实施违反承诺的出口补贴。世贸组织成员对农产品出口补贴的承诺包括补贴额水平和数量水平。各成员只能在承诺水平之内对农产品提供补贴。

《农业协定》第8条、第9条和第10条分别规定了“出口竞争承诺”、“出口补贴承诺”和“防止规避出口补贴承诺”，进一步要求世贸组织成员遵守《农业协定》有关出口补贴的规定以及减让表中的承诺，并且不得规避出口补贴承诺。而中国在《中国加入议定书》中承诺，“中国不得对农产品维持或采取任何出口补贴”。因此，起诉方认为，当中国有关措施对农产品提供出口补贴时，就违反了《农业协定》的上述规定。

### （三）《中国加入议定书》第一部分第12.1条，以及第一部分第1.2条（就该款并入《中国工作组报告书》第234段而言）

《中国加入议定书》第一部分第12.1条规定，“中国应实施中国货物贸易承诺和减让表中包含的规定，以及本议定书具体规定的《农业协定》的条款。在这方面，中国不得对农产品维持或采取任何出口补贴”。第1.2条规定，“本议定书，包括工作组报告书第342段所指的承诺，应成为《建立世贸组织协定》的组成部分”。《中国工作组报告书》第342段列举的承诺包括第234段，该段规定“中国对农产品将不维持或采用任何出口补贴”。起诉方认为，当中国有关措施对农产品提供出口补贴时，就违反了上述规定。

### （四）《1994年关贸总协定》第3.4条

《1994年关贸总协定》第3条规定的是“国内税和国内法规的国民待遇”，其中第4款规定进口产品所享受的待遇不得低于同类国产品所享受的待遇。起诉方认为中国的措施给中国产品带来利益，而没有同样给予进口产品利益，因此违反了国民待遇原则。

## 四、磋商结果

2009年12月18日，中国与美国、墨西哥、危地马拉三方于日内瓦签署了解决本案的“双方同意的解决办法”，本案得到解决。在“双方同意的解决办法”中，中国确认其已经废止或修改了有关措施，并未做出任何其他承诺，主要内容如下：

（1）中国已通过废止《关于扶持出口品牌发展的指导意见》及相关措施，终止了中国出口品牌项目。相关地方政府措施及条款亦已失效。

（2）中国已通过废止《关于开展中国世界名牌产品评价工作的通知》以及其他修订措施、相关措施及实施措施，终止了中国世界名牌产品项目。相关地方政府措施及条款亦已失效。

（3）中国已通过删除《中国名牌产品管理办法》所规定的以出口为条件的标准修改了中国名牌产品项目，以取消该项目下的此类标准。相关地方政府措施及条款亦已失效。

（4）最后，中国进一步澄清，中国的政策目标是鼓励品牌建设和知识产权保护，而非提供以出口为条件的利益。

## 五、案件的启示

本案起诉方起诉的措施数量多、范围广，既有中央国家机关发布的措施，也有大量地方政府采取的措施。中国各级政府出台这些措施的初衷是鼓励品牌建设，促进知识产权保护，营造良好的企业发展环境。但是由于这些措施与出口业绩有较紧密的关系，加之存在相应的支持措施，在起诉方看来，其目的便是鼓励、支持出口，构成出口补贴。中国各级政府采取的措施如包含进口替代补贴、出口补贴等禁止性补贴内容，将成为其他世贸组织成员重点质疑的对象。作为一个广受关注的世贸组织成员，中国应以符合世贸组织规则的政策措施，促进经济发展。

**附件一**

### 美国、墨西哥、危地马拉诉我出口补贴案大事记

2008年12月19日，美、墨向中方提出磋商请求。

2009年1月15日，加拿大、欧盟、墨西哥和土耳其请求加入美国提起的磋商；加拿大、欧盟和土耳其请求加入墨西哥提起的磋商。

2009年1月16日，澳大利亚和哥伦比亚请求加入美国提起的磋商；澳大利亚、哥伦比亚和美国请求加入墨西哥提起的磋商。

2009年1月19日，厄瓜多尔、危地马拉和新西兰请求加入美国和墨西哥提起的磋商。

2009年2月3日，中国同意以上加入美国所提磋商的请求。

2009年2月9日，中国同意以上加入墨西哥所提磋商的请求。

2009年1月19日，危地马拉向中方提出磋商请求。

2009年1月27日，欧盟请求加入危地马拉提起的磋商。

2009年1月29日，澳大利亚请求加入危地马拉提起的磋商。

2009年1月30日，墨西哥请求加入危地马拉提起的磋商。

2009年2月2日，哥伦比亚、厄瓜多尔、土耳其、美国、加拿大请求加入危地马拉提起的磋商。

2009年2月3日，新西兰请求加入危地马拉提起的磋商。

2009年2月5日—6日，中国与美、墨、危三方在日内瓦举行了磋商。

2009年3月18日，电话会议磋商。

2009年5月7日，电话会议磋商。

2009年6月18日，电话会议磋商。

2009年9月9日，电话会议磋商。

2009年10月22日，电话会议磋商。

2009年12月18日，中国与起诉方在日内瓦签署了“双方同意的解决办法”，解决本案。

**附件二**

## 美国在磋商请求中所列举的措施

1.《中国名牌产品评价管理办法》[①]

2.《关于开展中国世界名牌产品评价工作的通知》[②]

3.《关于申报2006年中国世界名牌产品的通知》[③]

4.《关于申报2008年中国世界名牌产品的通知》[④]

5.《中国名牌产品管理办法》[⑤]

6.《中华人民共和国产品质量法》[⑥]

7.《国务院关于进一步加强产品质量工作若干问题的决定》[⑦]

8.《印发关于推进名牌带动战略的实施意见及其奖励办法的通知》[⑧]

9.《关于印发〈深圳市福田区经济发展资金扶持产业技术进步实施细则〉的通知》[⑨]

10.《甘肃省人民政府关于印发〈甘肃省获得名牌产品企业奖励办法〉的通知》[⑩]

11.《广西壮族自治区人民政府办公厅关于印发〈广西壮族自治区工业企业品牌表彰奖励实施办法〉的通知》[⑪]

12.《实施〈贵阳市“十一五”科学与技术发展规划（2006—2010年）〉若干配套政策》[⑫]

---

① 国质检［2001］32号。
② 国质检质［2005］95号。
③ 质检质函［2006］11号。
④ 质检质函［2008］23号。
⑤ 国家质检总局令第12号。
⑥ 第七届全国人民代表大会常务委员会第30次会议于1993年2月22日发布。
⑦ 国发［1999］24号。
⑧ 佛府办［2007］274号。
⑨ 福办发［2007］53号。
⑩ 甘政发［2007］72号
⑪ 桂政办发［2007］42号。
⑫ 筑府发［2006］51号。

13.《中共金华市委、金华市人民政府关于推进“品牌金华”建设的实施意见》[①]

14.《晋江市人民政府关于调整充实打造品牌之都鼓励政策的通知》[②]

15.《关于印发〈佛山市南海区实施自主创新品牌带动及企业上市扶持奖励办法〉的通知》[③]

16.《南平市人民政府关于扶持重点工业企业发展的若干意见》[④]

17.《关于实施“工业提升”工程推进特色制造业又好又快发展的若干意见》[⑤]

18.《四川省人民政府关于印发〈四川省强力推进工业品牌战略实施意见〉的通知》[⑥]

19.《关于转发苏州市名牌带动战略奖励细则的通知》[⑦]

20.《关于推进名牌带动战略的政策措施》[⑧]

21.《温州市人民政府办公室关于印发〈温州市质量与品牌奖励管理办法〉的通知》[⑨]

22.《武义县党委和人民政府关于进一步鼓励和促进中小企业发展的若干政策意见》

23.《厦门市财政局、厦门市经济发展局关于印发〈厦门市扶持名优产品生产发展实施细则〉的通知》[⑩]

24.《盐城市盐都区人民政府关于扶大育强重点工业企业的意见》[⑪]

① 市委［2006］21号。
② 晋政文［2007］93号。
③ 南府［2007］128号。
④ 南政综［2007］219号。
⑤ 衢委发［2007］20号。
⑥ 川府发［2007］38号。
⑦ 苏府办［2005］109号。
⑧ 苏府办［2006］115号，磋商请求原文误为［2005］。
⑨ 温政办［2006］147号。
⑩ 厦财企［2007］21号。
⑪ 都政发［2007］102号。

25.《镇江市人民政府关于加快推进品牌战略的实施意见》①

26.《关于做好广东省品牌发展专项资金使用管理工作的通知》②

27.《商务部、发展改革委、财政部、科技部、海关总署、税务总局、工商总局、质检总局关于印发〈关于扶持出口名牌发展的指导意见〉的通知》③

28.《商务部办公厅关于请推荐“中国出口名牌”备选名单的通知》④

29.《长兴县人民政府关于进一步促进外贸发展工作的通知》⑤

30.《德清县人民政府关于进一步加快先进制造业基地建设的若干意见》⑥

31.《慈溪市关于印发加快工业经济创新发展若干政策意见的通知》⑦

32.《关于印发〈福建省出口品牌发展资金使用管理暂行办法〉的通知》⑧

33.《福建省对外贸易经济合作厅关于推荐2008—2009年度“福建省外经贸厅重点培育和发展的出口名牌”候选企业的通知》⑨

34.《关于印发认定“广东省外经贸厅重点培育和发展的出口名牌”意见的通知》⑩

35.《关于补充推荐广东省外经贸厅重点培育和发展的出口名牌备选名单的通知》⑪

36. 与上同一文件《关于补充推荐广东省外经贸厅重点培育和发展的出口名牌备选名单的通知》⑫

37.《关于2005年度促进我市外经贸发展扶持政策的通知》⑬

---

① 镇政发［2007］81号。
② 粤财外［2007］64号。
③ 商贸发［2005］124号。
④ 商办贸函［2007］25号。
⑤ 长政发［2005］45号。
⑥ 德政发［2008］29号。
⑦ 慈政发［2007］54号。
⑧ 闽财外［2007］17号。
⑨ 闽外经贸发［2008］31号。
⑩ 粤外经贸技字［2007］1号。
⑪ 粤外经贸技函［2008］31号。
⑫ 同上。
⑬ 杭外经贸计财［2005］225号；杭财企二［2005］602号。

38.《杭州市人民政府办公厅关于修订杭州市外贸出口“金龙奖”评选条件及奖励办法的通知》[①]

39.《杭州市人民政府办公厅关于促进自主出口品牌发展的指导意见》[②]

40.《黑龙江省商务厅、发改委、经委、财政厅、科技厅、国税局、工商局、质量技术监督局、黑龙江出入境检验检疫局、哈尔滨海关关于印发〈黑龙江省关于扶持出口名牌发展的指导意见〉的通知》[③]

41.《河南省商务厅关于印发新修订的〈“河南出口名牌”评选办法〉的通知》[④]

42.《河南省“十一五”期间关于扶持出口品牌（名牌）发展的指导意见》[⑤]

43.《关于开展省出口名牌企业品牌建设情况调查的通知》

44.《2007—2008年度江苏省“重点培育和发展的出口名牌”评选办法》[⑥]

45.《嘉兴市人民政府关于推进民营经济又好又快发展的若干意见》[⑦]

46.《金华市金东区党委和人民政府关于进一步扶持工业及外向型经济发展的若干意见》

47. 江西省外经贸厅等10部门制定《关于培育我省出口名牌的实施意见（试行）》

48.《宁夏商务厅和财政厅关于印发〈宁夏品牌出口商品奖励和促进办法〉的通知》[⑧]

49.《泉州市丰泽区人民政府关于印发〈扶持重点企业发展的若干规定〉的通知》[⑨]

50.《山东省财政厅、山东省对外贸易经济合作厅关于印发〈山东省2006

---

① 杭政办［2007］47号。

② 杭政办［2007］10号。

③ 黑商联发［2006］1号。

④ 豫商贸［2008］1号。

⑤ 豫商贸［2006］13号。

⑥ 苏外经贸［2007］122号。

⑦ 嘉政发［2007］113号。

⑧ 宁商（规财）发［2006］159号。

⑨ 泉丰政综［2008］22号。

年度财政鼓励外经贸发展政策〉的通知》[①]

51.《绍兴市人民政府关于进一步鼓励市区开放型经济发展的意见》[②]

52.《批转天津市外贸办关于加快我市自主出口品牌发展意见的通知》[③]

53.《湖州市吴兴区人民政府关于进一步鼓励外经贸发展的通知》[④]

54.《厦门市重点出口企业扶持资金管理办法》[⑤]

55.《厦门市贸易发展局、厦门市财政局关于印发〈厦门市重点出口企业扶持资金管理办法实施方案〉的通知》[⑥]

56.《中共宁波市鄞州区委、宁波市鄞州区人民政府关于推进鄞州区经济发展的若干意见》[⑦]

57.《浙江省财政厅、浙江省对外贸易经济合作厅关于印发〈浙江省出口品牌发展资金使用管理暂行办法〉的通知》[⑧]

58.《浙江省财政厅、浙江省对外贸易经济合作厅关于2005年促进外经贸发展若干政策问题的通知》[⑨]

59.《丽水市政府关于加快发展市直开放型经济的若干意见》[⑩]

60.《南昌市人民政府关于印发〈南昌市外贸发展资金管理暂行办法〉的通知》[⑪]

61.《宁波市江东区促进外经贸稳步发展的试行意见》[⑫]

62.《关于印发江东区促进外经贸稳步发展若干意见的通知》[⑬]

63.《山东省2005年度鼓励外经贸发展的政策》

---

① 鲁财企［2006］5号。
② 绍政发［2007］66号。
③ 津政发［2007］005号。
④ 吴政发［2005］9号。
⑤ 厦扶办［2006］117号。
⑥ 厦贸发规财［2006］268号
⑦ 甬鄞党［2008］1号。
⑧ 浙财企字［2006］207号。
⑨ 浙财企字［2005］145号。
⑩ 丽政发［2004］38号。
⑪ 洪府发［2007］31号。
⑫ 东政发［2004］13号。
⑬ 东政发［2005］25号。

64.《关于印发〈2003年度山东省鼓励扩大外贸出口的政策〉的通知》①

65.《关于印发〈山东省2004年度鼓励外经贸发展的政策〉的通知》②

66.《象山县人民政府关于进一步加快开放型经济发展的若干意见》③

67.《长兴县人民政府关于进一步促进外贸发展工作的通知》④

68.《扬州市财政局、扬州市对外贸易经济合作局关于印发〈扬州市出口名牌产品专项奖励资金管理暂行办法〉的通知》⑤

69.《上海市对外经济贸易委员会、上海市国有资产管理委员会、上海市工商行政管理局、上海市质量技术监督局、上海出入境检验检疫局、上海海关关于推荐2005—2006年度"上海出口名牌商品"备选名单有关事项的通知》⑥

70.《上海市闸北区促进服务外包专利品牌扶持政策实施细则》⑦

71.《广东省名牌产品（工业类）管理办法》⑧（此法规已被修订，新法规名称为《广东省名牌带动战略实施方案》，于2008年6月16日发布并实施）

72.《广东省名牌产品（农业类）管理办法》⑨（此法规已被修订，新法规名称为《广东省名牌带动战略实施方案》，于2008年6月16日发布并实施）

73.《上海市外经贸委关于开展2007—2008年度"上海市出口名牌"认定工作的通知》

74.《宁波市镇海区关于下发〈进一步促进开放型经济发展的若干意见〉的通知》⑩

75.《荣获2005—2006年度上海市出口名牌企业名录》

76.《"十一五"规划纲要》第九章"实施互利共赢的开放战略"

---

① 鲁外经贸计财字［2003］180号。

② 鲁外经贸计财字［2003］1037号。

③ 象政发［2007］1号。

④ 长政发［2005］45号。

⑤ 扬财企［2007］23号，扬外经贸贸［2007］008号。

⑥ 沪经贸贸促［2005］143号。

⑦ 上海闸北区经济委员会，2007年6月，http://www.shiso.gov.cn/Policy/ZBPolicydetail.aspx？id=77。

⑧ 粤府办［2003］18号。

⑨ 同上。

⑩ 镇区委［2006］18号。

77.《黑龙江商务厅关于开展2008—2009年度“黑龙江省重点培育和发展的出口名牌”评定和奖励活动的通知》[①]

78.《商务部、中国出口信用保险公司关于利用出口信用保险扶持出口名牌发展的通知》[②]

校稿：于方　张侃

① 黑商贸发［2008］37号。
② 商贸发［2005］332号。

# 美国、欧盟、墨西哥诉我原材料出口限制案评析

王希

美欧对中国的原材料出口政策关注已久。美国在2007年第18届中美商贸联委会、2008年第19届中美商贸联委会期间，均表达了对中国原材料出口限制措施的关注，并表示，如果不能通过对话解决其关注，不排除诉诸世贸组织争端解决机制。欧盟早在2005年就曾威胁将中国的焦炭出口配额问题诉诸世贸组织。自2008年以来，欧盟多次就黄磷出口税问题与中方交涉。

## 一、案件发展进程

### （一）起诉

2009年6月23日，美国和欧盟就中国对矾土、焦炭、氟石、镁、锰、金属硅、碳化硅、黄磷和锌等九种原材料的出口限制措施，向我方提出世贸组织争端解决机制项下的磋商请求。8月21日，墨西哥就相同事项向我方提出

磋商请求。虽然三个起诉方所诉的措施相同，但由于三方是分别起诉，且美欧的诉讼请求略有差异，按世贸组织争端解决机构的统计规则，美、欧、墨的起诉是三个独立的案件，被分别编号为DS394、DS395和DS398。也就是说，原材料案对于我方是一个案件，但在世贸组织的统计中是三个争端。

美、欧、墨（以下统称“起诉方”）均高调表示，中国作为重要原材料的主要生产国和出口国，实施出口限制拉高全球价格，扭曲钢铁、铝、化工等下游产业的竞争，使经济衰退的美、欧、墨企业处于不公平竞争地位。起诉方认为，中方对矾土、焦炭、氟石、镁、锰、碳化硅、金属硅、黄磷和锌等9种原材料的出口限制措施违反中国加入世贸组织承诺和相关世贸组织规则，具体表现为：（1）对矾土、焦炭、氟石、碳化硅、锌等五种产品实施出口数量限制；（2）对矾土、焦炭、氟石、镁、锰、金属硅、黄磷、锌等八种产品征收出口税；（3）对这些原材料的出口还施加了额外的要求和程序，包括限制出口权、实施最低出口价格、审查出口合同和价格等。起诉方列明了与中方出口限制措施相关的32个法律、法规、规章和规范性文件，分别是：

（1）《中华人民共和国外贸法》（中华人民共和国第十届全国人民代表大会常务委员会第八次会议于2004年4月6日修订通过，自2004年7月1日起施行）

（2）《中华人民共和国海关法》（中华人民共和国第六届全国人民代表大会常务委员会第十九次会议于1987年1月22日通过，2000年7月8日修订）

（3）《中华人民共和国货物进出口管理条例》（中华人民共和国国务院令第332号，2001年10月31日国务院第46次常务会议通过，2002年1月1日发布）

（4）《货物出口许可证管理办法》（商务部令2008年第11号，2008年7月1日发布）

（5）《出口商品配额管理办法》（外经贸部令12号，2001年12月20日通过，2002年1月1日起施行）

（6）《出口商品配额招标办法》（外经贸部令第11号，2001年12月20

日通过，2002年1月1日起施行）

（7）外经贸部关于印发《进出口商品许可证发证机构管理办法》的通知（［1999］外经贸配管函字第68号，1999年9月21日发布）

（8）《中华人民共和国进出口关税条例》（国务院令2003年第392号，2003年10月29日国务院第26次常务会议通过，2004年1月1日施行）

（9）《中华人民共和国海关对出口商品审价暂行办法》（海关总署令［1995］第51号，1995年1月22日发布，1995年2月1日施行）

（10）《中华人民共和国海关对出口商品审价实施细则》（海关总署1994年12月31日发布，1995年2月1日施行）

（11）《对外经济贸易社会团体管理办法》（外经贸部，1991年2月26日颁布并实施）

（12）《外经贸部关于处罚低价出口行为的暂行规定》（外经贸部，1996年3月20日颁布并实施）

（13）商务部关于印发《出口许可证签发工作规范》的通知（商配发［2008］398号，2008年10月9日）

（14）对外贸易经济合作部办公厅关于印发《进出口许可证证书管理规定》的通知（外经贸配字［1999］第87号，1999年12月6日）

（15）《工业品出口配额招标实施细则》（外经贸部，2001年11月8日）

（16）《中国五矿化工进出口商会章程》

（17）《关于2009年农产品和工业品出口配额总量的公告》（商务部公告2008年第83号）

（18）《关于下达2009年第一批一般贸易焦炭出口配额的通知》（商务部商贸发［2008］第140号，2009年1月1日）

（19）《关于2009年焦炭出口配额申报条件和申报程序的公告》（商务部公告2008年第76号）

（20）《2009年出口许可证管理货物目录》（商务部、海关总署公告2008年第100号）

（21）《2009年出口许可证管理货物分级发证目录》（商务部公告2008年第124号）

（22）商务部关于印发《出口许可证签发工作规范》的通知（商务部商配发［2008］398号）

（23）《2009年度部分工业品第一次招标资质及初审公告》（商务部公告2008年第85号）

（24）《2009年度部分工业品出口配额第二次招标资质及初审公告》（商务部公告2009年第42号）

（25）《工业品出口配额招标实施细则》（外经贸部，2001年11月8日）

（26）《国务院关税税则委员会关于2009年关税实施方案的通知》（税委会［2008］40号）

（27）《对柠檬酸等36种商品试行出口预核签章管理的通知》（商务部、海关总署公告2003年第36号）

（28）《关于进出口商会人事管理的若干规定》（外经贸部，1994年9月23日）

（29）《关于调整出口商品海关审价目录的通知》（外经贸部、海关总署，外经贸贸发［2002］187号，2002年5月1日）

（30）《2009年度氟石块（粉）出口配额第一次公开招标公告》（出口商品配额招标委员会，2008年12月10日）

（31）《2009年度矾土出口配额第一次公开招标公告》（出口商品配额招标委员会，2008年12月10日）

（32）《2009年度碳化硅出口配额第一次公开招标公告》（出口商品配额招标委员会，2008年12月10日）

以及上述措施的任何修订措施、替代措施、相关措施及执行性措施。

起诉方认为，中方的上述措施违反了以下世贸规则或加入世贸组织承诺：

（1）《1994年关贸与贸易总协定》第8、10、11条；

（2）《中国加入议定书》第一部分的5.1、5.2、8.2及11.3段，以及中国在《中国加入议定书》第一部分1.2段（该段纳入了中国在《中国工作组报告书》第83、84、162和165段项下的承诺）项下的义务，和中方在《中国工作组报告书》第342段项下的承诺。

本案引起了世贸组织成员的广泛关注，作为第三方参与该案程序的成员就有13个之多，包括：加拿大、阿根廷、巴西、智利、哥伦比亚、厄瓜多尔、印度、日本、韩国、台澎金马单独关税区、土耳其、沙特阿拉伯和挪威。

### （二）磋商阶段

2009年7月30日，中方与美、欧在日内瓦举行了磋商。2009年9月1日和2日，中方与美、欧、墨在日内瓦再次举行了磋商。

磋商中，我方对涉案措施和出口限制管理制度进行了澄清，强调我对涉案产品实施出口管理是为了保护环境和可用尽资源，实现可持续发展的政策目标。起诉方表示认可中方的上述政策目标，但指出，如不从源头上控制开采和生产，仅靠限制出口很难实现保护资源和环境的目的。中方若想援引《1994年关贸总协定》第20条（一般例外）为涉案措施抗辩，成功的可能性极小，因为例外条款的适用门槛很高，争端解决历史上尚没有成功援引该条款的先例。起诉方要求中方取消涉案的所有出口限制措施。

### （三）专家组阶段

2009年12月21日，世贸组织争端解决机构设立专家组审理本案。本案有美国、欧盟、墨西哥三个起诉方。根据《争端解决谅解》第9.1条，只要可行，应设立单一专家组审理此类起诉。本案即设立了单一专家组。由于我与起诉方未能就专家组人选达成合意，本案专家组成员最终由世贸组织总干事拉米先生于2010年3月29日指定。根据专家组设定的时间表，2010年6月1日，起诉方提交了第一次书面陈述。8月4日，我方提交了第一次书面陈述。该陈述是截至目前我在作为当事方的案件中提交的最长书面陈述，正文长达三百多页，证据合计426份，共八千多页。2010年8月31日—9月2日，专家组第一次听证会在日内瓦举行。10月8日，各方提交了第二次书面陈述。第二次听证会于11月24日—25日在日内瓦举行。我充分利用提交书面陈述、参加听证会、回答专家组问题和评论对方对专家组问题的回答等机会，为涉案出口配额、出口关税等管理制度进行全面辩护。我方在本案中向专家组提交的抗辩文书共计1万余页。专家组于2011年4月1日向当事方散发报告，并于7月5日公开散发报告。

### （四）上诉阶段

中方对专家组报告进行了认真分析，于8月31日提出上诉并同时提交书面陈述。欧、美、墨于9月6日提出交叉上诉。本案上诉听证会拟于11月7—8日在日内瓦举行，上诉机构预计将于12月做出裁决。

## 二、我原材料出口管理制度与加入世贸组织承诺

为保护可用尽资源和保护环境，长期以来，我对部分原材料产品的出口一直施行着数量限制管理（主要为出口配额管理）和出口关税管理。本案涉及的九种原材料产品中，有的施行了出口配额管理，有的施行了出口关税管理，有的则同时受两种方式管理。

### （一）出口关税管理制度及我加入世贸组织相关承诺

根据《中华人民共和国海关法》和《中华人民共和国进出口关税条例》，海关对准许进出口的货物征收进出口关税，国务院制定《中华人民共和国进出口税则》（以下简称《税则》），国务院关税税则委员会负责对《税则》的税目、税则号列和税率的调整和解释，报国务院批准后执行。实践中，国务院关税税则委员会通过颁布年度措施确定受出口关税管理的相关产品的税率。根据2009年1月1日生效的《2009年关税实施方案》，2009年，我对矾土、焦炭、氟石、镁、锰、金属硅、锌、黄磷实施出口关税管理。自2010年1月1日起，根据《2010年关税实施方案》，我对上述产品继续实施

出口关税管理。

在加入世贸组织时，我国承诺只对《中国加入议定书》附件6清单中列明的84个税号的产品，征收不超过约束水平的出口关税，例外情况除外。本案涉案产品矾土、焦炭、氟石、镁、锰、金属硅、锌（涉及三个税号）均不在上述清单内。

### （二）出口配额管理制度及相关世贸规则

根据《中华人民共和国对外贸易法》和《中华人民共和国货物进出口管理条例》，商务部和发展改革委按照各自的职能对实行配额管理的限制出口货物进行管理，商务部会同有关部门制定、调整并公布受出口配额管理的所有货物目录。

2008年10月10日，由商务部发布了《关于2009年农产品和工业品出口配额总量的公告》。2008年12月10日，商务部与海关总署共同发布了《2009年出口许可证管理货物目录》，确定了2009年实施出口配额管理的具体货物及其相对应的管理方式，其中包括本案涉案产品矾土、焦炭、氟石、碳化硅以及锌。焦炭和锌的出口配额实行直接分配，矾土、氟石、碳化硅的出口配额通过招标方式分配。

世贸组织规则禁止成员对贸易采取数量限制。《1994年关贸总协定》第11条“普遍取消数量限制”规定，世贸组织成员不得对货物的进出口贸易采取除关税、国内税或其他费用外的禁止或限制，无论此类禁止或限制通过配额、进出口许可证或其他措施实施。

## 三、我方的主要抗辩思路

### （一）援引例外条款

我对相关产品实施的出口税和出口配额管理虽已持续较长时间，但这些管理措施，无论是形式还是内容，与我加入世贸组织承诺和相关世贸规则都存在着不一致之处。如仅想从前面介绍的我加入世贸组织承诺和相关世贸规则寻求突破，在本案中为我涉案管理措施抗辩，我方将没有任何成功可能。这是我方在本案中面临的现实局面。为此，我们必须也只能将目光转向世贸规则中的例外条款。如果我方能证明涉案管理措施符合例外条款规定的条件，则即便这些措施表面上与相关承诺和规则不一致，我涉案管理措施也可得到豁免，无须调整。援引例外条款就此成了本案抗辩思路的不二选择，难有他途。

与本案有关的例外条款主要是《1994年关贸总协定》第20条（b）项、第20条（g）项及第11.2条（a）项，分别涉及保护生命和健康、保护可用尽自然资源、防止与缓解必需品供应短缺等政策目标和情形。

### （二）援引例外条款的难度

因为世贸组织整个规则体系的目标在于推动更自由的贸易，其主体价值取向是强调贸易自由，因此，任何限制贸易自由的做法都将面临严格的纪律约束。世贸组织的规则逻辑、价值取向和长期以来的争端解决实践都表明，例外条款的适用门槛都非常高。例如，依第20条（b）项规定所采取的措施应是保护人类、动物或植物的生命或健康所“必需”的。在现有案例中，评估一个措施是否“必需”，世贸组织专家组和上诉机构一般要衡量相关利益和价值的重要性、该措施对实现政策目标的贡献程度以及是否存在另外一个对贸易限制作用更小而又具有同等保护作用的替代措施等因素。又如，根据第20条（g）项规定，采取出口限制措施的成员必须保证对国内供应也同时进行限制，确保有关保护资源的措施不仅施加于对外贸易，也适用于国内贸易。换言之，世贸规则背后的逻辑是，除非一成员不对某种资源进行开采，一旦开采出来，其国内使用者与国外使用者即应公平享有获取该等资源的权利，不应对国外使用者造成不合理的歧视。至于第11. 第2（a）条条，该例外从未被成员援引过，没有案例确立其标准，但从以往案例中专家组和上诉机构对有关例外条款的解释看，其标准也不会低。在世贸组织争端解决实践中，截至目前，鲜有成功援引例外条款抗辩的案例。

此外，在援引例外条款方面，中国还面临一个其他成员很少碰到的难题。正如本书关于美诉我出版物案（DS363）所介绍的，在我方被诉的一些世贸争端中，关于中方能否援引世贸相关例外条款抗辩的问题一直存在争议。例如，美方就认为在贸易权方面，因中方在加入世贸组织时已做出相关承诺，中方无权援引例外条款抗辩与贸易权有关的争议。援引例外条款是世贸成员的一项基本权利，事关重大。如果我方连援引例外条款的权利都没有，则更谈不上成功援引例外条款的问题。在既往案件中，我方就此进行了全力抗辩。我方观点和立场非常明确，即中方援引例外条款的权利无可争议。但遗憾的是，相关案件的专家组和上诉机构要么是回避问题，要么是仅就个案认可我方的这一权利，始终未正面、系统性地确认中方援引例外条款的权利。这种局面意味着，在后续世贸争端中，关于我能否援引例外条款的问题仍是一个待争论的问题，我方必须就此做出继续抗辩。

总之，对于我方来讲，援引例外条款抗辩既是由本案案情决定的一个必然选择，又是一个成功难度极大的选择。

### （三）例外条款与涉案措施的对应问题

本案所涉的九种产品虽然被统称为原材料产品，但彼此之间还是有很大差异的，有的属于矿产品，有的属于矿产品的加工品。同时，世贸规则例外条款中的不同规定也是针对不同情形的。因此，我方在援引例外条款时必须认真处理好例外条款不同内容与相关涉案措施的对应性问题。经仔细分析，我方区分涉案产品的不同情况，对例外条款的援引作了如下处理：

（1）鉴于氟石和耐火粘土均属储量有限的可用尽自然资源，保护可用尽自然资源是我相关管理政策的目标之一，拟援引《1994年关贸总协定》第20条（g）项抗辩氟石的出口关税措施和耐火粘土的出口配额措施；

（2）鉴于焦炭、碳化硅、金属硅、镁、锰、黄磷、锌等产品生产过程中高污染、高能耗问题更为突出，自2006年以来控制“两高一资”产品的生产和出口成为我相关管理政策的重要目标，拟援引第20条（b）项对涉及这些产品的出口限制措施进行抗辩；

（3）鉴于矾土是我很多产业的必需品且国内需求很大，防止供应短缺是我相关管理政策的目标之一，拟援引第11.2条（a）项为矾土配额措施抗辩。

## 四、关于管辖权的先期裁决及专家组审查范围问题

### （一）我方提起的先期裁决申请

起诉方在本案中提出的法律争议点非常多，这给我方的抗辩工作增加了难度。为使本案应对工作更有成效，在认真研究起诉方提交的设立专家组请求后，我方决定首先从程序角度入手，质疑起诉方诉讼请求的规范性，并请求专家组就此做出先期裁决。

2010年3月30日，我方向专家组提出了先期裁决请求，要求明确专家组审理范围。我方指出，起诉方关于设立专家组的请求不明确、范围过于广泛，违反了《争端解决谅解》第6.2条的相关规定，影响了中国对抗辩的准备，专家组不应审理此部分诉讼请求，具体包括以下内容：（1）中方认为，起诉方在其设立专家组请求中列出的涉案措施范围过于宽泛，请求专家组缩小其审查范围；（2）关于设立专家组请求第二部分（出口关税），起诉方提及的《中国工作组报告书》第342段所涵盖的内容过于宽泛，不能作为明确的法律依据。中方请求专家组裁决，起诉方就第二部分项下措施提出的关于《中国工作组报告书》第342段的诉讼请求不在专家组审查范围内；（3）关于设立专家组请求的第三部分（其他出口限制措施），起诉方仅宽泛列明涉案措施及起诉方认为中国违反的世贸规则条款，没有在涉案措施和具体条款之间建立任何联系，起诉方未能向中方说明中方的哪些措施违反了哪项世贸规则。中方请求专家组裁决，第三部分项下的诉讼请求不在专家组审查范围内。

### （二）专家组的先期裁决

由于先期裁决请求涉及的问题较为复杂，专家组分两次做出裁决。2010年5月7日，专家组做出第一阶段先期裁决。2010年10月1日，专家组做出了第二阶段的先期裁决。裁决主要内容如下：

**1. 关于涉案措施**

专家组裁定，其审理范围仅限于起诉方在专家组请求中列明的措施。起诉方所列“相关措施”（related measures）范围过广，对此专家组不予考虑。

针对起诉方对中国有关最低限价措施提出的质疑，专家组认为，其中六项是明确列在磋商请求和专家组请求中的，因此列入专家组审理范围；其他措施因起诉方未能证明属于具体的实施措施，裁定不予审查。

欧盟在其第一次书面陈述中增加了对中方未公布焦炭配额的指控，对此，专家组认为，欧盟未在其设立专家组请求中对中国是否公布焦炭配额这一问题提出指控，因此不予审理。

**2. 关于《中国工作组报告书》第342段的诉讼请求**

专家组裁定，起诉方在《中国工作组报告书》第342段下提出的请求不在专家组的审查范围内。

**3. 关于设立专家组请求的第三部分**

针对中国关于起诉方设立专家组请求第三部分未能明确列明有关配额管理方式违反哪些具体世贸规则的意见，专家组认为，中国可以将起诉方设立专家组请求及其第一次书面陈述结合起来确定涉案措施与相关世贸规则的关联，因此，中国可以进行有效的抗辩，裁定将上述问题纳入审查范围。

### （三）对专家组先期裁决的评估

这是中国在世贸组织争端解决程序中第一次要求专家组单独进行先期裁决，其积极作用十分明显。

首先，限定了起诉方的诉讼范围，专家组明确裁定不审查起诉方提出的

“相关措施”、《中国工作组报告书》第342段以及中国是否公布焦炭配额，同时又将出口最低限价的审查范围大幅度缩窄。

其次，为中国准备应诉争取了更多的时间，初裁程序历时一个多月，且因中国主张起诉方设立专家组请求的缺陷影响中方抗辩，虽然专家组没有支持中国关于不予审查出口配额管理方式相关涉案措施的请求，但专家组考虑到起诉方设立专家组请求的缺陷可能影响中方的有效抗辩，给予中方九周的时间准备第一次书面陈述，而通常专家组给予被诉方的时间是3-4周。

再次，令专家组充分认识到本案的复杂性。专家组在裁决本案的审查范围上十分审慎，罕见地专门就审查范围分两次做出裁决，客观上使得起诉方在部分问题上难以形成有效指控，事实上起诉方后来在最低限价等局部问题上没有过多纠缠，一定程度上减轻了中国的应诉压力。中国也成功地向专家组呈现了出口限制管理问题的复杂性。

## 五、专家组裁决

专家组裁决，中国对矾土、焦炭、氟石、镁、锰、金属硅和锌征收的出口关税超过《中国加入议定书》附件6所规定范围，违反了《中国加入议定书》第11.3条，并且，中国没有依据《中国加入议定书》附件6的注释进行磋商。中国对矾土、焦炭、氟石、碳化硅和锌所适用的出口配额违反《1994年关贸总协定》第11.1条关于普遍取消数量限制（包括配额、进出口许可证或其他措施）的规定。

问题在于，中国能否成功援引《1994年关贸总协定》的例外条款进行抗辩。

### （一）中国对出口限制措施的抗辩

#### 1.《1994年关贸总协定》第11.2条（a）项

中国援引第11.2条（a）项为中国对耐火级矾土的出口配额进行抗辩。第11.2条（a）项规定，在为了防止或缓解出口缔约方的粮食或其他必需品的严重短缺而临时实施的出口禁止或限制时，不得适用第11.1条关于取消数量限制的规定。在本案之前，世贸组织专家组和上诉机构尚未有机会在争端案件中对第11.2条（a）项进行过法律解释。

《1994年关贸总协定》第11.2条（a）项的通常含义

专家组对“必需品”、“严重短缺”和“临时实施”进行了解释。

**必需品：**

中国认为，某产品如属于第11.2条（a）项的“必需品”，其必须是“出口成员方必需的、重要的或必不可少的产品”。首先，第11.2条（a）项并未限定受限制的“其他产品”的类别。第11.2条（a）项对“食物”和“其他产品”的区分说明，并非对确保食物保障有用的产品才可构成第11.2条项下的“必需品”。其次，限定语“对出口（成员方）而言”意指产品的重要性应针对相关成员方予以认定，无需针对所有成员方。中国结合《建立世贸组织协定》前言的背景指出，任何国家均可通过评估某产品在其整个价值链中所占的数量，例如评估产品对成员方国内总产值或对教育、医疗保健、基础设施、技术进步或科研的作用，来评估该产品对特定成员方的“必需性”。此外，中国还在《关于〈1994年关贸总协定〉国际收支条款的谅解》和《1994年关贸总协定》第36.5条及其附注中找到其他证据，证明“必需品”既可以是用于“基本消费”的产品，也可以是满足经济需求的产品，例如生产所需的投入物。

起诉方辩称，中国认为“产品”一词包括原材料，会使《1994年关贸总协定》的其他条款［特别是第20条（i）项］显得多余。如果允许对第11.2条（a）项做出广义解释，将会导致成员方能够实施第20条（i）项范围以外的出口限制。第三方日本指出，第11.2条（a）项的初始文本设想的是“因饥荒等情形而导致的农作物短缺”，此后的任何修订版本均未改变其含义。

专家组基本认可了中方的观点，即当产品对某一特定成员方是“重要的”或“必不可少的”时候，该产品可以是第11.2条（a）项规定的“必需品”。这可包括属于重要产品或行业之“投入物”的产品。在确定某产品是否是成员方所“必需的”，应考虑该成员方在依据第11.2条（a）项之规定实施限制或禁止措施之时所面临的特定情形。

**严重短缺：**

中国认为，“严重短缺”是指“达到决定重要性或危机水平的，或使得该等重要性或危机的不确定性或风险增大的数量不足”。另外，从条文中“防止”和“缓解”这两个动词的使用可见，“短缺的出现或其程度是不确定的，和/或会引发严重风险的”，这证实了第11.2条（a）项的意思是规定“用于减少或避免出现风险的先决措施”。因此，中国认为，在严重短缺可以预见，且不仅仅是由于外生冲击而导致的情形下，第11.2条可以适用。

起诉方同意中国将“短缺”定义为“数量不足”，但“严重”一词意指“具有危机或决定重要性之性质的，或构成危机或决定重要性的”。因此，起诉方认为，短缺必须达到“‘相对不足’以上的水平”，方可构成“严重的”短缺，存在“供应限制”或资源具有“被消耗性”不足以构成第11.2条（a）项规定的“严重短缺”。起诉方辩称，条款规定措施应当是“临时”实施的，这为解释“短缺”提供了上下文。欧盟进一步指出，如果短缺情况永远没有结束的可能，那么该短缺是不可能仅通过在有限的时间内实施出口限制而得到“缓解或防止”的。

专家组认为，“严重”一词说明，短缺必须是具有“决定重要性的”或“严重的”，甚至是达到“危机”或灾难水平的。第11.2条（a）项规定，限制或禁止措施只可临时实施，用于立即“防止”或“缓解”短缺。专家组同意起诉方关于“临时”是解释“短缺”的上下文的观点。在这个意义上，如果当前的短缺永远没有结束的可能性，那么，通过临时实施出口限制不可能“防止或缓解”短缺。这并非意味着成员方不能事先实施第11.2条（a）项规定的预防措施，以“防止”发生“严重短缺”。但是，专家组不认为第11.2条（a）项允许成员方实施长期措施，以解决有限资源将不可避免地被耗尽这一问题。

**临时实施：**

专家组认为，第11.2条（a）项只能允许“在有限时间内”为解决出口缔约方的粮食或其他必需品的严重短缺而实施的措施。原因是上诉机构曾在以往几个案件裁决中强调，应在某一协定所有可适用的条款之间达成平衡，每一条款都应有意义。因此，本案专家组认为，只有将第11.2条（a）项解释限定在有限时间内，才能与旨在保护可用尽自然资源的《1994年关贸总协定》第20条（g）项达成平衡。否则，在解决可用尽自然资源方面的问题时，成员将被允许不加区分地求助于第11.2条（a）项和第20条（g）项。

中国指出，对于"临时"的判断必须针对个案进行，如果对措施进行定期审核，则应允许在某个时期内实施限制或禁止。中国指出，应依据防止或缓解严重短缺所需的时间来确定该期限。中国引用澳大利亚的一项禁令来支持上述理解。1929年至2010年八十多年的时间内，澳大利亚禁止出口美利奴绵羊。在1947年关贸总协定谈判期间，澳大利亚曾得到第11.2条（a）项涵盖其美利奴绵羊禁令的保证。

对此，专家组认为，中方的证据属于条约解释的"补充资料"。根据《维也纳条约法公约》第32条，条约解释人可使用包括条约准备工作及缔约情况在内的解释补充资料，来证实条文适用《维也纳条约法公约》第31条时所产生的含义，或者在解释造成意义不明、难解或所得结果显属荒谬、不合理时对条文的含义进行确定。然而，专家组不认为依据第31条所做分析得出的含义是不明或难解的，因此专家组认为不需要借助第32条的"补充资料"来解释。

基于上述结论，专家组裁定，耐火级矾土目前对于中国而言是"必需品"，但专家组认为，中国对耐火级矾土的出口限制措施已实施了十年，无任何迹象表明中国将在何时取消；相反，所有迹象均表明其将继续实施该措施，直至储备耗尽。因此，中国对耐火级矾土所实施的出口配额措施不是第11.2条（a）项意义上的"临时措施"，其实施的也不是用于防止或缓解"严重短缺"的措施。总之，中国对耐火级矾土所实施的出口配额不符合《1994年关贸总协定》第11.2条（a）项的规定。

综上，专家组裁定，中国的出口限制措施不能获得《1994年关贸总协定》第11.2条（a）项的豁免。

**2.《1994年关贸总协定》第20条（g）项**

（1）对《1994年关贸总协定》第20条（g）项的法律标准的分析

《1994年关贸总协定》第20条（g）项内容为：

"在遵守（有关不歧视和不变相限制贸易的要求的前提下），本协定的任何规定不得解释为阻止任何缔约方采取或实施以下措施：

（g）与保护可用尽的自然资源有关的措施，如此类措施与限制国内生产或消费一同实施"。

因此，专家组认为，为了使措施得到第20条（g）项的豁免，涉案措施必须："与保护可用尽的自然资源有关"，且"与限制国内生产或消费一同实施"。下面逐一分析上述两大因素。

①与保护可用尽的自然资源有关

判断一项措施是否符合第20条（g）项的首要法律标准是，该措施是否"与保护可用尽的自然资源有关"。

中国认为，"保护"一词应被解释为保持和维持某物［在本案中指第20条（g）项规定的"自然资源"］的存在状态或数量。中国认为，第20条（g）项保护其如下主权，即在考虑中国社会和经济发展需求的基础上，采取全面可持续发展的矿产保护政策。

中国指出，在解释第20条（g）项时，必须承认世贸组织成员方"对其自然资源的主权权利"，而且，此种权利的行使必须考虑到成员方自身的社会和经济发展，以及《建立世贸组织协定》前言所述的可持续发展目标。可持续发展要求通过对稀缺资源的有效管理来确保经济发展和保护并重，其中"保护"一词指长期管理可用尽的自然资源的有限供应。中国的出口限制措施"与保护有关"，因其是中国管理耐火级矾土和氟石的有限供应措施的重要组成部分，而耐火级矾土和氟石均为可用尽的自然资源。

对此，起诉方表示此观点不正确，第20条（g）项不允许世贸组织成员方为了促进和实现自身利益的经济目标而背离世贸组织规则。同时，起诉方表示，自然资源主权原则不是本案所争论的问题。中国试图将“成员方为了本国社会和经济发展的利益”而行使对自然资源的权利这一概念包含在“保护”的含义中，以寻求把第20条（g）项变成一个基于世贸组织成员方为其下游加工行业创造发展机会的例外。

首先，专家组考虑了相关词语的通常含义。（1）“与…保护有关”的含义。专家组指出，上诉机构在美国—汽油（US-Gasoline）（DS2）一案中裁定，如果出口措施与保护之间存在实质关系，则该措施即与保护相关。“一项措施如属于第20条（g）项规定的范围，其主要目的必须是保护可用尽的自然资源”。如果一项措施“仅仅是附带地或无意地”保护资源，则该措施不符合第20条（g）项中“与…有关”的要求。在美国—虾（US-Shrimp）（DS58）案中，上诉机构裁定，第（g）项指的是“主要目的在于”保护的措施，并将这一关系描述为“结果与手段之间密切而真实的关系”，该关系要求应当审查措施的总体结构和设计与该措施意欲实现的政策目标之间的关系。（2）“保护”的含义是指为保持和维持某物（本案中指的是“自然资源”）的存在状态的行为。

其次，专家组分析了上下文。根据《维也纳条约法公约》第31条第（2）项，条约的上下文应当包括条约的“连同弁言及附件在内之约文”。因此，《建立世贸组织协定》的前言应构成第20条（g）项的上下文。根据上下文对第20条（g）项的解读，专家组认为，应当考虑以如下可持续方式使用和管理资源时所面临的挑战，即确保促进经济发展的同时保护环境。上诉机构曾在巴西—翻新轮胎（Brazil-Retreated Tyres）（DS332）案中提出，做到这一点需要“一项由多种相互作用的措施组成的综合性政策”。专家组认为，在解释第20条（g）项时，必须考虑适用于世贸组织成员方的国际法基本原则，这符合《维也纳条约法公约》第31条第（3）项（c）款的规定。国际法基本规则之一是国家主权原则。国家主权原则的一个重要组成部分是自然资源主权原则。保护与经济发展未必是互相排斥的政策目标，两者可以协调运行。但成员方行使其自然资源主权必须符合世贸义务。第20条（g）项须以尊重世贸组织成员方对其自然资源的主权权利的方式被解释和适用。另外，专家组还认为，如果成员方为协助经济发展而实施的出口限制是为了增加对国内产业的保护，则该成员方不得依据第20条（g）项为其出口限制做辩解。

②此类措施与限制国内生产或消费一同实施

专家组认为，“此类措施与限制国内生产或消费一同实施”包含三层的含义：限制国内生产或消费、一同实施及平等对待。

关于“一同实施”，专家组认为，限制国内生产或消费不仅应与被质疑的出口限制共同适用，而且，此类出口限制的目的还必须是为了确保这些国内限制的有效性。

关于“平等对待”，这是隐含在第20条（g）项中的一项法理学原则。起诉方和被诉方的主要争议集中在如何理解“平等对待”上。中国认为，“平等对待”并非指做法必须以相同方式影响外国行为方和国内行为方。依据自然资源主权原则，资源所有国（包括发展中国家）可以通过促进国内人口可持续发展的、与保护相关的措施，来管理资源的供应和使用。如果限制是针对国内供应而实施的，则第20条（g）项不要求资源所有国确保其他资源使用国的经济发展能够从资源所有国的资源开采中平等或同等受益。中国认为，《建立世贸组织协定》不是一个商品共享协议。

起诉方认为，如果一项措施实施后，只有外国利益受到负面影响，而国内利益未遭受负面影响，则该项措施未达到“平等对待”要求。第20条（g）项不允许成员方实施以损害其他成员方利益为代价使得国内利益处于有利地位的措施。

专家组认为，只要对国内供应实施平等对待的限制，第20条（g）项就不要求资源所有国确保其他资源使用国的经济发展能够从资源所有国的资源开发中同等受益。专家组认为，中国发展经济的权利与其对本国自然资源的主权及中国作为世贸组织成员方的权利与义务没有矛盾。当中国在充分行使主权的基础上选择加入世贸组织时，其同时也做出决定，即其在此后行使自然资源主权权利时不得违反世贸规则［包括第20条（g）项］中的限制性规定。

通过以上分析，专家组得出结论：第20条（g）项可以豁免如下与《1994年关贸总协定》不一致的贸易措施，即该措施有与其平行的旨在保护自然资源的国内限制，且该措施的根本目的是为了使得为保护自然资源而实施的国内限制有效。相反，第20条（g）项不能用于豁免如下与《1994年关贸总协定》不一致的贸易措施，即该措施是为了借保护自然资源之名使国内生产者免于与国外竞争。[①]

（2）根据本案事实分析中国对氟石征收的出口关税和对耐火级矾土实施的出口配额是否可依据《1994年关贸总协定》第20条（g）项得到豁免

中国提供了大量证据，为氟石的出口关税和耐火级矾土的出口配额进行抗辩。中国指出，氟石和矾土作为钢铁和铝生产的关键投入物，是可持续发展所必需的，而这些原材料的储备有限，对这些原材料实施的出口限制措施是中国保护战略的组成部分。

起诉方坚持认为，中国对原材料的出口限制与保护自然资源目标无关。相反，出口限制与经济目标紧密相关。中国在限制原材料出口的同时，并不限制出口使用原材料作为投入物而生产的下游产品。这证明中国所关注的不是自然资源和环境的保护。[②]另外，中国的出口限制措施未能与限制国内生产或消费一同实施，即使一同实施，也没有满足“平等对待”的要求。

结合对第20条（g）项进行条约解释，专家组在判断中国的相关措施是否符合第20条（g）项的标准时，专家组重点进行了以下四个层次的分析：中国对上述两种产品的出口限制措施是否与保护可用尽的自然资源有关；中国的国内限产措施是否限制了国内的生产或消费；中国的出口限制措施是否与限制国内生产和消费一同实施；中国的出口限制措施是否做到了“平等对待”。专家组认为，中国的出口限制措施没有满足上述四项标准。

①中国氟石的出口关税和耐火级矾土的出口配额与可用尽自然资源保护无关

①WT/DS394/FR WT/DS395/FR WT/DS398/FR 专家组报告第7.408段。
②WT/DS394/FR WT/DS395/FR WT/DS398/FR 专家组报告第7.412段。

首先，专家组在审查措施的原文、措施目的、结构及背景后认为，氟石的出口关税措施没有提到保护目的，耐火级矾土的出口配额措施没有提到出口配额与保护目标之间的关系。

其次，在专家组看来，与只限于限制出口的政策相比，限制开采的政策更能实现保护的目标。对于保护资源而言，无论资源是在国内或国外被消费，都无关紧要；重要的是其开采的规模。①

再次，对原材料的出口限制措施降低了原材料的国内价格，产生了对国内下游产业提供补贴的效果，可能导致下游产业对该原材料的需求多于其在没有出口限制时的需求。这可抵消因出口限制而减少的开采。虽然中国表示，其实行的开采和生产总量控制阻碍该效果的发生，但由于该总量控制设定的水平高于当前的开采和生产水平，难以起到实际的效果。

最后，从关税与配额的设定方式上看，专家组也无法看出其与保护自然环境的目标之间存在明显的联系。例如，15% 的氟石关税究竟能以何种有效的方式延长氟石的可采年限？专家组认为，这只能使国外使用者的成本增加，国内使用者的成本减少，如果出口限制措施的效果是这样的，则难以达到保护的目的。②

综上，专家组裁定，中国的出口限制措施与保护资源无关，这意味着，专家组不认为中国的出口限制措施是为了保护资源。

②中国的国内限产措施没能限制国内生产或消费

由于中国实施的矿产资源税水平偏低，2010年6月1日，针对耐火级矾土和氟石，资源税都提高到各自价格的1%，但专家组仍无法相信，1% 的税率可以有效地限制开采。③ 同样，耐火级矾土和氟石的补偿费费率为2%，但中国没有设定开采回采率系数的数值范围，因此，专家组认为，补偿费不可能限制矿产品的生产。④

---

①WT/DS394/FR WT/DS395/FR WT/DS398/FR 专家组报告第 7.428 段。
②WT/DS394/FR WT/DS395/FR WT/DS398/FR 专家组报告第 7.433 段。
③WT/DS394/FR WT/DS395/FR WT/DS398/FR 专家组报告第 7.445 段。
④WT/DS394/FR WT/DS395/FR WT/DS398/FR 专家组报告第 7.447 段。

总之，专家组认为中国的国内限产措施未能形成对开采或生产的有效限制。

③出口限制措施未能与国内限产或限消费措施一同实施

专家组认为，中国在2010年对耐火粘土和萤石（氟石）设置的开采指标和生产指标高于2009年之前的开采水平和产量。中国辩称，有关部门决定给予一个过渡期，开采水平和产量将逐年降低。专家组认为，国内限制措施不仅应同时存在，也必须同时实施。同时颁布的，但只在未来或预计只在未来产生效果的措施，不符合第20条（g）项规定。

④出口限制措施未能做到平等对待

专家组认为，出口限制对国外使用者产生了影响，而国内生产限制对资源的国内和国外使用者都产生了影响。这意味着，在同时存在国内限产措施和出口限制措施的情况下，国外使用者受到了双重的影响。只有在通过实施生产和出口总量控制留给国内经济可用的数量小于国内需求时，国内消费才会受到生产总量控制的影响。因此，不能仅凭存在生产限制就自动认定出口限制与国内限制是平等对待的。[①]

综上，专家组裁定，中国的出口限制措施不能获得《1994年关贸总协定》第20条（g）项的豁免。

不过，值得注意的是，专家组特别指出，2010年中国的国内限产措施为实施国内消费或生产限制确定了基本框架。虽然这些措施并没有有效地限制当前的消费或生产水平，但正在取得实质性进展。

### 3.《1994年关贸总协定》第20条（b）项

中国援引《1994年关贸总协定》第20条（b）项为对涉案产品中的两高一资产品和废碎料实施的出口限制措施进行抗辩。中国主张，第20条（b）项规定了世贸组织成员方为保护人类、动物或植物的生命或健康进行管理的固有权利。涉案产品中的金属镁、金属锰、焦炭和碳化硅属于两高一资产品，两高一资产品的初级生产对环境有害。对此类产品实施的出口限制将促使相关金属减产，由此减少相关生产导致的污染。另外，由于使用废碎料比

①WT/DS394/FR WT/DS395/FR WT/DS398/FR 专家组报告第7.464段。

使用两高一资产品更节能，污染更少，对涉案产品税号中的镁废碎料、锰废碎料和锌废碎料（用作二次生产/回收的投入物）实行的出口关税可促使初级生产转向二次生产，减少污染。

根据以往案例，在评估某项与世贸组织规则不符的措施是否获得第20条（b）项项下的豁免时，专家组须评估该措施的“必需性”，具体须权衡以下因素:（1）相关措施是否属于用以保护人类、动物或植物的生命或健康的政策范围内;（2）涉案利益或价值的重要性;（3）措施对政策目标所作的贡献;（4）措施的贸易限制作用;（5）是否存在与世贸规则相符的替代措施。在本案中，涉案利益或价值是环境和健康，各方对其重要性没有太多的争议，但对上述其他几项均存在较大争议。

（1）措施的目标是否是保护健康和环境

专家组认为，涉案出口限制措施没有提及环境和健康担忧。专家组进而审查了中国提交的大量证据，认为《环境保护“十一五”规划》和《两高一资产品出口控制措施的通知》等文件虽然提及了保护环境，但与涉案措施之间并无紧密联系。专家组从中没有看到出口措施与减少两高一资产品的生产污染之间的明确联系，也没有看出出口限制措施与降低此类产品生产污染的计划有关。

（2）措施是否对保护中国人民健康这一目标有实质性贡献

中国通过两项实证研究（供需模拟模型和回归分析模型）证明出口限制措施确实通过减少出口需求而减少了国内生产。但专家组认为，出口限制措施降低了关键投入物的价格，进而刺激了国内下游产业（如钢铁业）的蓬勃发展，新增的生产反而会造成更多的污染。

（3）措施的贸易限制作用

专家组承认，出口配额和出口关税比完全“禁止”出口的限制性要低。但专家组认为，出口限制对全球市场的影响取决于一国在两高一资产品市场的出口市场份额。中国在某些涉案产品的全球出口份额是相当大的，因此，即使中国的出口限制不大，也会对全球产生重大影响。

（4）是否存在可以使用的替代措施

第20条（b）项的“必需”的含义还包括，如果存在对贸易的限制性较小但能为实现所追求的目标做出同样贡献的替代措施，就不应当采取违反世贸规则且对贸易限制作用大的措施。起诉方指出，存在六种替代措施：（1）对更环保的技术进行投资；（2）进一步鼓励及促进消费品的回收；（3）提高环保标准；（4）对“促进废品回收所需的基础设施”进行投资；（5）在不妨碍各地废品供应的情况下，刺激各地对废品的需求；（6）对初级生产实行生产限制或污染控制。

专家组认为，上述措施可用于中国对两高一资产品的出口限制的替代措施。反观中国目前采取的出口限制措施，专家组认为，出口限制并非解决因国内生产（而非进出口）产生的环境外部因素的有效政策，因为生产国内消费的货物所产生的污染并不少于生产国外消费品的货物所产生的污染。问题出在生产本身，而不在于货物贸易。至于环保措施，专家组认为，中国已具备实施较高环保标准的监管制度，可通过实行这些制度来避免采取出口限制，但专家组不知道这些措施设定的具体操作标准，也不知道任何具体的程序要求和执行过程。有些措施只体现了对某些特定产品适用出口限制的意向，有些措施只提出了目标，而未提出具体的标准以及这些目标要如何实现。

综上，专家组认为中国没有通过《1994年关贸总协定》第20条（b）项项下的“必需性”审查，不能获得豁免。

### （二）出口配额的分配和管理体制

**1. 中国要求以往出口业绩和最低资本以获得配额分配的做法违反《中国加入议定书》第1.2条、第5.1条和第5.2条，以及与之一同解读的《中国工作组报告书》的83段和第84段**

鉴于中国已在上述入世承诺中明确承诺取消任何出口实绩、以往经验要求及最低注册资本要求，因此，专家组裁定，中国的相关要求违反了入世承诺。

**2. 中国对出口配额的直接分配通过评估配额申请人的经营/业务管理**

**能力来管理的方式违反《1994年关贸总协定》第10.3条（a）项**

起诉方认为，中国对其认为不具备"经营能力"的外国企业拒绝分配出口配额；并且，中国的法律中对"经营能力"没有定义。这违反了《1994年关贸总协定》第10.3条（a）项以统一、公正、合理的方式管理贸易的规定。

专家组认定，在经营能力标准应如何实施方面缺乏任何定义、指导或标准的情形，对相关争端方的利益造成一项非常切实的风险，并将必然导致对本标准的不合理和不统一管理，违反了《1994年关贸总协定》第10.3条（a）项。

**3. 中国通过五矿商会的介入对其出口配额进行管理没有违反《1994年关贸总协定》第10.3条（a）项**

中国授权五矿商会直接介入对直接分配的焦炭出口配额的管理，通过招标制度介入矾土、氟石和碳化硅的出口配额管理。起诉方认为，五矿商会可以接触到关于企业的敏感、保密信息，构成第10.3条（a）项项下的不合理管理。中国辩称，是五矿商会秘书处而不是五矿商会全体会员介入到配额分配的管理程序中；并且，在此程序中，不允许有竞争关系的出口方与潜在客户接触到保密的商业信息。

专家组同意中国的观点。从中国提交的大量证据中可以看出，五矿商会秘书处的矿产部没有亲自介入焦炭配额的分配，其介入仅限于协助商务部核实是否申请出口企业符合相关措施确定的资格标准，以及核实企业已经适当地遵循了申请要求。证据显示，对于焦炭配额的申请人被分配多少配额进行自由裁量和决定的权力在商务部，即政府负责该工作。起诉方没能证明五矿商会介入出口配额管理相关的特性对相关争端方的利益存在切实的风险，并且必然导致出口配额的不合理管理，从而违反第10.3条（a）项。

**4. 中国未能公布锌出口配额的分配总量和分配程序违反《1994年关贸总协定》第10.1条**

《1994年关贸总协定》第10.1条规定，对于关系到出口产品的要求、限制或禁止，世贸组织成员应予以公布，使各国政府和贸易商能够知晓。专家组认定，中国没有以使得各国政府和贸易商能够知晓的方式迅速公布商务部做出的不分配锌出口配额的决定，违反了《1994年关贸总协定》第10.1条。

**5. 中国基于中标金分配矾土、氟石和碳化硅的配额没有违反《1994年关贸总协定》第8.1条（a）项以及《中国加入议定书》第11.3条**

起诉方认为，中国在招标程序中规定，出口企业为取得依据配额进行出口的权利，必须支付中标金，这种中标金构成对出口或有关出口征收的非限制在提供服务所需的近似成本内的“规费”或“费用”，违反了《1994年关贸总协定》第8.1条（a）项。中国辩称，中标金是为了对有限的出口权进行分配，拍卖这种配额分配方式，对贸易的扭曲程度最小，而且不会影响市场出口价格。

专家组认为，只有“对……出口或有关……出口”征收的，且作为“提供服务”的交换而收取的规费，才可被视为落入第8.1条（a）项的范围。一般来说，这样的规费或费用包括针对海关相关的文件、证书、检查及统计活动而提供的支出。中国在确定招标价格的时候，还不知道或没有预期企业何时会按照分配给的配额进行出口或该企业是否会出口，招标过程与海关的服务有着本质的不同。中标金是因期望在未来得到回报而支付的价格。因此，中标金并非对出口或有关出口征收的规费或费用，也不是作为提供服务的交换而征收的规费或费用。专家组如做出违反的认定，意味着一切通过招标或拍卖进行配额分配的做法将被禁止。

### （三）出口许可证

专家组认为，无条件签发的许可证，或签发许可证是在实施为《建立世贸组织协定》所豁免的基本措施，只要这样的许可证在本质上不具有限制性的影响，就可能符合第11.1条的规定。相反，如果一个许可证要求在允许的措施所包含的限制之外造成了额外的限制，这样的要求就不符合第11.1条的规定。专家组认定，中国的许可证制度不能基于其允许出口许可证发证机构对“限制……出口的货物”要求许可证，如中国《对外贸易法》第19条所规定的，就被视为当然不符合11.1条。但中国《2008年出口许可证管理办法》

第11条（7）项规定的未明确数量的“其他”批准文件，以及中国《2008年出口许可证工作规范》第5（5）条和第8（4）条规定的“其他材料”，属于不明确的规定，给予发证机构过大的自由裁量权，是不符合第11.1条的额外限制。

## 六、本案带给我们的启示

由于中方已于2011年8月31日提起上诉，因此，本案的专家组报告并不是最终裁决。中方上诉的主要内容包括：中方援引《1994年关贸总协定》为出口关税措施抗辩的权利、专家组审查范围、对第20条（g）项“与……一同实施”的解释等。预计上诉机构将于2011年12月做出最终裁决。虽然中方已尽全力进行抗辩，但据我们估计，上诉机构全面推翻本案专家组裁决的可能性很小。这是因为，其一，在规则层面上，世贸组织规则明文禁止成员利用数量限制影响国际贸易，成员不得通过配额、进出口许可证或其他措施限制国际贸易。出口配额即是一种数量限制，已为《1994年关贸总协定》第11条明文禁止。其二，在中方加入世贸组织承诺层面上，中方已就征收出口关税的货物范围和税率上限做出了明确承诺，超出此范围征收出口关税即违反了中国加入世贸组织的承诺。在规则和承诺的双重限制下，中方只能寻求通过《1994年关贸总协定》第20条“一般例外”来为出口限制管理制度抗辩，而这个例外的门槛非常高，至今鲜有成员通过第20条的测试。

在这种十分有限的法律空间中，如何以符合世贸组织规则的行政管理方式达到政策目标是一个值得深入研究的课题。虽然专家组报告并非最终裁决，但我们也可以得到一些有益的启示。

### （一）保护自然资源应立足于对源头的管理

在规范国际贸易政策的同时，世贸组织规则为保护资源、保护人类健康和环境等非贸易政策目标预留了政策空间，即《1994年关贸总协定》第20条“一般例外”。

同时，为避免成员滥用例外条款扭曲国际贸易，《1994年关贸总协定》对第20条例外条款设定了严格条件。以保护可用尽的自然资源为例，第20条（g）项要求贸易限制与国内生产和消费限制一同实施，即采取国内限产措施。专家组认为，对可用尽自然资源的影响存在于多个环节——开采、生产（冶炼分离）、使用和消费，出口只是末端的一部分，真正起决定性作用的是源头的开采环节。国内限产措施，最直接的手段是从源头对开采进行限制，而对开采的限制并不违反世贸规则。

值得欣喜的是，2010年1月，在本案进入专家组审理阶段过程中，国务院办公厅出台了《关于采取综合措施对耐火粘土萤石的开采和生产进行控制的通知》（以下简称“国办发［2010］1号文”），拉开了采取综合措施保护可用尽自然资源的序幕。专家组对此给予了高度评价，认为这是一个良好的开端，为实施国内消费或生产限制确定了基本框架。

**（二）国内限产措施应当切实、到位**

尽管中方于2010年出台了国内限产措施，但专家组仍然判断中方没有通过第20条测试，一个重要的原因是，中国对矾土和氟石的国内限产措施在具体实施层面上不到位。专家组认为，中国对开采和生产的总量控制设定的水平高于当前的开采和生产水平，难以起到切实有效的限制效果。专家组通过分析认为，只有在通过实施生产和出口总量控制留给国内经济可用的数量小于国内需求时，国内消费才会受到生产总量控制的影响。也就是说，只有真正限制了国内需求，国内限产措施才是切实有效的。

**（三）在制定国内贸易政策时应更好地注意到其与国际规则的一致性**

国办发［2010］1号文在开头即明确了其政策目标是为了保护可用尽自然资源和自然环境：“耐火粘土和萤石是可用尽且不可再生的宝贵资源。近年来，一些企业对耐火粘土、萤石过度开采和生产加工，导致资源保有储量快速下降，环境污染严重。为全面贯彻落实科学发展观，保护资源和环境，有必要从矿山开采、生产计划管理、税收、环保、产业准入、出口管理等方面采取综合措施，控制缩减耐火粘土、萤石的开采量和生产量。”仅从诉讼技术上讲，这对于本案的意义是直接促使专家组接受了中方关于中国国内限产措施的政策目标是为了保护自然资源和环境的主张。遗憾的是，许多涉案的出口限制措施未能如此明确地表明其政策目标，导致专家组并不认可中方关于涉案措施的目的是为了保护自然资源和环境的主张，理由很简单——文件里没有这样写，而其他证据表明出口限制是为了保护下游产业、提高产业附加值等目标。

这带给我们的启示是，(1)在制定国内政策时，应当更好地注意到其与国际规则特别是世贸组织规则的一致性。甚至可以按照例外条款的门槛要求来设计、构建国内政策，以确保国内政策尽可能地通过例外条款的测试。(2)如果某项国内政策的目标是为了保护自然资源和环境，最好在文件中开宗明义，将相关政策目标加以明确，否则不利于在世贸组织争端解决中进行举证。

**附件**

## 美国、欧盟、墨西哥诉我原材料出口限制案大事记

2009年6月23日，美国和欧盟向中方提出磋商请求。

2009年7月2日，中方接受欧美磋商请求。

2009年8月21日，墨西哥向中方提出磋商请求。

2009年8月31日，中方接受墨方磋商请求。

2009年7月30日，中方与欧、美在日内瓦进行磋商。

2009年9月1—2日，中方与欧、美、墨在日内瓦进行磋商。

2009年11月4日，三个起诉方向争端解决机构提出设立专家组请求。

2009年12月21日，争端解决机构设立专家组。

2010年3月29日，总干事指定专家组组成。

2010年5月7日，专家组就管辖权问题做出先期裁决。

2010年6月1日，三个起诉方提交第一次书面陈述。

2010年8月4日，中方提交第一次书面陈述。

2010年8月31—9月2日，专家组第一次听证会及第三方会议。

2010年9月13日，当事方提交第一次书面问题答复。

2010年10月1日，专家组就管辖权问题做出第二次先期裁决。

2010年10月8日，当事方提交第二次书面陈述。

2010年11月22—23日，专家组第二次听证会。

2010年12月7日，当事方提交第二次书面问题答复。

2011年2月18日，专家组向当事方提交中期报告。

2011年4月1日，专家组向当事方提交最终报告。

2011年7月5日，专家组报告公开散发。

2011年8月31日，中方向争端解决机构提交上诉通知和书面陈述。

2011年9月6日，美、欧、墨向争端解决机构提出交叉上诉通知和书面陈述。

2011年9月22日，起诉方提交被上诉方书面答辩。

2011年9月26日，中方提交被上诉方书面答辩。

2011年11月7—8日，上诉机构听证会。

校稿：谢伟

# 欧盟诉我碳钢紧固件临时反倾销措施案评析

张永晖

2010年5月7日，欧盟就中国对其碳钢紧固件采取的临时反倾销措施在世贸组织争端解决机制下提起磋商请求，并同时起诉了中国《反倾销条例》第56条的规定。本案是中国在世贸组织争端解决机制下被诉的第一起贸易救济措施案件，同时也是欧盟单独起诉中国的第一起案件。6月4日，中欧双方就此案举行了磋商。截至目前，欧盟未就此案采取进一步行动。

## 一、案件的发展进程

### （一）背景

2008年12月1日，商务部正式收到中国机械通用零部件工业协会紧固件专业协会代表国内碳钢紧固件产业提交的反倾销调查申请，申请人请求对原产于欧盟的进口碳钢紧固件进行反倾销调查。应国内产业申请，中国对来自欧盟的碳钢紧固件启动反倾销调查，并于2009年12月23日做出初裁，征收税率为16.8%—24.6% 的临时反倾销税。[①]

### （二）磋商阶段

2010年5月7日，欧盟提起本案磋商请求，案件编号为DS407。[②]磋商针对的措施是中国商务部对来自欧盟的碳钢紧固件征收临时反倾销税的2009年第115号公告，包括其附件，以及《中华人民共和国反倾销条例》第56条。

2010年5月17日，中国接受欧盟磋商请求。6月4日，中欧双方在日内瓦举行了磋商。

2010年6月28日，中国商务部发布2010年第40号公告，决定对来自欧盟的碳钢紧固件采取最终反倾销措施，征收税率为6.1%—26% 的最终反倾销税。[③]

## 二、本案涉及的主要措施

### （一）中国《反倾销条例》第56条

该条规定，任何国家（地区）对中华人民共和国的出口产品采取歧视性反倾销措施的，中华人民共和国可以根据实际情况对该国家（地区）采取相应的措施。

### （二）对欧碳钢紧固件临时反倾销措施（商务部2009年第115号公告）

2008年12月29日，调查机关发布立案公告，决定自当日起对原产于欧盟的进口碳钢紧固件进行反倾销调查。倾销调查期为2007年7月1日至2008年6月30日，产业损害调查期为2005年1月1日至2008年9月30日。2009年12月23日，商务部发布2009年第115号公告，做出初步裁定：根据调查

① 参见商务部公告2009年第115号，《对欧盟碳钢紧固件反倾销的初裁公告》。

② 参见WT/DS407/1。

③ 参见商务部公告2010年第40号，《关于碳钢紧固件反倾销调查终裁公告》。

结果，在本案调查期内，原产于欧盟的进口碳钢紧固件存在倾销，对中国碳钢紧固件产业造成了实质损害，且倾销与实质损害之间存在因果关系。

各公司倾销幅度为：卡马克斯工厂鲁道夫·凯乐曼有限两合公司（KAMAX–Werke Rudolf Kellermann GMBH & Co. KG）16.8%，其他欧盟公司（all others）24.6%。

## 三、欧盟的主要主张

### （一）关于《反倾销条例》第56条

**1.《争端解决谅解》第23条**

该条款规定，在寻求纠正其他世贸组织成员违反义务的情形时，应援用并遵守《争端解决谅解》的规则和程序，即诉诸争端解决机制，并禁止采取单边行动。欧盟认为第56条规定的中国可以采取“相应的措施”，包含了诉诸争端解决机制之外的其他措施，违反了《争端解决谅解》第23条。

**2.《反倾销协定》第18.1条**

该条款规定，除依照《反倾销协定》外，不得针对来自另一成员的倾销出口产品采取特定行动。欧盟认为第56条规定可以采取“相应的措施”，并不是依照《反倾销协定》的规定采取反倾销措施，因此违反了该条款。

**3.《1994年关贸总协定》第1.1条**

该条款规定的是普遍最惠国待遇原则。欧盟认为中国未将给予任何其他国家任何产品的利益立即无条件地给予欧盟的同类产品。

**4.《1994年关贸总协定》第10.3（a）条**

该条款规定，应以统一、公正和合理的方式管理法律、法规、判决和裁定。欧盟认为第56条违反了该义务。

### （二）欧盟关于碳钢紧固件临时反倾销措施的法律主张

**1. 实体方面**

（1）关于公平比较。《1994年关贸总协定》第6.1条规定了倾销的定义，即以低于正常价值的价格出口。《反倾销协定》第2条是有关“倾销的确定”的规则，其中第2款规定了确定倾销幅度的具体规则，第4款规定了“公平比较”要求。欧盟认为，中国在调查中确定正常价值时采用了不合理的利润率，拒绝多项合理调整，并且出口价格考虑了对唯一合作欧盟公司通常销售的、不具代表性的一种特殊产品，因此中国对该公司确立的管理、销售和一般费用以及利润的金额并非在合理方法的基础上计算得出，也未能在出口价格和正常价值之间进行公平比较。

（2）关于损害认定。《反倾销协定》第3条是有关“损害的确定”的规则，其中第1款规定了在确定损害时应依据“肯定性证据”对进口产品数量和影响进行“客观审查”的原则，第4款规定了应审查的15项指标，第5款规定了因果关系和“非归因性”，即产业损害由倾销进口产品造成，因其他因素造成的产业损害不得归因于倾销进口产品。欧盟认为，中国国内产业除期末库存之外所有损害指标都是积极的，并且产业亏损局面已随时间好转，欧盟的出口价格远远高于国内价格，中国也未能客观审查倾销和国内产业情况恶化之间关系的暂时断开（temporal disconnect），因此中国的调查违反了上述条款。

**2. 程序方面**

（1）关于提供书面申请。《反倾销协定》第6.1.3条规定应在遵守保护机密信息要求的前提下向已知出口商和出口成员主管机关提供书面申请的全文。欧盟认为，中国提供的申请书中省略了关于中国产业的主要数据，或者在国内生产者数量庞大的情况下将主要数据编入索引（indexed），因此中国未能确保迅速提供书面申请的全文。

（2）关于保证利害关系方获得非机密信息的机会。《反倾销协定》第6条规定的是有关“证据”的规则。其中第2款规定利害关系方有为其利益进行抗辩的充分机会，第4款规定调查机关应向利害关系方提供机会以使其了解调查中的信息，第5款规定了机密信息的处理。欧盟认为，中国未能确保向所有利害关系方及时提供看到与其抗辩利益相关的所有非机密信息的机会；未能确保提供关于损害调查的机密信息的非机密摘要，或者即使提供了，摘要也不够详细，不能确保合理了解该信息；未能决定对申请人名字保密的请求缺乏正当理由，因此违反了上述条款的规定。

（3）关于抽样调查。《反倾销协定》第6.10条规定了对每一已知出口商或生产者确定各自倾销幅度的要求，以及进行抽样调查的条件和程序要求。欧盟认为，中国对于抽样选择要求提供的信息数量巨大，导致几家欧盟出口商没有信心合作（discourage several EU exporters from cooperating），因此中国选择的抽样欧盟出口商并不是基于可进行合理调查的来自欧盟出口量的最大百分比。

（4）关于裁定中应提供详细说明。《反倾销协定》第12.2.1条规定在临时反倾销措施的裁定中应提供关于倾销和损害的初步裁定的详细说明，并应提及导致有关论据被接受或被拒绝的事实问题和法律问题。欧盟认为中国没有做到这一点，尤其是没有详细说明与损害确定有关的考虑和导致做出裁定的主要理由。

**3. 结论性主张**

欧盟认为由于上述原因，中国未能遵守《反倾销协定》第7.1条。该条款规定了实施临时反倾销措施应满足的条件。

## 四、案件的启示

### （一）裁量性立法可诉性问题

本案中欧盟除起诉中国采取的临时反倾销措施外，同时起诉了中国的法律，即《反倾销条例》第56条。该条规定，任何国家（地区）对中华人民共和国的出口产品采取歧视性反倾销措施的，中华人民共和国可以根据实际情况对该国家（地区）采取相应的措施。其中“可以”、“根据实际情况”等措辞表明，中国调查机关有充分的自由裁量权来决定是否采取措施，以及如何采取措施。因此，中国《反倾销条例》第56条为裁量性立法。

从关贸总协定时期开始，对于一项法律能否构成本身（as such）违反世贸组织规则，即有强制性立法（mandatory）和裁量性（discretionary）立法的区分。在1988年美国—《超级基金法》案中，专家组认为美立法赋予行政机关不采取措施的权力。因此，该立法本身不违反世贸组织规则。[①]之后，多起案件采用了强制性立法和裁量性立法的区分。上诉机构曾在几起案件中认定，某项立法若授予行政机关足够的自由裁量权以避免采取违反世贸组织规则的行动，则该立法本身不违反世贸组织规则。[②]

中国《反倾销条例》第56条作为一项裁量性立法，授予了行政机关足够的自由裁量权以避免采取违反世贸组织规则的行动，因此是符合世贸组织规则的。

本案涉及的裁量性立法可诉性问题争议已久。笔者认为，不应存在任何理由可以架空世贸组织成员经过多年艰辛谈判确立的规则，不应使建立良好的国际经济贸易环境的愿望因之受到影响。例如，在我诉美禽肉进口限制措施案（案件编号DS392）中，我起诉美《2009年综合拨款法》第727条款后，美国会修改了相关条款，通过了《2010年农业拨款法》第743条款。743条款仍然包括针对中国的歧视性措施，但该条款同时包括以下语言："此节规定需以符合美国在其国际贸易协定下所承担之义务的方式执行。"这样的规定可谓用心良苦，旗帜鲜明地要求行政机关执行法律规定需符合国际贸易协定下的义务，当然也包括世贸组织协定下的义务。若允许如此"豁免条款"授予立法不被起诉的保护伞，那所有世贸组织成员也都可以在自己的所有立法中照搬此条款，从此无虞了。因此，对于裁量性立法的可诉性问题应严格解释，不能造成只有具体实施了的行政措施可以被诉而所依据的立法不能被诉的局面。

---

① 参见美国—《超级基金法》案关贸总协定专家组报告（L/6175-34S/136），第19页，第5.2.9段。

② 参见泰国—香烟案关贸总协定专家组报告（DS10/R-37S/200），第24页，第84段；美国—酒精和麦芽酒饮料案关贸总协定专家组报告（DS23/R-39S/206），第66页，第5.39段。美国—211条款案上诉机构报告（WT/DS176/AB/R），第74页，第259段；美国诉德国钢铁反补贴措施案上诉机构报告（WT/DS213/AB/R），第52—54页，第154—163段；美国诉欧盟产品反补贴措施案上诉机构报告（WT/DS212/AB/R），第66—69页，第154—160段。

同时，由于这一问题的复杂性，不排除有世贸组织成员通过裁量性立法实施限制贸易、损害其他成员贸易利益的措施。因此，中国应加强对其他国家立法和世贸组织规则及先例的研究，在必要的情况下主动出击，挑战影响中国贸易利益的措施。

## （二）临时反倾销措施被诉问题

本案的另一大特点是欧盟针对中国临时反倾销措施提起诉讼。根据《反倾销协定》第7条，临时反倾销措施只能在满足以下条件之后实施：已发起调查、发布公告并已给予利害关系方提交信息和提出意见的充分机会；已做出关于倾销和由此产生的对国内产业的损害的初步肯定裁定；调查机关认为临时措施对防止在调查期间造成损害是必要的。因此，采取临时措施时，调查机关做出的是初步认定，尚未进行全面调查。在全面调查之后，调查机关将根据调查情况做出最终裁定，采取最终措施。

通常情况下，起诉方起诉临时措施意在向被诉方施压，促使其严格按照规则进行后续调查。如果调查机关做出最终裁决后，起诉方认为最终裁决仍存在违反世贸组织规则之处，将就最终反倾销措施提起新的起诉。截至目前，有9起争端解决案件中被诉的措施是临时反倾销措施或者临时反补贴措施。其中，6起未进入专家组程序[①]，1起进入专家组程序且最终双方和解[②]，1起在专家组报告散发以后双方和解。[③]

①DS368 United States-Preliminary Anti-Dumping and Countervailing Duty Determinations on Coated Free Sheet Paper from China；DS338 Canada-Provisional Anti-Dumping and Countervailing Duties on Grain Corn from the United States；DS324 United States-Provisional Anti-Dumping Measures on Shrimp from Thailand；DS272 Peru-Provisional Anti-Dumping Duties on Vegetable Oils from Argentina；DS216 Mexico-Provisional Anti-Dumping Measure on Electric Transformers；DS187 Trinidad and Tobago-Provisional Anti-Dumping Measure on Macaroni and Spaghetti from Costa Rica；DS182 Ecuador-Provisional Anti-Dumping Measure on Cement from Mexico.

②DS247 United States-Provisional Anti-Dumping Measure on Imports of Certain Softwood Lumber from Canada.

③DS236 United States-Preliminary Determinations with Respect to Certain Softwood Lumber from Canada.

对于本案来讲，中欧双方于2010年6月4日举行磋商，中国调查机关于6月28日做出最终裁定。中国调查机关遵守世贸组织规则，依据国内法律进行调查，做出了符合规则、公正公平的裁定。此后，欧盟未采取任何进一步的措施，既没有提出设立专家组请求，也没有就最终反倾销措施提起新的磋商请求。

从以往起诉临时措施的案件情况可以看出，被诉方通常会因承受较大压力而在终裁中完善其措施，或者与起诉方和解。相较起诉最终措施并进入后续的专家组审理、上诉和执行程序而耗费大量时间和精力，起诉临时措施更加有效。因此，中国作为贸易救济措施的最大目标国，可以在其他成员采取临时措施时即进行充分研究，必要时及时起诉。

**附件**

## 欧盟诉我碳钢紧固件临时反倾销措施案大事记

2010年5月7日，欧盟向中方提出磋商请求。

2010年5月17日，中方接受欧盟磋商请求。

2010年6月4日，中欧双方在日内瓦进行磋商。

2010年6月28日，中国对欧盟碳钢紧固件采取最终反倾销措施。

校稿：于宁

# 世贸组织争端解决机制的实践情况概览（1995-2010）

纪文华

世贸组织争端解决机制从1995年初开始正式运作，迄今已逾十六年。在这些年里，世贸组织多边贸易体系经历多次风波后已逐步稳固，争端解决机构更成为世贸组织所有机构中最繁忙的机构之一。作为多边贸易体制的守护者，世贸组织争端解决机制这些年的运行和实效很值得回顾和评估，既可使我们因看到成绩而对多边贸易体制增强信心，又可使我们因发现不足而对进一步改革和完善多边贸易体制明确方向，增添动力。

## 一、世贸组织争端解决总体情况概览

与之前的关贸总协定时期解决纠纷的程序相比，世贸组织处置争端的程序文件《争端解决谅解》相对完善和“司法化”。世贸组织的诉讼程序包括：提出磋商请求、进行磋商、提出设立专家组请求、设立专家组、专家组审查并做出建议或裁决、提出上诉、上诉机构审查并做出建议或裁决、争端解决机构通过上诉机构和专家组的建议或裁决、执行阶段、执行审查阶段、申请和授权报复等，这些不同的阶段顺次相连，共同构成了世贸组织诉讼的完整程序制度。

从1995年至2010年年底，世贸组织争端解决实践整体情况是[①]:

- 共有419个磋商请求被提出，即争端解决机构受理了419个争端（dispute）[②]，涉及306个事项（matter）。
- 从争端年度分布来看（按提出磋商请求时间），1995年25件，1996年39件，1997年47件，1998年44件，1999年30件，2000年34件，2001年23件，2002年37件，2003年23件，2004年19件，2005年11件，2006年20件，2007年13件，2008年19件，2009年13件，2010年16件。总体上看，以2002年（多哈回合谈判开始）为分界，年度案件总量呈现出前多后少的图景。
- 对进入专家组阶段的案件，已散发了139个专家组报告。其中，5个目前处于被上诉中（将与上诉机构报告一起通过）[③]，有4个专家组报告在报告散发后的60天时限内当事方未寻求争端解决机构通过[④]，有40个专家组报告未被上诉直接为争端解决机构通过，其余90个专家组报告被上诉后与上诉机构报告一起通过。
- 争端解决机构已通过的上诉机构报告和/或专家组报告涉及120个案件[⑤]。在

① 本文数据自1995年1月截至2010年12月31日。有关初始数据来自于世界贸易组织网站 www.wto.org 和 www.worldtradelaw.net 等，相关数据统计汇总中的误差由作者承担。

② 在本文中，“争端”（dispute）是指按照单独案号（WT/DS*）的统计，“案件”（case）是指对同一事项（matter）提起争端的统称，一个案件有时（从编号上看）涉及多个争端。在危地马拉—水泥案中，上诉机构指出“提交争端解决机构的事项包括两个因素：具体的措施以及指控的法律基础”（危地马拉—水泥案上诉机构报告，WT/DS60/AB/R, 第72段）。据此，就诉讼针对的措施和法律基础来看，许多世贸组织争端之间存在重叠，对于这类针对同一事项的多个争端（dispute），通常被视为一个案件（case）。

③ 这些案件报告为：（1）WT/DS316/R；（2）WT/DS379/R；（3）WT/DS/371/R；（4）WT/DS397/R；（5）WT/DS399/R。

④ 这些案件报告为：（1）WT/DS7/R；（2）WT/DS12/R，WT/DS14/R；（3）WT/DS72/R；（4）WT/DS323/R。专家组报告散发前，双方达成双方满意的解决办法，这种情况下专家组根据《争端解决谅解》第12.7条做出一个不包括裁决的事实描述性专家组报告，此报告通常起诉方并不寻求争端解决机构通过。

⑤ 如一个案件（case）涉及多个争端（dispute），起诉方或者被诉方有权要求专家组/上诉机构分

其中的106个案件中，被诉方被裁定至少存在一项违反世贸组织规则情况。在14个案件中，被诉方未被裁定违反。从此数据看，在争端解决机构已裁决案件中，起诉方胜诉率或者说被诉方败诉率，平均为88.3%。

- 对存在违反世贸组织规则情况的案件，有16个不需要确定合理执行期便迅速完成了履行，有90个案件通过协商或仲裁等确定了执行争端解决机构建议和裁决的合理执行期限。
- 针对争端方就争端解决机构建议和裁决的执行产生的争议，依据争端解决机构第21.5条设立的执行审查专家组散发了29个报告。其中，9个未被上诉而由争端解决机构直接通过，2个在报告散发后60天时限内未寻求争端解决机构通过[①]，18个被上诉后与上诉机构报告一起被争端解决机构通过。
- 对未能完全执行争端解决机构建议和裁决的情形，争端解决机构共收到33份要求进行报复的请求。对利益减损（报复水平）存在的争议，争端解决机构依据第22.6条做出了19份报复水平裁定，也相应地做出了19项报复授权。
- 争端解决机构未收到根据争端解决机构第5条规定请求斡旋和调停的正式通知。仅有一例请求总干事进行争端解决机构第5条项下调解（mediation）的情况[②]。根据争端解决机构第3.12条，在欧盟—香蕉案（WT/DS27）中，根据哥伦比亚、巴拿马的请求，总干事依职权行使了斡旋（good office）职能。[③]
- 截至2010年年底，共有98个成员参与过世贸组织争端解决机制的活动（作为案件的争端方或者第三方）。其中，60个成员至少一次曾作为争端方参与世贸组织争端解决程序。

自1995年至2010年年底的十六年间，共有419个争端提交世贸组织，相对于之前的关贸总协定时期，争端数量有了大幅上升。这从一个方面显示了成员对争端解决机制的信心，一定程度上也证明了乌拉圭回合谈判对关贸

别做出报告，不过这多个报告所针对事项和裁定结果并无二致。

① 这些案件报告为：（1）WT/DS27/RW/EEC;（2）WT/DS99/RW。

② 参见 WT/GC/66，WT/GC/66Add.1和 WT/GC/71。

③ 参见 “Lamy Hails Accord Ending Long Running Banana Dispute”, 15 December2009,http://www.wto.org/english/news_e/pres09_e/pr591_e.htm。

总协定争端解决机制的改革取得了积极成效。当然，也应看到，虽然理论上各成员权利平等，任何成员都可以运用世贸组织争端解决机制，但由于贸易实力大小不同、各国重视程度以及人力物力财力的巨大差别，不同世贸组织成员利用争端解决机制的情况客观上仍存在很大差别。

## 二、磋商阶段实践情况分析

### （一）提出磋商请求

根据《争端解决谅解》第4条，利用多边贸易机制解决争端应当从提出磋商请求开始，这是诉诸世贸组织争端解决机制的首要条件和必经程序，除非某些协议对于争端程序有特别规定。

实践中，一世贸组织成员向另一成员提出磋商请求，是在各成员驻世贸组织大使之间以信函的方式进行，并非以政府首脑名义进行。从程序看，一旦收到成员提交的磋商请求，秘书处就会分配一个连续计算的号码（WT/DS*），争端就算是在争端解决机构“登记立案”了，这也是据以统计争端数量的通用标准，而磋商请求作为第一个正式文件，通常编号都是WT/DS*/1。

如一个成员提出磋商请求，而另一个成员在10天内不答复，那么尽管没有进行磋商，也视为满足了《争端解决谅解》要求磋商的条件，从而提出磋商请求的成员有权提出设立专家组请求；如果另一个成员给予了答复但未在30天内进行磋商，那么30天后提出磋商请求的成员即有权提出设立专家组请求；如果在30天内进行了磋商，从实践来看，除非双方明确表示磋商没有意义了，否则起诉方应等到60天期限届满才能提出设立专家组请求。争端解决机构要求争端各方真诚地进行磋商，磋商情况不公开。

如前所述，有60个成员至少一次曾作为争端一方参与世贸组织争端解决程序。其中，在43个曾主动提起争端的世贸组织成员中，起诉10次以上的有10个成员，依次是：美国（97）、欧盟（82）、加拿大（33）、巴西（25）、墨西哥（21）、印度（19）、阿根廷（15）、韩国（14）、日本（14）、泰国

（13）、智利（10）。中国起诉7次。在46个曾作为被诉方的世贸组织成员中，被诉10次以上的有12个成员，依次是：美国（110）、欧盟（70）、中国（21）、印度（20）、阿根廷（17）、加拿大（16）、日本（15）、墨西哥（14）、巴西（14）、韩国（14）、智利（13）、澳大利亚（10）。这些数据说明，美欧仍是世贸组织争端解决机制的最主要使用者，美国更是在被诉次数方面遥遥领先排名第二的欧盟。从起诉角度看，在发展中国家成员中，巴西、墨西哥、印度、阿根廷、泰国、智利和中国等成员也是比较积极的使用方。

若按照起诉方在磋商请求中所指出的被违反的世贸组织相关协定统计，截至2010年年底，世贸组织的419个争端共涉及17个具体协定，按照涉及的次数依次是：《1994年关贸总协定》（333次）、《补贴措施协定》（86次）、《反倾销协定》（85次）、《农业协定》（66次）、《建立世贸组织协定》（44次）、《保障措施协定》（40次）、《技术壁垒协定》（41次）、《实施卫生与植物卫生措施协定》（37次）、《进口许可协定》（35次）、《知识产权协定》（29次）、《投资措施协定》（27次）、《纺织品与服装协定》（16次）、《服务贸易协定》（22次）、《海关估价协定》（15次）、《争端解决谅解》（14次）、《原产地协定》（7次）、《政府采购协定》（4次）。从上述数据看，涉及知识产权和服务贸易方面的世贸组织争端数量仍相对较少，目前仍主要是货物贸易争端。

下表综合列出了1995—2010历年世贸组织争端和涉及事项数量具体情况：

| 年份 | 1995 | 1996 | 1997 | 1998 | 1999 | 2000 | 2001 | 2002 |
|---|---|---|---|---|---|---|---|---|
| 争端 | 25 | 39 | 50 | 41 | 30 | 34 | 23 | 37 |
| 事项 | 16 | 27 | 31 | 34 | 22 | 28 | 20 | 23 |
| 年份 | 2003 | 2004 | 2005 | 2006 | 2007 | 2008 | 2009 | 2010 |
| 争端 | 26 | 19 | 12 | 20 | 13 | 19 | 14 | 7 |
| 事项 | 20 | 18 | 10 | 17 | 7 | 13 | 11 | 2 |

由上表可见，世贸组织年度争端数量和每一争端所涉事项近几年均呈现出减少迹象。仅从数据看，似乎世贸组织成员对争端解决机制利用率整体上

呈下降趋势，且幅度非常明显。

这种迹象值得关注和研究，因为这种利用率下降的实践现象与对世贸组织争端解决机制理论评价和推理之间存在不一致（至少在表面上）。第一，对世贸组织争端解决机制自1995年运作以来的成绩和作用，不管是世贸组织、成员政府还是学术界、实务界都给予积极、肯定评价，普遍认为世贸组织争端解决机制为多边贸易体制提供了“稳定性和可预测性”，尽管很多研究评论也同时指出该机制本身和实践存在诸多问题。第二，自1995年以来，世贸组织争端解决实践不断丰富和完善，受理数百争端，做出专家组、上诉机构、仲裁报告三百余份，可以说该机制在程序规范程度、实践经验、人力资源储备等方面较十余年前刚开始运作时都丰富和成熟得多。第三，世贸组织成员数量增长迅速，对争端解决机制参与广泛度提高。1995年世贸组织成立时有76个正式成员，截至2010年年底世贸组织共有153个正式成员，十六年间成员数量翻了一倍。同时，成员参与争端解决活动的积极性和广泛度及重视程度都在不断提高，经验也较以前丰富。第四，世界贸易规模持续增大，贸易摩擦不断，成员间贸易纠纷发生概率和数量并未呈现明显下降态势，各种形式的贸易保护势头并未明显消减（特别是2008—2009年全球金融危机期间）。如按上述因素推理，逻辑结论似乎应是世贸组织争端案件越来越多，因为四个因素都呈“增量”，但现实却是世贸组织成员对争端解决机制的利用越来越少，世贸组织争端近些年逐渐减少。

应如何解释这种现象呢？毫无疑问，这需要理论和实践两方面的深入考察和分析。从积极角度看，原因可能有：成员对世贸组织体制和争端解决机制更加尊重和遵从，“愿意”主动地妥善解决贸易争议，无法双边解决的贸易争端“绝对”数量相对以前减少；世贸组织争端解决机制澄清了诸多世贸组织规则，成员的“误解”或“分歧”减少，诉诸争端解决机制的必要性在减小。从消极角度看，原因可能是：成员对世贸组织争端解决机制的兴趣实际并不大，对其实际重视程度有限（或在下降）；世贸组织争端解决机制实际作用不如通常所被赞誉的那样显著，成员对该机制的认识在逐渐“务实化”和“实用化”。当然，在欠缺理论和实践考察前，包括以上在内的任一臆测都缺乏决定性说服力，这也进而要求对世贸组织争端解决机制的研究在关注总体情况时要注意现实趋势的变化，要理论结合实践地进行思考。①

## （二）加入磋商

根据《争端解决谅解》第4.11条的规定，只要一成员认为自己对争端有实质利益，即可向被诉方提出加入磋商请求，同时向争端解决机构进行通报。截至2010年年底，针对223个争端（占总争端数量的53%），有786个加入磋商请求被提出，有65个世贸组织成员曾提出过加入磋商的请求。

提出加入磋商请求后，最终能够加入磋商与否取决于被诉方是否同意。若被诉方认为要求加入方具有实质利益，那么要求加入方应被允许加入磋商。争端解决机构没有对什么是“实质利益”做出界定。如被诉方认为要求加入磋商方并不具有实质利益，从而不允许其加入磋商，这种情况下要求加入方的应对办法是非常有限的，要么作为起诉方提出单独磋商请求，要么只能“忍受”被拒绝。实践中也确实出现了成员加入磋商的请求被拒绝的情况，被拒绝方通常并不满意，即使其不作为起诉方，也很可能在争端解决机构会议上“发发牢骚”，以使被诉方在众目睽睽之下“灰头土脸”。

需要特别提及的是，《争端解决谅解》第4.11条规定，只有按照《1994年关贸总协定》第22.1条进行的磋商涉及其实质利益的，世贸组织成员才可以要求加入磋商。实践中有些争端起诉方在提出磋商请求的时候，只依据《1994年关贸总协定》第23.1条和《争端解决谅解》第4.2条。如起诉方未依据《1994年关贸总协定》第22.1条，无需评估提出加入的成员是否有实质

①就初步观察看，在评价和利用世贸组织争端解决机制上，世贸组织成员与学术界似乎并不一致。从文献观点来看，学术界对世贸组织争端解决机制普遍“高调”认可，也对该机制提出各种改进建议，总体上呼吁将这个机制改造得更加高效、强力。就世贸组织成员来看，似乎很多成员（特别是大国）在赞誉和附和世贸组织争端解决机制成绩的同时，对该机制又存在“实用主义”想法，似乎成员政府普遍存在的保留政策空间（policy space）的内在需求决定了其对进一步增强争端解决机制强制力和执行力持务实、谨慎态度，而世贸组织成员实力和影响力的差异也使得各成员政府对增强争端解决机制强制力和执行力的态度相差甚远。

利益，被诉方都可以磋商不是依据《1994年关贸总协定》第22.1条提起为由拒绝其他成员的加入请求。因此，从实践角度看，起诉方是依据第22.1条还是仅依据第23.1条要求磋商，具有非常重要的实践区别和潜在“信号”。对于这两个条款上的法律区别需要给予注意。

## 三、专家组阶段实践情况分析

### （一）设立专家组

根据《争端解决谅解》的规定，起诉方提出磋商请求后，在三个时间点均有权请求设立专家组。这些时间点分别是：（1）被诉方未在收到磋商请求后10天内答复同意磋商；（2）虽然答复同意磋商，但未在收到磋商请求后30天内举行磋商；（3）在收到磋商请求后的60天内磋商未能解决争端。前两个时间点相对明确。经过广泛的实践，第三个时间点，即“60天内”的概念可以理解为：如果双方进行了磋商而且双方磋商没有明确表明已经没有继续磋商的必要，那么起诉方一般应在60天后才有权向争端解决机构提出设立专家组请求；如果在60天的磋商期限内，被诉方根本不接受磋商，或者磋商双方均明确认为继续磋商没有必要，那么起诉方可在60天内就提出设立专家组请求。当然，60天的时限只是设定了权利的产生条件，60天后起诉方就享有了提出专家组请求的权利，但什么时候行使就要看起诉方的意愿了。

目前，《争端解决谅解》对设立专家组的请求权的行使并没有设定时效规定，因此，理论上，起诉方在获得该项请求权之后，是可以一直享有并可在任何时候请求设立专家组。

就世贸组织实践来看，截至2010年12月，从最初提出“磋商请求”到第一次提出“设立专家组请求”，平均“磋商时间”约为145天左右，其中间隔时间最长的为737天（WT/DS146），最短的仅38天（WT/DS126）。争端解决机构共对约219个争端设立了专家组，占争端总数量的52%。这可从两个方面来分析：一是磋商在很大程度上仍发挥了澄清问题、消止纷争的积极作用；二是很多争端涉及利益复杂、双方都不愿意让步，通过专家组居中审查的需求仍相当大。

按一般情况，如起诉方请求，专家组是在设立专家组请求被第一次列入争端解决机构会议后的第二次争端解决机构会议上成立，因为在第一次会议上被诉方一般会反对设立专家组以拖延时间。争端解决机构的例会一般一个月1次，也可根据成员请求召开特会，通过在第一次会议上反对成立专家组至少可以为被诉方赢得10—20天的应对准备时间，这对应诉方来说，还是比较珍贵的。[①]当然，也并非每个争端的被诉方都会在第一次会议上反对设立专家组。就案件情况看，从第一次提出"设立专家组请求"到"争端解决机构会议决定设立专家组"，需要的时间平均约为45天。正常情况下，从提出设立专家组的请求到争端解决机构设立专家组的时间最长的为195天（WT/DS98），最短的为11天（例如：WT/DS126；WT/DS383）。有两个案件情况很特殊，前后提出了两次设立专家组的请求，从提出设立专家组的请求到争端解决机构设立专家组的时间，一个为675天（WT/DS46），另一个为523天（WT/DS204）。可见，即使是设立专家组这个简单的过程，实践中时间跨度也相当大。这一方面展示了世贸组织争端解决程序的灵活性和宽松，另一方面也表明这样一个事实，即世贸组织争端解决案件在一些程序进展方面花费的时间是很多的，而这是争端解决机构文本中所无法展现的情况。

### （二）专家组组成

专家组设立后，随即面临的就是选择专家组成员的问题。根据《争端解决谅解》规定，专家组成员需要争端当事方一致选定。如在专家组设立后20天内，争端方未就专家组成员达成一致，那么任一争端方可要求总干事来组

① 从诉讼时间来看，鉴于世贸组织争端所涉及问题的复杂性和全面性，《争端解决谅解》规定的各个时间阶段对争端参与方（特别是被诉方）是非常紧张的。关于加快争端解决进程的学术呼吁，初衷虽无不妥，但也需要考虑到世贸组织诉讼的实践情况。加快程序对于世贸组织专家组和争端各方政府均非易事，有可能导致争端解决质量降低，并且影响到部分成员（尤其是发展中成员）的诉讼能力。

成专家组，总干事组成专家组一般不超过10天。截至2010年年底，在123个争端中，总干事曾被要求来组成全部或者部分的专家组。就这些争端看，向总干事提出请求平均是在专家组设立约70天之后，远超过了20天的时间，只有7个案件，起诉方在20天的时限一过就要求总干事来组成专家组。

截止到2010年12月底，世贸组织共组成了约157个专家组，一些专家组审理涉及同一事项的多个争端。从组成时间上看，从“专家组设立”到“专家组组成”的时间跨度平均是72天，组成时间最短的是12天（WT/DS69），最长的是371天[①]（WT/DS281）。

### （三）专家组的人选

为保证审理公正，《争端解决谅解》第8条规定，当事方或第三方的公民一般不得担任专家组成员。这种“回避”符合一般程序正义规则。不过，如果争端方同意或不持异议，当事方或者第三方的公民也可以担任专家组成员。在世贸组织争端解决实践中，这种情况，特别是第三方公民（通常多是学者）出任专家组成员，并不少见。例如，土耳其—纺织品案（WT/DS34）、泰国—钢铁案（WT/DS122）、加拿大—航空器案（WT/DS222）和欧盟—沙丁鱼案（WT/DS231），美国都是第三方，美国公民Robert Hudec、John Jackson、William Davey和Merit Janow分别担任了这些案件的专家组成员。争端方公民作为案件专家组成员的情况迄今虽极少，但也并非没有。美国—反倾销归零案（WT/DS294）中，起诉方为欧盟、被诉方为美国，而美国教授William Davey和欧盟官员Hans-Friedrich Beseler是本案专家组成员。

据统计，迄今有51个世贸组织成员的公民担任过专家组成员。其中，有10名以上公民出任专家组成员的世贸组织成员依次是：新西兰（42）、澳大利亚（39）、瑞士（38）、加拿大（25）、巴西（23）、中国香港（19）、智利（18）、南非（18）、印度（17）、墨西哥（14）、波兰（14）、德国（13）、乌拉圭（12）、美国（12）、泰国（11）、韩国（10）、委内瑞拉（10）。中

① 在此案中，从专家组设立到争端方要求总干事指定人选的时间为361天，总干事指定用了10天。

国目前有1人。从这个排序似乎可发现，贸易利益中立性、语言、教育背景等对选任专家是有一定影响的。

实践中，专家组成员选任过程一般是，世贸组织秘书处向当事方推荐专家组成员，但当事方并不需要专门向世贸组织秘书处详述理由就可拒绝接受某人担任专家组成员。在这种情况下，秘书处就提出新的候选人。为了应对可能出现的拒绝情况，秘书处常常提出超额候选人，供当事方选择。例如，2002年6月3日，争端解决机构成立了欧盟诉美国钢铁保障措施案专家组。同年6月7日，秘书处提出了6个候选人：2个专家组主席候选人，4个专家组成员候选人。[①] 为了协助选择专家组成员，《争端解决谅解》规定世贸组织秘书处应备有一份指示性名单（indicative list），这些名单上的人士主要来自各成员的推荐。各成员有权随时提出候选人，经争端解决机构会议批准后列入该名单。从实际情况来看，争端解决机构似乎从来没有拒绝批准成员推荐的候选人。尽管秘书处备有例示名单，但专家组成员不必一定是这个名单上的人。目前的专家指示性名单上有三百多人，但真正担任过专家组成员的只有约七八十人，而实践中共有51个世贸组织成员的约209人曾经作为专家组成员，这说明约一百二十余名专家组成员并非是从例示清单中选择的。这一方面说明指示性名单的作用主要在于参考性；另一方面也表明作为专家组成员审理案件注重的是该专家的学识和专业声誉等因素，而非是否在指示性名单中。实践中还未出现过非世贸组织成员公民担任专家组成员的情况。

### （四）专家组审查案件做出报告

专家组在组成之后，会制订一个工作时间表（schedule），包括各方提交书面陈述时间、听证会（一般两次）时间、专家组报告散发时间等。一旦专家组工作日程确定，整个专家组程序就有了明确的时间框架。

#### 1. 专家组程序超时现象普遍

① 杨国华、李詠箑著：《WTO争端解决程序详解》，中国方正出版社2004年版，第49页。

《争端解决谅解》第12条规定，自“专家组组成”至“最终报告提交争端方”一般不应超过6个月，自“专家组设立”至“报告散发世贸组织成员”的期限无论如何不应超过9个月。《争端解决谅解》附件3规定，在向争端各方散发最终报告后3周，向世贸组织成员散发报告。就实践情况看[①]：

从“专家组组成”到“最终报告提交争端方”的平均时间是11个月零16天：最短的是4个月20天（WT/DS46）；最长的是46个月23天（WT/DS316），次长的是25个月25天（WT/DS320；WT/DS321）。

从“专家组设立”到“专家组报告散发给世贸组织成员（不仅是争端方）”的平均时间是14个月17天：最短的是7个月11天（WT/DS69）；最长的是59个月11天（WT/DS316），次长的是37个月13天（WT/DS320；WT/DS321）。

“专家组报告散发给争端方”到“向各成员散发”的平均时间是3周零3天，最短的是1周，最长的是20周（WT/DS291、292、293）。

将《争端解决谅解》规定与实践相比较可见：实践中，从“专家组设立”到“向世贸组织成员散发报告”平均14个月零17天的时间远远超过了《争端解决谅解》第12.9条规定的9个月的时限；从“专家组组成”到“向争端方散发报告”的平均11个月零16天的时间也远远超过了《争端解决谅解》第12.8条规定的6个月的时限；散发最终报告所需的3周零3天稍微超过了3周的时限。

可以说，超时已经成为专家组程序的普遍现象，而且随着世贸组织争端解决机制近几年来处理复杂案件的增多，超时问题有愈加严重之势。

**2. 现有规则对“超时”的无为**

对于此种情况，需要考虑：是专家组的工作效率太低导致不能够在时限内完成任务，还是案件太复杂使得专家组即使尽力也无法在规定时间内完成任务，亦或是当初《争端解决谅解》制订者规定的时间就太短，导致实践中按时完成成为不可能？

① 此处对于时间跨度的量度，例如月、天、周等，与《争端解决谅解》的规定相对应。如《争端解决谅解》附件3对于专家组时间表，时间量度为周，此处统计量度也为周，以示对应。

从解决问题角度来看，不同原因需要采取不同对策，但遗憾的是，世贸组织成员目前似乎并没有找到为什么专家组实际工作时间往往超过《争端解决谅解》规定时间的原因。从业已进行的《争端解决谅解》修改谈判来看，世贸组织成员并未就此现象及原因进行细致研究和讨论，特会主席和秘书处也并没有提出任何有意义的见解和指引。我们倾向于认为，目前的专家组工作体制以及案件的复杂性，是导致专家组难以在《争端解决谅解》规定的时限内完成案件审理工作的主要原因。如果将《争端解决谅解》规定的时限都延长三个月，那么实际情况就会是大部分专家组都能够按照《争端解决谅解》的时限完成工作。那么《争端解决谅解》的谈判者基于什么原因规定目前的时限呢？大概是参照关贸总协定时期处理案件的基本情况确定的[①]，但那时候的案件复杂程度和工作模式是否能够与世贸组织体制下的情况相比，可能又是谈判者们需要充分讨论的问题了。

对于实际工作超过时限的问题，在个案争端中曾讨论过。例如，在美国—301条款案中，专家组认为《争端解决谅解》规定的期限仅是指导性的，而不是强制性的。[②] 从参加《争端解决谅解》修改谈判的体会和《争端解决谅解》规定的严肃性来看，专家组的观点值得讨论。如果仅是指导性的，那么争端解决机构规定时限有什么意义？第12.9条“无论如何不应超过”（in no case should exceed）又应做何解释？《争端解决谅解》是程序规范，其首要功能是确保程序的公正和及时，专家组本应严格按照程序要求来进行工作。如果明确规定的时限都被解释为指导性的，那么还有什么对专家组具有约束性呢？专家组一方面要求争端参与方严格遵守时限，另一方面又认为《争端解决谅解》为专家组设定的时限是指导性的，两者之间似不具有一致性。对于专家组这种“严于律人，宽于待己”的规则解读，世贸组织成员应当在规则层面做出何种反应呢？这或许是今后的规则谈判应当进一步考虑的问题。

① 参见 *Improvements to the GATT Dispute Settlement Rules and Procedures,* Decision of 12 April 1989，L/6489，BISD 36S/66，以及 Annex A（ix），*Understanding Regarding Notification, Consultation, Dispute Settlement and Surveillance*，L/4907，BISD 26S/218。

② 参见 WT/DS152/R，para.7.31。

### （五）第三方的参与

《争端解决谅解》第10.2条规定，任何对专家组审议的事项有实质利益且已将其利益通知争端解决机构的成员，即争端的第三方，应由专家组给予听取意见并向专家组提出书面陈述的机会，并享有诸如获得争端文件、提交陈述和发表意见等有限权利。争端当事方之外的成员如要作为第三方，惯例做法是在专家组成立后的10天内向争端解决机构做出明确通知。从世贸组织争端解决实践来看，只要一成员自己认为有实质利益就可以声明成为第三方，而无需经争端方成员的判断和同意。

在业已进行的世贸组织案件中，都有争端当事方之外的成员作为第三方参加。例如欧盟—糖补贴案（WT/DS265、266、283），有二十四个第三方，是迄今第三方最多的一个案件。第三方的参与是世贸组织争端解决机制透明度原则的重要体现，也展示了世贸组织争端解决的多边特征，而第三方参与也确实对世贸组织争端解决做出了独特贡献。世贸组织成员作为第三方参与案件审理，可一举多得，能同时取得掌握信息、施加影响、参与规则解释和培养人才之多重效果。一成员声明作为某个案件的第三方，通常是认为自己与该案件有实质利益联系，最起码也是出于对案件的关注。如果随着案件审理的进展，作为第三方的成员认为案件于自身利益不重要，或是无暇顾及案件，有权自己决定采取“无为”的态度，不提交书面材料、不参加会议等，但仍然会收到案件材料和程序通知。在有些案件中，一成员在作为第三方之后，又书面通知争端解决机构声明不再作为第三方。例如，在墨西哥—软饮料案（WT/DS308）中，巴基斯坦在声明作为第三方后又通知争端解决机构，其将不作为第三方参加专家组审理，希望从第三方单子中撤掉。这是出于何种想法，尚不得而知。但撤回作为第三方之后，就不会再收到任何有关的案件材料了。

截至2010年年底，共有80个世贸组织成员曾作为第三方参与专家组程序，前10名成员依次是：日本（102）、欧盟（98）、美国（80）、加拿大（71）、中国（71）、印度（63）、巴西（61）、澳大利亚（55）、墨西哥（55）、台澎金马单独关税区（55）。日本的表现值得关注，其自身起诉和被诉数量并不多，但通过大量加入磋商和作为第三方参与世贸组织争端解决，一方面显示了其对自身贸易利益的关心，另一方面似乎也是不愿主动打官司法律传统的体现。

## 四、上诉阶段实践情况分析

世贸组织争端解决上诉程序被视为乌拉圭回合在争端解决方面的一个重大的成就和进步。上诉程序、常设上诉机构的设立，使得世贸组织争端解决机制更具有司法裁判特点，也对提高争端解决质量提供了进一步的体制保证和运作保障。

### （一）提出上诉

上诉程序起始于争端当事方成员做出上诉的通知。《争端解决谅解》第16条规定上诉要“正式通知”，这意味着仅仅声称上诉是不够的，即使在争端解决机构会议的正式发言中说要提出上诉也不能构成正式通知，必须在《争端解决谅解》规定时限内向争端解决机构提交正式书面文件。现行的《上诉审议程序》要求上诉方应在提交上诉通知的同时提交上诉方书面陈述，被上诉方应在上诉方的上诉通知做出后18日内向秘书处提交书面陈述。在上诉通知做出后5日内，原上诉方之外的当事方（实践中主要是共同起诉方）可以加入该上诉，也可就专家组报告中的其他法律错误提起上诉。只有争端当事方才有权上诉，专家组程序中的第三方有权参与上诉程序。如果第三方参与上诉程序就被称为“第三参与方”（third participant），以示与专家组阶段第三方相区别。没有作为专家组阶段第三方的世贸组织成员，根据争端解决机构现行规则，无权作为“第三参与方”参与上诉程序。

根据《争端解决谅解》的规定，上诉可以分两种：一种是对专家组根据《争端解决谅解》第6到第15条做出报告的上诉，称为对“原审专家组”（Original Panel）报告的上诉；另一种上诉是依据《争端解决谅解》第21.5条，对“执行审查专家组”(Compliance Panel，又称第21.5条专家组)报告的上诉。截至2010年12月底，共有90个原审专家组报告被上诉，占原审专家组做出的139个报告总数的65%。就诉讼技术来说，上诉不一定是对专家组报告全部认定的上诉，较多情况下是对部分法律解释和认定的上诉。对执行审查专家组的报告，在已经做出的29个执行审查专家组报告中，有18个被上诉，上诉率为63%。

### (二)上诉机构的情况

争端解决机构设立一常设的上诉机构，审理对专家组报告的上诉。上诉机构由7名人员组成，每一个案件由其中3人负责审理。上诉机构成员任期四年，定期轮换，可以连任一届。

自1995年到2010年年底，共有21人曾担任上诉机构成员。现任的上诉机构成员及其国籍分别是：Lilia R. Bautista(菲律宾)、Peter Van den Bossche(比利时)、Ricardo Ramírez Hernández(墨西哥)、Jennifer Hillman(美国)、Shotaro Oshima(日本)、David Unterhalter(南非)、张月姣(中国)。

上诉机构在世贸组织争端解决机制以及国际贸易法律领域享有很高的权威性，能够荣任上诉机构成员并非易事，专家个人专业能力是基础条件，专家所属国发挥作用(尤其是推荐环节)是必要保障，二者缺一不可。

对于上诉机构成员的选任，《争端解决谅解》言之甚少，只有第17.2条、第17.3条提供了一些原则性指导。实践中，关于选任程序的主要规定是《建立上诉机构的决定》。[①] 此外，《上诉审议工作程序》对上诉机构成员辞职、过渡等问题做了补充规定。虽然《争端解决谅解》没有明文的规定，但纵观现任和离任上诉机构成员，美国、欧盟和日本自上诉机构设立以来一直总有自己的公民担任上诉机构成员，其他世贸组织成员，如巴西、印度、澳大利

① 参见 Establishment of the Appellate Body, recommendations by the Preparatory Committee for the WTO, approved by the Dispute Settlement Body on 10 February 1995, WT/DSB/1。

亚、中国等也有国民担任上诉机构成员，但席位并不具有连续性。据传闻，原因是这三个世贸组织主要成员在上诉机构建立之初达成了一个“君子协议”，即这三个成员应在上诉机构中拥有一个固定席位。[①]假使如此，这种安排随着世贸组织体系内成员力量此消彼长的变化，特别是以中国、印度、巴西为代表的发展中成员力量的强大，应会有所改变。[②]

### （三）上诉机构工作程序

上诉机构要进行工作，需要有一定的工作规程。1996年2月15日，《上诉审议工作程序》得到争端解决机构通过并正式生效，迄今已经过六次修改。前两次修改涉及上诉机构主席任期问题，第三次和第四次修改涉及增加第三方在听证会上的权利，第五次修改了对上诉通知书的要求并增加了提交其他上诉方通知等内容，2010年的第六次修改涉及提交书面陈述的时间、允许提交电子版本陈述等事项，该次修改对2010年9月15日后的上诉案件适用。[③]

根据《争端解决谅解》第17条和《上诉审议工作程序》的规定，“上诉机构可在遵守《争端解决谅解》第17条第9款所列程序的前提下修正本规则”，即上诉机构程序修改并不需要经过世贸组织成员的一致同意，而只需经过上诉机构主席与争端解决机构主席和总干事协商即可。尽管世贸组织成员关于上诉程序的讨论不具有规则层面的决定性作用，但仍具有一定影响力，实践中，对于成员一致反对的修改，上诉机构极少强推。

根据现行《争端解决谅解》的规则，上诉机构在确定其工作程序方面享有较大自主权。对此，我们应该辩证地看待：第一，上诉机构自己主导程序，能够使得程序更符合实践的需要，能较快发现问题并进行修正，可提高上诉程序的迅捷性；第二，上诉机构自己主导程序，某些情况下难以避免对上诉

① 参见高树超：“漫谈 WTO 争端解决机制（一）”，《时代经贸》2004年2月，第66页。

② 参见纪文华：“任人唯贤，还是任人唯亲——WTO 上诉机构成员选任的规范和实践考察”，《国际经济法学刊》2006年第13卷第4期，第202—225页。

③ 修改文件分别是：（1）WT/AB/WP/1;（2）WT/AB/WP/2;（3）WT/AB/WP/3;（4）WT/AB/WP/4;（5）WT/AB/WP/5;（6）WT/AB/WP/6。

参与方权利义务考虑较少的情况，较多从上诉机构工作便利角度出发，可能产生一定的不平衡性；第三，欠缺世贸组织成员对上诉机构程序规则的控制，难以避免上诉机构程序规则对成员正当权利的减损，导致上诉机构权力不适当扩大，值得世贸组织成员给予注意。

### （四）上诉审查的时限

《争端解决谅解》第17条规定，诉讼程序自一争端方正式通知其上诉决定之日起至上诉机构散发其报告之日止，通常不得超过60天，决不能超过90天。

从实践来看，上诉机构从“争端方提出上诉通知”到“散发上诉机构报告”的平均时间是90.6天，目前最长的时间是140天（DS122）①，最短的是47天（DS146, DS175）。数据表明，对于大部分案件，上诉机构不能在60天时限内做出报告，但能够在《争端解决谅解》规定的90天最长时限内做出报告，这与专家组大部分不能在《争端解决谅解》规定的最长时限内完成工作任务形成鲜明对比。出现此种反差，可能有以下几个方面原因：第一，上诉机构的工作任务和范围相对明确，就是法律审查，不进行事实审查，工作量比专家组相对较小。而且，对于一个潜在上诉案件，在专家组报告散发争端方之后，上诉机构秘书处就会为可能的上诉进行相应研究和准备工作，这种提前“研究”有助于事后节省时间。而对专家组来说，只有在第一次书面陈述之后，才能够实质性地了解案件，很难事先做好较充分准备。第二，上诉机构是常设的，虽然实际上上诉机构成员也是兼职，不总呆在位于日内瓦的世贸组织，但其获得任命后就一直处于随时接案件的“半专职”状态，且在审理案件时一般需在日内瓦停留一段时间以便集中时间进行工作和讨论，工作效率比较高。相较之下，被指定为某一特定争端案件的专家组成员是纯粹“兼职”，较难保证工作时间的连续性和精力投入，实践中曾出现过专家组成员连赴日内瓦出席听证会都不一定能保证的情况。虽然现代通讯手段

①这一纪录将在美国诉欧盟飞机补贴案（DS316, AB-2010-1）上诉程序中被改写。在该上诉程序中，由于涉及问题复杂，上诉机构首次安排了两次上诉听证会，并经过复杂的保密程序，使得整个上诉过程至少需要6个月时间。

发达，世贸组织在这种情况下会采用现场视频传输的方式，让缺席的专家组成员也能够同时听到、看到听证会的现场并提出问题，但终究这种方式不能够和现场出席和讨论相提并论。第三，由于常任的身份，上诉机构成员在法律、国际贸易等方面普遍具有较强专业能力。虽不能说上诉机构每个成员专业素质一定优于专家组成员，但上诉机构成员整体水平较高，处理复杂法律问题的能力强，加之处理的案件多，实践经验也更丰富。上诉机构秘书处人员一般都有较长时间的贸易法律领域的工作经验，能较好地支持上诉机构成员的工作，从而也有助于提高案件审查速度。

为了确保上诉审查程序能顺利进行，上诉提起后，上诉机构就会按照标准程序制定工作时间表，为提交文件规定严格时限，延误提交文件的期限很可能被视为没有提交文件。从世贸组织实践看，案件争端方和第三方对于提交文件的时限要求还是较严格遵守的，但也时常出现一点意外“花絮”，特别值得一提的是美国—棉花补贴案（WT/DS267）。在美国—棉花补贴案（WT/DS267）原审专家组报告的上诉阶段，美国出现提交文件迟延情况。当时，按照规定，美国上诉书面陈述（书面及电子版）应于2004年10月28日下午5:30前提交，但美国未能在此时限内提交。被上诉方巴西在10月28日晚上8:10才收到电子版本，次日收到书面版本。巴西当即致函上诉机构，指出在本案专家组阶段违反时限的现象就时常出现，巴西虽不想因此问题影响上诉程序进展，但要求上诉机构正式记录美国的此种延误，并要求上诉机构告知美国在以后的程序中遵守时限，以保障各方程序权利的公平。但在该案执行审查专家组程序中，作为被诉方的美国又未能按时提交被诉方第一次书面陈述，而是迟延了一天才提交。起诉方巴西非常“不满”，专门致函执行审查专家组对美国迟延提交文件的做法提出抗议，但并未要求专家组将美国延迟提交的文件归为无效。虽然美方申辩认为，提交迟延主要是因为技术原因以及给美国准备书面陈述的时间过于紧张等，但此种事件的发生毕竟于程序要求不合，故执行审查专家组致函争端各方，希望此种事件以后不再发生。不巧的是，美国在提交第二次书面陈述的时候又出现了迟延，晚了将近一天。

巴西对此非常“恼火”，专门致函执行审查专家组，要求将美国迟延提交的第二次书面陈述归为无效。美国在致执行审查专家组函中，一方面对再次迟延表示遗憾，另一方面也强调迟延的原因包括技术性问题和案件复杂、时间紧等，要求执行审查专家组驳回巴西的请求。在执行审查专家组做出裁决之前，巴西为了施加压力，将美国迟延提交书面陈述的事项提交2007年2月的争端解决机构会议，在会上抨击美国，对美国明显违反程序规则的行为表示谴责。美国则在会议上对巴西将此事项提交争端解决机构表示遗憾，指出这不是争端解决机构应当解决的问题，应当由执行审查专家组解决。事实上，美国的迟延既有其自身的技术性原因，也有巴西诉讼主张和内容太多、美方当时所涉案件较多等外部原因。客观地讲，美国当时还是尽了很大努力来遵守时限规定。最终，执行审查专家组以“《争端解决谅解》中没有规定允许专家组仅因为书面陈述未按时提交就拒绝整个陈述”为由拒绝了巴西的主张。从世贸组织争端解决实践看，虽然通常情况下各成员都会遵守世贸组织争端解决程序、形式和时间要求，但如真发生了某种违反的情况，还未出现过对有关成员进行实质性“惩罚”的情形，原因之一可能是争端各方毕竟是各成员政府，在这些非核心问题上专家组和上诉机构只好“睁一只眼闭一只眼”；原因之二则是各成员在世贸组织是既合作又斗争的关系，“抬头不见低头见”，要保持“斗而不破”，也需要“适可而止”。

### （五）上诉机构或专家组报告通过

《争端解决谅解》第17条规定，上诉机构报告应由争端解决机构通过，争端各方应无条件接受，除非在报告散发各成员后30天内，争端解决机构经协商一致决定不通过该报告。争端解决机构在通过上诉机构报告的时候，原审专家组报告也一起被通过。不过，此时被通过的专家组报告是经过上诉机构报告修正过的报告，即使在上诉机构没有改变专家组报告结论的情况下，也是上诉机构报告与专家组报告一起被通过。为什么要一起通过呢？既然上诉机构有了报告，那么单独通过上诉机构的报告不就可以了吗？这主要是因为上诉机构只是对法律问题进行审查，专家组报告是上诉机构报告的基础，且多数情况下争端方只是对专家组报告中部分法律点进行上诉，上诉机构也只是对这些点进行审查和裁决，没有被上诉的法律点仍具有效力；即使专家组报告中全部法律点都被上诉且被上诉机构全部推翻，专家组报告中的事实部分仍是案件审查的基础，是有效力的。从争端解决机构来说，不可能只通过一个只有法律分析的上诉机构报告而不通过进行事实和法律审查的专家组报告，这样做会导致生效的文件是不完整和不全面的。

一般来说，上诉机构报告或专家组报告是在争端解决机构的例会上通过的。争端解决机构例会的日程在世贸组织网站上也可以公开查阅。为了应对紧急情况，争端解决机构规定了召开特别会议的程序，即经过有关成员特别要求，争端解决机构应在15天内召开专门会议，召开专门会议应提前10天发出通知。在通过上诉机构或专家组报告的争端解决机构会议上，争端方、第三方和任何其他成员都可以对报告自由发表意见，除非全体成员一致反对通过报告，否则，会议主席就宣布有关报告得到通过。报告获通过后就成为对争端当事方具有约束力的法律文件。

## 五、争端解决机构建议和裁决的执行情况分析

如上诉机构或专家组报告裁定涉案措施违反了世贸组织相关规则和义务并建议被诉方成员修改，则在报告被通过后，被诉方就有义务遵守这个裁决，其接下来面临的就是执行相关裁决和建议的问题。

根据《争端解决谅解》的规定，执行裁决有一系列的程序和步骤。

### （一）执行裁决时间的确定

根据《争端解决谅解》第21.3条，在上诉机构或专家组报告通过后，败诉方应当在30天内召开的争端解决机构会议上通知其执行建议和裁决的意图。截至目前，尚未见有成员在此种会议上通知争端解决机构说其不想执行争端解决机构的建议和裁决。这一方面显示了世贸组织成员对争端解决机构

建议和裁决的尊重，另一方面，对于败诉方来讲，这也是一种理性选择。若败诉方明确拒绝执行裁决，起诉方将可直接申请报复授权；相反，败诉方表明执行意向后，其将有更大的余地充分地利用执行程序赋予的时间。

从实践情况来看，在争端解决机构通过的认定存在违反世贸组织规则的106个案件中，有13个不需要合理执行期（败诉方通知争端解决机构其将不需要合理执行期即可执行裁决，因措施已终止或将很快停止实施）[①]，有2个一直未寻求确定合理执行期而案件事实上已了结[②]，其余91个案件因败诉方无法即时执行裁决均需要确定合理执行期。根据《争端解决谅解》第21.3条的规定，合理执行期是指需要执行裁决的争端当事方用以执行裁决的合理期间，该期间自“专家组或上诉机构报告通过”时起算。

根据《争端解决谅解》第21.3条，确定合理执行期有三种具有先后顺序的路径：（1）败诉方提出合理执行期建议并被争端解决机构批准；若不可行，（2）专家组或上诉机构报告通过后的45天内争端当事方协商确定；若不可行，（3）专家组或上诉机构报告通过后的90天内争端当事方寻求通过仲裁方式确定。《争端解决谅解》对争端当事方协商确定的合理执行期的长短并没有明确的限制，在这一点上体现了尊重当事方的意思自治。至于当事方究竟会协商出什么样的合理执行期，实践中往往取决于案件的复杂程度、执行的难易程度以及争端当事方的谈判能力等。由于《争端解决谅解》第21.3（c）条给仲裁方式确定的合理执行期规定了一个指导性的15个月时间，仲裁庭可根据案件的具体情况做相应调整。实践中，争端当事方协商达成的合理执行期一般会短于15个月。如果争端当事方就合理期间达成了一致，则应向争端解决机构进行通报。从通报情况来看，在需要合理执行期的91个案件中，有58个案件的当事方通过协商确定了合理期限，平均约9.2个月。

如争端当事方不能通过协商确定合理执行期，那就只能诉诸仲裁。争

① 这些案件分别是：（1）WT/DS24;（2）WT/DS 121;（3）WT/DS 138;（4）WT/DS 156;（5）WT/DS192;（6）WT/DS341;（7）WT/DS33;（8）WT/DS165;（9）WT/DS241;（10）WT/DS248、249、251、252、253、254、258、259;（11）WT/DS301;（12）WT/DS315;（13）WT/DS392。

② 这些案件分别是：（1）WT/DS236;（2）WT/DS 213。

端当事方应在提交仲裁后的10日内就仲裁员达成一致，否则，应由世贸组织总干事经与各方磋商后于10日内任命仲裁员。虽无明文的规定，世贸组织总干事一般倾向于指定曾审理待执行的案件的专家组或者上诉机构成员为仲裁员，主要是因他们熟悉案件情况。实践中，有些案件在提交仲裁的时候争端当事方已有了较明确人选，最短的仅1天就选定了仲裁员（例如WT/DS155），而当事方事先就仲裁员选定问题分歧较大的就需要花更多时间，有的案件用了十几天甚至二十几天才确定仲裁员（例如WT/DS75）。从这个小细节也能看出争端当事方在各程序阶段的争斗是很激烈的。

对于仲裁员应如何决定合理执行期，《争端解决谅解》第21.3（c）条仅规定"仲裁人的指导方针应为执行专家组或上诉机构建议的合理期限，不超过自专家组或上诉机构报告通过之日起15个月"，除此之外没有给出更具体的技术性指导，主要看争端各方自己的理由和仲裁庭根据案件情况所做的判断。仲裁程序中，通常先由败诉方提出一个合理执行期，并证明这是执行建议和裁决所必需的期限；要求的时间越长，证明就要越充分。对败诉方的要求和说明，胜诉方一般都会予以反驳，以期缩短执行期。最后，仲裁员将根据当事各方陈述的理由和案件具体情况，就合理执行期做出裁决。

截至目前，通过第21.3（c）条规定的仲裁方式最终确定合理执行期的情况迄今已有25次，确定的最短合理期间是6个月（WT/DS114），最长的是15个月零1周（WT/DS27），平均为11.5个月，基本符合第21条所给出的15个月的指导时间。

值得注意的是，实践中，从"专家组或上诉机构报告通过"到"散发关于合理执行期的仲裁裁决"，间隔时间最长的是196天（WT/DS155），最短的104天（WT/DS27），平均时间是145天，将近5个月时间。这一间隔大大超出了《争端解决谅解》第21.3（c）条规定的"90天内"的要求。是什么原因导致第21.3（c）条仲裁不能在90天内完成呢？分析实践表明，从"合理执行期仲裁庭组成"到"仲裁裁决散发"平均时间是56天，实事求是地说仲裁速度已是比较迅捷的。在已组成的仲裁庭中担任仲裁员的绝大多数都是上诉机构成员，他们的能力和工作勤勉应是值得信赖的。[①]分析认为，之所以出现上述严重超出“90天内”的情况，主要原因是按照现行机制和程序本就不太可能在90天之内完成仲裁并由争端解决机构通过报告、散发。因为，在走到《争端解决谅解》第21.3（c）条规定的仲裁阶段之前，首先是败诉方在报告通过后30天内的争端解决机构会议上声称自己有执行裁决意图，然后提出一个合理执行期，一般情况下起诉方和被诉方会就此进行协商，协商不成才会寻求仲裁。如果按照最长的时间计算，从报告通过到双方未能就合理期间达成一致已过去45天。按90天的时间算，这等于是要求在剩下的45天内完成如下一系列事项，包括提出仲裁请求、确定仲裁员（包括由世贸组织总干事任命）、仲裁庭开庭、做出裁决并散发裁决报告等，这基本上是一个难以实现的目标。因此，现实地讲，以仲裁方式确定合理执行期一般都超过《争端解决谅解》第21.3（c）条规定的90天时限，应是可以想见的现象。

需要注意的是，《补贴协定》第4.7条对涉及消除禁止性补贴问题的合理执行期做出了一些特殊规定，即一旦一项措施被认定为禁止性补贴，专家组应当要求有关成员不迟延地撤销该措施，专家组为此应当明确需要撤销的时限。在确定了合理执行期的91个案件中，有6个案件的合理执行期是由专家组依据《补贴协定》第4.7条的规定确定的。

### （二）执行争端解决机构建议和裁决的方式

#### 1.《争端解决谅解》未规定具体的执行方式

根据《争端解决谅解》第19.1条，如专家组或上诉机构认定一措施与一适用协定不一致，应“建议”（recommend）有关成员使涉案措施符合该协定。实践中，专家组报告和上诉机构报告做出建议的表述已成为固定格式，即“建议争端解决机构要求……将其……措施修改为与世贸组织项下的义务相符”。该建议提出的只是一个目标要求，即要求将涉案措施修改为与世贸组织规则一致，不涉及“修改”的具体内容和方式。专家组和上诉机构做出

① 在依据第21.3(c)条已做出裁决的29个仲裁中，有28个由现任或曾任上诉机构成员作为仲裁员。

的“建议”（recommendation），在报告被通过后即成为争端解决机构的裁决。在实际案件中，起诉方常在书面陈述中要求被诉方采取某一具体方式使其措施与协定相一致，但此种要求因不具约束力，往往效果有限。

尽管《争端解决谅解》第19.1条也规定，“除其建议外，专家组或上诉机构还可就有关成员如何执行建议提出办法”，但鉴于执行裁决可能有多种方法，专家组或上诉机构就执行裁决的方式提出具体建议会影响败诉方的选择权，甚至还可能不适当地干涉到成员的“内政”，在既往案件中，专家组和上诉机构很少就具体执行方式提出建议，至多也就是提议撤销与世贸组织协定不一致的措施。提议撤销被裁违反的措施与《争端解决谅解》第3.7条的精神是一致的，即在争端当事方不能达成协议解决争议的情况下，争端解决机制的首要目标就是保证撤销与协定不一致的措施。例如，在美国—《1916年反倾销法》案（WT/DS136）中，专家组就建议美国废除《1916年反倾销法》[①]。

《争端解决谅解》第19.1条只是允许专家组或者上诉机构在适当情况下就如何执行提出建议，而非授权其就执行方法做出命令，如何执行裁决的决定权毫无疑问完全在作为争端当事方的世贸组织成员一方，危地马拉—水泥案（WT/DS60）中专家组的论述也印证了这一点。该案中，专家组认为“建议”和“就如何执行建议提出办法”是不同的，专家组有权建议使措施与协定一致，但对于实施的方式只能提议，没有约束力。[②] 这种理解是合理的。

值得注意的是，在某些特定时候，上诉机构或专家组的“建议”本身也成为争议的对象。在美国/加拿大—荷尔蒙牛肉继续报复案（WT/DS320；WT/DS321）中，对于上诉机构的“建议”是否构成《争端解决谅解》第19.1条意义上的“建议”、是否需要执行，就曾出现争议。在该案中[③]，上诉

① 参见WT/DS136/R，para.6.292。

② 参见WT/DS60/R，paras.8.2-8.6。

③ 此案是世贸组织案件中很独特的一种——争端解决机构授权报复所引发的案件，是迄今体现《争端解决谅解》“后报复期”报复调整/终止程序缺失问题的唯一案件。案件源头是1999年争端解决机构授权美国、加拿大对欧盟进行贸易报复。授权原因：1996年，欧盟以存在风险为由通过

机构“建议”（recommend）争端解决机构要求美国、加拿大和欧盟尽快（without delay）启动《争端解决谅解》第21.5条程序，以审查欧盟实施的新措施是否执行了争端解决机构的建议及美、加继续报复是否有效。2008年11月14日，争端解决机构通过该案上诉机构报告。欧盟对报告总体持赞成态度，而美国、加拿大则对上诉机构针对未违反世贸组织规则的成员也做出“建议”表示强烈关注。2008年12月17日，争端解决机构会议上，欧盟表示，根据《争端解决谅解》第21.3条，欧盟宣布将执行争端解决机构“建议”，尽快启动第21.5条程序。相反，加拿大则表示，上诉机构应仅限于其所被授予的职权，根据《争端解决谅解》第19.1条，上诉机构做出“建议”（recommendation）的前提是存在违反世贸组织规则的情况，而上诉机

---

《96/22/EC指令》，禁止从美、加进口荷尔蒙牛肉，世贸组织上诉机构裁定欧盟的风险评估不科学，违反《实施卫生与植物卫生措施协定》，欧盟此后未完全执行争端解决机构要求欧盟修改禁令的建议。争端解决机构授权美、加对欧盟进行报复。1999年7月29日，美、加分别开始对欧盟实施报复。在争端解决机构授权报复后，欧盟对照争端解决机构建议，重新对荷尔蒙牛肉的风险进行评估，做出新的决定《2003/74/EC指令》，仍认定某些荷尔蒙牛肉存在风险，禁止进口。2003年10月27日，欧盟将《2003/74/EC指令》通报到争端解决机构，声称其已经执行了争端解决机构建议，美、加继续对欧盟进行报复不再合理。美、加则认为欧盟新指令风险评估并非基于科学因素，拒绝撤销报复。无奈之下，2005年1月，欧盟将美、加申诉到世贸组织，指责美、加继续报复未经《实施卫生与植物卫生措施协定》程序，属于单方采取行动，违反《实施卫生与植物卫生措施协定》第23.2（a）条等。通常世贸组织案件都以违反具体贸易领域为主要理由发起，例如《反倾销协定》、《农业协定》、《1994年关贸总协定》等，仅基于《实施卫生与植物卫生措施协定》发起的争端迄今“独此一家”。此案进展异常缓慢，专家组阶段就历经两年多。主因是案件涉及“后报复期”这个《实施卫生与植物卫生措施协定》规则空白领域，规则不清，争端双方各有主张，莫衷一是。对专家组来说，既不能以“无章可循”为由不解决案件，也不能不“循规蹈矩”乱裁决。挣脱这种困境，需要一些大智慧。2008年3月，专家组报告终于散发，裁决也颇为有趣：（1）美国、加拿大未经《实施卫生与植物卫生措施协定》程序即单方判断欧盟执行措施违反世贸组织规则并继续进行报复，违反《实施卫生与植物卫生措施协定》第23.1条和第23.2条。为了执行第23条项下建议和快速解决争端，美、加应毫不迟延地诉诸《实施卫生与植物卫生措施协定》第21.5条程序。（2）欧盟执行争端解决机构建议的新措施，仍不符合《实施卫生与植物卫生措施协定》，因此欧盟未能证明美、加继续报复违反《争端解决谅解》第22.8条。上诉机构完全推翻了专家组结论，裁定：（1）美、加继续进行报复，不违反《争端解决谅解》第23.1条和第23.2条。（2）因事实不足，对欧盟新指令是否符合《实施卫生与植物卫生措施协定》不做出任何认定。上诉机构并未止于此，而是继续阐述：“鉴于《实施卫生与植物卫生措施协定》第22.8条项下义务，上诉机构建议（recommend）争端解决机构要求美国、加拿大和欧盟尽快启动第21.5条程序，以审查欧盟新措施是否执行了争端解决机构的建议及美、加继续报复是否有效。”

构报告并未裁定何方违反世贸组织规则，因此其建议加拿大和欧盟尽快启动第21.5条程序“不能具有法律效力”（cannot have any legal effect）。虽然争端解决机构已通过报告，但这并不能给予这句话超过“suggestion”的效力，加拿大据此认为《争端解决谅解》第21.3条所规定的程序要求（表明执行意向）在此情况下不适用，无需讨论加拿大的执行问题。同样，美国表示，其已在2008年11月14日会议上指出，上诉机构应该不是想做出一个《争端解决谅解》第19.1条项下的“recommendation”，否则，上诉机构就超出了第19.1条所授予的权限——在存在违反世贸组织规则情况下才能做出“建议”（recommendation）。如欧盟启动第21.5条程序，美国将参与，美国抑或会启动第21.5条程序，但这对美国而言都不构成“执行”。欧盟则对加拿大和美国的立场表示严重关注，称其不能接受对上诉机构报告的任何单方面解释，同时对美国片面不实地指责上诉机构的做法进行了批评。[①] 或许，问题不仅是此“建议”（suggestion）是否是彼“建议”（recommendation）的争议，而是上诉机构在未裁定美、加、欧任何一方有错的情况下，为什么使用“recommend”一词而不是“suggest”这一可同样表意但又可避免误解或分歧的用词。亦或，上诉机构的这种做法也隐含了其对三方的某种谴责。

### 2. 对裁决执行情况的监督

为了敦促败诉方更好地执行裁决，《争端解决谅解》第22.6条规定，争端解决机构应监督已通过的建议或裁决的执行。据此，在一案件的执行问题被列入争端解决机构会议后，在每次争端解决机构例会上，败诉方应当报告其执行裁决工作的进展、打算怎么执行、国内程序到了哪个阶段等情况。对于败诉方在会议上的报告，任何成员都可以提出问题，发表评论，当然也包括提出批评。依现行实践，在合理执行期内，起诉方即使对案件的执行情况不满意、对执行方式不认可，其也只能是通过发表评论或与对方磋商等方式表达意见和建议。

① 参见 WT/DSB/M/260。

### （三）评估执行效果的法律机制——第21.5条程序

#### 1.《争端解决谅解》第21.5条规定的评估程序

对执行情况进行准确评估是确保裁决得到全面执行的一种重要手段，也事关争端胜诉方后续救济权利的行使。实践中，除少数案件外，大部分案件的执行都需经过合理执行期。在合理执行期结束后，如胜诉方认可败诉方的执行情况，那么就不会出现纠纷。若胜诉方对败诉方执行情况并不满意，当事方之间对于所采取的执行措施是否符合裁决意图、是否与世贸组织规则一致等问题存在分歧，根据《争端解决谅解》第21.5条规定，争端当事方可将此争议提交执行审查专家组（成员可以尽量是原专家组成员）评估。这种审查执行裁决情况的程序通常称为"第21.5条程序"。

由第21.5条程序可见，除非争端当事方能形成共识，否则，关于裁决执行问题的争议只能通过争端解决程序解决，争端任何一方的单方面判断均不能作为可能的后续救济程序（如胜诉方据此申请报复授权）的基础。此处的程序仍包括"磋商—专家组—上诉机构"多个阶段。

《争端解决谅解》第21.5条没有规定该程序应由争端的哪一方提出。一般而言，世贸组织争端解决程序是由声称自己利益受到损害的世贸组织成员来提起的，但从第21.5条规定来看，并未规定只有案件最初的起诉方才能提起，其仅规定了程序启动的前提是对是否执行了裁决存在争议。若仅从现有规定看，起诉方和被诉方似乎都有提起第21.5条程序的权利。然而，这是一个悬而未决的问题。在欧盟—香蕉案（WT/DS27）第21.5条程序中，败诉方欧盟主动请求设立第21.5条专家组，要求认定欧盟所采取的措施符合争端解决机构裁决。欧盟认为，在胜诉方没有要求设立专家组的情况下，应当认定欧盟的措施符合争端解决机构裁决。欧盟的这种主张并未被专家组接受，专家组也未对败诉方是否有权启动第21.5条程序做出裁决。因此，败诉方能否启动第21.5条程序仍旧未决[①]，在多哈回合关于《争端解决谅解》的修改谈判

① 在香蕉案后，再未出现过被诉方启动第21.5条程序的例子。

中，这也是一个热点问题。

第21.5条程序中设立的专家组，一般被称为“执行审查专家组”（Compliance Panel）。《争端解决谅解》并未详细规定执行审查专家组的程序规范，仅规定执行审查专家组应在争端当事方提交该争议后的90天内散发报告。从实践看，《争端解决谅解》有关原审专家组的规定和程序对于执行审查专家组同样适用，包括上诉和第三方。执行审查专家组程序中的第三方不必曾是原审专家组程序中的第三方，也无需证明实质利益，只要在执行审查专家组设立后10天内做出声明即可。

**2. 第21.5条程序的实践情况**

截止2010年年底，第21.5条程序共启动了41次，涉及29个案件。在有些案件中，争端当事方曾多次启动该程序。例如：在加拿大—奶制品案中（WT/DS103；WT/DS113）和巴西—飞机案（WT/DS46）案中，第21.5条程序都启动了两次。在欧盟—香蕉案中（WT/DS27）中，败诉方欧盟和起诉方（美国、加拿大）都诉诸了第21.5条程序。对这些案件的细致研究是深入了解第21.5条程序的基础。

第21.5条程序虽启动了41次，但做出执行审查专家组报告只有29次。其中，欧盟—香蕉案（WT/DS27）中欧盟启动的第21.5条程序专家组报告并未寻求争端解决机构通过；美国—随机存储器反倾销案（WT/DS99）第21.5条程序专家组报告，因为双方达成了满意的解决方案而仅是记录性质并无裁决内容，也未寻求争端解决机构通过。因此，只有27个有效的执行审查专家组报告。这27个报告中，9个因争端当事方未寻求上诉而为争端解决机构直接通过，18个被上诉后由上诉机构做出了报告，且均为争端解决机构通过。

按照《争端解决谅解》第21.5条的规定，执行审查专家组当在此事项提交其后90天内散发其报告。既往实践情况如下：

- 从“争议事项提交执行审查专家组”到“专家组向成员散发报告”的时间跨度，从90天（WT/DS103）到449天（WT/DS294）不等，平均约为246天。平均用时远超过90天的时间要求；

- 从执行审查专家组报告被上诉情况看，自“提出上诉”到“上诉机构做出报告”的时间跨度为60天到91天，平均84天，基本符合《争端解决谅解》第17.5条的规定。

总体看，执行审查专家组基本上都不能按时完成任务，上诉机构基本上都能够守时。这与原审专家组和上诉机构的工作状态基本相同。

## 六、补偿或中止减让阶段实践情况分析

### （一）要求补偿或终止减让的条件

《争端解决谅解》第22.2条就要求补偿和实施减让或其他义务（即报复问题）做出了规定。按此规定，如果存在不履行争端解决机构裁决的情况，起诉方可以向败诉方提出请求，要求给予利益补偿，败诉方在收到补偿请求后应至迟在合理执行期结束前进行补偿谈判。如在合理执行期届满之日起20天内未能议定令人满意的补偿，则援引争端解决程序的任何一方可向争端解决机构请求授权报复。依第22.2条的规定，只要起诉方认为败诉方没有执行裁决，就可以提出补偿请求。如果争端当事方对于是否执行了裁决的问题存在争议，则应通过前述的第21.5条程序解决。尽管《争端解决谅解》中没有明确的条文规定这一点，但实践确实如此。

#### 1. 何时可以提出补偿请求

第22.2条对胜诉方应在何时提出补偿请求没有限制，既可以在合理执行期内，也可在其届满后由胜诉方根据裁决执行情况自行决定。

如是在合理执行期内提出，则败诉方应在合理执行期结束前与胜诉方进行谈判。如未进行谈判，或在合理执行期结束后的20日内谈判未达成满意的补偿方案，则胜诉方可直接要求授权报复。此处有一点存疑，即如果败诉方未在合理执行期结束前与胜诉方进行谈判，是否意味着胜诉方可在合理执行期结束后直接要求授权报复？单纯从第22.2条的文字看，答案应该是肯定的，但实践中似还未见先例。好在胜诉方最多也只需等到合理执行期届满后

的20日就可毫无争议地请求授权报复，因此也就不必太过在意这20天的时间，估计这也是在该问题上未出现太多争议的一个原因。如补偿请求是在合理执行期之后提出，应如何进行补偿谈判，《争端解决谅解》并没有规定。理论上讲，如是在合理执行期结束后20天内提出补偿请求，那么仍有可能在合理期间结束后20天内达成补偿，如果达不成也应可以直接要求授权报复。总的来说，是否以及何时提出补偿请求均由胜诉方决定，而是否进行补偿谈判则由败诉方掌握。

**2. 提出补偿请求是否是要求授权报复的前提**

《争端解决谅解》第22.2条规定，"如在合理期限结束期满之日起20天内未能议定令人满意的补偿，则援引争端解决程序的任何一方可向争端解决机构请求授权中止对有关成员实施适用协定项下的减让或其他义务"。从该规定看，似要求先进行补偿谈判，在未达成一致后才可寻求报复授权。

如果胜诉方是在合理执行期结束20天之后才提出补偿请求，败诉方应在何种时限回应、谈判未果的情况下胜诉方在什么时候可以向争端解决机构请求授权报复，对这些问题现行规则都未涉及，《争端解决谅解》修改谈判中也正在讨论这些问题。

**3. 何谓"补偿"**

败诉方全面执行专家组、上诉机构的建议和裁决是世贸组织争端解决机制追求的效果，这也是多边贸易体制得以维护和稳定运行的内在要求。由败诉方给予利益补偿或由胜诉方实施报复，均只是一种不得已情况下的临时性安排，这些安排的最终目标还是要落到裁决的全面执行。

《争端解决谅解》所规定的"补偿"，其实质是贸易利益的临时平衡。在合理执行期过后，如被裁定违反世贸组织规则或义务的有关措施仍未修改或取消，胜诉方成员的贸易利益会因此继续受损。在这种情况下，可由败诉方自愿地给予胜诉方相应的贸易利益，以补偿其受到的损失。补偿不是追溯性的，即不是补偿过去所受的损失，只针对因裁决未被执行或未被全面执行所导致的未来损失。从实践看，补偿一般不采用直接提供金钱的方式，而是给其他成员更多的贸易机会，如降低某些产品的关税、提供更多服务准入机会等。当然，也有很例外的情况，如美国—版权法案（WT/DS160）。该案中，美国和欧盟就补偿问题达成了3年临时协议[①]，美国对欧盟提供了金钱补偿。

### （二）截至2010年年底，争端解决机构共收到33个《争端解决谅解》第22.2条项下的授权报复请求，涉及20个案件[②]

这33个授权报复请求中，22个针对美国，5个针对欧盟，3个针对加拿大，1个针对巴西，1个针对澳大利亚，1个针对日本。

### （三）报复水平仲裁程序及相关实践

根据《争端解决谅解》第22.6条规定，提出授权报复请求的成员要同时说明进行报复的水平和领域。如果有关成员（一般是败诉方）反对请求方依据第22.2条提出的报复水平，或认为在选择同一协定项下其他领域或其他协定项下领域进行报复时，第22.3条规定的原则和程序没有得到遵守，那么败诉方可要求将此事项提交仲裁。争端解决机构会为此设立一个仲裁庭，成员一般是由该案原审专家组成员担任。仲裁庭会为仲裁之目的制定一个临时程序规则以便完成工作。

报复水平仲裁庭的任务是，确定提议的报复水平是否与利益受损的水平相等，或确定申请方在提出报复时是否遵守了第22.3条的原则和程序，以及确定有关协定是否允许这种报复等。但是，仲裁庭不得对报复的性质进行审

---

① 参见 WT/DS160/23, *United States - Section 110（5）of the US Copyright Act - Notification of a Mutually Satisfactory Temporary Arrangement*。

② 分别是：（1）WT/DS18（Australia-Salmon）；（2）WT/DS26, WT/DS48（EC-Hormones）；（3）WT/DS27（EC-Bananas）；（4）WT/DS46（Brazil-Aircraft）；（5）WT/DS103, WT/DS113（Canada-Dairy Products）；（6）WT/DS108（US-FSC）；（7）WT/DS136, WT/DS162（US-Anti-dumping Act of 1916）；（8）WT/DS160（US-Copyright Act）；（9）WT/DS217, WT/DS234（US-Byrd Act）；（10）WT/DS222（Canada-Aircraft）；（11）WT/DS245（Japan - Apples）；（12）WT/DS257（US - CVD on Lumber）；（13）WT/DS277（US-ITC on Lumber）；（14）WT/DS264（US– AD Determination on Lumber）；（15）WT/DS267（US -Subsidies on Upland Cotton）；（16）WT/DS268（US-OCTG）；（17）WT/DS285（US-Gambling）；（18）WT/DS322（US-Zeroing）；（19）WT/DS291（EC-GMO）；（20）WT/DS294（US-Zeroing）。

查，如不应对申请方选择报复的产品或者项目的适当性做出判断等，这些应属于申请方的自由裁量范畴。《争端解决谅解》并未就报复水平仲裁的实体和程序规范做出明确、详细的规定，很多问题都需要仲裁员根据个案情况把握。

报复水平与利益受损的“水平相等”，是指报复水平与受损水平的大体平衡，并非指数字意义上的绝对相等。《争端解决谅解》未明确规定计算受损水平的起算时点。仲裁实践中，仲裁庭采用的起算时点是合理执行期结束之日，如美国—FSC案（WT/DS108）[①]。对起算时点问题，尚在进行中的《争端解决谅解》修改谈判中亦有涉及，有成员提出将起算点追溯到争端解决机构通过专家组和上诉机构报告时。

实践中，胜诉方请求报复授权时提出的报复水平都遭到了败诉方的反对，进而都是通过仲裁程序确定的。

截止2010年年底，报复水平仲裁庭已经就涉及9个案件[②]的报复水平做出了19项裁决，尚有3项报复水平仲裁正在进行中。已裁决的报复金额有大有小，从11.3万加拿大元（WT/DS48）到40亿美元（WT/DS108）不等，此外还有并无具体金额只是设定了计算公式（WT/DS217,234）的裁决方式。

在美国—版权法（WT/DS160）案中，在欧盟提出授权报复请求后，美欧达成一致依照第25条项下仲裁而非第22.6条仲裁来确定报复水平，并同意第25条项下仲裁是终局的且可适用于《争端解决谅解》第22条项下程序。[③]这是唯一一个利用争端解决机构第25条仲裁程序的案例。

## （四）争端解决机构授权报复以及实施报复

在通过仲裁确定报复水平后，经过申请，争端解决机构应授权申请方进

① 参见 *US - Tax Treatment for Foreign Sales Corporations*，WT/DS108/ARB，para. 2.14。

② 这些案件是：（1）WT/DS267（US - Cotton Subsidies）；（2）WT/DS285（US - Gambling Services）；（3）WT/DS234（US-Byrd Amendment）；（4）WT/DS136（US-1916 Antidumping Act）；（5）WT/DS222（Canada-Aircraft）；（6）WT/DS108（US -FSC）；（7）WT/DS46（Brazil-Aircraft）；（8）WT/DS48, WT/DS26（EC-Hormones）；（9）WT/DS27（EC-Bananas）。

③ 参见 WT/DS160/16。

行报复，除非争端解决机构协商一致拒绝。实践中，争端解决机构授权报复已出现过17次，涉及7个案件。[①] 总体上看，最终导致授权报复的争端仅占争端总数（419个）的2.1%，比例很小。这多少反映出世贸组织争端解决机制项下的执行情况是比较好的，报复手段对于敦促执行具有一定的威慑力。

在得到报复授权后，被授权成员可自主掌握实施报复的时间和节奏，既可立即实施，也可暂时不实施，还可实施后根据情况停止报复。实践中，即使在获得报复权的情况下，多数成员（特别是发展中成员）没有实施或者没有长时间持续实施报复措施，只有欧盟、日本等极少数发达国家成员在个别案件中进行了持续报复。

具体见下表：

| 序号 | 案号DS | 案件名 | 请求方 | 被诉方 | 散发仲裁报告日期 | 仲裁裁决/金额 | 争端解决机构授权 | 是否实施了报复 |
|---|---|---|---|---|---|---|---|---|
| 1 | 267 | 美国—棉花案（《反补贴协定》第4.11条项下） | 巴西 | 美国 | 2009年8月31日 | 针对2006财年为1.474亿美元，以后年份逐年计算 | 是 | 否<br>双方达成补偿协议 |
| 2 | 267 | 美国—棉花案（《反补贴协定》第7.10条项下） | 巴西 | 美国 | 2009年8月31日 | 每年1.473亿美元 | 是 | 否<br>双方达成补偿协议 |
| 3 | 285 | 美国—赌博服务案 | 安提瓜巴布达 | 美国 | 2007年12月21日 | 每年2100万美元 | 否 | |
| 4 | 217 | 美国—伯德修正案 | 巴西 | 美国 | 2004年8月31日 | 无具体金额，需根据补偿金额按系数确定 | 是 | 否 |

① 这些案件分别是：（1）WT/DS267（US- Cotton Subsidies）；（2）WT/ DS234，WT/DS217（US-Byrd Act）；（3）WT/DS27（EC-Bananas）；（4）WT/DS26, WT/DS48（EC-Hormones）；（5）WT/DS46（Brazil-Aircraft）；（6）WT/DS108（US-FSC）；（7）WT/DS222（Canada-Aircraft）。在 WT/DS136（US-1916 Anti-Dumping Act）和 WT/DS285（US - Gambling Services）中，第22.6条仲裁员已做出裁决，胜诉方迄今未向争端解决机构要求授权，因此争端解决机构尚未授权报复。

（续表）

| 序号 | 案号DS | 案件名 | 请求方 | 被诉方 | 散发仲裁报告日期 | 仲裁裁决/金额 | 争端解决机构授权 | 是否实施了报复 |
|---|---|---|---|---|---|---|---|---|
| 5 | 217 | 美国—伯德修正案 | 韩国 | 美国 | 2004年8月31日 | 无具体金额，需根据补偿金额按系数确定 | 是 | 否 |
| 6 | 217 | 美国—伯德修正案 | 日本 | 美国 | 2004年8月31日 | 无具体金额，需根据补偿金额按系数确定 | 是 | 是<br>仍在进行报复 |
| 7 | 217 | 美国—伯德修正案 | 印度 | 美国 | 2004年8月31日 | 无具体金额，需根据补偿金额按系数确定 | 是 | 否 |
| 8 | 217 | 美国—伯德修正案 | 欧盟 | 美国 | 2004年8月31日 | 无具体金额，需根据补偿金额按系数确定 | 是 | 是<br>仍在进行报复 |
| 9 | 217 | 美国—伯德修正案 | 智利 | 美国 | 2004年8月31日 | 无具体金额，需根据补偿金额按系数确定 | 是 | 否 |
| 10 | 234 | 美国—伯德修正案 | 加拿大 | 美国 | 2004年8月31日 | 无具体金额，需根据补偿金额按系数确定 | 是 | 否 |
| 11 | 234 | 美国—伯德修正案 | 墨西哥 | 美国 | 2004年8月31日 | 无具体金额，需根据补偿金额按系数确定 | 是 | 曾实施报复，但已停止 |
| 12 | 136 | 美国—《1916年法》案 | 欧盟 | 美国 | 2004年2月24日 | 根据1916年法案项下法院裁决和赔付额确定 | 否 | |
| 13 | 222 | 加拿大—飞机补贴案 | 巴西 | 加拿大 | 2003年2月17日 | 2亿4779万7000美元 | 是 | 否 |

（续表）

| 序号 | 案号DS | 案件名 | 请求方 | 被诉方 | 散发仲裁报告日期 | 仲裁裁决/金额 | 争端解决机构授权 | 是否实施了报复 |
|---|---|---|---|---|---|---|---|---|
| 14 | 108 | 美国—海外销售公司案 | 欧盟 | 美国 | 2002年8月30日 | 每年40亿4300万美元 | 是 | 否 |
| 15 | 46 | 巴西—飞机补贴案 | 加拿大 | 巴西 | 2000年8月28日 | 每年3亿4420万加元 | 是 | 否 |
| 16 | 27 | 欧盟—香蕉案 | 厄瓜多尔 | 欧盟 | 2000年3月24日 | 每年2亿160万美元 | 是 | 否 |
| 17 | 27 | 欧盟—香蕉案 | 美国 | 欧盟 | 1999年4月9日 | 每年1亿9140十万美元 | 是 | 曾实施报复，但已停止 |
| 18 | 48 | 欧盟—荷尔蒙牛肉案 | 加拿大 | 欧盟 | 1999年7月12日 | 每年1130万加元 | 是 | 是<br>仍在进行 |
| 19 | 26 | 欧盟—荷尔蒙牛肉案 | 美国 | 欧盟 | 1999年7月12日 | 每年1亿1680万美元 | 是 | 曾实施报复，但双方已达成解决办法，报复停止 |

## （五）继续监督执行的问题

尽管《争端解决谅解》规定可进行报复，但这仍不是世贸组织争端解决的最终目的，其最终目的是撤销违反规则的措施，恢复正常的国际贸易秩序。根据《争端解决谅解》第22.8条，即使在争端解决机构授权报复的情况下，败诉方也仍承担着修改有关措施的义务，也不能免除向争端解决机构通报执行情况的义务。

就如何认定败诉方的继续履行及后续法律程序，现行《争端解决谅解》未作规定。如果在争端解决机构授权报复后，败诉方修改了被认为违反世贸组织规则的措施并向争端解决机构进行了通报，那么可能会出现几种情况：

（1）起诉方（报复方）认可此种修改，争端解决机构终止报复的授权，案件终结。这种情况相对简单。

（2）起诉方仍认为被诉方未将措施修改为与世贸组织规则相一致，那应如何认定新修改的措施是否符合世贸组织规则呢？应当如何终止进行中的报复呢？是再次诉诸第21.5条程序，还是应当启动一个新的案件呢？从程序上，我们认为，再诉诸执行审查专家组似乎更为简便和符合逻辑。如果经该程序裁定败诉方的新措施符合世贸组织规则，那么争端解决机构的报复授权应终止。但是，实践中存在重新提起争端的情况，如欧盟起诉美国和加拿大对荷尔蒙案继续报复案（WT/DS320；WT/DS321）。该案中，美国和加拿大在欧盟修改措施之后仍认为欧盟措施不符合世贸组织规则而不撤销报复措施，同时拒绝启动第21.5条程序，欧盟无奈只好重新提起争端解决案件。[①] 对于授权报复的终止问题，目前的《争端解决谅解》修改谈判亦有专门涉及。

对于败诉方在受到报复后仍旧不执行裁决的情况，现行《争端解决谅解》并没有设计更有力度的措施去敦促执行，只有争端解决机构会议上以及其他多/双边场所世贸组织成员的“口诛笔伐”。《争端解决谅解》第3.7条所指出的“在提起案件前，一成员应就根据争端解决机构程序采取的措施是否有效做出判断”，似乎是对此种情况的一种暗示。

## 七、结语

总体上看，世贸组织争端解决机制在过去十六七年间的运行情况还是值得肯定的，这方面的赞誉和评论随处可见，无需再锦上添花。

为将来的进一步完善考虑，有三方面的突出问题也不能回避：首先，案件完成整个程序需要时间过长，很多时限规定未被严格遵守，实践与规则不能完全吻合。从实践中看，一个争端从“提出磋商请求”到“争端解决机构通过上诉机构报告”的平均时长约为740天；如果程序还继续进行，从“争端解决机构通过上诉机构报告”到起诉方“获得争端解决机构报复授权”平均又需要约720天，总计约4年时间。例如巴西—飞机补贴案（WT/DS46），

① 参见WT/DS320/1；WT/DS321/1。

从加拿大1996年6月18日“提出磋商请求”到2000年12月12日“获得争端解决机构报复授权”，过了4年6个月的时间；最快的欧盟—荷尔蒙牛肉案（WT/DS48），从1996年6月28日“提出磋商请求”到1999年7月26日“获得争端解决机构报复授权”，也用了3年1个月时间。其次，《争端解决谅解》某些程序方面还很薄弱，有待完善，特别是第21.5条程序与第22条的授权报复之间的“顺序”问题、终止报复所需的程序等重大问题，亟待完善。再次，世贸组织争端解决机制虽然规定争端解决机构可以授权报复，但少数案件中仍存在延迟执行、不执行的情况。这对世贸组织争端解决机制的权威性和有效性产生了一定负面影响。考虑到报复的负面效应和一些成员（特别是发展中成员）并无能力实施报复，如何进一步通过完善机制强化执行效果就成了重要的体制性问题。

如果进行中的《争端解决谅解》修改谈判能够认识到并切中要害地解决世贸组织争端解决机制目前存在的一些问题，无疑将进一步提高世贸组织争端解决的效力、促进国际贸易的发展，同时也将为国际争端的解决和裁决执行做出更好的示范。

一般而言，贸易纠纷如无法通过恰当渠道解决，往往难避被政治化，处理不当则对外交关系亦常有不利影响。世贸组织的争端解决，形式上和表象上更加注重按照世贸组织规则行事，重心是法律程序和规则的运用，而非政治因素的直接对抗，因而表现为一个相对较为和平、稳定的纠纷解决过程，对国家间政治关系的直接影响相对较小。

在世贸组织打官司，本质上是国家间通过法律形式和多边贸易规则进行政治经济利益博弈的一种特殊方式。既然贸易纠纷不可避免，作为世贸组织成员，我们应当愈加重视并妥善运用争端解决机制，趋利避害，营造有利于我对外贸易长远发展的国际环境。

校稿：唐文弘

# 译文对照与缩略语

<table>
<tr><td rowspan="2">《反倾销协定》</td><td>Agreement on Implementation of Article VI of the General Agreement on Tariffs and Trade 1994（ADA）</td></tr>
<tr><td>《关于实施1994年关税与贸易总协定第6条的协定》</td></tr>
<tr><td rowspan="2">《农业协定》</td><td>Agreement of Agriculture（AOA）</td></tr>
<tr><td>《农业协定》</td></tr>
<tr><td rowspan="2">《保障措施协定》</td><td>Agreement on Safeguards（AOS）</td></tr>
<tr><td>《保障措施协定》</td></tr>
<tr><td rowspan="2">争端解决机构</td><td>Dispute Settlement Body（DSB）</td></tr>
<tr><td>争端解决机构</td></tr>
<tr><td rowspan="2">《争端解决谅解》</td><td>Understanding on the Settlement of Disputes（DSU）</td></tr>
<tr><td>《关于争端解决规则与程序的谅解》</td></tr>
<tr><td rowspan="2">自由贸易协定</td><td>Free Trade Agreement（FTA）</td></tr>
<tr><td>自由贸易协定</td></tr>
<tr><td rowspan="2">《服务贸易总协定》</td><td>General Agreement on Trade in Services（GATS）</td></tr>
<tr><td>《服务贸易总协定》</td></tr>
<tr><td rowspan="2">《1994年关贸总协定》</td><td>General Agreement on Tariffs and Trade 1994（GATT1994）</td></tr>
<tr><td>《1994年关税与贸易总协定》</td></tr>
<tr><td rowspan="2">最惠国</td><td>Most Favored Nation（MFN）</td></tr>
<tr><td>最惠国</td></tr>
<tr><td rowspan="2">《北美自由贸易协定》</td><td>North American Free Trade Agreement（NAFTA）</td></tr>
<tr><td>《北美自由贸易协定》</td></tr>
<tr><td rowspan="2">非关税壁垒</td><td>Non–Tariff Barrier（NTB）</td></tr>
<tr><td>非关税壁垒</td></tr>
</table>

（续表）

| | |
|---|---|
| 《中国加入议定书》 | Protocol on the Accession of the People's Republic of China（Protocol） |
| | 《中华人民共和国加入议定书》 |
| 《中国工作组报告书》 | Report of the Working Party on the Accession of China |
| | 《中国工作组报告书》 |
| 《补贴协定》 | Agreement on Subsidies and Countervailing Measures（SCM） |
| | 《补贴与反补贴措施协定》 |
| 《实施卫生与植物卫生措施协定》 | Agreement on the Application of Sanitary and Phytosanitary Measures（SPS） |
| | 《实施卫生与植物卫生措施协定》 |
| 《技术壁垒协定》 | Agreement on Technical Barriers to Trade（TBT） |
| | 《技术性贸易壁垒协定》 |
| 贸易政策审议机制 | Trade Policy Review Mechanism（TPRM） |
| | 贸易政策审议机制 |
| 《与贸易有关的投资措施协定》 | Agreement on Trade-related Investment Measures（TRIMs） |
| | 《与贸易有关的投资措施协定》 |
| 《与贸易有关的知识产权协定》 | Agreement on Trade-related Aspects of Intellectual Property Rights（TRIPS） |
| | 《与贸易有关的知识产权协定》 |
| 世贸组织 | World Trade Organization（WTO） |
| | 世界贸易组织 |
| 《建立世贸组织协定》 | Marrakesh Agreement Establishing the World Trade Organization（ WTO Agreement） |
| | 《马拉喀什建立世界贸易组织协定》 |